信息资源分类

——方法与实践

单志广 吴洁倩 栾 婕 武 森 编著

科学出版社

北京

内 容 简 介

随着现代信息通信技术的发展，信息资源呈现爆炸式增长，如何对海量信息资源进行有效的组织和管理已成为当今亟待解决的问题。本书源自国家信息中心承担的科技部科技基础性工作专项项目的部分研究成果。书中基于大量的调查研究，对现有信息资源的分类方法与实践进行了系统性和有针对性的分析研究。本书共分三篇，第一篇介绍了信息资源和分类法的概念、特征，五部典型分类法和图书情报分类方法。第二篇和第三篇分别以政务信息资源和互联网信息资源为对象，阐述各自的特点和现有的分类模式，并结合应用案例对其分类体系进行具体分析。

本书适合作为高等院校图书馆学、情报学、信息资源管理、电子政务等专业学生的补充读物，也可以作为各类信息资源管理部门、科研机构等相关工作人员的参考书。

图书在版编目（CIP）数据

信息资源分类：方法与实践 / 单志广等编著. —北京：科学出版社，2013
ISBN 978-7-03-037355-7

Ⅰ. ①信⋯ Ⅱ. ①单⋯ Ⅲ. ①信息资源–分类法 Ⅳ. ①G254.1

中国版本图书馆 CIP 数据核字（2013）第 081461 号

责任编辑：张 濮 陈 静 / 责任校对：张小霞
责任印制：张 倩 / 封面设计：迷底书装

科 学 出 版 社 出版
北京东黄城根北街 16 号
邮政编码：100717
http://www.sciencep.com

骏杰印刷厂 印刷

科学出版社发行 各地新华书店经销
*
2013 年 6 月第 一 版 开本：B5(720×1000)
2014 年 1 月第二次印刷 印张：20 3/4
字数：418 000
定价：79.00 元
（如有印装质量问题，我社负责调换）

作 者 简 介

单志广，博士，研究员，国家信息中心信息化研究部副主任，中国智慧城市发展研究中心秘书长。新世纪百千万人才工程国家级人选，享受国务院政府特殊津贴，国家电子政务工程建设指导专家，北京市信息化专家咨询委员会委员，广东省党政内网专家委员会委员，国家自然科学基金委员会信息科学部计算机科学专家评审组成员，中国计算机学会理事，中国自动化学会理事，第七届清华大学优秀博士后。参与《国民经济和社会发展信息化"十一五"规划》、《"十二五"国家政务信息化工程建设规划》等多项重要规划文件的编制起草。作为项目负责人主持国家自然科学基金项目 3 项，科技部科技基础性工作专项 1 项，信息化、电子政务、智慧城市规划设计和发展政策研究项目 20 余项。在 IEEE Transactions 等国际学术期刊、国内核心期刊和国际学术会议发表学术论文 59 篇，出版专著 2 部。曾获教育部自然科学奖一等奖，中国电子学会电子信息科学技术奖一等奖，国家信息中心优秀研究成果一等奖，国家信息中心创新奖、突出贡献奖等奖励。

吴洁倩，管理学博士，现供职于国家信息中心信息化研究部，兼任中国智慧城市发展研究中心研究员、管理办公室主任。2011 年毕业于复旦大学管理学院管理科学与工程专业，主要研究领域为电子商务、电子政务、智慧城市规划，发表论文近十篇，主持和参与相关课题研究十余项。

栾婕，国家信息中心信息化研究部战略规划研究室主任，副研究员，曾获首届国家信息化研究成果二等奖。长期从事信息化、电子商务、信息资源开发利用等领域的战略规划和政策研究，曾参与《国民经济和社会发展"十二五"规划思路信息化专题研究》、《国民经济和社会发展信息化"十一五"规划》等研究文件的起草工作。主持或参与多项国家发展和改革委员会、财政部、商务部、原国务院信息化工作办公室、原信息产业部、世界银行等多个部门和国际组织委托的信息化重大课题研究。

武森，博士，北京科技大学东凌经济管理学院管理科学与工程系教授，博士生导师。学术研究方向为智能数据分析。两次赴德国亚琛工业大学从事数据仓库与数据挖掘方面的合作研究，主持或参加科研项目 21 项，其中主持国家自然科学基金项目 2 项，发表论文 80 余篇，出版专著《高维稀疏聚类知识发现》、《数据仓库与数据挖掘》，出版教材《管理信息系统教程》、《管理信息系统基础教程》。主讲课程"管理信息系统"为北京市精品课程。兼任北京市科学技术协会委员、亚洲管理科学与应用协会理事、北京运筹学会副秘书长、国际信息系统协会（AIS）和信息系统协会中国分会（CNAIS）会员。

序　言

当前，信息化发展已经进入一个特征更加鲜明、技术创新更加频繁、应用更加普及的新时代，信息化正推动世界范围内生产方式、生活方式和经济社会发展观发生前所未有的深刻变革。党的十八大适应发展大势，超前部署，明确提出了"坚持走中国特色新型工业化、信息化、城镇化、农业现代化道路"，"促进工业化、信息化、城镇化、农业现代化同步发展"等目标要求，这将会引领我国的信息化达到新高度和新水平。

随着信息化在经济、社会、军事等各个领域的全面渗透和深度融合，信息资源作为重要的战略资源也同时成为重要的生产要素融入社会生产和再生产的各个环节之中，信息的资源化及其开发利用自然上升为各个国家的重要战略。因此，在研究信息资源的基础上强化信息资源管理也成为政府的一个重要职能。我国制定实施的《2006—2020 年国家信息化发展战略》明确提出，要加强全社会信息资源管理，规范对生产、流通、金融、人口流动以及生态环境等领域的信息采集和标准制定，加强对信息资产的严格管理，促进信息资源的优化配置，实现信息资源的深度开发、及时处理、安全保存、快速流动和有效利用，基本满足经济社会发展优先领域的信息需求。

然而，信息资源是复杂的，世界多复杂，信息就多复杂。如何对海量信息资源进行有效的组织和管理已成为当今亟待解决的难题。信息资源分类研究，作为一项基础性科技工作，是进行信息资源编目、交换和实现共享的基础，也是有效管理与开发利用信息资源的重要前提。推进信息资源的科学分类，是促进我国信息资源共享的迫切需要，是加强全社会信息资源管理的必然选择，是促进信息检索与定位应用发展的重要基石，对于提高我国信息资源开发利用水平，促进我国信息化建设健康快速发展，具有重要的现实意义。

由此，我非常欣喜地看到《信息资源分类——方法与实践》这本著作的付梓出版。该书源自单志广研究员为项目负责人、国家信息中心承担的科技部科技基础性工作专项项目"信息资源的科学分类与调查"的部分研究成果。在项目研究过程中，单博士与其团队共同努力，形成了许多比较前沿的、有重要借鉴意义的、很有理论价值的研究成果。特别是他们通过开展大量的调研工作，对现有信息资源的分类方法与实践进行了系统性和有针对性的分析研究。其中，单博士结合自身工作需要，重点以政务信息资源和互联网信息资源为对象，研究论述了两类信息资源的特点和现有分类模式，并结合应用案例对其分类体系进行了深入分析。现在他们将其中的部分研究成果结集出版，我认为对于促进我国在信息资源科学分类理论与方法这一领域的学术研究，对于指导有关政府部门和相关企业管理者推进信息资源开放、交换与共享，都是一件大好事，为此也愿意借此表示衷心祝贺。

　　是以为序。

国家信息中心常务副主任

2013 年 5 月

前　　言

　　随着全球信息化的快速发展，信息资源已成为现代信息社会的战略资源。作为生产要素、无形资产和社会财富，信息资源已成为信息化和全球化形势下国际竞争的重点。提高信息资源开发利用水平是增强我国综合国力和国际竞争力的必然选择。然而随着现代信息通信技术的发展，信息资源呈现爆炸式增长，大数据浪潮已成为信息革命的新趋势，人们迫切需要对浩如烟海的信息资源进行有效的组织和管理。

　　在我国，随着信息化的全面渗透和深入应用，很多行业和部门都建立了较为成熟的信息化应用系统，电子政务建设取得了长足进展。但长期以来，信息资源的共享、共用水平低，重复建设和资源浪费问题比较突出，信息资源开发不足、利用不够、效益不高，相对滞后于信息基础设施建设，这已经成为信息化建设健康发展迫切需要解决的问题。与此同时，伴随着互联网的不断成长，整个网络已经逐渐累积成一个前所未有的超大型信息库。互联网是一个庞大、异构和动态的网络，作为信息平台在人们的日常生活和工作中发挥着越来越重要的作用，人们也越来越多地通过互联网获取信息。在互联网发展初期，网站、网页数量较少，因而信息查找比较容易。然而伴随互联网爆炸式的发展，普通网络用户想找到所需的资料简直如同大海捞针，以致迷失在信息的海洋中无所适从，并出现了所谓的"信息丰富、知识贫乏"这样的奇怪现象。准确，便捷、高效的信息搜索已成为互联网信息应用领域第一的用户需求。

　　信息资源分类是指，按照信息的内容、性质及其他标准，分门别类地揭示和组织信息的一种方法。信息资源的分类十分复杂，科学的信息资源分类是进行信息资源编目、交换和实现共享的基础，也是有效管理与开发利用信息资源的重要前提。加强信息资源的科学分类方法和机制研究，有利于实现对信息资源的一致性组织，促进信息资源组织的规范化，有利于从根本上解决"信息资源是什么、有什么、在哪儿、谁能得到、以什么方式得到"等根本性问题，为信息资源的科学组织和管理奠定坚实的基础。信息资源的科学分类能够为从海量信息资源中查找获取所需信息提供基础支撑手段，信息资源分类的方法论体系可以为信息检索、网络定位等应用提供理论支持，有利于解决海量信息的利用率低、利用成本高等问题。

　　本书是国家信息中心承担的科技部科技基础性工作专项项目"信息资源的科学分类与调查"的部分研究成果，基于大量的调查研究，对现有信息资源的分类方法进行了相对系统而有重点的分析研究和梳理总结。本书第一篇对现有各种信息资源的分类方法进行了综述，描述了具有悠久历史且对分类学发展具有重要贡献的图书情报分类方法。第二篇和第三篇分别对作为社会公共信息资源重要组成部分的政务信息资源和分布最广的互联网信息资源进行了详细论述，分析了两者的特点、现有分类模式及其优缺点，并结合具体的分类体系应用案例，使读者在了解分类方法原则和结构体系等理论性论述的同时，能够对具体的分类实践有感性的认识。

　　本书作者的相关研究工作得到了科技部科技基础性工作专项项目（编号：2007FY240400）的资助，在此表示深深的谢意！项目组参加人员深入细致的研究工作，为本书的出版奠定了坚实的基础，没有他们的认真工作，不可能有本书的出版，借此机会深表谢意！衷心感谢上海交通大学管海兵教授、国家信息化专家咨询委员会委员陈玉龙研究员、中国科学院植物研究所梁宇博士、北京市信息资源管理中心穆勇博士、中国科技信息研究所赵筱媛博士，以及国家信息中心刘绿茵博士、武锋博士、刘厉兵博士、孙立明副研究员、王忱等同志为本书做出的贡献！特别要感谢的是，国家信息中心常务副主任杜平研究员在百忙之中欣然为本书作序，他的悉心指导和热情鼓励让我们满怀感激！

　　由于作者水平所限，加之信息资源分类方法与实践仍处于不断的发展和演进之中，书中错误和不足之处恳请专家、读者批评指正。

作　者

2012 年 12 月

目　　录

第一篇　信息资源分类方法概述

信息资源分类是指，按照信息的内容、性质及其他标准分门别类地揭示和组织信息的一种方法。信息资源的科学分类是进行信息资源编目、交换和实现共享的基础，也是有效管理与开发利用信息资源的重要前提。实行不科学、不统一的信息分类标准，不仅达不到以上目的，还会导致信息孤岛现象的加剧，阻碍信息的交换和共享。随着全球信息化的快速发展，信息资源已成为现代信息社会的战略资源。建立统一的信息资源科学分类体系和标准，对于提高我国信息资源开发利用水平，推进国家信息化建设的健康快速发展，具有重要的现实意义。

本篇首先介绍信息资源和分类法的基本概念、特征、种类、意义和一般方法；然后介绍目前世界上使用较广、影响较大的5部典型的分类法。最后，通过介绍具有悠久历史并对分类学发展具有重要贡献的图书情报分类方法，分析其演变历史及发展趋势，从中获得对信息资源进行科学分类的经验启示。

第 1 章　信息资源概述

信息是当代社会与物质、能量并立的三大支柱之一。信息内容本身不仅反映了事物的运动状态及方式，并且对实际的决策、管理工作有着重要的促进作用，同时支持着传统产业的发展。随着信息全球化的迅速发展，信息已经成为社会生活中一种重要的资源要素。本章将简要介绍信息和信息资源的基本概念、特征和种类。

1.1　信息的基本概念

"信息"是一个复杂的概念，从哲学的观点看信息，认为信息是物质的一种普遍的属性，它反映不同物质所具有的不同本质、特征以及运动状况和规律。简单地说，任何事物都可以用它的若干属性去描述，但对事物本质、特征和运动规律是唯一的，也就是说信息是人们认识事物、获取新知识的唯一方式。

人类社会的发展过程中一直在使用信息，但完整地提出信息的相关理论、学说和概念只是近代的事情。由于客观世界的复杂性，人们对信息的认识也在逐步深化。

1947 年，经典信息论的奠基人香农（Shannon）在研究信息通信过程时提出了"信息量"的概念。1948 年，在《通信的数学理论》一文中，香农将信息定义为"熵的减少"，即"信息是用来减少不确定性的东西"。

1975 年，意大利学者朗格在《信息论：新趋势和未解决的问题》一书中指出：信息是事物之间的差异，而不是事物本身。即信息是反映事物的形成、关系和差别的东西，包含在事物的差异中。

1985 年，美国行政管理和预算局（Office of Management and Budget，OMB）发布的《联邦政府信息资源管理 OMB A-130 号通告》（OMB Circular A-130 "Management of Federal Information Resources"）中对信息的定义是"信息指知识的交流或者表示，如以任何媒体或形式存在的事实、数据或见解，包括文本、数值、地图、动画、记叙、音视频等"。

中国国家标准 GB/T 5271.1—2000《信息技术词汇第一部分：基本术语》中对信息的定义是"关于客体（如事实、事件、事物、过程或思想，包括概念）的知识，在一定的场合具有特定的意义"。目前，对信息的研究和应用已经广泛展开，这标志着人类对信息的运用已经开始从自发走向自觉。

1.2 信息资源的基本概念

目前对信息资源的概念使用十分普遍。对于"信息资源"的精确定义，国外一些发达国家的相关机构或组织，如美国《文书工作削减法（1995）》、美国行政管理和预算局都已有了相关的定义；但是国内尚无统一的说法。尽管如此，国内仍有很多专家对此进行不断的探索，也提出了很多观点。

美国是较早重视信息资源开发和利用的国家。美国《文书工作削减法（1995）》中定义信息资源为：信息与相关资源，如人员、设备、资金和信息技术。

1985 年，美国行政管理和预算局发布的《联邦政府信息资源管理 OMB A-130 号通告》中定义信息资源为：信息资源包括了政务信息和信息技术。

尽管国内外有关信息资源概念的定义五花八门，但基本上可以将各种概念归纳为广义的信息资源和狭义的信息资源两类：广义的信息资源是指信息活动中各种要素的总称，既包含信息本身，也包括与信息相关的人员、设备、技术和资金等各种因素；狭义的信息资源只限于信息本身，而不包括其他因素。从信息表达的内容看，信息资源既包括经济信息、科技信息、教育信息、军事信息、文化信息等社会人文信息，也包括空间地理信息、气象信息、动植物物种信息以及人类遗传信息等自然信息。从信息内容的表达方式看，信息资源具有文字、数值、声音、图像、视频等多种存在形式。可以说信息资源涵盖了传统沿用的文献、情报、知识、数据等概念。

从图书馆学的角度来看，信息资源的内涵与外延主要表现在以下 4 个方面。

（1）信息资源应当是信息的集合。

（2）信息资源应是有用的信息的集合。

（3）信息资源应是经过人类组织的、有序的、可存取的信息的集合。这是信息资源区别于其他资源的一个显著特征。

（4）信息资源应是包括各种文献载体形式如文字、声像、缩微、数字信息等信息的集合。

在国家电子政务标准体系建设相关研究报告《政务信息资源开发利用标准体系框架研究》中，信息资源被定义为国民经济和社会发展过程中人们在各个领域、各个层次产生和使用的信息内容总和，既包括人们各类社会经济活动的信息，也包括与人们各类社会经济活动相关的信息。狭义的信息资源则是指按照特定目的和规则，通过人们一系列采集、加工等劳动和创造过程之后以数字化形式存储在特定载体上可供利用的信息集合。在电子政务研究领域，信息资源指的是在国民经济和社会信息化过程中，有利用价值的、数字化、网络化的信息内容。

本书综合各种对信息资源的理解，将信息资源定义为：信息资源是经过人类筛选、组织、加工、并可以存取和能够满足人类需求的各种信息的集合。

1.3　信息资源的特征

综合关于信息资源的各种定义可以发现，信息资源大致包含如下两大本质特征。

（1）知识性。信息资源是人类社会认识世界和改造世界的精神产物，信息资源的产生、发展、开发和利用等始终离不开人类的脑力劳动。信息资源又凝集着人类的智慧，积累着人类社会认识世界和改造世界的知识，一定的信息资源总是反映着一定社会和一定地区的知识水平。

（2）共享性。信息资源的产生总是建立在不断地继承和借鉴前人认识世界和改造世界的成果上。虽然在一定的条件下，信息资源的创造者享有知识产权，但是知识一旦物化为信息资源，并通过一定的方式进行交流传播时，也就自然成为人类社会共同享用的精神财富。信息资源可以不断地被反复利用、复制、传递和再生。信息资源的有限性和不均衡性使信息资源的有效利用必须最大限度地实现信息资源共享。这也正是信息资源共享的意义所在。

除此之外，信息资源还具有一系列成对表现的特性。

1. 共享性与选择性

之前已经提到共享性是信息资源的一种本质属性，从人类对信息资源的使用方式看，信息资源同时具有共享性与选择性。现代社会中人类赖以生存与发展的战略资源主要有两种：一是物质资源，二是信息资源。人类对物质资源的利用表现为占有和消耗，利用者之间是一种竞争关系；对信息资源的利用可以实现不同利用者在同等程度上共享一份信息资源。

同时，信息资源的使用方向又具有可选择性。经济活动行为者可以根据信息资源作用于不同的对象所产生的不同作用效果，对信息资源的使用方向作出选择。

2. 稀缺性与时效性

信息是无限的，但当信息成为有用的资源时，它就具有了稀缺性。一方面，在既定的时间和空间里，某一特定的经济活动行为者由于人力、物力、财力等因素的限制，其信息资源的拥有量总是有限的；另一方面，信息资源的总效用会随着使用次数的增多而逐渐衰减。

时效性也是信息资源的一个明显特征，它包括两方面含义：一是信息的提供要及时；二是信息的提供应讲求效果，即要找准开发利用它的时机。

3. 积累性与保存性

信息资源必须经过长期的系统积累才能达到一定的规模，形成信息资源体系，也才能具备满足信息用户需求的能力。这种积累性使社会上分散存在的信息能够汇集在各类信息资源机构中，那些经历代所积累的文献信息资源，不仅具有一定的开发利用价值，而且还成为人类文明发展的见证。

信息资源主要是由社会信息所构成的，它是人类科学文化的结晶，是宝贵的智力资源。在各类信息资源机构中，只有图书馆可以最集中、最持久地保存人类社会的文化遗产，主要是保存文献信息资源。

4. 分散性与交叉性

文献信息资源的分散性主要表现在两个方面：一是同一专业文献分散在众多的专业刊物上；二是众多学科与专业刊物发表的文献涉及多种学科领域。

现代科学研究的相互交叉与渗透、转移与结合，使文献呈现出重复交叉性，表现为：①科研选题的重复；②同一内容的文献以多种形式出版；③同一文献同时用多种文字发表或各国互相翻译出版内容完全相同的文献；④重版、改版文献数量增加；⑤各国书商竞相出版热门书和新兴学科书刊。

5. 剧增性与多样性

随着科学技术的迅猛发展，科技文献量急剧增加，科学技术成果层出不穷。特别是网络信息资源以其剧增性引起人们的重视。网络信息资源的高速增长仍将随着人类社会科学技术的不断发展持续下去。

信息资源的载体形式呈现多样性：印刷型、缩微型、视听型、电子型等，特别是近几年，电子型和网络信息资源所占的比重日益增大。许多信息资源通过网络取得了集成化的效果，并拓展了时空范围。

从内容上看，网络信息资源内容丰富、种类繁多、包罗万象。在网络中的信息资源覆盖了不同学科、不同领域和不同语言。既有学术、时事信息，也有商业、娱乐信息，同时还有大量的广告信息。

6. 不稳定性与价值差异性

不稳定性主要是指网络信息。网上的地址、信息连接、信息内容常处于变动之中，信息的更迭、消亡无法预测。

网络信息发布具有很大的自由度和随意性，缺乏必要的过滤、质量监控和管理机制，不像印刷型信息资源都要经过严格的评价、把关才能出版，因此其内容繁杂、混乱，信息质量良莠不齐，信息污染严重。实际上只有一部分的网络信息资源能够真正用于信息服务之中。

1.4　信息资源的种类

信息的存在形式是复杂的，其分类也是复杂的。从不同角度，如信息的来源、信息表达的内容、应用的主体、信息传播的载体、信息的媒体形式以及信息的加工程度等，都可以对信息资源进行分类。

（1）按信息的来源划分。按信息产生的来源可以将信息资源分为自然信息和人类社会经济活动信息。前者如气象信息、地球物理信息、天文信息、物种信息、生态环境信息、遗传信息等；后者包括人类各种活动所产生的信息，如经济信息、政治信息等。

（2）按信息表达的内容划分。这种划分方式又可分为 3 种情况。第一种是按照信息内容所在的主要领域划分，将信息资源划分为经济信息、市场信息、科技信息、教育信息、国防信息、文化信息等；第二种是按照学科划分，将信息资源划分为各类社会科学信息、自然科学信息以及各种工程技术信息等；第三种是按照产业或行业划分，将信息资源划分为工业信息、农业信息等。

（3）按应用的主体划分。从信息资源开发、使用和管理的角度，按信息资源应用主体可将其划分为政府信息资源、企业信息资源等；按照信息资源应用的范围可将其划分为内部信息资源、外部信息资源以及可公开信息资源、涉密信息资源等。

（4）按信息传播的载体划分。信息的传播要依赖一定的载体。从载体的角度可以将信息资源划分为书籍、报刊等传统出版物形式的信息资源；磁带、磁碟、光盘等音像制品类信息资源；广播、电视类信息资源以及在互联网上传播的网络信息资源。

（5）按信息的媒体形式划分。从媒体形式可以将信息资源分为文字信息、数据信息、声音信息和图像信息。

（6）按信息的加工程度划分。数字技术、网络技术和数据库技术为信息资源的深度加工和方便应用提供了先进的手段。从加工程度可以将信息资源划分为数字化信息、网络化信息和数据库化信息。

如图书馆界习惯按照以出版形式为主、以知识内容和载体形态为辅的综合方法来划分信息资源的类型。按照这种划分标准，信息资源可以分为以下 5 种基本类型。

1）图书

这里指狭义的图书，包括印本书和写本书两种基本形态，其历史悠久、流传广泛、数量庞大、使用方便、影响深远，是迄今为止最主要的信息资源。

2）连续出版物

连续出版物（serials），是一种具有统一名称、固定版式、统一开本、连续编号、汇集多位著者的多篇著述、定期或者不定期编辑发行的出版物。通常，连续出版物又可分为：期刊（杂志）、报纸、年度出版物（年鉴、指南等）、报告丛刊、会议录丛刊等类型，其中以期刊和报纸流行最广、影响最大。

3）特种文献

特种文献是指出版形式比较特殊的科技文献资料。特种文献通常介于图书与期刊之间，似书非书，似刊非刊，其内容广泛新颖，类型复杂多样，涉及科学技术、生产生活的各个领域，出版发行无统一规律，但具有重要的科技价值。通常，特种文献主要包括：科技报告、专利文献、标准文献、会议文献、学位论文、政府出版物、产品资料、其他资料（如档案资料、地图、乐谱等零散文献）等几种类型。

4）非书资料

非书资料（non-book material），也称非印刷型资料，是指不按照传统的印刷方式而利用现代技术方法，将信息记录和储存在除纸张以外的其他物质载体上的一切文献。非书资料产生于 19 世纪末，具有生动形象、传递迅速、体积小、重量轻、成本较低、需借助设备使用等特点。非书资料主要有缩微资料、视听资料、机读资料等类型。

（1）缩微资料，是以感光材料为载体，用缩微照相技术制成的文献复制品。按其外形可分为卷片型（开式卷片，单、双芯盒装卷片）、品片型（条片、封套片、开窗片、缩微平片、缩微卡片）；按对它的穿透力可分为透明体和不透明体。

（2）视听资料，又称声像文献，是以电磁材料为载体、以电磁波为信息信号，将声音、文字及图像记录下来的一种动态型文献。它的特点是动静交替，声情并茂，形象逼真，具有良好的音响效果和形象效果。

视听型文献信息资源按人的感官接收方式可区分为 3 种类型：①视觉资料；②听觉资料；③音像资料。

（3）机读资料，是通过计算机存储和阅读的文献，故也称为电子型文献资源。它的特点是密度高、容量大、数据检索处理速度快、效率高、可高速度远距离传输文献信息。

机读资料按存储载体可分为磁带、磁盘、光盘等类型，其中磁盘和光盘是主要的机读文献载体类型。

5）网络信息资源

网络信息资源是指以电子数据的形式将文字、图像、声音、动画等多种形式的信息存储在光磁等非纸张载体中，并通过网络和计算机等方式再现出来的信息资源。从信息资源建设的角度出发，网络信息资源不再是一个物理概念，也不是独立存在的实体，而是一个跨国家、跨地区的信息空间，一个网络信息资源库。

网络信息资源类型的划分标准较多，依照不同的标准可将网络信息资源划分成不同的类型。按使用形式划分，可分为联机检索信息资源和因特网信息资源两种类型。按照网络信息资源的层次，可分为指示信息、信息单元、文献、信息集合、网络信息资源系统等。按照与非网络信息资源的对应关系，可分为联机公共目录、电子书刊、数据库、参考工具书等。

此外，图书馆界有时也习惯于按照信息资源加工的程度，将信息资源划分为一次信息资源、二次信息资源和三次信息资源。一次信息资源是指著作者最初发表的原始文献，如专著、报纸、期刊、专利文献、标准文献、会议文献、统计报表等；二次信息资源是指在原始文献的基础上加工整理而成的信息资源，如文摘、索引、书目等；三次信息资源是指通过利用二次信息资源对一次信息资源进行系统分析、综合研究、评述而加工生成的信息资源。三次信息资源具有系统性、综合性、知识性和概括性的特点，如综述、述评、专题研究报告、百科全书、年鉴、手册、指南等。

西方历史上产生的众多科学分类体系也对信息资源分类产生了重大影响。例如，亚里士多德从人类活动出发，将人类的知识分为：理论哲学（逻辑学、物理学、数学、形而上学），实践哲学（伦理学、经济学、政治学），创造哲学（诗学、修辞学、艺术）。培根从人类的心理特征出发，将人类的知识分为 3 类：历史（记忆知识）、诗歌（想象知识）和哲学（理性知识）。恩格斯认为每一种科学都是分析单个运动形态或一系列相互关联和相互转化的运动形态的产物，应该按照客观对象运动形态本身内容所固有的次序来分类和排列。由于客观世界是从简单到复杂、从低级到高级逐步发展的，因此科学的次序也应遵循这一原则。这一分类原则的意义在于为科学的分类提供了客观依据。根据客观、发展的原则，亦即唯物辩证的原则，恩格斯提出的科学分类体系为：数学、力学、星体、地球、原子和分子运动、原子（物理）、分子（化学）、生物学（生物的运动）、植物、动物、社会科学、人类思维。

现代西方比较有影响的分类体系之一是集结层次论的分类体系，该体系严格按照主题对象的集结层次确定分类序列（见表 1-1）。

表 1-1　按照集结层次建立的分类体系

对 象 层 次	分 类 体 系
物理实体	基本粒子、原子、分子、分子集合
化学实体	元素、化合物、复杂化合物
不同成分非生命实体	矿物、岩石、地理特征、天体
人工制品	原料、经过处理的原料、合成物、制成品
生物实体	病毒、细胞器官、细胞、组织、器官、系统、有机体、群体
人	个人、群体、地方团体、国家社会、国际社会
精神产品	单元（如数字）、字、句子、段落、完整著作、哲学体系

实际上，科学分类就是一种依据特定原则确定知识门类划分和组织的总体性框架，而依据这种框架可以为信息资源建立整体知识关系并依此进行分类。学科分类是对科学分类的深化。不少国家都根据学科研究和管理的需要建立了自己的学科分类体系。例如，中国 1992 年编制的国家标准《学科分类与代码》，依据科学性、实用性、简明性、兼容性、扩延性、唯一性的原则，建立了由 5 个门类，下分三级学科，共 3000多个小类组成的类目体系。《学科分类与代码》的 5 个基本门类依次为：自然科学、农业科学、医药科学、工程与技术科学、人文与社会科学。其 5 个基本门类和 58 个一级学科的类表见表 1-2。

可见，信息资源的种类往往构成信息资源分类的重要依据，信息资源的分类可以是多种角度或多个维度的，这些不同的角度则构成了信息资源分类的多维结构。

表 1-2　中国《学科分类与代码》门类与一级学科类表

门　　类	一级学科	门　　类	一级学科
自然科学	数学	工程与技术科学	计算机科学技术
	信息科学与系统科学		化学工程
	力学		纺织科学技术
	物理学		食品科学技术
	化学		土木建筑工程
	天文学		水利工程
	地球科学		交通运输工程
	生物学		航空、航天科学技术
农业科学	农学		环境科学技术
	林学		安全科学技术管理学
	畜牧、兽医科学	人文与社会科学	马克思主义
	水产学		哲学
医药科学	基础医学		宗教学
	临床医学		语言学
	预防医学与卫生学		文学
	军事医学与特种医学		艺术学
	药学		历史学
	中医学与中药学		考古学
工程与技术科学	工程与技术科学		经济学
	基础学科		政治学
	测绘科学技术		法学
	材料科学		军事学
	矿山工程技术		社会学
	冶金工程技术		民族学
	机械工程		新闻学与传播学
	动力与电气工程		图书馆、情报与文献学
	能源科学技术		教育学
	核科学技术		体育科学
	电子、通信与自动控制技术		统计学

第 2 章　分类法概述

本章将简要介绍分类法的概念、意义、类型，信息资源分类编码的一般方式，以及目前世界上使用较广、影响较大的 5 部典型的分类法。

2.1　基　本　概　念

2.1.1　分类的概念和意义

信息资源的分类是一种从特定角度系统组织和揭示信息资源的方法，是分类方法在信息资源组织中的应用。因此，要了解信息资源分类，必须首先了解什么是分类。

所谓分类，是指依据事物的属性或特征进行区分和类聚，并将区分的结果按照一定的次序予以组织的活动。分类是人类思维的基本形式和认识世界的基本方法。分类作为认识事物、区别事物的科学方法从有人类社会以来就存在，而且广泛应用于政治、经济、文化、教育和日常生活诸领域。人们既可以通过分类来认识事物与区分事物，也可以通过分类使大量的繁杂事物条理化和系统化，从而为进一步探讨事物本质、开展科学研究创造条件。一般认为，一个完整的分类应包括两个方面：①依据事物的属性区分或分组，把具有相同属性或特征的事物集中在一起，把不具有这些属性或特征的对象分开；②按照区分出来的对象集合的关系排序，并对这些集合进一步按其相同点和相异点区分和组织。例如，将经济部门按其对象分为农业、工业、交通运输、邮政电信、商业、金融、服务、旅游等基本门类，并按照一定的顺序加以排列，同时还可以按照其他特点，对这些门类进一步区分。

分类的应用十分广泛，不仅涉及日常生活的各个方面，而且也应用于科学研究和知识组织的各个领域。信息资源分类正是分类方法在信息组织领域的一种应用。所谓信息资源分类，是指根据信息资源的内容属性和其他特征，将各种类型的资源分门别类地、系统地进行组织和揭示的方法。

信息资源分类一般具有以下特征。

（1）按照内容特征的相互关系进行组织。信息资源分类是分类方法在信息组织中的应用，不仅根据信息资源的内容属性进行区分和类聚，而且还将各种门类的资源按照类目之间的关系加以揭示，使信息资源成为一个根据其远近亲疏组织而成的具有等级性、次第性的系统。通过分类，用户可以按照知识之间关系，对特定内容特征的文献进行查找，并可以依据类目之间的联系，灵活地扩大或缩小查找范围，由此及彼地进行相关资料的检索。在所有组织方式中系统揭示能力最强。

（2）从一定角度出发组织和揭示信息资源。信息资源之间的联系是多维的，分类法一般只能有选择地揭示信息资源之间的主要联系。为了符合用户从学科的角度查找文献的习惯，学术性文献分类体系通常先将知识领域划分成传统学科，如哲学、历史、艺术以及各门科学；然后再进一步展开，建立起以学科、专业为中心的分类体系。有关某一事物对象的信息资源，在这一分类体系中往往是分散的。例如，与茶有关的各方面的文献，如茶的种植、茶的焙制、茶的贸易等，在系统中是按照研究的学科角度分散在农业、轻工业、经济等相关门类中的。为了适合普通用户的使用需要，某些通用性的分类体系往往也以事物对象为中心展开类目体系。例如，网络分类体系通常更重视按对象、问题为中心来建立分类结构。

（3）采用一定的标记符号作为排序工具。现代文献分类体系一般均以一定的标记系统表示类目的相对位置或相互关系。这一标记系统通常由有序的符号如数字或字母组成，其特点是简短、明了、排序性好，利用它作为排检依据，可以按照类目体系方便地组织文献和编制检索工具，从而充分发挥分类法在文献组织中的作用。此外，分类标记的成分一般为数字或字母，通用性比较好，不受语言、国别的影响，可以超越国界使用。标记符号的不足是比较抽象，必须结合类名使用。为方便用户，网络分类检索工具在检索界面上一般并不显示其标记符号。

（4）往往通过类目索引提供从字顺角度查找类目的途径。按照类目之间关系展开查找，虽然可以揭示类目之间联系，但也会给类目的查找带来问题。随着现代科学的发展和不断深入，主题数量不断增加，知识之间的关系日益复杂，给从内容关系的角度查找类目增加了难度。类目索引的目的，是为了便利地从语词字顺的方式查找类目。这种索引的查找对象，不是一般的信息单元，而是该词汇对应类目的分类号。这样，通过从语词查找类号，可以弄清主题在分类体系中的位置，方便类目体系的使用。

信息资源分类具有多方面的作用，包括以下几个方面。

（1）进行资源组织。最常见的是用于文献资源的分类排架。这一形式的优点是，可将文献按照其内容之间的关系组织成一个有机系统。这样，文献单位可以采用开架方式，供读者按照知识关系浏览，便于用户直观、方便地使用文献。文献排架的其他形式，如按文献形式排、到馆先后排等，由于无法揭示文献内容之间的联系，均不适宜开架借阅。因此，各国的文献单位一般都将分类排架作为文献排架的基本形式。此外，分类法也可以用于其他形式的资源组织，如直接用来组织数字资源和在资源检索时作为分类收藏的依据等。

（2）建立分类检索工具。即把分类法用于信息资源的揭示。分类检索工具包括分类目录、索引等，不仅包括卡片式、书本式等手工方式，也可以用于计算机检索系统，是一种按照内容之间关系系统地揭示信息资源的工具。与分类排架相比，分类检索工具不受资源形式、具体文献单位收藏的限制，可以从多个角度对文献内容进行揭示。用户可以按照类目体系展开的等级层次来扩大或缩小查找范围，是读者查找文献、文献单位工作人员推荐文献、解答读者参考咨询的必要工具。

（3）分类统计。这是有效进行资源管理和利用的基本手段。使用分类统计，不仅可以按类了解各门类的资源配置状况和流通状况，弄清各知识门类资源的现状和存在的问题，而且可以深入了解用户对不同领域的需求，从而可以在逐类分析的基础上有针对性地开展工作，包括实施信息资源补充、调整，改进流通业务等。

（4）兼容工具。有影响的大型综合性文献法往往为多个检索系统使用，是理想的跨库检索的工具；同时作为系统揭示的工具，分类具有依据一定的知识结构组织资源的作用，可以利用它对网上数据库的相关文献进行整合或作为媒介语言用于不同检索工具之间转换等。

2.1.2　分类法的类型

要准确、一致地组织和揭示信息资源，必须有一个依据或工具，这个工具就是信息资源分类法。信息资源分类法也称为文献分类法或分类语言，它是根据类目之间关系组织起来的并配有一定标记符号的对信息资源进行分类的工具。一般认为，信息资源分类就其整体而言，包括建立分类体系和依据建立的分类体系组织信息资源两个方面。信息资源分类法就是根据分类的需要预先建立的类目体系，它是进行分类工作的依据和规范，十分关键。没有预先编制的分类法，对数量巨大的信息资源进行分类组织是不可想象的。

信息资源分类法按照其编制方式，通常可以分为等级列举式、分面组配式、列举-组配式 3 种类型。

1. 等级列举式分类法

等级列举式分类法是一种将所有的类目组织成一个等级系统，并且采用尽量列举的方式编制的分类法，亦称为列举式分类法、枚举式分类法。这种分类法通常将类目体系组织成一个树状结构，按照划分的层次，逐级列出详尽的专指类目；在以线性形式显示时，以缩格表示类目的等级关系，标记直接、简明。由于这种分类法通常是依据传统的知识分类体系编制的，所以人们习惯上也将其称为体系分类法，如

O4	物理学
O41	理论物理学
O42	声学
O43	光学
O44	电磁学、电动力学
O441	电磁学
O442	电学
O443	磁学
……	……

可以看出，等级列举式分类法的特点是：①分类结构显示直观，易于把握、便于

使用；②类目设置比较均衡，并可以根据实际使用需要对类目的等级进行适当调整；③标记简明，适于分类排架，也可以用于组织分类检索工具。

等级列举式分类法的不足是：①揭示专门主题能力差，往往无法满足确切分类的需要，不能充分揭示信息资源中大量存在的细小专深主题；②类表具有一定的凝固性，不便于根据需要随时改变、调整检索途径，不能进行多角度检索；③无法根据现代科学的发展自动生成新类，难以与科学的发展保持同步；④大型等级列举式类表一般篇幅较大，对类表管理的要求较高。

等级列举式分类法是一种传统的分类法，也是目前使用最普遍的分类法形式。比较著名的等级列举式分类法有：美国的《杜威十进分类法》（Dewey Decimal Classification，DDC，国内又简称为《杜威法》）、《美国国会图书馆图书分类法》（Library of Congress Classification，LCC，国内又简称为《国会法》）、中国的《中国图书馆图书分类法》（简称为《中图法》）等。

2. 分面组配式分类法

分面组配式分类法是一种依据分析兼综合的原则编制的分类法类型。这种分类法放弃详尽列举类目体系的做法，代之以简单概念组配复合类目的方式。其基本思想是：任何复合主题，不管它多么复杂，都可以分解为相应的基本概念；同时，它们也可以通过相应基本概念的组合加以表达。根据这一特点，分类法编制时，不必详尽列举所有主题，只需在类表中按照范畴列出各种基本概念，并分别配以相应号码；使用时，先分析标引对象的主题，根据主题分析的结果，通过相应概念类目的组配表达文献主题内容，以这些类目的标识的组合，表示该主题在分类体系中的次序。例如，在美术类中，可根据美术作品标引涉及的特征，分解成以下分面，按范畴设置基本概念，并配以相应标记，如表 2-1 所示。

表 2-1　美术作品分面组配式类表

地 区 分 面	体 裁 分 面	时 代 分 面	题 材 分 面
E1 中国	D1 中国画	C1 古代	B1 人物
E2 朝鲜	D2 油画	C2 近代	B2 山水
E3 韩国	D3 水彩画	C3 现代	B3 花鸟
E4 日本	D4 素描	C4 当代	B4 静物

表 2-1 只是分面组配式类表的样例，可以看出，类表中没有专指的复合主题，只有按照范畴设置的基本概念。使用时，首先分析标引对象的内容特征，然后利用表中概念进行组配标引。假设美术大类的标记为 M，在使用表 2-1 标引时，"中国现代花鸟水彩画作品集"这一文献，可根据其涉及的主题因素标引为 ME1D3C3B3。

分面组配式分类法的特点是：①标引专指，可以通过基本概念的组配，充分揭示信息资源中的复合主题；②标记表达性强，便于根据不同需要，调整组配次序，进行多元检索，如可将上述标记轮排，提供从不同角度检索；③对科学发展的适应性强，可以通过组配表达新出现的复杂主题，有利于与科学的发展保持同步；④类表的篇幅较小，便于管理、增补、修订等。

分面组配式类表的不足是：①分面组配式类表的类目体系是隐含的，直观性不如等级列举式分类法；②检索工具中的类目是根据组配建立的，类目的分布往往不够均衡；③标引难度较高，要求分类人员有较高的专业素养；④分面标记的成分一般比较复杂，号码冗长，不适宜文献排架，主要用于组织检索工具。

具有代表性的分面组配式分类法有：印度图书馆学家阮冈纳赞创制的《冒号分类法》（Colon Classification，CC）、英国伦敦分类法研究小组（Classification Research Group，CRG）改编的《布立斯书目分类法（第二版）》（Bliss Bibliographic Classification，second edition，BC2）等。

3. 列举-组配式分类法

列举-组配式分类法则是上述两种编制方式的结合，是一种在详尽类表的基础上，广泛采用各种组配方式的分类法，又称为半分面分类法。这种分类法以等级列举式类表为基础，具有一定的直观性，同时广泛采用组配方法，包括允许大量进行主表类目之间的组配，基本上可以达到与分面组配式类表同等标引的水平。但其等级列举式类表的管理修订工作，需要较大的工作量；类目之间的组配往往使用多种辅助符号，标记复杂、冗长，这些都是列举-组配式分类法的不足。

著名的列举-组配式分类法有欧洲各国使用的《国际十进分类法》（Universal Decimal Classification，UDC）、俄国的《图书馆书目分类法》等。

按照类目体系展开的维度，分类法可以分为单维和多维两种类型。传统分类法根据文献资源组织的需要和检索工具的特点，一般采用单维的线性结构，使用交替和参照等形式作为揭示类目之间的横向联系的补充，这一体系适应在传统环境下建立分类收藏和手工检索工具的需要，但不能充分揭示类目之间的多种联系；网络分类法借助于超文本技术，可以改变传统分类法单线结构的局限，通过重复反映、动态揭示等方法，充分反映知识之间关系的各种联系，满足终端用户的不同需要。目前网络上使用的 Yahoo 等主题指南虽然仍有许多可改进之处，但已经在这一方面作出了许多有益的探索。

此外，文献分类法还可以依据不同的标准，区分出相应类型。例如，根据其涉及的学科领域范围的不同，分为综合性分类法、专业分类法；根据其适用的文献类型，分为图书分类法、期刊分类法、标准文献分类法、专利分类法、报纸分类法、资料分类法、网络资源分类法；根据分类文献的规模，分为大型分类法、中小型分类法等。

2.2　信息资源分类和编码的一般方式

2.2.1　信息资源分类的一般方式

信息资源作为人类开发与组织的信息的集合，可以按照多种方式来分类，如按信息资源的加工程度来分类、按信息的载体分类或者按照信息的用途分类。

1. 按信息资源的加工程度分类

从信息的来源来看，有些信息是原始记录信息，没有进行加工和开发；而有些信息则是对原始信息做深层次加工后而得到的增值信息。

原始记录信息中最关键的一部分，是在经济社会中具有重要作用的基础信息，包括自然人、机构法人、地理空间信息、宏观经济信息等。基础信息也是政府部门履行其职责和企业、公众满足自身社会经济活动过程中需要的最普通信息。

针对不同需求者的需要，基础信息经过一定加工处理成为增值信息。它对满足社会经济各个领域发展以及企业、公众的需要有着更为重要的意义。政府部门根据业务需要，自身会开展一些信息增值加工工作，但更应利用社会力量进行专业化、社会化、市场化的增值开发和信息服务。在有些情况下，需要将基础信息所有者与信息增值加工者之间的经济联系分开，以避免对基础信息的垄断。

2. 按信息的载体分类

信息技术的进步使信息载体发生了巨大变化，信息资源不仅可以记录在传统的纸质载体上，还可以经过电子化、数字化、网络化以磁盘、光盘、磁卡和网络为载体进行记录。因此，也可将信息资源按照不同的载体进行分类，如纸介质信息、电子化或数字化信息。

纸介质信息在政府部门的会商、审批、存档等工作中仍然具有重要作用。但是电子化、数字化、网络化的信息更方便信息的汇集、传输、加工、分析和存储。信息的电子化、数字化、网络化是政务信息资源充分开发和有效利用的前提，是当前政务信息资源开发利用的一项基础性工作。

3. 按信息的用途分类

信息资源应用于社会的方方面面，按其用途进行划分，可以将信息资源分为决策信息、预测信息、统计信息、行政信息、计划信息、管理信息、经济信息等。

（1）决策信息是决策过程所需要的各种信息。决策是一个过程，它是在对大量信息进行分析的基础上，用科学的方法，对所要决策的问题提出多种方案，进行比较，从中选出一个最优方案，付诸实施，并在实施过程中不断修正和完善。制定决策方案是管理活动的中心环节，决策信息是实现正确决策的基础。

（2）预测信息是一类特殊的决策信息，是根据客观事物过去和现在的信息，对其未来进行预测、计算和研究所获得的该事物未来发展的描述性信息。

（3）统计信息是反映社会经济现象和过程的数字资料和文字资料，统计信息是用统计学方法收集、整理和分析而获得的，它是国民经济管理的重要工具和制定社会经济发展决策的依据。统计信息用反映社会经济现象的规模、水平、发展速度和比例关系等统计指标来表明客观现象的特征和规律性。

（4）行政信息是反映整个行政管理活动的各种情报、数据、指令、密码、文字、语言等的总称。行政管理活动中的文件、报表、簿册、档案等是行政信息的载体，人们可以从中获取和利用行政信息。行政机构通过行政信息的接收、传递、加工、处理来控制和管理行政事务，以实现行政管理的职能。

（5）计划信息是制订计划和实施计划涉及的有关数据、资料和情报等。

（6）管理信息是管理过程产生和使用的有关数据、资料、情报等。

（7）经济信息是反映社会再生产过程中各种经济现象、经济活动和经济关系的数据、资料、情报等。

此外，信息也可以根据其他标准进行分类。例如，根据信息的准确性程度，可将其分为确定性信息和不确定性信息。

2.2.2　信息资源编码的一般方式

信息分类与编码（information classifying and coding）是标准化的一个领域，已发展成了一门学科。信息分类是根据信息内容的属性或特征，将信息按一定的原则和方法进行区分和归类，并建立起一定的分类体系和排列顺序，以便管理和使用信息；信息编码则是在信息分类的基础上，将事物或概念（编码对象）赋予具有一定规律、易于计算机和人识别处理的符号，形成代码元素集合。其中的代码元素就是赋予编码对象的符号，即编码对象的代码值。

在工业社会中，信息分类和信息编码是提高劳动生产率和科学管理水平的重要方法，是进行信息交换和实现信息资源共享的重要前提，是实现信息管理现代化的必要条件。通过分类编码，同时结合元数据（Metadata）技术，建立起信息资源目录，可以将无序信息变成可利用的有序信息，并提供发挥信息技术处理能力的可能性。通过分类编码可以实现对信息资源进行快速有效的识别、检索和定位，以支持使用者对信息资源的查询、获取和使用。

信息分类的依据取决于分类对象的属性或特征。信息资源作为人类开发与组织的信息的集合，可以按照多种方式来分类。信息分类时要注意，选择信息资源最稳定的本质属性或特征作为分类的基础和依据，并将选定的信息资源的属性或特征按照一定顺序予以系统化，同时，分类还要考虑良好的兼容性和综合实用性，要尽量满足分类体系相关单位、部门的实际需要。

所有类型的信息资源都能够进行编码。将信息资源表达成代码的方法是信息编码所包含的主要内容。信息资源编码主要起到对信息资源进行标识、分类和参照的作用，其中，标识的目的是要把编码对象彼此区分开，在编码对象的集合范围内，编码对象的代码值是其唯一性标志；信息编码的分类作用实质上是对类进行标识；信息编码的参照作用体现在编码对象的代码值可作为不同应用系统或应用领域之间发生关联的关键字。

对信息资源进行编码应以预定的应用需求和编码对象的性质为基础，选择适当的代码结构。在决定代码结构的过程中，既要考虑各种代码的编码规则，又要考虑各种代码的优缺点，还要分析代码的一般性特征，选取合适的代码表现形式，研究代码设计所涉及的各种因素，避免潜在的不良后果。

信息资源编码所采用的代码，根据其含义，可以划分为无含义代码和有含义代码。无含义代码本身无实际含义，代码只作为信息的唯一标识，起替代信息名称的作用，不能提供任何有关信息；有含义代码本身具有某种实际含义，不仅作为信息的唯一标识，还能提供有关信息（如分类、排序、逻辑意义等）。无含义代码可以分为顺序码和无序码，有含义代码可分为缩写码、层次码、矩阵码、并置码和组合码，如图2-1所示。

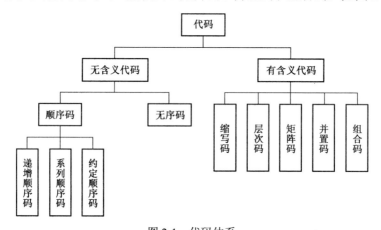

图2-1　代码体系

（1）顺序码。顺序码是指从一个有序的字符集合中顺序地取出字符分配给各个编码对象。这些字符通常是自然数的整数，如以1打头；也可以是字母字符，如 AAA、AAB、AAC…。顺序码一般作为以标识或参照为目的的独立代码来使用，或者作为复合代码的一部分来使用，后一种情况经常附加分类代码。顺序码有3种类型：递增顺序码、系列顺序码和约定顺序码。递增顺序码是指，编码对象被赋予的代码值可由预定数字递增决定。例如，预定数字可以是1（纯递增型），或者是10（只有10的倍数可以赋值），或者是其他数字（如偶数情况下的 2）等。系列顺序码是指，编码时首先要确定编码对象的类别，按各个类别确定它们的代码取值范围，然后在各类别代码取值范围内对编码对象顺序地赋予代码值。约定顺序码不是一种纯顺序码，这种代码只能在全部编码对象都预先知道并且编码对象集合将不会扩展的条件下才能顺利使用，在赋予代码值之前，编码对象应按某些特性进行排列，这样得到的顺序再用代码值表达，而这些代码值本身也应是从有序的列表中顺序选出的。

（2）无序码。无序码是将无序的自然数或字母赋予编码对象。此种代码无任何编写规律，是靠机器的随机程序编写的。无序码既可用做编码对象的自身标识，又可作为复合代码的组成部分（复合代码的其他部分则以其他编码规则为基础）。

（3）缩写码。缩写码的本质特性是依据统一的方法缩写编码对象的名称，由取自编码对象名称中的一个或多个字符赋值成编码表示。缩写码能有效用于那些相当稳定的、并且编码对象的名称在用户环境中已是人所共知的有限标识代码集。

（4）层次码。层次码以编码对象集合中的层级分类为基础，将编码对象编码成为连续且递增的组（类）。位于较高层级上的每一个组（类）都包含并且只能包含它下面较低层级全部的组（类）。这种代码类型以每个层级上编码对象特性之间的差异为编码基础。每个层级上特性必须互不相容。细分至较低层级的层次码实际上是较高层级代码段和较低层级代码段的复合代码。层次码通常用于分类的目的。层级数目的建立依赖于信息管理的需求。层次码较少用于标识和参照的目的。层次码非常适合于诸如统计目的、报告货物运转、基于学科的出版分类等情况。在实践中既有固定格式，也有可变格式。固定格式比可变格式更容易处理一些。

（5）矩阵码。矩阵码以复式记录表的实体为基础。赋予这个表中行和列的值用于构成表内相关坐标上编码对象的代码表示。这种方法的目的是对矩阵表中的编码对象赋予有含义的代码值，这些编码对象在不同的组合中具有若干共同特性。矩阵码可有效地用于标识那些具有良好结构和稳定特性的编码对象。

（6）并置码。并置码是由一些代码段组成的复合代码，这些代码段提供了描绘编码对象的特性。这些特性是相互独立的。这种方法的编码表达式可以是任意类型（顺序码、缩写码、无序码）的组合。并置码非常适用于那些具有若干共同特性的商品分类。

（7）组合码。组合码也是由一些代码段组成的复合代码，这些代码段提供了编码对象的不同特性。与并置码不同的是，这些特性相互依赖并且通常具有层次关联。组合码经常被用于标识目的，以覆盖宽泛的应用领域。

在对信息资源进行分类编码时，应遵循以下基本原则。

（1）唯一性。在一个分类编码标准中，每一个编码对象应仅有一个代码，一个代码只唯一标识一个编码对象。

（2）合理性。代码结构应与分类体系相适应。

（3）可扩充性。代码应留有适当的后备容量，以便适应不断扩充的需要。

（4）简明性。代码结构应尽量简单，长度尽量短，以便节省存储空间和减少代码的差错率。

（5）适用性。代码应尽可能反映编码对象的特点，适用于不同的相关应用领域，支持系统集成。

（6）规范性。在一个信息分类编码标准中，代码的类型、结构和编写格式应当统一。

2.3　国内外主要分类法介绍

本节将概要介绍目前世界上使用较广、影响较大的 5 部典型的分类法（见表 2-2）。其中，《杜威十进分类法》（DDC）、《国际十进分类法》（UDC）、《美国国会图书馆图书分类法》（LCC）是国外使用最广的文献分类法，被西方称为世界三大分类法；《冒号分类法》（CC）虽然实际使用单位并不多，但作为典型的分面分类法，具有较大的理论意义和研究价值；《中国图书馆图书分类法》（《中图法》）是中国文献分类界集体智慧的结晶，同时也是中国目前使用最广的分类法。从分类法编制的方式看，上述分类法中，DDC、LCC 以及中国的《中图法》，属于等级列举式分类法，UDC 属于列举-组配式分类法，CC 为分面组配式分类法。

表 2-2　5 部典型分类法和编制方式

分类法全名	简　称	编制方式
《杜威十进分类法》（Dewey Decimal Classification）	DDC	等级列举式
《国际十进分类法》（Universal Decimal Classification）	UDC	列举-组配式
《美国国会图书馆图书分类法》（Library of Congress Classification）	LCC	等级列举式
《冒号分类法》（Colon Classification）	CC	分面组配式
《中国图书分类法》	《中图法》	等级列举式

下面将分别介绍以上 5 部分类法的一些基本方面，包括其发展概况、类表结构、标记符号、类目索引、管理维护等，并对其特点进行简单讨论。

2.3.1　《杜威十进分类法》

1. 发展概况

《杜威十进分类法》的作者为美国的杜威，首次出版于 1876 年，当时取名为《图书馆图书小册子排架及编目适用的分类法和主题索引》，收入近 1000 个类目，用 3 位阿拉伯数字作号码，包括一个类目索引在内，整个分类法的篇幅仅 44 页。但是由于它的标记简明，率先以相关排列法代替当时广泛采用的固定排列法，并首次为类目表编制相关索引，所以受到了普遍欢迎。1885 年出版第 2 版时，改名为《十进分类法与相关索引》。该版增加了类目的细分程度，首次配置了标准复分表，并规定了在保持已有类目稳定的基础上进行修订的方针，为分类表的进一步发展奠定了基础。1951 年出版第 15 版时改称现名。

目前，DDC 有两个版本。足本 DDC 至 2003 年已出版第 22 版，共四卷，其中卷一为编制说明和通用复分表，卷二、卷三为类表，卷四为索引和使用手册；节本 DDC 首次出版于 1894 年，现在已出版至第 14 版，其篇幅约为足本的 1/10，主要用于中小型图书馆。与此同时，DDC 从 1989 年开始出版电子版，1996 年正式推出视窗杜威（Dewey for Windows），2000 年以后又推出网络杜威（Web Dewey）[①]，以满足网络环境下的使用需求。

DDC 是当今世界上流行最广的分类法，目前共有 30 多种语言版本，使用于 135 个国家的 20 多万个图书馆，不仅用来组织图书馆藏书，而且也广泛用于书目、文摘数据库以及网络信息资源的组织和检索。美国国会图书馆和英国不列颠图书馆发行的书目记录中均有 DDC 类号。

2. 类表结构

1）类目表

DDC 的第 22 版由主表、附表、索引和使用手册等组成。

DDC 的主表是对已知主题的详细列举，基本上是以学科为中心展开的。其第一级类目首先将所有的学科门类分为 9 个大类，再为不能归入任何一类的图书设一总类，共 10 个基本大类。基本大类以后再设置 9 个二级类加 1 个总类。以此类推，形成一个层层展开的十进分类体系：

000　总论	300　社会科学	370　教育
100　哲学、心理学	310　统计学	371　学校管理、特殊教育
200　宗教	320　政治学	372　初等教育
300　社会科学	330　经济学	373　中等教育
400　语言学	340　法律	374　成人教育
500　自然科学	350　公共行政管理	375　课程
600　应用科学	360　社会机构、社会团体	376　妇女教育
700　艺术和娱乐	370　教育	377　学校与宗教
800　文学	380　商业（贸易）	378　高等教育
900　历史和地理	390　风俗、礼仪、民俗	379　政府法规、管理与资助

DDC 的基本大类及其序列来源于美国圣路易斯市图书馆的哈利斯分类法，该分类法是依据 17 世纪英国哲学家培根的知识分类思想建立的。培根依据人的心理活动的功能区分知识，他认为人类的心理活动从低级到高级有 3 种功能，即记忆、想象和理性，依次产生出历史、文艺、哲学 3 类知识，并在此基础上建立了他的知识分类体系。哈利斯分类法采用了培根的划分原则，将这一次序倒转，根据当时的学科情况设置类目。

---

① DDC 站点：http://www.oclc.org/dewey/。

《杜威十进分类法》基本上采用了他的序列，只作了个别调整。因此，人们把《杜威十进分类法》的分类体系形象地称为倒转培根法。

DDC 在第 17 版以前只有一个标准复分表，第 17 版增设了地区复分表，第 18 版以后又增设了 5 个通用复分表，第 22 版删除了其中的人员表。目前，《杜威十进分类法》的复分表共有 6 个，依次如下。

（1）表 1：标准复分表。由通用主题类目和通用文献类型组成，原则上可根据标引需要直接使用于各级类目。同时，此表还可以结合表 2 进行地理区域、历史时期以及人物的复分。

（2）表 2：地理区域、历史时期、人物复分表。本表是 6 个复分表中篇幅最大的一个，第 21 版收入约 7000 个类目。包括历史时期复分、不同层面的地理区域、世界各国政区、历史地理以及人物复分等。此表可以按主表规定直接复分，也可以根据需要，与表 1 结合进行相应的复分。

（3）表 3：文学复分表。用于文学类的进一步细分。共设有 3 个子表，3-A 为个人著作复分表、3-B 为多著者著作复分表、3-C 用于艺术、文献和作品主题的复分。

（4）表 4：语言复分表。用于语言类中各种语言的复分。

（5）表 5：人种、种族、民族复分表。此表按地域列举各种人种、种族、民族，供全表有关类目必要时使用。

（6）表 6：语种表。此表按语系列类，供有关各类在必要时对文献所属的语种进行复分。

从上面的介绍可以看出，表 4、表 6 实质上是专类复分表，其余则为通用复分表。除上述复分表外，DDC 还采用了专类复分表和仿分等组配形式；此外，部分彻底修订的类表如 340 法律、780 音乐等，还在类目展开中采用了分面结构，可以进行主表类目之间的组配。

2）类目索引

DDC 有一个详细的相关索引，该索引不仅收入类表中类名和注释中所有的术语及其同义词，而且还将一个主题的各个方面，以及被一主题所规定的词或倒装的词集中在同一标目之下，从而可以将分散在各个学科中同一主题对象的不同类目集中在一起。例如：

人员管理	658.3
行政部门	658.407
图书馆	23
博物馆	69.63
公共部门	350.1
中央政府	351.1
地方政府	352.0051

为了充分揭示词间关系，DDC 在索引款目之间使用参照的方法，用于指向上位词；同时，从第 21 版开始还引入了处理多学科著作的新机制。

在电子版、网络版中，DDC 号码不仅与相关索引建立联系，而且还连接《美国国会图书馆标题表》（Library of Congress Subject Headings，LCSH）中对应的标题，使用户可以通过杜威分类法全文、相关索引、LCSH 等，以多种形式查找类目，后者可结合查检 LCSH 的主文档。在索引编制手段上，DDC 还利用 OCLC[①]联机目录中分类号与主题词的同现率作为依据，提高了索引的编制效率。

3. 修订和管理

DDC 自 1876 年第 1 版以来，到目前已出版 22 版。长期以来能够稳定地进行修订，是 DDC 100 多年来经久不衰的重要条件。这得益于 DDC 有一个稳定的修订机构作保障，并逐步完善了类表的修订方针。早在 1922 年，杜威就将其财产投资于森林出版社，建立普拉西德湖基金，负责 DDC 的管理，使得 DDC 在杜威去世后，能够继续进行分类法的维护和出版。随着 DDC 的发展以及影响的扩大，从 1930 年起，美国国会图书馆专门成立了十进分类法小组，后改名为十进分类法部，负责 DDC 的修订。

目前 DDC 的修订由美国国会图书馆十进分类法部具体负责，该部成员同时负责为国会书目卡片标识 DDC 号码，从而使类表能充分与文献发展情况相联系，使修订符合文献保证。此外，为了保证修订质量，还成立由图书馆员、图书馆教育工作者组成的 DDC 编辑方针委员会，对 DDC 的修订进行讨论，提供意见。常规修订由十进分类法部提出修订和扩充的建议，交编辑方针委员会讨论通过；对类目的彻底修订，即所谓的"凤凰表"，则由 DDC 的出版者 OCLC 和编辑方针委员会决定。

DDC 最基本的修订方针为号码完整方针（integrity of numbers）。这一方针于《杜威法》（第 2 版）修订时确定。所谓号码完整，意指类表修订时对已有号码，尽可能保持稳定，通常可根据使用需要适当扩充加细，尽量不调整已有类目的位置，从而给文献单位的稳定使用带来方便。随着学科发展和原有结构的过时，第 15 版修订时，曾对类表作较大变动，因受到用户的抵制，其后又退回到保守的修订方针。为了能使类表跟上科学发展的需要，从第 17 版开始以编制凤凰表的形式，对部分结构过时的类表重新编制，供选择使用。凤凰表可直接作为新版的一部分出版，如第 20 版的音乐类；也可先单独出版，而后并入主表，如"数据处理"。这类修订在正式出版前，一般先在《十进分类法：注释、说明和决策》这一定期出版物上发布。从第 21 版起这一修订形式被明确改为彻底修订。DDC 历年的彻底修订情况如表 2-3 所示。

DDC 大体按照 7～10 年的周期推出新版。在两版之间一般采用连续修订方针，对类表定期检查，并根据需要修订类号、索引，为新主题的标引制定规则等，作为类表的修订和发展及时发布。目前 DDC 的日常更新采用按月在网上公布的形式，其网络

---

① OCLC，Online Computer Library Center，即联机计算机图书馆中心。OCLC 是一个非营利的组织，总部设在美国的俄亥俄州，是世界上最大的提供文献信息服务的机构之一，以推动更多的人检索世界上的信息、实现资源共享并减少使用信息的费用为主要目的。

杜威按季度更新，视窗杜威则按年度出版，使用户能够随时了解类表的发展信息。当前 DDC 类表修订的特点是重视与知识发展保持同步，加强分面化、国际化以及终端用户的易用性等。

表 2-3　DDC 彻底修订类目一览表

已进行彻底修订的类目		修 改 时 间
546	无机化学	16 版
547	有机化学	16 版
130	超自然现象	16 版
150	心理学	17 版
340	法律	18 版
510	数学	18 版
301～307	社会学	19 版
324	政治过程	19 版
−41，−42	英国（地区表）	19 版
780	音乐	20 版
−77	哥伦比亚（地区表）	20 版
350～354	公共行政管理	21 版
570	生物学总论	21 版
583	双子叶植物	21 版

4. 简要评价

DDC 是现代文献分类法发展史上的一个里程碑。它之所以能为众多的图书馆所使用，100 多年来经久不衰，主要是由于其在技术上的创新和管理上的保证。其主要贡献和特点如下：

（1）首先使用相关排列法，统一了文献单位的图书排架和目录组织；

（2）首先采用数字层累标记制，通用性好，易排易检，易于扩充、组配，具有较强的助记性、等级性；

（3）类目体系等级分明，列类详尽，易于理解，便于使用；

（4）首先配置详细的相关索引，提供从主题字顺序系统角度查找类目的途径，便于分类表的使用；

（5）有稳定的管理机构，根据实用需要对类表进行定期修订，使其能适应学科发展的需要。

DDC 的不足主要体现在以下几方面：

（1）大类体系未能反映学科门类之间的联系。例如，具有密切联系的"400 语言学"与"800 文学"被"500 自然科学"和"600 应用科学"等隔开。

（2）类目的设置已不能适应现代科学发展的需要，如自然科学和应用科学在类表中只占有两个大类，远不能反映文献标引的现状；同时，不少类目的结构已经过时，无法适合科学发展的现况。

（3）小数标记便于扩充，但也造成一些专指主题的号码过长，不利于文献排架。

（4）修订中的类目变动和凤凰表的编制，必然会给图书馆和文献单位的重新分类带来实际问题。

2.3.2 《国际十进分类法》

1. 发展概况

《国际十进分类法》又称为《通用十进分类法》，是一部著名的列举-组配式分类法。编者为比利时学者奥特勒和拉封丹。1895 年，奥特勒和拉封丹主持召开第一届国际目录学会议，会上成立了国际目录学会，决定编制世界书目，需要有一种分类法作为世界书目的工具。当时 DDC 正出版至第 5 版，奥特勒等决定以该分类法为基础编制新表。在获得杜威同意后，1895 年开始对类表进行改造，将类目加细，并增设各种辅助符号供组配使用。第 1 版为法文版，名为《世界图书总目手册》，由国际目录学会于 1905—1907 年分 35 个分册出版，共包括约 3.3 万个类目和 1 个字顺索引，远比同期的 DDC 类表详细。该分类法得到了欧洲许多图书馆和文献单位使用。第 2 版出版于 1927—1933 年，仍为法文版，类目增至 7 万，改为目前使用的名称。为了强调分类法的国际性，UDC 的第 3 版改为德文版，该版始于 1934 年，其间因第二次世界大战被中断，直到 1953 年才最后完成，约 14 万个类目。此后的各种语言版本均是在法文、德文两个版本的基础上发展起来的。

目前 UDC 共有 23 种语言版本，并有详本、中型本和简本的区别。详本列类详尽，在 20 万个类目左右；中型本为详本的 1/3，即 5 万～6 万个类目；简本约为详本的 1/10，即 2 万个类目左右。其中，详本往往按分册出版，无严格的出版计划。为便于整个分类法的管理和发展，1993 年建立了 UDC 的英文主文档，将类目限定在 6 万个左右，明确将其作为 UDC 各种不同版本的修订基础。2001 年后，其英文网络版 UDC-online 开始在网上发布[①]。

UDC 是一个文献分类表，其分类对象包括小册子、科技报告和期刊论文等，并不是作为文献排架的工具编制的。目前，UDC 主要用于欧洲各国的专业图书馆、文献中心和情报机构，不少文摘和索引工具也采用 UDC，是国外使用较广的世界三大分类法之一。

2. 类表结构

UDC 是一个在详尽列举式类表的基础上大量采用组配方式建立的文献分类体系。

---

① UDC 站点：http://www.udcc.org/。

UDC 的主表，是在 DDC 基本结构的基础上发展起来的一个层层展开的十进系统。其基本大类如表 2-4 所示。

表 2-4　UDC 基本大类

基　本　大　类	基　本　大　类
0 总论	5 自然科学
1 哲学、心理学	6 应用科学
2 宗教、神学	7 艺术、娱乐
3 社会科学	8 文学
4（语言学）	9 历史、地理

可以看出，UDC 基本采用了 DDC 的大类序列，只有一个小小的变动，即把 DDC 大类中的"4 语言"合并入了"8 文学"，使两者内容之间的联系得到揭示；此外，大类的标记也不再采用三位数字标志的方法。除上述不同外，UDC 主表与 DDC 主表的不同主要表现在：第一，UDC 类目体系的展开，是在这一大类体系的基础上，由各个领域的主题专家独立发展起来的，没有照搬 DDC 的类目体系；第二，UDC 的类目体系通常比 DDC 的类目设置更为详尽；第三，UDC 对一些大类进行了分面化改造，使其成为一种分面结构，比较典型的如文学类。

不过 UDC 最突出的特点，是在详尽类表的基础上，结合辅助表和一系列复分标记的使用，广泛采用了组配的方式。

3. 修订和管理

UDC 的修订在 20 世纪 90 年代以前一直由国际文献联合会（FID）负责，其日常管理则由 FID 分类法中心委员会进行。FID 的成员国也建立相应国家的委员会，负责该种语言版本的管理。用户对分类法的修订或补充意见送达中心委员会，经研究认为合理后，以提案通告（P-notes）的形式送交各国分委员会，4 个月内没有异议，就作为修订结果在每年出版的《UDC 的补充和修改》中发布，并每 3 年出版一次"补充与修改"的累积本。为了保持类表的稳定性，UDC 采用保留空类（starvation）的方针，规定一个原有类号被修改放弃后，10 年内不得使用。由于修订过程缓慢，而且涉及不同语言和不同详略程度版本的差异，整个类表缺乏有效的整体控制，很难跟上知识领域的发展步伐，无法满足实际使用的需要。

为了有效进行类表的修订，进入 20 世纪 80 年代后，UDC 的修订和管理方式发生了较大变动。1986 年，在对原管理方式调研的基础上，成立了 UDC 管理委员会取代原有机构。1989 年，组成以英国分类法小组 Mcllwaine 为首的 UDC 发展研究小组，对 UDC 的管理方式和发展前景进行调查，提出建立一个由 6 万个类目组成的英文机读文档，作为各种不同规模、语言版本的修订基础。1992 年初，UDC 的管理权改为由 UDC 集团负责。该集团的参加者，除 FID 以外，还包括比利时、日本、荷兰、西班牙、英国的 UDC 出版者。同时，在 1993 年建立起了以英文中型版为基础的核心主文档。该文档包括近 6 万个类目，将作为整个 UDC 类表发展的基础。

目前，UDC 的管理由专家组成的编辑小组实际负责，放弃了原有的修订方式以及原来的号码改变后 10 年内不用的方针，以便使修订更加迅速有效。与 DDC 相同，UDC 的修订包括常规修订和彻底修订两个层次，同时，力图使类表逐步向分面方向发展。例如，医药、社会科学等类的修订均试图在采用分面结构的同时，生成分面叙词表。此外，还加强了与其他类表的联系（如准备与 DDC 合作，共同编制统一的世界地区表等）。UDC 通常不在其网站上发布所有的修订结果，只发布主文档建立以来 UDC 取消类目（UDC cancellations）和 1993 年以来 UDC 的主要变化等信息；其修订的详细内容在年刊《UDC 的补充和修改》中提供，通常于 12 月出版；主文档在纳入《UDC 的补充和修改》中的变动后，按年度向 UDC 成员、出版者和其他获得 UDC 版本的授权者发布，供 UDC 不同语言版本的出版者自己决定如何采用。

4. 简要评价

UDC 与 DDC、LCC 一起，号称世界三大分类法，是目前欧洲使用最广的文献分类法。其特点是：

（1）在分类法发展的历史上，最先提出概念分析的原理，并将其用于文献标引，是组配分类的先驱；

（2）类表列举详尽，组配灵活，不仅可以利用复分表进行组配，而且可以使用各种辅助符号进行类目间的组织，充分揭示文献主题；

（3）标记具有较强的表达性，通过使用各种辅助符号表达主题成分，可以用来进行轮排，并对计算机检索有较强的适应能力。

UDC 的不足是：

（1）基本上沿用了 DDC 的体系，大类的划分不够均衡，其中，5 自然科学、6 应用科学两类的类目，约占整个类表篇幅的 2/3，使得这两个类目的进一步展开层次较深，标记冗长，给使用带来不便；

（2）组配规则过于灵活而影响标引的一致性，有时一个复杂主题会由于组配的不一致出现不同的标引结果；

（3）号码冗长，组配符号种类繁多，过于复杂，不便于手工排检；

（4）由于没有大型文献单位主持，缺乏强有力的管理机构和统一的修订方针，从而造成各种版本管理和修订不一致，跟不上文献标引的实际需要等问题。

2.3.3 《美国国会图书馆图书分类法》

1. 发展概况

《美国国会图书馆图书分类法》（LCC）是美国国会图书馆编制的大型综合性分类法。该表早期由 Hanson 和 Martel 负责编制，整个分类法主要是根据美国国会图书馆藏书的分类需要编制的。类表编制前，曾考察了当时流行的几种分类法，决定在吸收克特（Cutter）的展开式分类法结构的基础上编制新表。1898 年提出"Z 目录学"大类草案，并于 1902 年出版；1904 年出版了整个类表大纲，同时按大类分头进行类表的编制。到 1948 年，除"K 法律"类外各大类均已完成。法律大类类表自 1969 年后开始出版，直至 20 世纪 80 年代才最后完成。

LCC 的编制一开始就是由各个主题领域的专家依据图书馆文献的特点，按大类独立编制，分册出版的。各大类下类目的细分程度，主要取决于该馆文献的收藏数量，因此各个大类之间并不平衡，有的大类有几个分册，有的大类只有一个分册，整个分类法没有统一的合订本，也没有统一的索引，所以有人称它是专业分类法的集合。这种情况显然对类表的整体性有影响。

LCC 原来是专为美国国会图书馆编制的，但后来逐渐为许多大型学术性图书馆、研究机构图书馆以及一部分公共图书馆使用，如高等学校图书馆、专业图书馆和政府机关图书馆。特别是在 20 世纪 60 年代，许多原来使用 DDC 分类法的纷纷改用 LCC 分类法，使其实际上成为一部大型通用性文献分类法。究其原因，主要有：①LCC 的特点适用于研究机构图书馆；②由于 LCC 编目服务提供的经济利益，图书馆可以直接采用该分类结果；③许多图书馆可通过联机方式，直接将整个 LCC 记录用于数据库建设。长期以来，LCC 的号码一直用于美国统编目卡片，同时也输入国会图书馆发行的机读目录磁带。LCC 于 20 世纪 90 年代中期完成了机读文档的建设，并于 2002 年推出网络版 Classification Web[①]。

2. 类目体系

LCC 基本上是一个以学科为中心的分类体系。其大类体系参考了克特展开式分类法的体系，并依据美国国会图书馆收藏特点进行，共设有 21 个基本大类。整个大类次序按照总类、哲学、历史和地理、社会科学、艺术和文学、科学技术的顺序组织，依次为

A	总类		M	音乐
B	哲学、心理学		N	美术

---

① LCC 网络版，http://www.loc.gov/cds/classweb/，完整版可以向 LC（www.loc.gov）订购，含 LCC 和 LCSH。国会图书馆官方网站以 PDF 格式提供各大类简表（Library of Congress Classification Outline），是目前网上最权威、最详尽的版本，但需逐类下载。

C	历史：辅助科学	P	语言、文学
D	历史：世界史	Q	科学
E～F	历史：美洲史	R	医学
G	地理、人类学	S	农业
H	社会科学	T	技术
J	政治	U	军事科学
K	法律	V	海军
L	教育	Z	书目及图书馆学

大类以下，由各类专家根据学科领域的特点展开，一般先划分出基本学科或分支，然后再进一步按主题、形式、地区、时代展开。按照从总到分的次序，逐级进行等级显示。例如，下面为 Q 类展开的情况：

Q	科学（总论）
QA	数学
QB	天文学
QC	物理学
QD	化学
23.—26.5	炼丹术
71—142	分析化学
146—197	无机化学
241—441	有机化学
450—731	物理和理论化学
901—999	晶体学
QE	地质学
QH	自然史（总论）、生物学（总论）
QK	植物学
QL	动物学
QM	人体结构
QP	生理学
QR	微生物学

LCC 的类表根据文献保证原则建立，由于各个大类资源情况不同，各类之间的详略程度并不平衡。不同分支的类目体系大体上均按照统一的模式序列，依次为：①一般形式区分；②理论、哲学；③历史；④论文或综合性著作；⑤法律、规则及状态关系；⑥研究与教育；⑦专门主题和主题的子类。但各表在使用上述模式时并不绝对，往往根据各自的特点，选择适合的范畴，并确定相应的类目次序。

LCC 是一个典型的列举式分类法，对复合主题列举详尽。为了缩小篇幅，LCC 也使用少量复分表，但与一般分类法的复分表存在着不同，主要表现在：①LCC 没有通用复分表，只有专类复分表，复分表使用的范围仅限于大类中指定的类目；②号码的配置是根据主表顺序号码中预先留下的空号确定的，同一复分类目往往有多个号码，使用时按规定将复分表号码与主表号码的数值相加，复分标记不具有助记性。LCC 采用的复分表类型包括：形式复分表、地区复分表、年代复分表、主题复分表、汇编复分表、著者复分表等。其中，汇编复分表同时包括两种或多种复分类型，如同时包括形式、主题、地区、时代等的复分表，使用时可根据需要选用相应部分。

3. 修订和管理

LCC 修订由美国国会图书馆编目方针和支持办公室负责，LCC 的编目人员协助。在编目者发现该主题类表未设置相应类目或类目设置存在问题时，即可提出增补或调整。修订建议于每周由办公室人员代表和其他编目人员组成的编辑委员会讨论，如得到同意，新的或调整的号码立即生效。长期以来，增补或调整首先在《国会图书馆分类法增补与修订》季刊上发表，按类以字顺的方式显示。2001 年 12 月后该刊停止，改为网上发布，由 LCC 按周更新。

要了解 LCC 历年的更新情况，主要有两个出版物。一是《国会图书馆分类法增补与修订累积本》，按年度出版，包括 LCC 季度出版物中发表的增补和调整的累积，每个表的增补与调整的累积本以分册形式出版，以减轻从《国会图书馆分类法增补与修订》季刊中查找新号的困难；二是《国会图书馆分类表增补与修订（前一年）》，这一出版形式可以提供集中查核前一年类表修订情况的便利。

LCC 各类表没有统一的出版计划，各表的新版或修订一般根据需要分别准备，独立出版，情况很不一致，如 Q 类已经进行了 7 版，某些类仍然只有第 1 版。LCC 的新版迄今为止共有 3 种情况。

（1）新表。通常为从未出版过的大类或大类的一部分。如“JZ 国际关系”，“KZ 国家法”（law of nations），“ZA 信息资源”。

（2）累积版。一般将按季度分散出版的增补与调整收入类表，但不对类表进行整体修订，这类表在已经出版的新版中最多；也有某些累积版未将增补与调整融合进类表，只是在重版类表中作为附录印刷。

（3）修订版。不仅将按季度分散出版的增补与调整收入类表，而且对相关子类进行必要的整体修订。这类版本往往需要花费更多的时间和精力，如“HJ 公共金融”就是彻底修订的例子。

LCC 于 1947 年曾经准备编制一个完整的印刷型索引，但因为法律类的编制尚未完成而停顿。因此，在实现电子化以前，LCC 只有分册索引（有一些分册没有索引）。1994 年后，LCC 类表输入计算机，建立了机读文档，并通过比较合并得到一个综合索引。但由于每一个索引原来单独编制，合并的索引仍然存在兼容问题。在 LCC 完成电子化以后，其修订和变动的发布逐步由电子形式代替。目前，LCC 的变动数据每周在网站发布，Classification Web 由 LCC 按周更新，使得用户可以及时使用最新的文本。同时，还在网上发布相关子类的说明文字，以及部分对于 LCC 类表的基本资料与讨论的论文等，供用户交流。

4. 简要评价

LCC 基本上是一部主要供排架使用的分类法。LCC 的特点是：

（1）是一部依据文献保证原则编制的分类体系，能较好地适应文献标引的实际需要；

（2）类目体系由各学科专家编制，适合研究机构图书馆的分类特点；

（3）标记简短，容纳性强，使用组配少，便于号码配置；

（4）修订据于日常编目工作，增补和变动及时；

（5）类表结构稳定，类目体系变动少，类目的增补不必改动原有类号。

LCC 的不足是：

（1）缺乏明确的分类理论指导，类表的系统性、规律性差；

（2）类表主要是按照美国国会图书馆的文献及其使用需要编制的。与一部通用分类法的要求相比，类目设置及组织方式受到美国国会图书馆收藏和使用特点的限制，同时有强烈的西方中心的倾向；

（3）类表按分册编制，缺乏统一的修订和协调，整体性差；

（4）采用详尽列举方式，篇幅巨大，类表管理、更新的费用大；

（5）顺序标记适用于排架，但表达性差，在计算机检索系统中不利于通过标记对类表等级进行显示。

2.3.4 《冒号分类法》

1. 发展概况

《冒号分类法》（CC）是印度图书馆学家阮冈纳赞编制的一部综合性分面分类法，第 1 版发表于 1933 年。由于该类表采用分面结构，以冒号为组配符号，因此采用了这一名称。CC 发表后，阮冈纳赞加强了对分类理论的探讨，于 1937 年出版了《图书分类法导论》（Prolegomena to Library Classification），并将其理论贯彻在 1939 年第 2 版的修订之中。此后阮冈纳赞继续进行分类法的研究和探索，逐步在修订过程中发展和完善了分面分类理论。CC 在阮冈纳赞生前共出版了 6 版，每一版都在技术或形式上有所变化。比较突出的改变为：①在 1950 年的第 3 版中，首次提出了他的点、面、相的理论；②在 1952 年的第 4 版中，将所有的分面归纳为 5 个基本范畴，并将其贯穿于整个分类体系的编制，极大地改变了分类法的面貌。1960 年出版的第 6 版，是阮冈纳赞生前出版的最后一个版本，该版在 1963 年又进一步作了修订，基本上建立起了完善的分面分类体系。但阮冈纳赞并没有停顿，随即又开始了第 7 版的编制，并在 1969 年著文介绍 CC7 的概况，提出要将其发展为充分自由的分面分类法，亲自进行了部分类表的修订。1972 年阮冈纳赞去世后，对 CC7 的修订在其生前助手高比奈特的指导下，由印度的文献研究和训练中心进行，经过多年努力后，于 1987 年出版。

作为一个实用的分类工具，CC 的使用仅限于印度的一些图书馆，但 CC 提出的分面分类理论，对世界分类法的发展具有巨大影响。几乎在所有的现代文献分类法、主题词表的编制中都可以感到这一理论带来的变化，因而这一分类法受到世界分类界的广泛重视。阮冈纳赞生前曾将其分类体系的发展分为 3 个阶段，称第 3 版以前的分类法为不灵活的分面类表，第 4～6 版为准自由分面类表，只有 CC7 为充分自由的分面类表。下面主要依据 CC7 对类表进行概要介绍。

2. 分面分类理论

CC是一部依据分面分类理论编制的分类法。这一分面分类理论的核心内容是阮冈纳赞提出的分析兼综合的原则，以及分面分析和分面标记。

阮冈纳赞认为，文献分类法应该能确切揭示文献主题，而这是传统的等级列举式分类法不可能做到的，要解决这一问题，必须依据分析兼综合的原则加以实施。分析兼综合原则的基本思想是，任何文献主题，不管它多么复杂，都可以分解为基本的主题概念；反之，任何复杂主题，都可以通过单元概念的组配来加以表达。因此，分类法编制时，不必详细列出具体的类目，只要将基本主题概念按照一定的次序列出，并配置相应的标记符号就可以了。标引时，先分析文献主题构成成分，再利用表中相应主题概念的组配，表达文献主题；同时，以这些类目的标记组合构成的类号，表达该类目在分类体系中的位置。这样，依据分面概念、分面术语、分面标记，通过在有关规则和原则指导下的分析和综合的操作，就可以为复合主题确定类目和类号。实际上，这是一种由规范和原则指导的分析-综合形式的分类法。按照这一方法，必须依据一定的理论有层次地展开类目体系，并建立相应的组配规则。根据这一需要，阮冈纳赞发展了五个基本范畴的理论和相（phase）的理论。

五个基本范畴的概念首次出现在 CC 的第 4 版。在 CC 的前 3 版中，虽然也按照分面组配的方式列举基本概念，但没有对分面的展开进行规范，同时，只采用了一种组配符号冒号，无法充分揭示复合主题的成分及其关系。通过仔细研究不同基本类下分面的种类，阮冈纳赞在第 4 版中按照它们的性质，将所有的分面归纳为 5 个基本类型，以此规范分面分类法基本概念的分析和列举。这 5 个基本范畴依次为本体（personality）、物质（material）、动力（energy）、空间（space）和时间（time）。其中，本体表示事物对象或事物种类，例如，社会心理学和心理学中的人，宗教中的基督教、佛教等；物质表示与主题对象有关的材料，如音乐类中的乐器，图书馆类中的期刊；动力表示对事物对象的操作和处理，如经济类中的出口、进口，语言学类中的语法等；空间与时间则表示资源对象发生的空间位置和时间概念。但在不同的基本类下，因情况的变化，同一基本概念也可以归入不同的基本范畴。例如，期刊在图书馆学中属于物质，在目录学中则属于本体。每个基本范畴都使用特定的指示符加以表示，依次为[P]；[M]：[E]. [S]'[T]。这样，就可以通过概念的系统列举和分面指示符的使用，确切表达各种范畴主题成分之间的组配。

在第 7 版中，物质面又被进一步分解成 3 个方面：物质[M]、物质性质[MP]和物质方法[MM]。这一划分扩大了物质面的范围，将物质的内部运动从属于物质面，使得许多在第 6 版中属于动力面的点，在新版中归入了[MP]或[P]。例如，语言学中的语法，新版归入[MP]；医药类下的疾病预防、事故防止等，第 6 版中归入动力面，新版归入[MP]。这一变动使得范畴的划分更加精确，但同时也增加了物质面与其他范畴之间区分的难度。

为了能按照复杂主题中主题概念之间关系准确列举概念，阮冈纳赞在提出 5 个基本范畴的同时还提出了层（level）和轮（round）的概念。阮冈纳赞认为，在一个基本类中，同一基本范畴可以不止一次地出现，他将这种情况称为层，可以表示为[p1]、[p2]、[p3]。例如，文学类中，存在着 4 层本体：语言[P1]、文学形式[P2]、作者[P3]和著作[P4]；法律类下，[P1]为法律种类，[P2]表示法律实体等。层的概念使得对本体的描述可以有层次地、确切地进行。有时，在动力后会再次出现本体、物质，这一情况称为轮，可以表示为[2p1]、[2p2]、[2m1]。一轮通常由[P][M][E]组成，在[E]之后开始新的一轮，通过这一方式可以充分列举各个轮次的主题概念。按照方便使用的需要，CC 类目体系展开时，一般在每一个基本类下，首先列出分面公式，然后再按照该公式显示的轮与层的次序列出不同分面的基本概念。

为了在类表的基础上揭示主题之间的各种结合，CC 还提出了相的概念。所谓相是指一个基本类派生出来的部分；相关系，通常是指主题之间联结形成的关系，包括基本主题相关、面内相关和类列内相关。按照主题关系的联结特点，阮冈纳赞进一步将相关系分为 6 种，依次为倾向相、比较相、差异相、工具相、影响相、一般相等。其中倾向相通常用来表示第 2 相是第 1 相的目的、对象；比较相用以表示两者的比较；差异相用来揭示两者的差异；工具相表示一个是另一个的工具；影响相表示一个对另一个的影响；一般相则用来表示其余 5 种相关系以外的其他关系，并且设置相应的相关系符。相关系主要用于对各种复合主题的表达，对相关系及其类型的设置和区分，增强了分面类表对主题之间各种组配关系的表达能力。通过这一方式，使用者就可以在分面结构的基础上充分揭示各种主题类型及其关系。

3. 类表结构

目前见到的 CC7 的类表共包括 5 个部分，依次为：A 介绍，主要概要回顾 CC 的发展历史及其基本理论；B 初学者指导，介绍文献分类的步骤，帮助用户熟悉 CC 的标引方法；C 一般规则，共分 24 节，是对 CC 的分类术语、理论、技术体系的概要阐述，着重介绍 3 个平面即概念面、语词面、标记面的理论；D 一般类目和共同点，收入传统的主要主题表、基本主题表、各种通用复分表及有关说明；E 特定点，亦即各类的分面分类表及有关的说明。

CC7 的基本大类由传统学科组成，设置如下：

Z	综合类	L	医药
1	知识总论	M	实用工艺
2	图书馆学	△	神秘主义
3	图书学	N	艺术
4	大众传播	O	文学
8	管理学	P	语言学
B	数学	Q	宗教
C	物理学	R	哲学
D	工程学	S	心理学
E	化学	T	教育
F	工业技术	U	地理
G	生物学	V	历史
H	地质学	W	政治学
I	解剖学	X	经济
J	农业	Y	社会学
K	动物学及畜牧业	Z	法律

其中，以数字标示的为综合性学科下的基本知识门类。可以看出，CC7 的基本大类是以传统学科为基础设置的。其中，神秘主义类位于大类的中心。类表在神秘主义之前列出自然科学类目，基本上按照具体性递增的原则序列，将科学和技术接近设类，但地质学插在生物学与解剖学之间比较费解；在神秘主义大类之后则列出艺术、哲学、社会科学的有关类目，大体上按人为性增加的次序排列。CC 的基本大类，在第 6 版中曾达到 43 个，但因数量太多，效果并不好，因此，第 7 版明确规定以传统学科为基础，并按照标记的情况，限制大类的数量，使其能方便地得到标引。

在大类之下，CC 一般按各类情况，确定是否进一步区分出基本类，作为分面分析的基础。然后再列出分面类表。例如，数学类下进一步设置的基本类包括：B1 算术、B2 代数、B3 分析、B4 集合理论、B5 三角、B6 几何、B6T 拓扑、B7 力学、BT 统计微积分、BTT 操作研究、BV 控制论、BX 天文学等。再如，美术下的基本类包括：N5 素描、N6 油画、N7 版画、NA 建筑、NB 家具、ND 城市规划、NE 塑造艺术、NF 雕刻、NM 镶嵌艺术、NR 音乐等。

CC 分面类表的展开，一般首先列出分面公式，然后按照分面公式给定的次序列出分面基本概念表，在分面类表之后，则是对类表的有关大类说明。下面即为 CC7 中 O 文学类的类表：

O 文学类
分面公式
O[1P1], [1P2], [1P3], [1P4]
O, [语言], [形式], [作者], [著作]
　　类表
[1P1]的类表
语言点

OZ 按照语言点表分

在 DG 语言点中，除授权情况下偶尔扩大使用"d 方言"外，不使用专门成分。

[1P2]的类表

形式点

OZ 按形式

1 诗歌

2 戏剧

3 虚构作品（包括短篇小说）

4 信件（以信件形式写作的文学作品）

5 讲演

6 其他形式的散文

7 Champu（梵语文学）

[1P3]的类表

作者点

OZ 按作者

[1P4]的类表

著作点

OZ 按著作

可以看到，CC7 的类表均由基本概念构成，并且可以充分利用有关分面的类目区分，形式简练，组配能力强。

除了主表外，CC 还设置有多个通用复分表，包括：通用环境表、语言表、时间表、共同能量表、共同物质表、共同本体表、共同前置点、共同后置点表等。例如，通用环境表收入各种特殊的环境概念，按照压力、温度、辐射、化学性质、微生物性质、地理、大气、地带、政治、经济等多种特征展开，供各种特殊环境下的主题标引。共同本体表、物质表和能量表等，则收入这些分面包含的共同类目，以供有关类目在需要时选择使用。

4. 简要评价

CC 是一部完全按照分面方式编制的分类法，与传统分类法相比，它的优点是：

（1）类表十分简练；标记的表达性强，可以在确切揭示文献主题的同时，充分揭示复杂主题的关系。

（2）类表采用的分面组配结构，对新出现的主题具有较强的接纳能力和揭示能力，能较好适应科学技术的变化发展，使其成为一种不同于传统分类法的全新的分类法。

（3）CC 对分类法理论和技术的发展具有革命性的贡献，它所提出的分析兼综合的原则，分面分析、分面标记的学说，极大地丰富了分类法的理论，对各国文献分类法的编制和修订，产生了巨大影响，并深刻影响着整个知识组织理论、技术的研究和发展，在计算机广泛应用的今天，具有巨大的理论价值和实用价值。

CC 的不足是：

（1）大类结构以神秘主义为中心展开，对整个分类体系依据的思想没有明确的说明；

（2）CC 的标记虽然表达性强，但成分复杂、符号种类繁多，给类表的实际使用带来困难；

（3）类表的展开不够均衡，有的类目，如图书馆学等已经达到深度分类的要求，有的大类却缺少基本的扩充；

（4）CC7 的出版代表着 CC 发展的一个新的阶段，但从目前见到的类目表看，类表过于粗糙，存在着许多编辑和印刷错误，影响使用效果；

（5）虽然阮冈纳赞宣称该分类法的目标是充分自由分面分类法，但本质上仍然是在学科及基本类的基础上展开，按照建立的类表及其规则进行操作的，与前 6 版并没有本质的不同。

2.3.5 《中国图书馆图书分类法》

1. 发展概况

《中国图书馆图书分类法》最初是在中国国家文物事业管理局的支持下，由北京图书馆倡议，集中全国 36 个大型文献单位的力量共同编制的一部大型综合性文献分类法。该表的编制广泛汲取了中华人民共和国成立后文献分类法编制的成功经验，其中，尤以《中小型图书馆图书分类法草案》（《中小型表》，1957 年）和《中国图书馆图书分类法》（《大型法》，1964/1966 年）影响最大。1973 年 3 月形成初稿，以试用本形式印行，1975 年出版第 1 版，并陆续为全国图书馆和文献单位使用。其后，除根据本身使用的需要定期修订外，还进行了不同版本和配套产品的编制，逐步形成了以《中图法》为中心的版本系列，《中图法》主要配套版本及出版时间见表 2-5。

表 2-5　《中图法》主要配套版本一览表

《中图法》主要配套版本及简称	使 用 对 象	版次及出版年份			
		1	2	3	4
《中国图书馆图书分类法》（《中图法》）	大型馆	1975	1980	1989	1999
《中国图书资料分类法》（《资料法》）	文献资料	1975	1982	1989	
《中国图书馆分类法·简本》（《中图法·简本》）	中小型馆	1975	1980	1991	2000
《中国图书馆分类法·期刊分类表》（《期刊表》）	期刊	1987	1993	2012	
《中国图书馆分类法·儿童图书馆、中小学图书馆版》（《少图版》）	儿童馆、中小学馆	1991	1998	2004	
《中国分类主题词表》	图书资料	1994	2005		

《中图法》在中国得到广泛使用。据统计，约有 90%以上的图书情报单位使用《中图法》，我国集中编目部门均将《中图法》作为主要分类依据。电子版的《中图法》已于 2001 年出版，目前设有专用网站[①]。《中图法》的版权目前归国家图书馆所有。

---

① http://clc.nlc.gov.cn。

2. 类目体系

《中图法》的类目体系是一个层层展开的分类系统。其基本大类以科学分类为基础，结合文献分类的需要，在 5 大部类的基础上展开，如表 2-6 所示。

表 2-6　《中国图书馆图书分类法》基本部类和基本大类

部　类	内　容
第一部类：马列毛邓经典著作（A）	A 马克思主义、列宁主义、毛泽东思想、邓小平理论
第二部类：哲学（B）	B 哲学、宗教
第三部类：社会科学（C～K）	C 社会科学总论 D 政治、法律 E 军事 F 经济 G 文化、科学、教育、体育 H 语言、文字 I 文学 J 艺术 K 历史、地理
第四部类：自然科学（N～X）	N 自然科学总论 O 数理科学和化学 P 天文学、地球科学 Q 生物科学 R 医药、卫生 S 农业科学 T 工业技术 U 交通运输 V 航空、航天 X 环境科学、安全科学
第五部类：综合（Z）	Z 综合性图书

由表 2-6 可知，根据文献分类的需要，类表将马克思主义、列宁主义、毛泽东思想、哲学、综合性图书等基本部类直接设置为基本大类，同时将社会科学部类扩充为 9 个基本大类，自然科学部类扩充为 10 个大类。社会科学领域中，按照政治、经济、文化的次序，在社会科学总论之后，首先列出政治、法律大类以及与政治有密切联系的军事大类，其后列出经济类，然后再排列有关文化事业的类目，以及语言、文学、艺术等，最后为系统研究和阐述人类社会过程的历史科学及与其密切相关的人文地理。自然科学部分中，类表按基础科学和应用科学分别设类。基础科学遵循从简单到复杂、从低级到高级的次序排列。应用科学的排列中，首先列出与生物科学有密切联系的医药、卫生和农业科学，其后再列出工业技术门类，其中，交通运输，航空、航天根据学科发展分别设为基本大类，列于工业技术之后；并将环境科学、安全科学作为保护人类生态环境、维护人体安全的综合性科学设为一个独立大类。

　　在基本大类的基础上,《中图法》根据各类文献的特点,遵循从总到分、从一般到具体、从理论到实践的方式逐级展开。根据哲学、社会科学内容及其发展与国家、时代具有密切联系的特点,哲学、社会科学领域各类在多数学科的理论方法之后,对涉及各国情况的类目,一般按国家序列,然后再按其他标准分类,时代的区分则通常在国家之后视需要进行。自然科学各类中,基础科学一般按研究对象的性质,依据从总到分、从简单到复杂的次序排列;技术科学和应用科学类目的编列通常先列出基本理论或技术科学,然后再按对象列出各具体部门,并按先总后分的次序设类。对自然科学各类国家与时代的区分,仅限于学科史、现状等有关的少数类目。

　　为了使文献分类法适应现代文献分类的特点以及中国文献分类的实际需要,《中图法》还在类目设置中采用了多种处理方法。

　　重视对新学科、新技术的反映,在不影响类目系统性的情况下,适当突出其级位。例如,在自然科学部门中,将"环境科学"、"劳动保护科学"等单独设类,并设置"N94 系统论"、"Q81 生物工程"、"TP18 人工智能理论"等,将它们编列在较显著的位置。

　　根据实用需要,对部分知识门类集中设类。例如,部分放弃按学科列类的方式,将生物学中与各种农作物有关的类目、工业技术中的农机制造类目等设置在农业大类之中,使农业大类的类目相对集中,满足文献单位的实用需要。

　　重视交叉关系类目处理的规律性、灵活性、适用性。对多重相关、多重隶属关系的类目,包括交叉学科、边缘学科等,除按研究对象所属的学科归类外,一般还揭示其相关联系,提供各种选择的可能,包括:编制交替类目、编制类目参照、规定互见分类方法、通过注释指明集中和分散的方法等。

　　根据文献处理的需要多重列类。例如,对"U448 各种桥梁"类,类表同时采用用途、结构、材料、形式、桥面位置等标准区分列类,并明确规定各种情况的处理办法,使类表具有多角度处理文献的能力,并具有分面组配的潜在能力。

　　双表列类。例如,根据不同文献单位对法律文献组织的不同需要,为"D9 法律"类编制了两个分类体系。第一表按先国家后法律部门展开,供一般文献单位使用;第二表按先法律部门后国家组织,以适应专业文献单位的使用需要,使类表具有更大的灵活性和适用性。

3. 辅助表

　　《中图法》的辅助表包括多种通用复分表和专类复分表。

　　《中图法》的通用复分表共有 8 个,依次为:①总论复分表;②世界地区表;③中国地区表;④世界时代表;⑤中国时代表;⑥世界种族与民族表;⑦中国民族表;⑧通用时间、地点复分表。

　　上述通用复分表中,总论复分表实际上为通用主题和通用文献类型复分表,收入各种通用性主题类型和文献类型，除主表、专类复分表或仿分中已列出了同样的类目外，原则上全表的各级类目都可以根据需要使用。其他通用复分表的使用，通常按有关类目下的注释确定。其中，地区复分表在《中图法》中分为世界地区复分表和中国地区复分表两种，世界地区复分表同时收入自然区划、按语言划分的区域以及行政区划；中国地区复分表收入中国各行政区，通常可按类目下注释的规定使用。当类目注释规定先按世界地区表分，中国再按中国地区表分时，对中国地区的复分，应先在世界地区表查出中国的号码，然后再加上中国地区表的号码。资料收藏较多的文献部门，如需扩大各种通用复分表的使用范围，通常需要添加相应的辅助符号。

除通用复分表外，《中图法》还编有 58 个专类复分表，供各类细分时组配使用。此外，《中图法》还大量采用仿分的方法以及使用关联符号进行类间组配等，复分表、仿分及类间组配的使用，大大缩小了类表篇幅，增加了类表对主题的揭示能力以及标引和检索的规律性。

《中图法》第 4 版的类目索引采用了轮排索引的形式，将分类表中全部类名及注释包含的主题概念，按单词（即词素）予以轮排，从而可以从单词出发，查找含有该单词的全部类目。形式如下：

上文	↓检索入口词及下文	分类号及参见
	园艺	S6
蔬菜	园艺	S63
施肥	园艺	S606+.2
蔬菜设施	园艺	S626
花卉设施	园艺	S629
果树设施	园艺	S628
气候与设施	园艺	S162.5+
	园艺技术推广	S6-33
	各种园艺	S63/68

4. 修订和管理

文献分类法的管理是使类表跟上时代发展，保证分类体系活力的重要措施。一个有效的文献分类法必须具有健全的管理。《中图法》经过一个时期的探索，目前已建立起比较完备的管理系统。

在管理机构上，《中图法》目前采用二级管理方式。第一级，《中图法》编委会，其成员由参加编制分类法单位的代表组成，负责确定类表发展方针和全面修订，并在北京图书馆设置分类词表组，其职能是集中用户意见，负责类表日常修订工作；第二级，专业分类委员会，负责该学科类表的修订组织工作和以《中图法》为基础的专业分类法的编制工作。

在管理方式上，对类表的日常维护由国家图书馆词表组负责，通过定期出版《〈中图法〉与文献标引信息简报资料》公布修订信息，使类表适应实践发展的需要；全面修订则由编委会组织各科专家定期进行，通常 6～8 年进行一次。

修订方针上，《中图法》目前坚持在体系结构基本不变的情况下对类表充实、完善；强调编制使用的连续性、稳定性，对标记的变动持谨慎态度。同时规定各个版本之间，保持基本体系结构一致，将其区别限制在类目划分深度、组配方法的使用上。如《资料法》本为适应文献资料分类需要，在提供国家、地区、民族、时代等多方面复分可能的同时，采用多种辅助符号，以适应多途径检索的需要。

5. 简要评价

《中图法》是我国图书馆界共同努力的结果，是在广泛汲取中华人民共和国成立以来国内编制的文献分类法的理论和实践经验的基础上形成的，具有以下特点。

（1）大类体系合理，符合现代文献分类的特点。全表以学科为中心建立分类体系，大类设置数量合理，基本上反映了现代科学发展的现状和文献状况；类目的排列上，将内容上有联系的类目接近设置，能较好地揭示类目之间的联系。

（2）类目体系的展开系统、适用。整个类表按照从总到分、从一般到个别、从低级到高级、从理论到实践展开，有较强的规律性；类表展开兼顾文献组织与检索的需要，一般控制在 6 级左右。

（3）重视类表的灵活性。类表在保持类目体系展开的规律性的同时，广泛采用各种技术手段，为交叉学科、边缘学科等提供了各种选择的可能，包括：设置交替类目、类目参照、编制选择类目、双表列类等，供用户选择使用。

（4）追求编号技术的最佳结合。类表采用字母、数字结合的混合号码，以层累标记制方式配号，类号简明，同时使用八分法、双位制等改进其容纳性，并设有多种辅助符号供组配使用，重视类号的助记性，以使标记系统达到最佳效果。

（5）发展了适合各种规模和对象的文献收藏的配套产品。包括根据不同文献规模、对象编制的分类表，专业类表，以及在《中图法》、《汉表》对应的基础上编制的《中国分类主题词表》等，为中国文献标引和检索的一致和规范提供了必要条件。

（6）管理健全。由常设机构负责类表管理，有明确的管理形式和方针，保证《中图法》及时跟上科技发展和标引实践的需要。

《中图法》发展中有待探讨改进的问题主要包括以下几个方面。

（1）部分类目体系仍需进一步完善。如个别门类中的分类标准的使用次序存在着与整个分类体系不一致的问题，有待进一步调整；个别门类类目设置以及与相关部门之间的关系仍有待进一步完善和明确。例如，哲学理论的类目设置及与世界哲学的关系就属于后一类情况。

（2）通用复分表的完善改进。目前通用复分表中未设置语种、人物复分表等，地区表、时代表均按世界、中国分别编制，存在着设置分散、类目不够充分等问题，亟需研究改进。

（3）分类法系列中不同类表之间的协调。如何根据不同文献单位或分类对象的特点，合理处理好各个版本之间的不同要求，有待于进一步解决。例如，以文献检索为主要目标的《资料法》，如何进行适度分面改造，以增加对文献主题的组配标引能力；如何处理好综合性类表与专业类表之间的不同要求等，将是今后《中图法》长期面临的一个课题。

《中图法》（第 4 版）在类目体系、标记符号、类目注释等的显示方面均有较大变动。例如，将《中图法》类目与《资料法》类目在同一表中设置，对只在《资料法》中出现的类目以辅助符号"+"加以区分；将标记符号从原来的分段显示改为完整显示；在主表注释中对类目的调整、变动加以说明；在类表中增设了复分表的辅助识别标志；扩大组配复分方法的使用范围等。上述变动的实际使用效果，仍有待在文献标引实践中检验。

第 3 章 图书情报分类法的发展与作用

对图书分类的研究在东西方都有悠久的历史，至 20 世纪逐步形成较完整的学科体系。本章旨在通过对国内外图书情报分类的历史演变进行系统介绍，从图书情报领域的分类发展规律和趋势中总结经验，从而获得信息资源的科学分类的启示。

3.1 图书分类的作用与演变规律

3.1.1 图书分类的作用

类，是指一组在性质上相同或相似的事物。分类，就是把相同的事物集中在一起，把不同的事物区分开来。因此，图书分类就是根据图书内容的学科属性，依据一定的分类法，将图书分门别类地、逻辑系统地组织起来，同时给予其相应的分类号，以便按号进行图书排架和组织分类目录。其结果是把学科相同的书聚积在一起，以便图书馆科学管理和供读者按类查书。

图书分类的作用包括以下 3 点：

（1）揭示每种文献的内容性质和其他特征；

（2）把相同的文献集中在一起，把不同的文献区别开；

（3）根据各类文献之间的关系组织成一个系统。

图书分类建立之后可以应用于：

（1）编制分类检索工具，如图书分类目录、文献分类索引等；

（2）分类排列藏书；

（3）进行分类统计，统计文献入藏和流通情况。

3.1.2 图书分类的演变规律

从前面的论述可以发现，国内外图书分类法的演变呈现五大规律。

1. 图书分类存在不断发展性

随着图书、文献、信息的不断丰富，相应的分类体系也在不断地扩充和趋于完善。但图书分类是对现有的知识进行分类，这就决定了图书分类法只能趋于完善，再加上现代图书、文献、信息数量的快速增长和不断更新，分类法的稳定性越来越差。图书分类方法随着科学技术的发展而发展，1917 年印行的《仿杜威十进分类法》，在 10 个大类里，只列出了"500 科学"1 个大类；1953 年问世的《中国人民大学图书馆图书分类法》，在 17 个大类里只列出了 4 个大类；1957 年出版的《中小型表》，在 21 个大类里自然科学占了 7 个大类；1963 年出版的《大型法》，在《中小型表》的基础上发展为 8 个大类；1975 年出版的《中图法》，在《大型法》的基础上已经增加到 10 个大类。由于科学技术的发展，迫使图书分类法不得不增加新的类目，用以容纳新产生的科学技术文献。例如，在 20 世纪 60 年代产生、70 年代才得以发展的环境科学，在《中小型表》和《大型法》里没有反映，而在《中图法》里作为"X 环境科学"一个基本大类独立列出。人类社会进入 20 世纪 80 年代之后，以信息科学、生命科学和材料科学为前沿，以电子计算机、生物工程、空间技术、海洋开发、光纤通信、激光技术、新材料技术、新能源技术等 8 种新技术为先导的新技术革命，正在全球兴起，我国也实施了"863 计划"，并由此产生了大量文献，这在《中小型表》和《大型法》里是不可能得到反映的，而只有在《中图法》里才能得以体现，特别是在《中图法》第 4 版体现得更充分。

由上述分析可知，图书分类法虽然有着自身的发展特点，但是随着科学技术的发展，图书分类体系根据图书的内容特征和形式特征概括为众多类目，然后按照类目之间的联系与区别编排为一个分类系统，它和科学技术发展是相互促进的过程。

2. 图书分类法相对于科学分类具有一定的独立性

一方面，图书分类的对象是图书，而不是学科，图书内容的学科属性是图书的本质属性，所以要以学科分类为基础。但图书的属性是多方面的，除本质属性外，还有其他属性，因此，图书分类体系不能完全等同于学科分类体系。一定要根据图书本身的特点，设立相应的类目，这就表明了图书分类法的独立性。另一方面，在时间上，图书分类相对于科学发展有一定的滞后性。现行的图书分类法只是一定时期内科学发展的反映，具有局限性。而与图书排架相联系的情况下，又必然具有一定的凝固性。因此，图书分类的滞后性和科学发展的超前性之间的矛盾是长期客观存在的。

3. 传统分类法在操作上具有一定模糊性

由于传统分类法对于图书文献信息内容上的局限性和对于科学发展的滞后性，导致了在操作上的模糊性。这些模糊性具体表现在以下几个方面。

1）分类表中的模糊性

世界是由多种要素、种种联系和相互作用构成的，许多学科是没有明确界限的。一个文献主题，既可以被一个类目包括，也可以同时被另一个类目包括，导致许多学科无法找到精确的分类标准。由于分类表是以有限数量的类目来容纳无限数量的科学知识，因此，这种科学分类中固有的模糊性，使模糊概念普遍存在于分类表中。

2）图书内容中的模糊性

现代科技的发展表明，各学科在空间或结构上的边缘区域的模糊性越来越显著。在记载科学知识的文献载体中所提及的常常是本身含义不明确，彼此界限不清晰的属性，使图书的整体类属模糊，准确归类困难。因此，从图书文献中提炼出具有特征的信息，概括成概念，归纳成为主题，再以分类为依据进行恰当的归类标引，对于一些边缘学科、横断学科和综合学科及复杂内容的多学科的图书进行分类就很困难。

4. 图书分类法的用户需求牵引性

作为以类分图书为己任的图书分类法必须以用户的需求为转移，这是一条非常重要的规律。经过历史的筛选，现在我国还在使用的主要有 3 种分类法，以《中图法》的应用最为广泛，全国已有 94%的单位采用了它，除了它有系列版本、修订及时、宣传有力的优点外，主要还在于它类目详细，注释较多；能充分反映当代的新科学、新技术；编制技术先进，如采用组配编号法、多重列类法、双表列类法、突出列类法等；分类号及配号方法简短易记等。总之，它的实用性强，符合广大用户的需求，因此受到了普遍的欢迎。它还能及时修订，紧跟科学技术的发展，尽可能满足用户的需要，如用户早就迫切需要分类自动化，而《中图法》第 4 版就增加了机读版。

5. 图书分类法具有较强的逻辑性和稳定性

图书分类的立类和列类采用科学的方法，即必须具备逻辑性。图书分类法是由众多类目组成的，各类目之间又有密切的联系。因此，排列类目的先后顺序，必须遵循很强的逻辑性，使分类法科学化和系统化。同时图书分类法还保持相对的稳定性。分类法是进行图书分类的工具，直接影响业务工作的开展。因此尽管图书分类法在自身演变的过程中必须不断变化以保持生命力，但又必须在保持相对稳定的前提下，进行必要的修订，具有缓冲和渐变的性质，这也是编制分类法时所要遵循的原则。

3.2 国外图书情报分类法的演变

3.2.1 古代分类法

公元前 250 年左右，埃及亚历山大图书馆的卡利马科斯曾按著者的类别对所藏的图书进行分类。经过多年的藏书建设，亚历山大图书馆把目录区分为史诗、抒情诗、历史、哲学等部分，每部分还有细分。这是图书分类法的萌芽，对西方甚至世界范围内的图书分类都产生了很大的影响。

公元 1548 年，瑞士的格斯纳编制《世界书目》（亦称为《万象图书分类法》）第 2 卷时对所收文献采取按内容分类的方法，这是欧洲出现的第一个正式的图书分类法。这一分类法将图书分为 4 大部 21 大类 250 多个小类，4 大部为：①字学；②数学；③修养；④高等学科。

　　1810 年，法国布鲁奈编制的《法国分类表》问世。该分类法分为 5 大部：①神学；②法学；③科学与技术；④文学；⑤历史。到 1864 年再版时，增订到 11 000 多个子目。

　　1870 年，美国圣路易斯公共图书馆馆长哈里斯认为培根的知识分类体系和分类原则对于图书分类有很大的参考价值，并将培根分类体系的次序改为哲学—诗歌—历史，用于编制《圣路易斯公共学校图书馆目录》。后根据实践，哈里斯发表了他的分类法。该分类法分为 3 大类：①科学；②美术；③历史。然后再细分为 100 多个类。

3.2.2　近代分类法

　　19 世纪末 20 世纪初，随着科学技术的发展，图书资料的大量积累，以及人们对图书的需求和利用方式的改变，旧的图书分类法受到猛烈冲击，一些学者开始探索新的图书分类理论和方法。1876 年杜威针对美国图书分类的情况，提出要寻找一种按图书主题内容排列图书和检索图书的方法。他根据培根的知识分类体系和哈里斯的图书分类方法，编制了《杜威十进分类法》，并撰写了长达 12 页的说明，成为图书分类学的重要文献。

　　1896 年比利时目录学家奥特勒在《国际目录学研究所通信》上发表题为《论数字分类法的结构》的论文，提出按观点分类的原则和用几个简单主题的分类号进行组配表示复杂主题的方法。这是最早提出的分面分类理论。

　　与此同时，美国的卡特提出，图书分类应以关于知识分类的理论为基础，类目体系必须符合自然界的进化次序，应当以研究对象为排列次序。

　　1905 年比利时奥特勒和拉封丹在《杜威十进分类法》的基础上编制出《国际十进分类法》。

　　1906 年英国布朗提出分类法的基本思想，就是把关于一个论题的一切图书放在一个经常不变的、不会使人弄错的地方。他运用主题分析法和组合原则编制了《主题分类法》。他的主题和范畴思想也是早期的分面分类理论。

　　1924 年印度的阮冈纳赞在伦敦大学学习《杜威十进分类法》时发现，等级列举式分类法不能适应科学的发展，难以罗列过去和现在一切可能有的主题，也难以解决复杂主题的分类。1938 年他提出分面标记的理论，即通过把主题领域分析成若干个单元或分面，给每个分面以一个号码，然后根据合成方法组成分类号。他按分面分类理论编制了《冒号分类法》。他还写有几十种有关图书分类的专著和论文，包括《图书分类法导论》（1937）、《图书馆图书分类法的原理与方法》（1944）、《图书分类法要旨》（1945）等。他的分面分类理论对图书分类法的发展产生了深刻的影响。

1929 年美国布利斯出版《知识组织和科学体系》一书，研究一般分类问题以及欧洲思想史上著名的知识分类体系。1933 年他又发表《图书馆内的知识组织和图书的主题检索》一书，详细研究了图书馆的图书分类问题，讨论分类表的编制原则、标记制度和分类规则以及知识分类与图书分类的关系，提出图书分类法的基本原则，还批评了当时流行的几种主要分类法。此外，还有一些学者致力于研究图书分类的基本理论、各种图书分类法的体系和图书分类方法，出版了一批专著，如塞耶斯的《图书分类法的理论》（1929）、凯利的《图书分类法》（1937）等。

表 3-1 　《杜威十进分类法》大类

000	总论
100	哲学
200	宗教
300	社会科学
400	语言学
500	自然科学
600	技术（应用科学）
700	艺术
800	文学（纯文学）
900	普通地理和历史

近代图书分类史中，《杜威十进分类法》对世界图书馆分类学有相当大的影响，被 100 多个国家的一些图书馆和英语国家的大部分图书馆采用，美国几乎所有公共图书馆和学校图书馆都采用这种分类法，它的大类设计见表 3-1。

3.2.3　现代分类法

1. 对近代分类法的深化

第二次世界大战后，图书数量迅猛增加，文献类型不断增多，各种图书分类法不断进行修订，出现一批新的图书分类法。同时随着对图书分类学基本问题的深入研究和引进一些新理论、新技术、新方法，各国出版了大量图书分类学方面的论文和专著。如英国维克里的《分面分类法——专业分类表编制和使用指南》（1960）、美国谢拉等的《分类目录基本原则和实践》（1956）、印度阮冈纳赞的《分类法的哲学》（1951）、苏联沙穆林的《图书分类法史略》（1959）等。

但从图书分类法的发展看，此阶段更多的是对近代图书分类法的继续深入和发展，电子化更是现代分类法的最大特点，但思想体系仍没有摆脱近代分类法的束缚。

2. 专业分类法的出现与应用

专业分类法广泛出现，专利、标准分类成为应用较多的分类法。在专利分类法中，国际专利分类法（International Patent Classification，IPC）是国际上公认的分类体系，由世界知识产权组织控制，由专利局分配给每一个专利文档。许多专利检索系统都提供了 IPC 分类检索的途径，掌握 IPC 的分类体系能极大地提高检索效率。

IPC 是一种国际通用的管理和利用专利文献的工具。1952 年，欧洲理事会成立了一个"分类小组"，1954 年 12 月 19 日，欧洲理事会的一些国家（如法国、德国、英国、意大利、瑞士、荷兰、瑞典等）签订了《关于发明专利国际分类法欧洲协定》。1967 年，保护知识产权联合国际事务局（Bureaux Internationaux Réunis Pour la Production de la Propriété Intellectuelle，BIRPI）（世界知识产权组织（World Intellectual Property Organization，WIPO）的前身），接受欧洲专利专家委员会建议，将该欧洲专利分类法作为国际专利分类法。1968 年 9 月，第一版 IPC 生效。1971 年 3 月 24 日《巴黎公约》成员国在法国斯特拉斯堡召开全体会议，签署了《国际专利分类斯特拉斯堡协定》，从此，WIPO 成为 IPC 的唯一管理机构，确定 IPC 为《巴黎公约》成员国统一的专利分类法。国际专利分类法的作用如下。

（1）专利文献统一的分类工具：使各国专利文献获得统一的分类工具，以便对专利文献进行分类管理、使用、查找。

（2）用于在各种检索中使用：如作为为确定专利申请的新颖性、创造性（包括对技术先进性和实用价值作出评价）而进行专利文献检索时的一种有效检索工具。

（3）获得信息的便利性：利用 IPC 分类表编排专利文献，使用户可方便地从中获得技术上和法律上的信息。

（4）专利信息报导的基础：作为对所有专利信息用户进行选择性报导的基础。

（5）技术领域或水平调研的基础：作为对某一个技术领域进行现有技术水平调研的基础。

（6）专利统计的基础：作为进行专利统计工作的基础，从而对各个技术领域的技术发展状况作出评价。

表 3-2　国际专利分类表的 8 个部

A 部：生活需要
B 部：作业；运输
C 部：化学；冶金
D 部：纺织；造纸
E 部：固定建筑物
F 部：机械工程；照明；加热；爆破
G 部：物理
H 部：电学

国际专利分类表的内容设置包括了与发明创造有关的全部知识领域。分类表共分为 8 个分册，每个分册称为一个部，用英文大写字母 A～H 表示（表3-2）。

国际标准分类法（International Classification for Standards，ICS）是标准文献的分类法。由国际标准化组织编制的标准文献分类法，以数字分类，共分 97 个大类。它主要用于国际标准、区域标准和国家标准以及相关标准化文献的分类、编目、订购与建库，从而促进国际标准、区域标准、国家标准以及其他标准化文献在世界范围的传播。ICS 是一个等级分类法，包含 3 个级别。第一级包含 40 个标准化专业领域，各个专业又细分为 407 个组（二级类），407 个二级类中的 134 个又被进一步细分为 896 个分组（三级类）。国际标准分类法采用数字编号。第一级和第三级采用两位数表示，第二级采用 3 位数表示，各级分类号之间以实圆点相隔。ICS 一些二级和三级类类名下设有范畴注释和/或指引注释。一般来说，范畴注释列出某特定二级类和三级类所覆盖的主题或给出其定义；指引注释指出某一特定二级类或三级类的主题与其他类目的相关性。如 01 类是综合、术语学、标准化、文献，其二级类的编号包括 020、040、060、070、075、080、110、110、120、140，三级类用两位数字表示。

3.2.4　西方图书分类法的思想基础

西方的分类法，其中的哲学痕迹非常明显。如作为早期分类法的典范，《杜威法》有着明显的知识分类（有别于图书分类、学科分类等）的痕迹，它对其哲学基础的反映也更加明显。

《杜威法》的哲学基础是培根的 3 种知识，即历史（记忆知识）、诗歌（想象知识）和哲学（理性知识）的划分。《杜威法》的实现，是使用了倒转培根体系，从总类到哲学、宗教、社会科学、语言学、纯粹科学、技术科学、美术、文学、历史的顺序建立分类体系。《杜威法》在系统地阐释培根哲学体系的基础上，在分类法体系、技术方法和基本理论等方面对后世的分类法产生了积极影响，是现代西方分类法的奠基之作。《杜威法》主要是根据图书性质进行分类的。

3.3　中国图书情报分类法的演变

3.3.1　中国古代分类法

中国最早的文献分类法，据有史可查的是《七略》。分辑略、六艺略、诸子略、诗赋略、兵书略、术数略和方技略。后东汉班固根据《七略》整理成《汉书·艺文志》。西晋秘书监荀勖，依照《七略》的方法整理藏书，编成《中经新簿》，把书分成甲（六艺、小学）、乙（诸子、兵书、术数）、丙（史）、丁（诗赋）4 部分，这是中国文献四部分类法之始。唐朝魏征等采用"四部"（经、史、子、集）编《隋书·经籍志》，而由唐至清的图书文献分类就采用了四部分类法。

中国古代学者在收集、整理文献或编制书目时，大多从分类的角度"辨章学术，考镜源流"。汉代刘向、刘歆在《七略》中就体现了他们的文献分类思想。南宋郑樵在《通志·校雠略》中，从理论上概括和总结了文献分类的意义、作用和方法，认为文献分类必须有条理，应以学术分类为基础。清代章学诚在《校雠通义》中，主张分类要重视文献的内容，不应拘泥于文献的形式，要求类目清楚，类次有序。

3.3.2　中国近代文献分类法

20 世纪 20 年代前后，中国很多学者学习西方图书分类理论与方法，并根据中国图书馆实际，提出一些图书分类理论。1917 年沈祖荣、胡庆生提出把中文新图旧书统一分类。1925 年杜定友提出中西文书籍分类应以内容为标准，而不应以语言文字为标准。1926 年他在《图书馆学的内容和方法》一文中提出应把图书分类学列入图书馆学校的课程中，并指明其内容范围。同年刘国钧在《四库分类法之研究》一文中指出中国图书分类法导源于刘向、刘歆，并指出关于类例的研究，在理论方面存在两个问题，一是分类系统的理论根据，二是类目设置是否与其所采用的原理一致；在实际方面也有两个问题，一是使用是否便利，二是归类是否适当。1934 年皮高品认为《杜威法》类目陈旧错列，繁省失均，主张根据中国实际编制适用中外图书的分类法。此外，中国学者还发表了一批专门研究图书文献分类理论和方法的论文和专著，如金步瀛的《图书之分类》（1936）、蒋元卿的《中国图书分类之沿革》（1937）等。

受西方图书分类理论与方法的影响，中国近代图书分类学表现出"一切以'洋'为标准"的特点，期间中国学者编制的四部较为著名的分类法，包括王云五编的《中外国书统一分类法》、皮高品编的《中国十进分类法》、杜定友编的《世界图书分类法》、刘国钧编的《中国图书分类法》，均表现出以下几方面特征：

（1）均受《杜威法》的影响；

（2）把分类法从图书目录中抽象概括出来，单独成书，使分类法更加社会化、规范化；

（3）冲破了四部分类法的束缚，建立了以近代科学分类体系为基础的分类体系；

（4）以学科内容为主要分类标准，同时又考虑到图书的形式体裁及其他因素。

3.3.3　中国现代图书分类法

新中国成立后，中国图书分类法主要是根据毛泽东关于知识分类的论述和图书本身的特点分类，一般设立马列毛邓经典著作、哲学、社会科学、自然科学、综合图书等部类。例如，中国人民大学图书馆编的《中国人民大学图书馆图书分类法》、中小型图书馆分类表编辑小组编的《中小型图书馆图书分类表草案》、中国科学院图书馆编的《中国科学院图书馆图书分类法》、武汉大学图书馆学系编的《武汉大学图书分类法》和中国图书馆图书分类法编辑委员会编的《中国图书馆图书分类法》。其中，《中国图书馆图书分类法》是中国应用最广的、大型综合性图书馆分类法，采用等级列举式编排。

现代图书分类法除了综合性分类法外，专业分类法更是满足了人们对专业情报查找的需要。例如，中国标准文献分类法（Chinese Classification Standards，CCS）是 1989 年中国标准出版社出版发行的中国第一部标准文献分类法。该分类法是一部标准文献专用的分类法，适用于分类各级标准，其他有关标准化文献和资料等也可参照使用，类目设置以专业划分为主，适当结合科学分类。排序采取以总到分，从一般到具体的原则。分类号的设置采用数字与字母混合的方法，共设置 26 个大类。

3.3.4　中国图书分类法的思想基础

从上述中国图书分类法的演变看，中国图书分类法的思想基础主要有两个。

1. 以经典著作为内容分类的思想

与西方近代图书分类法相比，中国传统的经、史、子、集四部分类法，不是近代意义以"学科"为分类标准的分类法。如果以近代学科分类来衡量"四部"分类体系下的典籍，便会发现：经部的《尚书》是一部古史，《诗经》本是文学著名，《春秋》是历史，"三礼"（《周礼》、《仪礼》、《礼记》）是社会科学，《论语》、《孟子》则可以说是哲学。这些若严格按性质分类，当然是不能归入一类的，但按旧法分类的原则，这些都是很古的著作，而且是儒家所认为正宗的著作，便按着著作的时期和著者的身份，不问性质如何，勉强混合为一类。子部也是同样的情形，把哲学、宗教、自然科学、社会科学各类的书籍并在一起。对于集部，尤其复杂，表面上虽皆偏于文学方面，但实际上无论内容属哪一类的书籍，只要是不能归入经、史、子三部的，都归入集部。

中国传统四部分类法与西方近代分类法的不同，体现了两种学术体系及知识系统的差异。中国传统知识系统，可以简称为"四部之学"。所谓"四部"，即《四库全书总目提要》典籍分类采用的"经、史、子、集"四部；所谓"学"，非指作为学术门类的"学科"，而是指含义更广的"学问"或"知识"；所谓"四部之学"，不是指"经、史、子、集"四门专门学科，更不是特指"经学"、"史学"、"诸子学"和"文学"等，而是指"经、史、子、集"四部范围内的学问，是指由"经、史、子、集"四部为框架建构的一套包括众多知识门类、具有内在逻辑关系的"树"状知识系统。有人精辟地指出："经部为中国文化之根源，犹如中世纪欧洲之神学——《新旧约全书》；史部为事实之纪录；子部为哲学家之思想；集部为文学作品。又如希腊的亚里士多德根据人类记忆、理性、想象之三性能，分学问为历史、诗文、哲学三大类。易言之，经为根，史、子为干，集则为枝；聚根、干、枝而成树之整体。故四部分类法依经、史、子、集之次第先后排列，亦即在表明全部知识之体系。""四部之学"就是中国传统"全部知识之体系"。

2. 西方近代以学科分类的思想

中国传统的以《四库全书总目提要》的分类形式得到最后确定的"四部之学"，在西学东渐大潮的冲击下，不断解体与分化，逐渐被西方以近代学科为类分标准构建起来的新知识系统所替代。例如，刘国钧先生所编制的《中小型图书馆图书分类法》，是在已有分类法的基础上，接受了马克思主义的哲学思想而建立起来的。这对《中图法》乃至后世的影响都很大。

因而，中国现代图书分类法是在中外文化冲撞、融合的状况下发展起来的，所形成的分类方法带有明显的中国传统国学思想，同时也吸收采用了近代科技发展所引起的学科分类思想。

3.4　图书分类的发展趋势

3.4.1　图书分类的功能变化

由于载体的多样化，在互联网条件下，图书分类的信息环境发生了很大的变化，其功能也发生了相应的变化。下面是几种常见的图书分类功能及其变化。

1. 定位

定位的作用在于能够让用户使用分类找到资源的位置。在传统的环境中，分类最重要的功能就是找到资源馆藏的位置，但在数字环境下，仅仅依靠分类往往无法发挥其在传统图书馆中起到的定位功能。在网络资源的环境下，许多馆藏均为虚拟，分类与定位不再紧密相关，定位的功能也不再是分类唯一能达到的。通过许多超链接功能，也能找到资源所在，而且往往能进行更好的定位。

2. 浏览

传统分类的另一个功能是提供浏览，但在网络环境中，读者未必会从分类表所呈现的类目及主题间关系去寻找相关资源，因此是否有必要让检索者在同一类别中看到邻近的资源或与之类似的资源仍有待探讨。如果需要达到此目的，资源的呈现必须依分类号的顺序排列。若非必要，则资源的呈现将会多元化。

3. 等级移动

网络环境下，读者在不同层级类目之间的移动更为便利。若网站能提供等级式的移动，让用户在不同层级类目间下上游走，那么用户能从中享受到更多分类等级的好处。在网络环境下，可以通过开发可供读者查询的类表，并将类目间的层属关系，应用数据挖掘技术通过分类号大小、图标远近等呈现类目，以便读者获取类目所在位置及其包含的意义等信息。

4. 识别

传统环境下，识别功能有助于用户在目录清单中看到一个分类符号时，据此确认网站在清单中所归属的主题内容。网络环境下，如果标题单独列出或甚至取代分类号，则用户不必知道分类号的意义且更容易确认资源的主题。

5. 特征分析

通过分类对于类似的资源往往可以设定一个特征或给予一个馆藏类型。网络环境下，通过让资源和给出的特征自动进行比对，分类的特征分析功能就能实现。如根据用户查找信息的主题、习惯等特征，对用户查找信息的轨迹进行跟踪和分析，则可以为用户提供更个性化的服务。

上述各项功能实际上是相互关联、环环相扣的。在知识爆发性增长的网络资源环境中，资源的搜寻、资源概念的分析、知识精华的撷取和知识领域间关联性的建立，都需要开发相应的能更好为读者服务的工具。这些对于传统的历史悠久的分类方法都是大挑战。

3.4.2　图书分类面临的问题

随着现代信息技术的应用，信息环境的改变对图书分类方法提出了许多亟待解决的问题。这些问题包括以下几个方面。

1. 缺乏维护能力的分类法将面临过时与无法应用的风险

在新的信息环境下，知识的快速发展与变化，使得类目的安排难以维持知识体系及逻辑顺序，对邻近主题与邻近学科的浏览功能会减弱。因此，缺乏维护能力的分类法会越来越过时，必须研发更加重要的功能，否则短期内不会吸引图书馆采用。

2. 电子资源将使分类号码（标记）逐渐失去层属意义及助记意义

分类号最早发展出来的阶层理论，随着层面分析理论的出现以及知识跨学科领域的发展趋势，分类号的层属结构将逐渐失去意义。DDC 每个版本的修订工作，由阶层式理论改为层面分析理论，就是最好的范例。未来电子资源的馆藏比例将继续增加，分类的重要性也随之降低，但在线目录或咨询检索系统的主题检索功能则会加强。在网络资源日益普及的今天，对庞杂无序的网络资源如何系统地进行组织整理，已经成为迫切需要解决的问题。但分类表通过阶层式架构能够揭露和组织人类知识的作用，又使其在网络时代的作用再度引起人们的注意。

3. 在线目录或信息检索系统的主题检索功能会加强

针对网络环境的特点，各种现有图书分类法也通过修订和发布网络版本积极应对，如《杜威法》建立了"网络上的《杜威法》"（见图 3-1）。但从现实使用情况看，CyberDewey 主要通过个人独立搜集，搜集不完整，使用对象不明确，难以满足分类的网络化环境。

4. 不同分类体系给图书管理自动化带来困难

早期的计算机自动化图书管理系统和软件均是由各个图书馆根据自身的实际情况和人力、财力等因素，引进或自行开发的。在自行开发自动化管理系统的基础上，一些图书馆推出了比较成熟的图书馆管理系统软件，如国家图书馆的文津系统和丹诚系统、深圳图书馆的自动化系统、深圳大学图书馆的自动化管理集成系统等。由于不同系统之间数据结构及字段的设置不同，对数据和记录进行处理的功能模块也大不相同，从而造成了数据间兼容或转换的困难，给编目数据的共享带来了障碍。

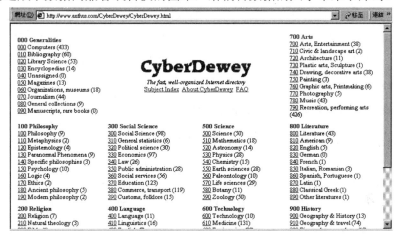

图 3-1　CyberDewey 分类

3.4.3　图书分类的发展趋势分析

1. 图书分类思想随着信息网络环境的变化而变化

针对信息环境的变化，图书分类的思想也必须进行相应的变化，否则将难以再采用传统的实体学科属性作为分类依据。既然分类反映了人类对客观世界的认识，在新的条件下，分类思想也可以重新构建。因此，有必要重新审视图书分类。正如 Keven 在《谈谈我们的分类主题词表》中所讲："……我们这个学科炼出的这样一套'知识'组织方法，实在是过时了……你可以说它曾经起到多大的作用，但是现在肯定没人会用这个东西了，特别是那些开发各类应用的计算机人士和各行各业的用户……"①

现代网络资源往往采用不同的主题组织方式，而且不同的方式可以并存于同一个系统供读者选择。虽然这种情形的分类表架构组织不唯一，但这对所有的读者也许是最好的网络资源组织方式，而且链接是网络资源的特性，而分类表阶层式架构的特性也可以充分展现这一特性，从而使相关主题的资源顺序连接。在网络时代，越来越多的读者要求更加有效的主题检索，这将是各种图书分类和搜索途径系统设计的重点。

2. 图书分类方法将要处理多观点主题

信息网络时代，知识处理的特点最重要的就是多主题，要能够跨类目并以组合方

① http://blog.donews.com/kevenlw/category/68304.aspx[2008-01-01]。

式处理多重观点的主题，使得如"地理与音乐"、"文学与艺术"这样多观点的主题，能够精准地展现其内涵。在网络时代，分类表的类目互相排斥的原则将会受到此类实践的挑战。在类目互相排斥的原则下，每个主题都有其特定的主题范围，互不重叠，而每个主题又只有一个分类号。多重分类号的观念目前已经得到图书分类理论的接受，尤其是面对跨学科图书文献越来越多的情况，对同一主题分属不同学科的图书给予多重分类号，才能够使读者从不同的角度找到完整的相关资料，而信息网络资源链接的特性又可以将读者连接到同一主题下不同学科的文献。

3. 分类表组织知识的功能将更不容易达成

由于知识的快速发展与变化，分类表将面临无法实时反映、调整与维持知识体系及逻辑顺序的困境。故分类法中对邻近主题与邻近学科的浏览功能会减弱，分类表组织知识的功能将更不容易达成。因此，缺乏维护能力的分类法会越来越过时，缺乏维护能力的分类法不会吸引图书馆采用。若没有更重要的功能研发出来，短期内将不会有新的图书分类法产生。

展望未来，在以分类真实本质为基础的系统上，如果能通过科学技术的创新，使得信息的时间与空间向度之间的立体关系得到表现，那么分类法的形式也将从过去接收已有知识变为应用这些知识回答未来未知问题。

4. 图书分类在标引执行环境上应向社会化、规范化方向发展

目前，网络环境下图书信息资源的共建共享已成为图书馆界的迫切愿望，各馆文献分类工作各行其是的标引态势正在着力改变。中国高等教育文献保障系统（China Academic Library & Information System，CALIS）中的联合目录数据库建设，就是中国文献资源建设中的重大举措。无论全国性或区域性的集中编目中心，要建立一个权威性的书目数据库，首先必须制定统一的标准，保证上网数据格式的标准化、规范化，这将进一步促使各馆从大量的重复劳动中解脱出来，各馆分编部门也将大大精简和压缩。将来随着排架分类号、书次号、辅助区分号等图书分类各项规范化标引依据和标引细则的到位，就可能把图书分类排架号作为在版书标直接印刷在书脊某一规定位置。

第二篇　政务信息资源分类

　　政务信息资源是一种重要的国家资源。政务信息资源分类是实现政务信息资源管理、共享和服务，加强政务信息资源的开发利用的重要前提，是实现政务管理工作现代化的必要条件。搞好政务信息资源分类，具有巨大的经济效益和社会效益。随着政务信息资源分类编码方案在我国电子政务建设中应用范围的不断扩展，急需对分类体系及编码方案的发展趋势、应用模式和前景进行研究，为后续相关标准体系的建设、信息资源规划方案的具体实施提出可供借鉴的思路、策略和方法。

　　本篇将结合国内外现状，简要介绍政务信息资源的基本概念、特征、分类的意义、分类编码的一般方式，并以国内外政务信息资源分类实践和商务部网站为例，分析总结现有各种政务信息资源分类方法的特点，指出现有分类方法的不足，并提出相应的改进建议。

第4章　政务信息资源及其分类概述

政务信息资源作为信息资源的子集，与一般意义的信息资源同样在社会生活中起到举足轻重的作用。一个国家的政府、企业和公众对政务信息资源的开发、利用能力，已经成为一个国家综合国力的重要组成部分。而伴随着人类认识和改造客观世界能力的不断增强和信息资源利用技术的逐步提高，我国对政务信息资源开发和利用的能力也将提升到一个新的水平和高度。

4.1　政务信息资源的基本概念和表现形式

4.1.1　政务信息资源的基本概念

政务信息资源是信息资源的一个子集。1985年，美国行政管理和预算局发布的《联邦政府信息资源管理 OMB A-130 号通告》，标志着现代政务信息资源管理的基本思想正式形成。该通告给出了信息的定义，同时指出政务信息资源为"由联邦政府或者为联邦政府创建、收集、处理、分发、废除的信息。"

北京市标准化指导性技术文件将政务信息资源分为三类：①政府部门为履行管理国家事务的职责而采集、加工、使用的信息资源；②政府部门在业务过程中产生的信息资源；③由政府部门投资建设的信息资源以及由政府部门直接管理的信息资源。

在国家电子政务标准体系建设相关研究报告《信息资源开发利用标准体系框架研究》中，信息资源被定义为国民经济和社会发展过程中各个领域、各个层次产生和使用的信息内容总和，既包括各类社会经济活动的信息，也包括与各类社会经济活动相关的信息。在电子政务研究领域，信息资源指的是在国民经济和社会信息化过程中，有利用价值的、数字化、网络化的信息内容。

在本书中，政务信息资源是指狭义的政务信息资源概念，即政府活动中经过加工处理的有序化并大量积累的有用信息的集合，包括国家机关为履行管理国家行政事务的职能而采集、加工、使用的信息资源，政府部门在业务过程中产生和生成的信息资源以及由政府投资建设的信息资源以及由政府部门直接管理的信息资源。

4.1.2　政务信息资源的内容和表现形式

政务信息资源的内容涉及多个方面。从来源上看，政务信息资源来自党委、政府、人民代表大会（简称人大）、中国人民政治协商会议（简称政协）系统等各级部门；从涉及的领域来看，政务信息资源的内容可以涉及经济、教育、科技、国防、文化等领域；按照不同的媒体表现形式，政务信息资源可以划分为文本信息、数据信息、图文信息、多媒体信息（包括视频、音频、图像）和电子地图信息等；按照不同的存储介质形式，政务信息资源可以划分为纸介质、磁介质（磁盘、磁带）、光介质等。

　　例如，中国电子政务建设重点任务的四大国家基础数据库，即人口、法人、地理空间和宏观经济数据库主要来源于政务各级部门，分别涉及人口、科技及经济信息等领域；又如"金字"工程中的"金宏工程"，目的在于实现国家发展和改革委员会、财政部、商务部等八大部委之间宏观经济信息资源的共享。这些工程建设所涉及的政务信息资源是按照多种数据格式存储于不同的介质中的。

4.2　政务信息资源的特性

　　政务信息资源是一个国家信息资源的重要组成部分。它是一个国家进行政治、经济、科技、军事、文化等活动必不可少的重要资源，是政府部门、企业单位、公众、个人在社会经济中普遍需要、不可或缺的资源。作为一种重要的国家资源，政务信息具有全社会所有的公共属性。从经济学意义讲，政务信息资源是"公共财物"。

　　政务信息资源包括国家管理所需要的各种信息，如政治、经济、文化、教育、国防等各领域的信息。无论具体的信息内容如何，作为政务信息资源，其主要特性表现在多来源、多主题和多应用。

　　1.　多来源

　　政务信息资源是来自各级政府部门的，包括中央及地方党委、政府、人大、政协系统的各级部门在履行管理国家事务的职责时采集、加工、使用的信息资源，在业务过程中产生的信息资源，由政府部门投资建设的信息资源以及由政府部门直接管理的信息资源。这些信息资源可能来自农业、医药、电力、建筑、交通运输、教育文化等各行各业，涉及行政管理活动的文件、报表、簿册、档案等。政务信息资源的来源具有如此的多样性，为其分类提供了很好的业务依据及形式依据。

　　2.　多主题

　　政务信息资源的主题应用范围广泛，可以应用于当前的综合政务及其发展规划，有关经济的管理、规划和发展活动，土地、海洋、电力等国土资源以及能源的管理、规划和发展，工业、企业、交通运输、邮政及相关领域，信息产业内及其相关行业领域，以及商贸、旅游、教育等各个领域。政务信息资源的多主题特性，为其分类提供了主题分类的依据。

3. 多应用

政务信息资源在全社会具有广泛的应用，主要应用在为社会公众服务、政府部门应用和为领导决策服务等方面。

对社会公开的政务信息资源可以为公众提供保护公共财产和公共利益的服务，包括公民的基本生活保障、社团/社区服务、健康、教育、国土安全、灾难管理、经济发展、交通运输、能源、劳动力管理等各个方面。同时，政府部门对公众服务的方式多样，并可以通过立法、控制和监督等多种支撑手段以保障服务的到位。政务信息资源对公众提供服务多元化，为其分类提供新的依据，并能够促进构建服务型政府的进程，从而体现经济调节、市场监督、社会管理和公共服务等各项政府职能。

政务信息资源主要应用在各政府部门内部业务和部门间信息的共享方面。政务信息资源分布在各部门，直接支持着部门内部业务应用发展及管理与服务的实现；各级部门之间因为政务协同的需要，需要共享来源于部门内部的业务信息。

政务信息资源还应用在领导的决策支持方面。在部门业务信息资源、共享信息资源的基础上，辅助各级领导的决策需要。

4.3 政务信息资源分类的意义

政务信息资源作为政府行政管理的基础、科学决策的依据、联系公众的纽带、宏观调控的手段，对于国家综合国力的提高、经济和社会发展都有很大的作用。政务信息资源主要作用包括：

（1）推动我国的工业化进程；

（2）促进我国国民经济结构战略调整；

（3）加快调整和改善国民经济和社会发展的资源结构，确保国民经济的可持续发展，建设资源节约型社会；

（4）完善市场经济体制，使各类经济信息充分传播交流，更好地发挥市场机制在资源配置中的基础作用；

（5）推动社会全面发展，提高国民素质和生活质量，以适应新时期国民经济结构调整和劳动力转移的需要；

（6）保障国家安全，防止信息网络和信息库等重要信息资源被窃取、破坏，防范有害信息的传播；

（7）增强综合国力，加强政府、企业和公众的信息能力。

因此，加强政务信息资源管理，提高其开发利用水平将极大地有利于推动经济社会全面发展，有利于推动政府转变职能，提高效率，更好地履行经济调节、市场监管、社会管理和公共服务等职能。

　　然而，政务信息系统是一个规模庞大、结构复杂的系统。政务信息源的生成涉及全社会的各个领域（如新加坡、加拿大的电子政府网站上提供了人从出生到死亡的一系列政府服务），是多源流的汇总和组合，并集中地通过政府以多种传播媒介发送信息（在办公流程中也会产生相应的信息资源）。面对快速增长的环境，人们已经认识到，信息不是越多越好，过多的信息会妨碍人们获得正确的认识。人们进一步认识到，只有经过组织、加工、整理和过滤的信息，才能为社会所用，才能为社会创造财富。尤其是随着网络通信技术的发展，大量的电子型、数字型信息，人们普遍感受到了网络信息混乱无序、检索困难，对网络信息的有效组织和控制的要求日益迫切。因此，信息的整序与组织不仅在过去一直是人类知识获取的必经之路，而且在今后也会成为社会交流过程中的一个极为重要的环节和研究课题。

　　任何信息要想发挥其自身的最大价值就必须按照一定的原则，运用各种手段进行必要的提炼、加工，为信息的不同用户提供高质量的信息产品，政务信息也是如此。信息分类的本质意义就是将信息有序化，方便人们利用。托马斯·巴克霍尔兹曾说过："信息不只是杂乱无章的数据的集合，而是一种需要管理的资源，我们可以理解其特性，并用于建立掌握信息后的竞争优势。"信息资源作为生产要素、无形资产和社会财富是重要的国家战略资源，已经成为全球化形势下国际竞争的焦点，而政务信息资源是其中的重要组成部分，曾经占到整个全社会信息资源总量的80%左右（李霖，郭仁忠，桂胜，2009），因此对政务信息资源进行科学分类就显得尤为重要和迫切。

　　政务信息资源分类是实现政务信息资源采集、加工、存储、保护和使用的必要工具，是实现政务信息共享交换的基础。一方面，通过分类可以加强对政务信息资源的有效管理；另一方面，按类别对已有信息资源进行开发利用，可以促进信息资源共享的实现。

　　政务信息资源分类有利于增强政务信息的完备性，配合政府工作流程改造，同时降低信息发布与接收方的信息不对称度，促进政务透明和廉政建设。随着我国电子政务建设的深入，政务信息资源及其管理也日益成为理论研究的热点。通过分类可以有效地对政务信息资源进行识别、导航和定位，以满足从不同的角度去组织、揭示、识别和使用政务信息资源。

　　为了保证政务信息资源的价值得到实现，保证政务信息资源得到有效利用，政务信息资源的组织工作必须要有统一的领导。

专栏1

政务信息分类在电子政务中的作用和意义

　　电子政务系统中，电子是手段，政务是核心，内容又构成政务的核心。由于政府机构有严格的层级与职能之间的区别，所以电子政务系统需要与各个部门的信息进行集成、整合和加工，之后作为一个整体来考虑，消除"信息孤岛"。分类作为电子政务建设中的一项基础，是帮助消除"信息孤岛"的有效手段，应尽量采用标准信息分类与代码体系，尤其是国际与国家级标准，同时在各类综合性与专业性标准之间建立对照体系。

20 世纪 50 年代以来，政府部门在与其他机构的行政和管理活动中产生的各类文件数量大幅度增加。随着政府机构职能的不断增多，政府记录开始呈现爆炸性增长趋势。据美国文书协会统计，美国联邦政府记录用纸量，1960 年为 4.3 万吨，1980 年达到 11.4 万吨，1990 年达到 24 万吨。文献记录多得惊人，甚至连政府机构自己也不知道它到底形成了多少条记录，对这些记录的质量、存储位置、效用更是无从知晓。为解决因内部记录爆炸而带来的政府记录资源不能高效利用问题，出现了最早的信息资源管理概念及相关理论。

进入 20 世纪 90 年代，随着全球信息高速公路的建设热潮，政府上网工程在世界范围内展开，政务信息资源的地位和作用就更加引人注目，政府信息化的发展不仅开辟了政务信息管理的新领域，而且促进了传统政务工作模式和工作方式的改革。

如果不对其进行分类，那么就会给实际政务信息管理活动带来混乱（上级领导需要掌握全局分布的所有资源时根本无法掌握；由于不同的部门掌握着相应的信息资源，使得其他部门不了解有关信息资源的分布及掌握状况，容易滋生腐败；"信息孤岛"的生成），进而影响政府工作的效率，不利于政府的信息化建设。所以，对政务信息进行分类是必要的。在提倡服务管理型政府的今天，政府组织看重的不是部门或个人能力的凸显，而是越来越依靠政府部门间的协作和部门间的学习、沟通与交流。通过对政务资源进行科学的分类，建立政务资源目录服务体系正是帮助政府部门打破"信息孤岛"，实现资源有效利用、加工和管理的有效途径。政务信息资源分类是电子政务的基础性工作，是政务信息资源采集、加工、存储、保护和使用的必要工具；政务信息资源分类是实现政务信息资源采集、组织、交换、共享和服务的工具，是实现信息共享的基础。

信息资源共享是一项复杂的系统工程，既要保证合法用户的充分共享，又要防止数据的非法使用造成国家资源的流失和泄密；此外，各方面对信息资源共享的迫切需求又不允许等待工程结束后再得到共享服务。根据数据的保密程度、需求程度并综合考虑现实的共享服务能力进行合理的分类；同样，对信息资源用户也根据其性质进行适当的分类，开放不同的数据获取权限，积极、稳妥地推进信息资源共享和整合。政务信息资源的使用者有公民、企业、各种社会团体和政府部门自身，各种角色对政务信息资源有不同的应用需求，需要采用不同的分类方法对政务信息资源进行分类，以满足从不同的角度去组织、揭示、识别和使用政务信息资源的需要。政务信息分类是实现政府管理工作现代化的必要条件；政务信息分类具有巨大的经济效益和社会效益。

统计资料表明，社会公共信息资源的 80％ 都掌控在各级政府职能部门手中，同时，政府系统内的共享信息，更是集中存储在上述单位，这是政务信息的源头所在。因此，整合政务信息资源，建设和改造政务数据库，是电子政务建设的关键。对政府资源实现信息化管理，将有助于打破各级政府和部门对资源的垄断封闭，通过系统有效整合政务信息资源，使政府资源充分服务于社会，从而创造巨大的社会效益和经济效益。

4.4 政务信息资源分类和编码的一般方式

4.4.1 政务信息资源分类

1. 政务信息资源分类概述

分类是科学研究的一种方法。信息资源分类是根据信息内容的属性或特征，将信息按一定的原则和方法进行区分和归类，并建立起一定的分类体系和排列顺序。合理的信息分类是信息组织、深度开发、检索、共享和交换的重要基础。通过对不同事物的分类，可以使事物的特征、状态更清晰地表现出来。

信息分类有两个要素：一是分类对象；二是分类的依据。分类对象由若干个被分类的实体组成，分类依据取决于分类对象的属性或特征。分类就是把经过鉴别、筛选的信息资料，按一定的标准（即属性与特征）加以区别，分门别类，使没有次序的、彼此原来没有关联的信息资料组合为不同类型的信息资料或体系。所谓"类"，是许多具有某种（或某些）共同属性的事物的集合。因此，政务信息资源分类是指把具有某种共同属性或特征的信息归并在一起，通过其类别的属性或特征来对信息进行区别，建立政务信息资源目录分类体系，具体实现政务信息资源管理、共享和服务等，加强对政务信息资源的开发利用。这种分类不是随心所欲的分档划类，而是根据该部门、该单位工作的具体情况，从政务信息资料整理加工的任务和目的出发，从整体到部分、从一般到特殊、从抽象到具体，对信息资料进行聚集排列，使众多的信息都能归入适当的位置。这是一件细致的技术工作，也是一种复杂的劳动过程。对政务信息资源进行分类：①可以揭示每份信息资料的内容性质，有针对性地为不同的接收者提供所需要的不同信息资料；②通过分类，把全部信息按内容进行新的组合，便于对某个时期的政务信息工作形成完整的认识，进行综合分析评价。

在客观世界中，每一个个别事物都具有这样或那样的属性，而任何属性也都是某种事物的属性。由于事物属性的相同或相异，客观世界中也就形成了各种不同的事物类。具有相同属性的事物形成一类，具有不同属性的事物又分别形成不同的类。类在信息分类体系中又称为类目，类目是构成信息分类体系的基本单元，一个类目就表示具有某种共同属性的一组信息单元。表示类目的概念的名称称为"类名"，类名不仅体现类目概念的名称，使其区别于其他类，而且还规定类目的性质与内容范围。分类就是指以信息事物的本质属性或者其他显著属性特征作为根据，把各种事物集合成类的过程。

一般认为，一个完整的分类应包括两个方面：其一，依据事物的属性区分或分组，把具有相同属性或特征的对象集中在一起，与不具有这些属性或特征的对象分开；其二，按照区分出来的对象集合的关系排列次序，并在这些类中进一步按照其相同点和相异点进行区分和组织。例如，将经济部门按照其不同对象分为农业、工业、交通运输、邮政电信、商业、金融、服务旅游等基本门类，并按照一定的顺序加以排列，同时还可以按其特点，对这些门类进一步加以区分。

政务信息资源的分类，即按照一定的标准和依据，对政务信息源进行多角度、多层次、多维度的分析、解释，以便于人们更加清晰地了解人事政务信息。分类的标准和依据不同、分类方法的不同，得出的结果也不同，这为人们对政务信息进行管理提供了依据。

究竟采取哪种方法对政务信息进行分类，这要根据单位、部门政务工作的实际和领导工作的需求而定，要选择能够正确反映本单位、本部门政务信息工作真实面貌的分类方法。不同分类方法对应不同的信息编辑处理和传递方法，对一个单位或者一个部门的政务信息来说，其分类和分类标准应该是一致的。例如，电子政务系统分为综合型与专业型，故内容体系上也分为综合型与专业型分类体系。综合型分类体系是为了满足各类电子政务系统信息共享而建立的，属于基础分类。各类专业型政务系统除在本领域中建有自己专用的目录体系以满足其业务需要外，其分类族首词必须是综合分类体系中的款目，这样才能通过标准的综合分类体系与其他综合型和专业型政务网站互连，实现资源共享。

2. 信息分类的原则

一般来说，分类应遵循以下几条规则：

（1）类目的划分，每次应按同一标准进行，不能同时采用两个或两个以上的标准；

（2）每个类所划分出来的子类应是互相排斥的；

（3）所划分出的诸子类外延之和要等于其母类的外延；

（4）划分类的子类应当是连续性的，不能出现跳类现象，即每一次划分必须把母类划分为它的最邻近的子类。

马张华认为信息分类具有以下特征：①按照信息资源内容特征的相互关系加以组织；②一般是从一定的角度出发组织信息资源的；③以一定标记符号作为排序工具；④往往通过类目索引提供从字顺角度查找类目的途径。并提出以下信息分类原则。

（1）科学性：宜选择事物或概念（即分类对象）最稳定的本质属性或特征作为分类的基础和依据。

（2）系统性：将选定的事物、概念的属性或特征按一定排列顺序予以系统化，并形成一个科学、合理的分类体系。

（3）可扩展性：通常要设置收容类目，以保证增加新的事物或概念时，不打乱已建立的分类体系；同时，还应为下级信息管理系统在本分类的基础上进行延拓细化创造条件。

（4）兼容性：应与相关标准（包括国际标准）协调一致。

（5）综合实用性：分类要从系统工程角度出发，把局部问题放在系统整体中处理，达到系统最优，即在满足系统总任务、总要求的前提下，尽量满足系统内各相关单位的实际需要。

3. 政务信息资源分类体系

对政务信息资源进行分类，关键在于明确政务信息资源的分类标准。政务信息资源是一个复杂的研究对象，如同一个多棱镜，不可能通过单一的标准包括其全部的内容，因此构造一个政务信息资源的分类体系中往往涉及需要按照不同的标准进行多种划分，如图 4-1 给出的政务信息资源分类体系示例中，就包含了按一般信息资源分类、按政务信息资源使用分类和按照政务信息资源表现形式分类三种方式，在每一种分类方式下又包含若干种划分信息资源的标准。有时候，对一些内容复杂的信息资料，还需要将其中的某些章、节或部分单独编号分类，以利于从多方面检索使用。

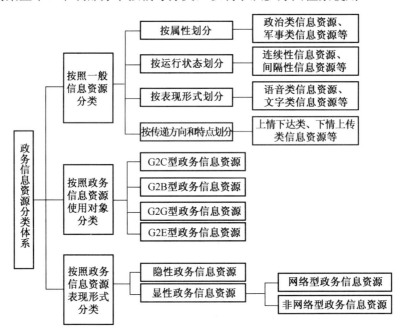

图 4-1　政务信息资源分类体系示例

常见的政务信息资源分类方式以及按各种分类标准划分而成的信息资源大致可以包含以下这些类型。

1）根据一般信息资源分类

根据一般的信息资源分类方法，可以按照信息资源的属性、运行状态、表现形式、传递方向等进行分类。如按政务信息资源的属性划分，可分为政治类信息资源、军事类信息资源、科技类信息资源、经济类信息资源、社会文化类信息资源、自然地理类信息资源和政府类信息资源（政府办公类信息资源、财务类信息资源等）；按信息运行状态划分，可分为连续性信息资源、间隔性信息资源、常规性信息资源和突发性信息资源；按信息表现形式划分，可分为语音类信息资源、文字类信息资源、数据类信息资源和图形/图像类信息资源；按信息传递方向和特点划分，可分为上情下达类信息资源（如政府宣传性信息）、下情上传类信息资源（如公众反馈性信息）、横向沟通类信息资源（如政府部门之间的双向交流性信息）等。

2）根据政务信息资源的使用对象分类

按照政务信息资源的使用对象分类，可以将其分为 G2C 型政务信息资源、G2B 型政务信息资源、G2G 型政务信息资源和 G2E 型政务信息资源。

每一类政务信息资源包含的详细内容可详见 6.2.4 节"用户分类"。

3）根据政务信息资源的形式分类

根据信息资源的形式，可以将政务信息划分为不同的类型。

（1）根据政务信息是否数字化，可以将政务信息源分为数字化信息源和非数字化信息源。数字化信息源主要用来提供电子文本、数据库以及存储于政府网站中的信息。非数字化信息源则是用来提供传统文献：实物方式存在的信息（如锦旗、奖状等）。

（2）根据政务信息所依附的载体，可以分为印刷型信息源、缩微型信息源、电子型信息源、实物信息源、声像信息源等。

（3）根据政务信息的运动形式，可以把政务信息源分为静态信息源和动态信息源。静态信息源提供变化不大或者不会发生变化的信息，如档案信息，它是过去事物发生时间的记录，其信息内容一般都不会发生变化，因而也属于静态信息源。动态信息源提供的信息通常处于变化中，例如，市场价格是处于变化中的，有时监管部门所得到的信息不确定或者是变化的，所以市场就成为动态信息源。

4）根据政务信息资源的来源分类

根据政务信息的来源渠道将政务信息源划分为上级信息源、平行信息源、内部信息源、外部信息源、社会信息源、国际信息源等。

（1）上级信息源。上级信息顾名思义即指来源于上级机关、部门的信息。上级信息包括党中央制定的路线、方针、政策、指令、指示；党和国家领导人及上级主管部门负责人的带有指导性意义的讲话；上级党政机关制定的政策性指令，印发的文件、报刊、简报等内部刊物等。上级信息源所提供的信息一般政策性较强，且具有一定的指导意义，它是政府开展工作的重要信息来源。

（2）平行信息源。平行信息是指平行机关之间往来的信息，包括同级部门的工作动态、工作措施、政策规定、经验交流和情况通报，以及相互之间的批评、建议和要求等。平行信息源中综合性的部门如财政、工商、计划发展改革等部门，纵向处于承上启下的中间管理层，横向处于经济链条上的核心环节，信息渠道多、密度大，工作接触广，信息灵敏度高，在汇集信息方面也具有很多优势。例如，财政部门，处在整个社会、政治、经济生活的分配环节，由于资金流动无所不在，财政部门对于各方面的情况也几乎无所不知，所以信息量非常大。

（3）内部信息源。内部信息源是指组织产生的内部信息，包括政府组织中的各部门，如人事部、组织部、纪律检查委员会等，这些部门在工作中形成大量的诸如文件、报告、情况反映、工作活动、统计报表等信息，供领导分析组织的当前状况，以用于决策。同时，不同层次管理人员依赖于其他层次的管理人员提供信息，因而他们也是内部信息源的组成部分，如中层领导者要为高层领导者提供信息，而基层领导者有为中层领导者提供信息的责任和义务。中层领导者还起到上传下达的作用，将基层情况通报给高层，向基层领导者传达上级的指示。由此可以看出，组织成员本身也是一种重要的信息源。

（4）外部信息源。外部信息是指外部组织为组织活动提供信息的信息源，与组织自身的职责和外部环境密切相关，如同级政府部门、司法部门和其他有关的社会组织等。这些外部组织在政治、经济、文化、教育、科学技术等方面的新情况、新问题、新经验、新成果等都是外部信息。各级政府可以通过外部信息进行横向比较、借鉴，找出自己的不足，制定新的政策措施，进一步做好本地区、本系统的各项工作。

（5）社会信息源。社会信息是指为广大人民群众提供多方面服务，反映他们的呼声、意见、要求以及各种社会形态的信息，包括各类调查材料、群众来信来访、各级政府机关提供的反映社会各方面情况的信息。全社会的各个阶层，如社会福利部门、社会服务部门、社会文化部门等，都是社会信息源。政府信息机构在社会信息源的开发过程中，要重视信息传播媒介，及时捕捉和传播大量最新的社会生活信息。另外，信息服务企业向社会提供的信息服务，反映了社会的需求和动向，是政府研究社会的重要信息来源。随着科学技术和信息事业的发展，特别是信息高速公路的出现，给人们工作、学习和生活方式带来了革命性的变化，社会信息源的地位也变得越来越重要。

（6）国际信息源。国际信息是指来自国外，与我们有关的政治、经济政策、管理信息、科技信息等。它包括世界政治、经济的现状与动向、国际市场信息、国外先进管理经验、先进技术和重大科技成果等。在改革开放和市场经济发展的今天，任何一级政府的决策，只着眼于本地情况和国内的发展模式已远远不够，尤其是在政治、经济全球化、一体化的形势下，在我国经济走向国际化、参与国际竞争的情况下，在更大范围内收集国际政治、经济信息已成为各级政府决策者、企业上层人士进行决策的重要依据，国际信息源也成为政府工作的重要信息来源之一。

除此之外，还可以从政务信息资源的内容、内容时间、作用层次、加工深度等对政务信息资源进行划分，按这些标准划分而成的信息类型如表4-1所示。

表 4-1　政务信息资源类型分类表

划分标准	按政务信息内容	按政务信息内容时间	按政务信息作用层次	按政务信息加工深度	按政府行政职能
划分类型	指示型信息 经验型信息 动态型信息 问题型信息	历史信息 现实信息 未来信息	高层次信息 低层次信息	描述型信息 加工型信息	国民经济信息 社会公共事业信息

政务信息资源目录分类体系的建立，使得浩如烟海的无序信息变成便于利用的有序信息，从而才能取得政务信息资源管理的最佳经济效益和社会效益。

4.4.2　政务信息资源分类编码

信息编码是将事物或概念（编码对象）赋予具有一定规律、易于计算机和人识别处理的符号，形成代码元素集合。代码元素集合中的代码就是赋予编码对象的符号，即编码对象的代码值。信息编码包含的内容有数据表达成代码的方法、数据的代码表示形式、代码元素集合的赋值。信息编码的主要作用是标识、分类、参照。

政务信息资源分类编码是指把在政务过程中具有某种共同属性或特征的信息归并在一起，通过其类别的属性或特征来对信息进行区别，并赋予特定的代码，从而建立政务信息资源目录分类体系，具体实现政务信息资源管理、共享和服务等，加强政务信息资源的开发利用。政务信息资源分类编码是进行信息交换和实现信息资源共享的重要前提，是实现政府管理工作现代化的必要条件。通过分类编码，同时结合元数据技术，建立起政务信息资源目录，可以对政务信息资源进行识别、检索和定位，以支持公众方便快捷地查询、获取和使用政府的公开信息资源。借助分类，政务信息资源目录的建立才有可能将浩如烟海的无序信息变成可利用的有序信息，也提供了信息技术处理能力发挥的可能性。

1. 政务信息资源分类编码的意义

政务信息资源分类编码研究有助于解决目前我国信息资源开发和利用中存在的以下几个主要问题：①信息资源开发不足、利用不够、效益不高，相对滞后于信息基础设施建设；②政府信息公开制度尚不完善，政务信息资源共享困难、采集重复。可见，政务信息资源分类编码对于实施政务信息资源的有效组织管理、共享及开发利用具有重要的意义。

1）有助于对政务信息资源的有效组织和管理

政务信息资源数量很大，类型、格式各有差异，加工处理程度不同，如不进行分类编码，政务信息资源将变得无序，甚至连有些什么数据都会搞不清，要寻找已采集或汇集的政务信息资源都找不到，根本无法对数据进行有效管理。但是，通过政务信息资源分类编码，就可以将政务信息资源从加工程度、载体或者主题应用等若干角度进行区分，进行分门别类的管理，从而维持政务信息资源正常的处理、共享和使用流程，进而提高政务信息资源管理的效率。

同时，政务信息资源分类编码还可以为国家政务信息基础设施做好准备，提高其效率和管理决策水平。

2）促进政务信息资源的开发利用及共享

政务信息资源最终是要面向应用、面向用户的，在对政务信息资源进行开发时，应从不同应用、不同用户对数据的需求出发，通过政务信息资源的分类向不同需求的用户提供不同的信息服务。

按照国家电子政务建设的要求，确定政务信息资源分类编码，是信息资源共享和开发利用的基础性工作，是政务信息资源开发、利用和共享的前提。政务信息资源分类涉及跨学科、跨部门、跨地区、跨行业的政务信息资源获取、收集、汇交、存储、共享与服务等政务信息资源的生产和共享活动，是一项极其复杂的工程。在确定政务信息资源分类编码时，要结合现代信息技术的发展成果，建立起满足各方面要求的政务信息资源分类体系，科学、完整、有序地制定和贯彻信息资源分类在政务信息资源生产和共享活动中的应用，推动政务信息资源作为国家战略信息资源的建设。

2. 政务信息资源分类编码的范围和对象

政务信息资源分类编码的研究对象是政务信息资源，包括：①政府部门为履行管理国家事务的职责而采集、加工、使用的信息资源；②政府部门在业务过程中产生和生成的信息资源；③由政府部门投资建设的信息资源以及由政府部门直接管理的信息资源。

根据政务信息资源的粒度的不同，政务信息资源可以划分为 3 种不同层次类型：记录型信息资源、数据集和信息库。下面分别对 3 种层次的政务信息资源进行分类划分。

1）记录型信息资源

记录型信息资源主要对象包括档案、法律法规、文件、报告等，具体的数据格式可以是图片、文档、多媒体、网页等。该层次的信息资源粒度最细。

2）数据集

数据集是指可以标识的数据集合，它能够用一个数据字典唯一描述。在数据组成上，它是由若干数据记录组成的数据集合。各部门都有相关的数据集，例如，国家重点企业资产数据集、中国结核病流行病学数据集等。

3）信息库

信息库一般由面向特定主题的若干数据集组成，如国家电子政务建设中的四大基础库（人口、法人、地理空间和宏观经济数据库）。

3. 信息编码的基本方法

1）通则

编码方法应以预定的应用需求和编码对象的性质为基础，选择适当的代码结构。在决定代码结构过程中，既要考虑各种代码的编码规则，又要考虑各种代码的优缺点，还要分析代码的一般性特征，选取合适的代码表现形式，研究代码设计所涉及的各种因素，避免潜在的不良后果。

2）代码类型

政务信息资源分类编码使用的代码体系与一般信息分类编码使用的编码体系相同（参见图 2-1）。代码分为两大类，无含义代码本身无实际含义，代码作为信息的唯一标识只起替代信息名称的作用；有含义代码则不仅作为信息的唯一标识，还能提供有关信息（如分类、排序、逻辑意义等）。无含义代码又分为顺序码和无序码，有含义代码则分为缩写码、层次码、矩阵码、并置码和组合码。

第 5 章　国外政务信息资源分类编码实践

本章将介绍国外在政务信息资源分类编码方面的实践情况，在分析总结美国、英国等国家在政务信息资源的界定、政务信息资源的分类（包括分类的框架、方法、思路等）、各种分类的主要用途、对应的编码方案、不同分类编码方案的应用广度等分类编码实践的基础上，针对中国目前政务信息资源分类提出了技术、管理和政策方面的建议。

5.1　美国政务信息资源分类编码实践

美国政府于 1975 年成立联邦文书委员会（commission on federal paperwork），并于 1980 年通过文书削减法（Paperwork Reduction Act，PRA），提出信息资源管理的概念和具体的实施框架。1985 年，美国行政管理和预算局发布《联邦政府信息资源管理 OMB A-130 号通告》。该通告标志着现代政务信息资源管理基本思想的正式形成。该通报中对信息、信息管理、信息资源、信息资源管理、政务信息资源等概念，作了明确的定义。

根据美国电子政务发展过程中所解决的主要问题，可以将美国电子政务对信息资源分类的研究分为两个阶段。

5.1.1　政务信息资源的标识和查询阶段

第一个阶段中，信息资源分类的主要目标是解决政务信息资源的标识和政务信息资源查询。这一阶段主要是解决人查找信息的问题，其思想的主要代表是政务信息指引服务。美国政府各联邦机构的资料原来是分散的，为了能够整合各机构信息资源和信息发布，1993 年成立了信息基础设施建设小组（Information Infrastructure Task Force，IITF），推动政府信息指引服务（Government Information Locator Service，GILS），并由美国档案局、公共服务管理局、出版署（Public Printer）、国会图书馆来建立 GILS 的技术标准。

1994 年 12 月，联邦信息处理标准（Federal Information Processing Standards，FIPS）通过了 GILS 应用总则（application profiles for GILS）[①]，GILS 开始成为美国国家标准，

[①] Department of Commerce，USA，The National Institute of Standards and Technology. Approval of Federal Information Processing Standards Publication 192，Application Profile for the Government Information Locator Service(GILS). http://www.gils.net/ftpsl92html[2007-01-11]。

时隔数月，OMB1995 年 1 号文（Bulletin95-01）[①]公布，该公告要求所有政府机构必须在 1995 年 12 月 31 日前使用 GILS 检索系统。美国国家标准与技术研究院（National Institute of Standards and Technology, NIST）规定所有联邦机构必须采用 GILS 来指引文件出处。

实际上，GILS 的概念从 1977 年起就已经提出，但直到 1994 年 OMB 才开始应信息自由法案（Freedom of Information Act，FOIA）的要求重新修正 GILS，将其目标定为："标识政府部门信息，描述这些信息，并且帮助获取这些信息，改善与落实机构记录管理的职责"。从这个意义上说，GILS 应该是最早的政务信息统一整理、发布查找的应用。

对于 GILS，有的学者认为是一种信息检索系统，该系统依据国际标准建立，可跨机构查询政府信息，是国家信息基础设施（National Information Infrastructure，NII）的一部分；有的则认为是一种元数据格式，依据信息特性设计栏位，可展现某种知识架构，分析资料来源，保障资料安全，避免使用者直接存取实际资料可能造成损失或蓄意破坏的风险；从字面上看，GILS 又像是一种服务形式。由于 GILS 综合了"系统"、"元数据"及"服务"等概念，可以认为它是一个辨识描述政务信息资源，提供获得该资源方式的系统。这个系统具有依据 Z39.50 建立的系统规格书，设计了专属政府信息的元数据栏位，建立了一套指引记录（类似编目款目），可在网络环境中检索并取用，记录中包含的超链接指向实际文件也为公众获取政府信息服务提供了便利。

在 GILS 元数据中，与分类有关的几个主要元数据项有：贡献者（contributor）、出版地（place of publication）、受控主题词（controlled subject index）、非受控主题词（subject terms uncontrolled）、可获性（availability）等[②]。GILS 元数据中，有关分类的赋值多引用已有的标题表和分类法，如美国国会图书馆标题表（LCSH）、医学标题表（Medical Subject Headings, MeSH）、政府手册（the government manual）等。有些州政府则研制了专用的主题词表，如犹他州、华盛顿州、伊利诺伊州等。

犹他州一些分类学专家建议使用简单、公开的分类方法，而不主张使用国会图书馆标题表，理由是该标题表过于复杂，公务员需要接受专门的编目培训才能使用。犹他州使用的受控词表包括：主题表（subjects）、机构表（agency）、非现存机构表（defunct agencies）、政府机构类型（government type）、网络媒体类型（Internet Media Type, IMT）、资源类型（resource type）、语言分类（RFC3066）、网络收集许可分类（robots）、话题表（topics）等。表 5-1 展示了除非现存机构表以外的各种词表的详细情况。

① OMB. OMB95-01 号公告. http://www.whitehouse.gov/omb/bullettins/95-01.html.[2007-01-11].
② OIW/SIG-LA, Application profile for the Government Information Locator Service (GILS)[EB/OL]. http://www.gils.net/prof-v2. html [2007-01-11].

表 5-1　犹他州政务分类表

分　类　表	内　　容	
1．主题分类	农业与食品生产	土地使用、开发与建设
	商业与工业	法律贯彻与法庭
	城市与乡镇政府	法律与规章
	郡政府	自然资源与环境
	教育	公共安全与消费者保护
	联邦政府	休闲与旅游
	表单	地方政府
	政府财政与税收	社会问题与计划
	健康与医疗	州政府
	历史与文化	交通
	信息管理与资源	设施与通信
	儿童网页	投票与选举
2．机构分类	城市	校区
	大学	特区
	乡镇	州机构
	联邦机构	城镇
		地方机构
3．政府机构类型	州政府	公私合营机构
	市属机构	半政府机构
	大学	区属机构
	乡镇	地区（旅游）
	联邦	校区
	多管辖权机构	特区
	非政府机构	城镇
	非营利机构	
4．网络媒体类型（IMT）分类	常用文件类型	模型
	应用	复合文件
	音频	文本
	图像	视频
	消息	其他
5．资源类型分类	日程	地图
	审计报告	纪要
	招投标	新闻和通讯
	预算	意见
	传记	组织图
	期刊	目录
	计划	消费者信息
	政策	信件
	提升	数据集
	引用资源	花名册
	登记簿	百科
	规章	事件

分　类　表	内　　容	
5. 资源类型分类	会议论文集 服务 站点地图 站点搜索 软件 讲话 条例 网络广播 网志 其他	展览 常见问题 表单 词汇表 许可 主页 图像 指令 交互资源 列表
6. 语言分类	常用语言	全部语言列表
7. 网络收集许可分类	全部许可 允许追踪超链接 可索引 不许归档	不许追踪超链接 不许索引 均不允许
8. 话题分类	城市与乡镇 联系政府 郡 数据库 事件与活动 政府出版物	政府服务 热点话题 公共记录 中小学与大学 主题目录 犹他州公共场所

📋 **专栏 2**

Z39.50 简要介绍

　　Z39.50 是一个美国标准，于 1984 年提出，全称是"信息检索应用服务定义与协议描述"，该协议是一种在客户机/服务器环境下计算机与计算机之间进行数据库检索与查询的通信协议。Z39.50 是一种高层次的网络信息检索标准。在开放系统互联（OSI）模型中，信息交换模型分为 7 个层次：分别是物理层、数据链层、网络层、传输层、对话层、表示层和应用层，Z39.50 属于最高层即应用层的协议。该层协议是向用户提供适合于应用和系统管理的信息服务，如电子函件、数据库管理等网络软件。Z39.50 于 1996 年被 ISO 完全采纳成为国际标准，根据这个标准构成的检索系统，可以检索多种不同类型的信息，被各国图书馆界采纳接受，其设计目标是能够利用因特网通信技术，制定一个适于复杂的结构化信息检索和查询服务的数据库通信接口标准。Z39.50 的根本作用是实现网络系统异构数据库应用程序之间的通信，如图书馆的公共目录查询。建立图书馆之间联合目录，实现馆际互借、科研定题服务等。在通信过程中客户端可以是业务人员的个人终端或公共目录查询终端，而服务器则是图书馆管理系统专门的 Z39.50 服务器。

5.1.2　政务信息资源的整合、共享和交换阶段

第二个阶段中，信息资源分类的主要目的是解决政府部门之间的信息整合，即信息的共享和交换。这里"共享"一词的范围有所扩大，不仅是解决人对信息的查找，而且还包括了各种应用程序对数据语义的共同解释。第二阶段政务信息资源分类思想的主要代表是美国跨部门协调委员会研究报告和美国联邦政府组织架构（Federal Enterprise Architecture，FEA）中的业务参考模型。

在这一阶段中，一方面政务信息跨部门协调委员会（Interagency Committee Government Information，ICGI）采取自下而上的方式解决跨部门的信息整合；另一方面，OMB 采用联邦政府组织架构强调电子政务的顶层设计，从而解决跨部门的政务信息共享和互操作问题。

随着美国政府、社会信息化的进一步发展，信息资源管理越来越受到重视。2002 年，美国提出了电子政务法令（E-Government Act of 2002）。该法令明确指出需要研究政府信息、部门站点、电子记录管理所需要的分类、索引，提出有关的建议和指南[①]。2002 年该法令出台后，美国政府开始了 24 个跨部门的信息整合行动。为了保证顺利实现法令中 207 条款要求的信息整合，美国政府于 2003 年成立了政府信息跨部门协调委员会。该协调小组的使命在于实现 207 条款中有关访问联邦政府信息、传播联邦政府信息、保存联邦政府信息的目标。ICGI 下设了信息分类工作组（Categorization of Information Work Group，CGIWG）、电子政务访问工作组（E-Gov access work group）、电子记录政策工作组（electronic records policy work group）、网络内容管理工作组（web content management work group）。

其中，信息分类工作组于 2004 年 12 月向 OMB 提交了政务信息分类的建议报告。在政务信息分类的建议报告中，讨论了政务出版物、联邦记录、公众信息等概念的含义，并对可分类的政务信息作了一个推荐定义。"可分类的政务信息包括各种形式或者格式的，由美国联邦政府产生、公开、散发或者使公众可得的任何信息产品；包括管理、运营那些具有公共利益或者教育价值的信息产品；还包括由政府内部产生、政府之间交换的信息。对限制访问的信息以及连引用都不许可的信息不在分类之列。"

报告提出了 4 条与政务信息分类有关的建议：

（1）联邦政府应该强调政务信息分类要与图书编目实践保持一致；

（2）联邦政府应该强调编目工作的重要性；

（3）应该支持自动采集电子政务信息；

（4）应该建立最小的分类目录来支持信息搜索。

根据该报告，所有的互操作搜索服务至少可以通过 5 个不同概念分类"标识符、主题、创建部门、标题、出版日期"来进行。此外，一些政务信息也可以通过地点、

---

① Public Law 107-347.E-Government Act of 2002. http://www.gpo.gov/fdsys/pkg/PLAW107publ347/content-detail.html。

受众和关键词来提供 s 搜索。

根据该报告提出的与图书编目实践保持一致的建议，基于美国国家标准学会（American National Standards Institute, ANSI）国际标准 Z39.2 格式，结合加拿大机读编目格式（CAN/MARC）与美国机读编目格式（USMARC）形成的 MARC21 成为分类参考的首选（MARC 为英文 MAchine-Readable Cataloging 的缩写词，意为机读编目格式标准）。MARC21 的 86 字段规定：对政务文档可以参考使用多种分类方法，这些分类方法多是一些地方政府根据实际需求制定的分类法，其具体目录如表 5-2 所示。

表 5-2　MARC21 中 86 字段政务文档的分类方法

1. Arkansas state documents classification scheme.（Little Rock: Arkansas State Library, Documents Services Section, State Publications Unit）
2. Arizona documents: KWOC manual.（Phoenix: State Documents Center, Arizona Dept. of Library, Archives and Public Records）
3. California state agency authority list and class numbers.（Sacramento: The Library, Government Documents Dept., California State University, Sacramento）
4. Colorado State Publications Depository and Distribution Center. Classification schedule.（Denver: Colorado State Library）
5. A Keyword-in-context to Florida public documents in the Florida Atlantic University Library（Tallahassee: Dept. of State, State Library）
6. Classification of Iowa state documents by the State Library of Iowa.（Des Moines: State Library of Iowa）
7. State documents of Kansas: list of classes.（Topeka: State Library of Kansas）
8. Louisiana documents classification schedule.（Baton Rouge: Louisiana State Library）
9. Michigan documents classification scheme.（Lansing: Michigan Dept. of Education, State Library Services）
10. Missouri state documents classification: post-reorganization agency codes and form divisions.（Jefferson City: Missouri State Library）
11. Mississippi state government publications. Vol. 1（July 1975/June 1980）–（Jackson: Mississippi Library Commission）
12. Guide to Nebraska state agencies: state publications classification and ordering directory.（Lincoln: Nebraska Publications Clearinghouse, Nebraska Library Commission）
13. Classification scheme for North Carolina state publications: as applied to the documents collection of the N.C. Dept. of Cultural Resources.（Raleigh: The State Library）
14. The New Mexico state documents classification system.（Santa Fe: New Mexico State Library）
15. Nevada state documents.（Carson City: Nevada State Library and Archives）
16. New York state documents: an introductory manual.（Albany: New York State Library）["Appendix" and the New York State Documents Authority File（available from the New York State Library, Documents Unit）]
17. Ohio documents classification scheme.（Columbus: State Library of Ohio）
18. Oklahoma state documents classification and list of Oklahoma state agencies from statehood to the present.（Oklahoma City: Oklahoma Dept. of Libraries）
19. OrDocs: history authority list and classification scheme for Oregon state agencies.（Salem: Oregon State Library）
20. Classification scheme for Pennsylvania state publications.（Harrisburg: State Library of Pennsylvania）
21. Alphabetical list of state agencies and corresponding Swank classification（Providence: Rhode Island State Library）
22. South Carolina state documents classification system.（Columbia: South Carolina State Library）
23. [South Dakota] State documents classification schedule.（Pierre: South Dakota State Library）
24. Superintendent of Documents classification system. [Refers to the U.S. Government Printing Office's classification system. This system is a card-file, not a publication.] [OBSOLETE. Code valid 1981-1985, made obsolete 1985. Use first indicator value "0"（Superintendent of Documents Classification System）in field 086 instead of this code.]
25. Swank, Raynard Coe. A classification for state, county, and municipal documents（Boulder, CO: University of Colorado Library）

26.	Texas state documents classification & almost compleat [sic] list of Texas state agencies from statehood to the present. (Austin: Legislative Reference Library & Government Publications Library, Texas State Library) [Updated monthly in Texas State Documents]
27.	United Nations document series symbols: 1946-77 cumulative.（New York: United Nations）
28.	UPSYLON: classification systématique de la Bibliothèque de la Faculté de psychologie et des sciences de l'éducation de l'Université catholique de Louvain（Louvain-la-Neuve, Belgique: La Faculté）
29.	Utah documents classification schedules.（Salt Lake City: Utah State Library Division）
30.	Washington State government document classification scheme
31.	Organizing Wisconsin public documents: cataloging and classification of documents at the State Historical Society Library.（Madison: Division for Library Services, Bureau for Reference and Loan Services）
32.	WyDocs: the Wyoming state documents classification system.（Cheyenne, WY: Department of Administration and Information, Wyoming State Library）
33.	Other. [Used when a specific classification source code has not yet been assigned to a classification scheme]

5.1.3　联邦政府组织架构

　　为了推动美国电子政务，OMB 在 2002 年开始建立 FEA，FEA 全面描述各个组织机构的职能：这些职能是如何实现的，信息技术如何支持这些职能的实现。FEA 建立了一组标准化的核心技术模块，推动解决方案的实施，收集和分析整个联邦政府的业务和数据体系结构的有关信息，以便确定新的电子政务计划，剔除重复建设项目。FEA 是一种基于业务与绩效的、用于某级政府的跨部门的绩效改进框架，它为 OMB 和联邦机构提供了描述、分析联邦政府组织架构及其提高服务于民能力的新方式，其目的就是做到简化流程、共用联邦 IT 投资以及整合政府机构之间和联邦政府业务线之内的工作。FEA 由 5 个参考模型组成，它们共同提供了联邦政府的业务、绩效与技术的通用定义和架构[①]，其中与政务信息资源分类关系比较大的有数据参考模型（Data Reference Model，DRM）和业务参考模型（Business Reference Model，BRM）。

　　DRM 的主要目标是促进数据、信息的公共标识、使用，实现跨部门的数据、信息的共享。为了达到这个目标，DRM 包含了 3 个方面的标准：数据分类、数据交换和数据结构。通过公共的数据分类和结构，可以实现信息的共享。如果通过 DRM 可以理解数据的业务内容，就可以更加准确地知道数据的内容和目的，这样 DRM 就能够提高联邦政府对信息的共享能力。DRM 通过使用业务语境（business context）的方式来对数据进行分类。业务语境代表了数据在通常业务中的作用。业务语境使用了 FEA 的业务参考模型 BRM 作为它的分类术语[②]。

　　BRM 是描述联邦政府组织机构所实施的、与具体政府机构无关的业务框架，它是 FEA 的基础内容。该模型描述了联邦政府内部运行与对外向公民提供服务的业务流程，而这些业务流程与联邦政府的某个具体的委、办、局没有关系。因此，由于抛开

---

① FEA 工作组.F-Gov Enterprise Architecture Guidance(Common Reference Model), draftversion2.0[EB/OL]. http://www.feapmo.gov/resources/ EGov_Guidance_Final_Draft_v2.0.pdf[2007-01-11].

② FEAPMO. The Data Reference Model, Volume I. http://feapmo.gov/resoures/ DRM Volume_1 Version_ 1_101404_FINAL pdf.[2007-01-11].

了政府部门的狭隘观念，它能够有效地促进政府机构之间的协作。BRM 分类是 DRM 分类的依据，并为 DRM 分类提供了具有含义的语境[①]。

　　FEA 将业务区划分为 4 个一级类目：政府目标（公众服务）、政府实现目标的机制（服务提供方式）、政府运作的功能支持（服务提供支撑）、支持政府业务方方面面的资源管理功能（政务资源管理）。"公众服务"描述了美国政府为美国公民或者代表美国公民所提供的服务，包括：以公民为中心提供的服务；面向公共财产和公共利益的服务；政府保护公民和公民利益的责任。"服务提供方式"描述了政府实现政府目标——为公民提供服务所采用的机制，包括经济手段、直接和间接的政府行政手段。"服务提供支撑"是指为了支持联邦政府正常运作所必要的政策、办事程序、管理手段等。"政务资源管理"是指为了帮助政府高效运作而提供的后台支持活动。

　　这 4 个一级类目，共包含有 39 条业务线，这些业务线称为二级类目，如图 5-1 和表 5-3 所示，"公民服务"目类中包含了 19 个业务线，剩余的 20 个内部业务线则描述了政府为了提供这些服务所必须具备的职能。每个业务线又包含了一系列的子职能，这些子职能代表了 BRM 中最小的粒度。在 BRM2.0 版中，共包含了 153 个子职能，这些子职能被列为更具体、更详细的三级类目，如表 5-4 所示。

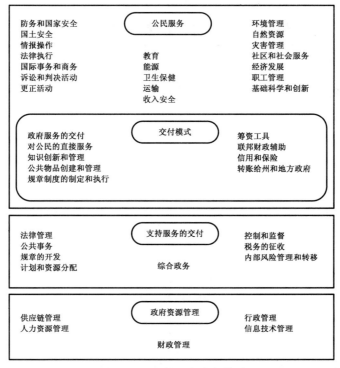

图 5-1　FEA 的业务参考模型

① FEAPMO. The Business Reference Model Version2.0. http://www.feapmo.gov/esources/fea_brm_release_document_rev_2.pdf. [2007-01-09]。

表 5-3　BRM2.0 中的分类方案

一　级　类　目	二　级　类　目	一　级　类　目	二　级　类　目
公众服务	公民基本生活保障	提供方式	知识创造和管理
	社团服务		公共财产创造和管理
	健康		依法管制和强制
	教育		直接服务公众
	国土安全		政府财政援助
	灾难管理		经费下拨
	促进经济发展		信用和保险
	运输	服务提供支撑	计划拟制和资源分配
	劳动力管理		政府收入征收
	能源		内部风险管理和缓解
	执法行为		控制和监督
	罪犯管理		立法关系
	诉讼和司法行为		发展调整
	环境管理		公共事务
	自然资源		常规政府工作
	普通科学和创新	政府资源管理	行政管理
	对外事务和贸易		人力资源管理
	国防与国家安全		财政管理
	情报工作		信息与技术管理
			其他资源管理

表 5-4　FEA 中的业务参考模型（BRM）分类

公众服务	公民基本生活保障	退休和残疾；失业救济；住房援助；社会救助；抚恤
	社团服务	安居乐业；社区服务；社会服务
	健康	疾病预防；免疫管理；公共卫生监测；卫生保健服务；消费者健康和安全
	教育	初级、中级和职业教育；高等教育；文化和历史保存；文化和历史展览
	国土安全	治安管理；运输安全；应急指挥
	灾难管理	灾难监测和预报；灾难准备和计划；灾难补救和恢复；突发事件响应
	促进经济发展	商业和工业发展；行业部门收益稳定；知识产权保护；财政部门监督
	运输	航空运输；水陆运输；铁路运输；公路运输
	劳动力管理	培训和雇用；劳动权利管理；职工安全
	能源	能源供应；能源节约和储备；能源资源管理；能源生产
	执法行为	罪犯拘捕；罪犯调查和监控；公民保护；犯罪预防；领导保护；财产保护；物资专控
	罪犯管理	罪犯监禁；罪犯回归
	诉讼和司法行为	司法听证；法律防卫；法律调查；法律检举和诉讼；其他
	环境管理	环境监测和预测；环境补救；污染防治和控制
	自然资源	水资源管理；自然资源保护、国土（和海洋）管理；旅游业和娱乐资源管理；农业创新和服务
	普通科学和创新	科学研究和创新
	对外事务和贸易	对外事务；出入境人员管理；对外贸易
	国防和国家安全	待定
	情报工作	待定

续表

服务提供方式	知识创造和管理	研究与开发；一般目的的数据和统计；建议和咨询；知识传播
	公共财产创造和管理	制造；工程；公共资源；设备和基础设施管理；信息基础设施管理
	依法管制和强制	检查和审计；标准制定和上报指引开发；证件管理（permits and licensing）
	直接服务于公众	军事工作；公务员工作
	政府财政援助	政府拨款；直接向个人转账；补助；税收优惠
	经费下拨	预算拨款；项目和竞争性拨款；指定用途款项；区（县）贷款
	信用和保险	普通保险；贷款担保；直接贷款
服务提供支撑	计划拟制和资源分配	预算公式；投资计划拟制；实体体系结构；战略计划拟制；预算执行；劳动力计划拟制；管理改进
	政府收入征收	债务追收；收费；政府资产转让
	内部风险管理和缓解	意外事件计划；工作的连续性；服务恢复
	控制和监督	纠正行为；计划评估；计划监控
	立法关系	立法跟踪；立法陈述；提案研究；联络工作
	发展调整	政策和指引开发；公众意见跟踪；规章制度创建；准则发布
	公共事务	客户服务；办公信息发布；（服务）产品拓展；公共关系
	常规政府工作	财政工作；立法职能；行政职能；财产管理；人事管理；税务管理；档案和统计管理
政府资源管理	行政管理	设施；车队和装备管理；帮助平台服务；安全管理；差旅管理；工作场所政策研究和管理
	人力资源管理	福利管理；人事管理；薪水管理和费用退还；人力资源培训和开发；安全检查管理；人员补充和使用
	财政管理	会计；预算和财政；支出；应收款项；政府资产和债务管理；报告和信息
	信息和技术管理	生命周期和变更管理；系统开发；系统维护；信息技术（IT）基础设施维护；信息技术（IT）安全；档案保管；信息管理
	其他资源管理	物资采购；库存控制；后勤管理；服务获取

5.1.4　美国政府门户网站政务信息资源分类

美国政府门户网站按照用户对象的不同组织网站内容，但对各主题具体内容组织，它将按用户分类和按应用主题分类两种方式相结合：一方面对用户对象进行细化，针对特定用户人群组织服务主题；另一方面，按照应用主题的不同，网站对包含的海量信息进行了人性化的聚类整合，服务框架一目了然[①]。

以"面向公众"为例，栏目包括了资讯信息和在线服务两大部分。资讯信息围绕主题类别将相关资源整合为 14 类。在线服务包括了 100 项，使用了 3 种不同的组织形式：按字母顺序归类排列为 20 类；按应用主题不同分类聚合为 14 类；按用户对象不同划分为 27 类。其中就用户对象分类这一形式，27 个分类群体，仅消费者相关的就包含了消费指南、消费活动、消费者组织 3 类，在整体生命周期框架下再将主题进行划分，通过这种细致全面的分类组织，为处于不同阶段的用户快捷地选择进入可满足自身所需的服务类目提供了方便。

---

① USA.gov Home Page of the US Government's Official Web Portal. http://www.usa.gov。

以"面向公众"按用户分类中的"在役和退役军人"主题为例，如图 5-2 所示，进入该主题后，网站将将用户再细分为 5 个细类：军事爱好者与兵役资源、预备军人与后备军官训练队、在役军人、退役军人、资源中心与图书馆。具体对各细类，网站提供了全面的、针对性的服务项目。如对军事爱好者与兵役资源，围绕其在了解美国军事、军队情况等各方面的需要，网站设置了 7 个服务项：现有的军队运作，资源中心，津贴、福利、健康与退休，家庭支持、住房、投票选举与旅行，培训、教育与职业转换，购买产品和其他消费者服务，联邦政府其他部门的资源。用户通过身份对应、主题定位可以快速获取网站所提供的全方位服务。

图 5-2　美国政府门户网站的分类导航

5.2　英国政务信息资源分类编码实践

英国电子政务建设以服务电子化（Electronic Service Delivery，ESD）为目标，由英国首相和内阁大臣于 1999 年向国会提交的《现代化政府白皮书》是英国的"电子政务"建设纲领性文件。至今，英国的电子政务建设已经卓有成效。在英国电子政务标准中，元数据标准（e-Government Metadata Standard，e-GMS）①是英国电子政务互操作框架（e-Government Interoperation Framework，e-GIF）的重要组成部分。该标准制定了元素、元素细化（Element Refinement）、编码规则，以供政府人员为他们的信息资源创建元数据或设计检索系统时使用。e-GMS 的第一个版本由简单的都柏林核心集（Dublin Core

---

① http://www.govtalk.gov.uk/documents/eGovMetadataStandard% 2020040429.pdf[2005-12-1]。

Element Set，简称为都柏林核心（DC））元素构成。e-GMS 在修订时已尽可能吸纳 DC 的元素、元素细化和编码规则。它定义了政府公共部门电子政务元数据的结构和规则，政府部门在创建其信息资源的元数据或设计信息系统的检索系统时都要遵循该标准。e-GMS 用于实现数据的互操作，便于公众找到所需要的政府信息和服务，而不需要了解政府部门的组织结构和职能配置。

　　e-GMS 中的元数据基本上涵盖了政务信息资源从产生（创建者、贡献者等）、加工（内容描述、主题等）、访问（accessibility）、销毁（disposal）等信息全生命周期中与之相关的多个方面。e-GMS 中的标识符（identifier）、主题（subject）元素用到了地方政府分类模式（Local Government Classification Schema，LGCS）、政府分类列表（Government Category List，GCL）、地方政府服务列表（Local Government Service List，LGSL）、地方政府分类列表（Local Government Category List，LGCL）、地方政府业务分类列表（Local Government Business Category List，LGBCL）、地方政府交互列表（Local Government Interaction List，LGIL）、英国统一术语表（Seamless UK taxonomy）等多种分类方案和编码。

　　GCL[①]是英国政府的一个国家级的粗框架划分，由英国电子专员办公室（office of e-envoy）所颁布，主要是用做所有政务电子资源元数据中"subject.category"元素的受控词汇。GCL 以一种标准的形式发布，以支持与 LGCL 之间的映射。

　　LGCL[②]是地方政府的详细分类，LGCL 的前身是 APLAWs Category List（ACL）。该列表定义了地方政府和相关的公众资源中的主题词汇。该列表是 e-GMS 中"subject.category"元素的编码方案。与 GCL 相比，它还提供了一些更细层次的术语来提高搜索能力，实现了"subject.refinement"类目术语向 GCL、LGSL 的映射。

　　LGSL[③]又被称为电子服务提供工具包（esd-toolkit）中的"PID List"。LGSL 是定义了英国地方公民所经常需要的服务的一个比较成熟的列表。一个流程可以看成是某个服务和某种交互类型（LGIL）的组合。LGSL 是 e-GMS 中"subject.service"元素或者细化项的控制词汇。LGSL 可以向 LGCL 和 LGBCL 中的类目进行映射。

　　LGIL[④]列表定义了某个资源所支持的交互类型（如发布信息、付款等）。LGIL 的顶层与最佳绩效指标（Best Value Performance Indicator，BVPI）中所使用的交互类型相对应，该分类可以用来描述地方政府所提供的服务。某些服务类型有所细化，可以用来更精确地刻画交互类型。该分类标准有可能会进一步细化，并被一中间件系统所使用，以支持描述那些较为明确的电子交互过程。

　　地方政府业务分类列表 LGBCL[⑤]定义了业务分类。该分类由 WWB（Working With Business）项目提出。该列表用做 e-GMS 中"subject.category"元素的控制词汇，用

---

① http://www.esd.org.uk/standards/gcl。

② http://www.esd.org.uk/standards/lgcl。

③ http://standards.esd.org.uk/?uri=list/englishAndWelshServices。

④ http://standards.esd.org.uk/?uri=list/interaction。

⑤ http://www.esd.org.uk/standards/lgbcl。

来描述与业务相关的资源。业务分类可以映射至标准产业分类（Standard Industrial Classification，SIC）或者地方政府服务列表。

地方政府目录列表（LGDL[①]）定义了英国地方政府的通用结构，是 ESD 工具包的核心分类树。地方政府服务列表可以向目录术语映射，这样可以以政府自身组织结构的方式来展现有关服务的信息。可以利用 ESD 工具包修改该结构，来匹配地方政府的实际情况。LGDL 结构可以看成是地方政务网络的导航层次结构，与地方政府（服务）导航列表（Local Government Navigation List，LGNL）所提供的互联网导航层级结构相同。

地方政府分类模式（LGCS[②]）由大不列颠记录管理协会地方政务组（Records Management Society of Great Britain，Local Government Group）颁布。并且已经在地方政府数据保护、信息自由和地方政务法案中发挥了作用。该分类的目标在于推动地方政务记录管理的实践。

地方政府受众列表（LGAL[③]）中的分类来自法律文件中的国外分类编码方案总结分析类型分类，适用于描述政务信息资源或者服务相关的公民类型。该分类用于给 e-GMS 中的"audience"元素进行赋值。

这些分类方案和编码之间的关系如图 5-3 所示。每种分类的详细方案见表 5-5。

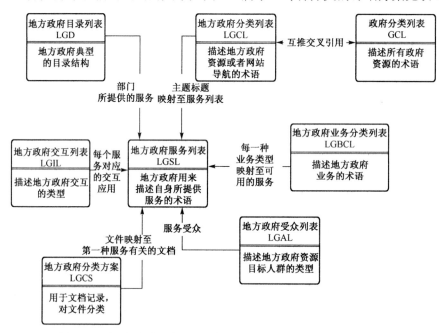

图 5-3 以服务为中心的 ESD 政务信息资源分类映射关系示意图

---

① LGDL（Local Government Directory List），[EB/OL].http://www.esd.org.uk/standards/lgdl/。
② LGCS（Local Government Classification Scheme）. http://www.esd.org.uk/standards/lgcs/。
③ LGAL（Local Government Audience list），[EB/OL]. http://www.esd.org.uk/standards/lgal/。

表 5-5　英国 ESD 项目中应用的分类

类　　别	类 目 列 表	
1. 政府目录类型	农业、环境与自然资源	政府、政策与公共管理
	艺术、休闲与旅游	健康、营养与看护
	商业与工业	信息与通信
	犯罪、法律、审判与权利	国际事务与国防
	经济与财政	人民、社团与生活
	教育、职业与就业	科学、技术与创新
2. 地方机构类型	中央政府	地方和地区政府机构
	教育与培训提供方	地方组织
	环境部门	国家组织
	健康或者信托管理机构	私人公司
	法律与法规相关机构	自愿者与慈善组织
3. 地方政府受众类型	商业	低收入家庭
	就业	男人
	儿童	非英籍居民
	公民与公务员	非英语人士
	通勤人员	老年人
	残疾人士	业主、居民与管理者
	教育工作者	父母与监护人
	雇员	专业人士
	雇主	学生
	种族人群	教师
	男女同性恋	自愿者
	寻找工作者	女人
4. 地方政府业务类型	0　商业	1　农业与动物保护
	2　商业服务	3　建筑服务
	4　创意服务与媒体	5　教育
	6　休闲、娱乐与旅游	7　财政与法律服务
	8　林业	9　健康、社会工作与辅助药物
	10　旅馆、餐饮与住宿	11　信息技术与通信
	12　食品制造业	13　非食品制造业
	14　采矿与采掘	15　非盈利组织
	16　打包与进口	17　人事服务
	18　专业服务	19　财产与房地产
	20　出版与印刷	21　租赁
	22　食品零售	23　非食品零售
	24　交通	25　基础设施
	26　食品批发	27　非食品批发
5. 地方政府频道	面对面	电话
	非电子	网站
	其他电子媒体	

类　　别	类　目　列　表	
6. 地方政府分类方案	成人护理服务 儿童与家庭服务 社区安全与应急 消费者事务 国有财产 殡丧与墓地 民主 经济发展 教育与技能 环境保护 财政 健康与安全 住房	人力资源 信息与通信技术 信息管理 法律服务 休闲与文化 管理 规划与建筑控制 采购 登记与法医 风险管理与保险 交通与基础设施 废物管理
7. 地方政府目录分类	艺术与休闲 教育 环境服务 消防与应急服务	住房 杂项 税收与福利/财政 社会服务
8. 地方政府交互分类	服务请求 预定资源和场地 税收 咨询 货物和服务付款	采购 提供社团、专业和商业网络访问 提供福利和许可 提供信息 规章
9. 地方政府导航分类	建议与福利 商业 教育与学习 环境与规划 健康与社会保障 住房	社团与生活 议会与民主 工作与就业 休闲与文化 交通与街道
10. 地方政府服务分类	1 儿童家庭教育 3 教育奖学金和福利-校车支持 5 学校监管医疗 7 心理学、精神病学或社会工作服务 9 特殊教育需要-评估 11 特殊教育需要-残疾学生津贴 13 小学位置 15 个别学生学校记录 18 学校假日计划 20 儿童照看 22 教育奖学金和福利-学校的维护允许 24 学生奖学金 26 欧洲在教育及相关方面的机会	2 教育奖学金和福利-校服许可/凭证 4 教育奖学金和福利-免费在校午餐 6 语言和文化支持 8 特殊教育需要-陈述 10 特殊教育需要-在主流学校中的安置 12 保育院位置 14 中学位置 17 学校-公共信息（位置/联系） 19 校内外儿童看护 21 儿童照看的服务 23 教育奖学金和福利-教育的维护颁发 25 学生贷款 27 成人教育课程

续表

类　别	类　目　列　表	
10. 地方政府服务分类	29 学校管理者	31 达标/表现-学校
	32 学校课程	33 学校和 LEA 计划
	34 学校排除	35 怠惰
	36 学期、假日和其他停课日期	37 学校用餐
	39 第六种形式通路基金	40 特殊教育需要-传送
	41 学校图书馆-信息和建议	42 书购买方案
	43 展览（教育）	44 学校图书馆-项目贷款
	45 座谈（学校图书馆）	47 学生组织-年轻人的团体，俱乐部和学生活动
	48 儿童表现/阶段证明	49 教育咨询
	50 私人的托儿所-托儿所许可	51 仪器培训
	52 有酬工作或工作经验以及学生	53 父母中心
	54 业务估价（评价、到期未付款、及其他付还）	55 业务估价削减（减轻）
	56 业务估价-个体账户查询	57 国会课税（评价、到期未付款、及其他付还）
	58 国会课税-个体账户查询	59 国会课税优惠
	60 国会课税免除	61 团体税削减减少（残疾人士）
	62 补填以往日期	63 国会课税福利-新的要求
	64 现在的要求（会议税利益）	65 会议税利益恳求
	66 会议税利益-多付	67 会议税利益-更新
	68 将日期追溯到过去某时要求	69 住房补助-新的要求
	70 当前要求（住屋税利益）	71 住房补助-多付
	72 住房补助请求	73 住房补助-更新
	77 寻求庇护者支援	84 住房分配-公共信息
	85 住房分配-难以出租/易于访问特性	86 住房分配-分派的国民住房
	87 住房协会-提名参加注册	88 国民住房交换
	89 住房分配-分别地点	90 住房分配-搬迁请求
	91 国民住宅-占有发行	92 住房分配-国民财产登记
	93 商业租金	97 国民住宅-罪行
	98 国民住宅-讨厌的东西/胁迫的行为	99 住房-社区安全
	101 国民住宅-违章建筑者和占用者	103 无家庭庇护所
	104 非地方政府承租人	105 住房协会承租人
	107 地方政府租地人	108 现有私人租用
	109 现有地方政府租用	110 出庭
	112 无家可归者（救助和建议）	114 地方不动产-公园
	115 地方租金-车库	116 国民住房-当前拖欠租金
	117 国民住房-收回	118 国民住房-当前车库拖欠租金
	119 国民住房-过去拖欠租金	120 住房租金
	122 社区供暖收费	123 住房-住房保险

类　别	类　目　列　表	
10. 地方政府服务分类	124 住房-地方保险要求	125 财产破坏-其他住房服务
	126 财产破坏-受扰住户服务	127 财产破坏-住户履行职责服务
	128 财产破坏-财产补偿服务	129 家庭现代化-国有财产
	130 家庭改善-国有财产改编	132 家庭改善-暂时住所
	135 家庭改善-革新许可	136 家庭改善-家庭维修助理授权
	137 家庭改善-残疾人设施许可	138 家庭改善-住房革新许可
	139 住房修理-紧急修理	140 住房修理-公有区域
	141 住房修理-地方财产	142 住房修理-超储的修理-任意的津贴
	143 住屋修理-装饰和扰民津贴	144 现代化方案
	145 地方倡议（改善住房）	146 住房维修-修理
	147 栽培花木维护	148 住房-租金设定
	149 合理租金检查-合住房	150 安全检验-合住房
	151 业主服务-购买权益	156 业主服务-服务和公共维修
	157 业主服务-行为	158 业主服务-房屋搬迁许可
	159 养育	160 采用
	162 看护者倡议	163 辩护
	164 困扰求助	169 解释和翻译
	172 少年行为法令	173 少年违法警告
	174 贯彻法令	175 养育法令
	176 法庭程序	177 补偿法令
	178 家庭设备和改装	180 职业病治疗
	189 福利权利	190 财政评估
	199 健康忠告	200 宠物照料
	202 艾滋病患者支持	204 复原
	205 专家仪器	209 社会服务的需要评估
	221 铁路卡	225 成人照料
	227 未成人的安慰照料	229 共同看护
	230 庇护住房	232 失去联络的客户
	239 雇佣和培训	241 休闲和社会活动
	242 家庭照料	246 艾滋病儿童支持
	250 临时婴儿照料	260 儿童安慰照料
	261 儿童共同照料	263 儿童住家照料
	264 儿童收容所照料	266 儿童保护
	269 冬季温暖服务	271 失禁者洗衣店服务
	272 社区交通	273 老年人公共汽车证
	274 残疾人士停车位	275 出租汽车卡
	276 个人的交通	279 停车许可证（蓝色徽章）
	280 残疾人士公共汽车证	287 直接付款
	292 住宅照料	293 收容所照料（非儿童）

类　别	类　目　列　表	
10. 地方政府服务分类	296 社区/工作日中心	297 社区支持团体和组织
	298 看护者支持团体和组织	299 雇用建议
	300 年轻人看护者	308 法律援助
	309 律师职权	310 保护法令
	311 遗嘱	312 非工作时间社会服务支持
	313 照料/巡视/社区报警服务	315 送饭服务
	316 家庭评估	317 婚姻-安排和典礼
	318 婚姻-登记礼拜地点	319 出生登记
	320 重新登记出生	321 死亡-登记
	322 死产-登记	323 出生-历史查询
	324 死亡-历史查询	325 殡丧服务
	326 国外遗体运回英国	327 遗体运送回国
	328 丧亲救助	329 殡葬
	330 火葬	331 葬礼费用
	332 掘尸	333 购买墓穴
	334 定购纪念碑	335 埋葬和墓穴细节
	336 市政高尔夫球场地	337 工作空缺
	343 雇佣和培训计划	344 平等机会信息
	345 学徒培训	346 业务计划
	347 社区经济开发	348 经济智囊
	349 业务建议	350 业务许可
	351 合作发展	352 信用联盟
	353 投诉-程序	354 选举-会议记录、议程和报告
	355 议员申报利益关系	357 议员服务和建议
	358 议员-公共信息	359 新闻或新闻稿
	360 市长邀请	361 选举-代理投票
	362 选举-投票	364 选举-选举人注册
	365 选举-选举人提名	366 区域集会-议程、纪要和报告
	367 统计调查信息	368 视频监控程序
	369 经核准供应商	370 家庭变化状况表
	372 车辆报废	373 大厅或地点预约
	374 执照-登机动物	375 执照-宠物商店
	376 执照-外来的、危险的或野生动物	377 执照-狗饲养
	378 执照-金属制的小片	379 执照-拍卖前提
	380 执照-非医学的毒药	381 执照-看护代理
	382 执照-脚手架和贮藏	383 执照-建材
	384 执照-炸药销售	385 执照-屠宰商店
	386 执照-赌博机器	387 执照-小型出租汽车许可
	388 执照-性服务机构	389 执照-按摩和特别的治疗许可（MST）
	390 执照-食物生意	391 执照-下班后餐饮服务

类　　别	类　目　列　表	
10. 地方政府服务分类	392 执照-游戏经销商	393 执照-公众娱乐
	394 执照-电影院	395 执照-剧场
	396 执照-娱乐（有奖）	397 执照-奖券
	398 执照-看守	399 街道贸易-非法
	400 执照-街道贸易	402 产品安全
	403 零售-贸易标准	404 度量衡
	406 食品生意-食品安全检验	407 食品生意-食品安全法规
	408 食品生意-食品安全-传染性疾病	410 风险评估（健康）
	411 污染控制-空气处理单位	412 污染控制-噪声
	413 污染控制-空气	414 污染控制-危险物质
	415 污染控制-石棉	416 污染控制-处罚通知
	417 污染控制-建筑的数据污染	418 污染控制-受污染的土地
	419 工作健康和安全-规则和检验	421 经营登记
	422 教育课程（健康和安全）	423 居家安全
	426 烟火安全	428 注射器（健康和安全）
	429 意外事件	431 害虫控制
	432 看门狗服务	433 革新许可
	434 动物福利	435 有传染性的疾病
	436 接种疫苗	437 图书馆设施（位置、开放时间）
	438 图书馆全体会员及参与者	439 目录-搜索、获取和保存
	440 图书馆贷款-更新/贷款	441 图书馆预订服务
	442 计算机上网	443 图书馆罚款
	444 移动图书馆	445 图书馆研究服务
	446 图书馆售卖（旧书）	447 图书馆-限制/预留收藏品
	448 文件	449 儿童图书服务
	451 体育和活动（设备、订购等）	453 训练课程和学校
	455 授权和发展赞助	456 休闲卡
	461 公共信息（公园和开放空间）	462 运动场地
	463 事件（公园和开放空间）	464 放牧
	465 钓鱼	466 乡村信息（位置，设备及其他）
	467 教育的包裹	468 事件（乡村）
	469 乡村访客中心	470 乡村调查
	471 街道违章停车-罚款	472 街道违章停车-拖车
	473 停车区域	474 停车许可证
	475 人行道停车	477 路边坠落石块/转线路
	478 泊车位-公共	479 泊车位-私人
	485 规划-本地居民	487 业务规划
	493 政策规划-交通政策	494 地址和特别项目政策
	495 政策规划-环境议题	496 城镇中心管理-店面许可
	497 城镇中心管理-犯罪预防	498 城镇中心管理-CCTV

续表

类　别	类　目　列　表	
10. 地方政府服务分类	499 建筑控制	505 保护和城市设计规划-树木管理
	508 保护和城市设计规划-树木保护管理	510 保护和城市设计规划-分派
	511 保护和城市设计规划-保护区域	512 保护和城市设计规划-保护建议
	513 依法登记-街道命名和编号	514 依法登记-建筑物清单
	515 依法登记-分区	516 依法登记-决定公告
	517 商业废物-收集	518 商业废物-溢出
	519 商业废物-垃圾桶	520 商业废物-废弃物处理场
	521 隔离许可	522 商业废物-特殊交易品
	523 商业废物-医疗废弃物处理	524 家庭废弃物-收集
	526 家庭废弃物-室内垃圾桶	528 家庭废弃物-大物件
	530 家庭废弃物-花园废物	531 家庭废弃物-处理场所
	533 再循环-袋子	534 再循环-收集点
	535 再循环-堆肥	536 人行道障碍
	537 人行道（包括危险铺设）	538 道路标记和信号-黄线
	539 道路标记和信号-环形小路和路径	540 道路标记和信号-道路信号
	541 道路标记和信号-街道命名模板	542 道路标记和信号-红色路径
	543 道路标记和信号-减速坡	545 道路安全-危险道路汇合
	546 道路安全-骑车和步行上学	547 道路安全-骑车兜风
	548 道路安全-交通方案	549 道路和公路-工业调查
	550 道路和公路-障碍	551 道路和公路-实行
	552 道路和公路-限重	553 道路和公路-桥梁
	554 道路和公路-桥加固	555 道路和公路-洪水（排水沟和小峡谷）
	556 运河	557 道路维护
	558 人员受伤	559 街道家具
	560 人行道石板-窃盗	561 铺设砂砾
	562 清除积雪	563 墙壁
	564 照明-街道照明	566 照明-公寓
	567 照明-交通指示灯	568 道路安全-行人穿越道
	569 道路和公路-作业	570 道路和公路-终止和转移
	571 道路和公路-限速	572 道路和公路-通路请求
	573 道路-学校横越巡逻	574 边缘
	575 动物-走失的家畜	576 动物-死
	577 动物-弄脏	579 公众便利
	580 街道乱丢垃圾（街道清扫）	581 街道垃圾箱
	582 街道清洁计划	583 市场-清洁
	584 涂鸦	586 公物破坏
	587 灭蝇	588 捕蝇纸
	589 割草	591 漏-道路
	592 国有土地和经营场地	593 土地和财产-可利用清单

续表

类　　别	类　目　列　表	
10. 地方政府服务分类	594 土地使用提议	595 地理技术服务
	596 生态学/地质学服务	597 风景-特性评估
	598 财产-搜寻	599 法定的发展计划
	600 危险建筑和公众安全	601 环境服务-非工作时间紧急事件
	602 破坏-控制和建议	603 破坏-实施
	604 记录办公室贷款，捐赠物，遗赠物和售卖	605 记录撤销
	606 访问记录	607 示威游行
	608 发展控制	610 地方土地收费-个人搜索
	612 狗-登记	613 公共道路-普通
	614 公共道路-实施	615 资金（自愿组织）
	616 市场摊位	617 农民市场
	618 考古咨询	619 考古挖掘和调查
	620 公共信息（博物馆、展览馆）	621 博物馆和展览馆（贷款、捐赠物和遗赠物）
	622 广告授权	623 游客信息中心
	624 临时展览	625 发证科学服务
	626 法医	627 学生指导
	628 寻求指导	629 青少年工程-志愿者
	630 投诉程序-在校发生事件	631 伴护服务
	632 执照-出租马车（出租汽车）	633 执照-私人出租车辆（小型出租汽车）
	634 执照-私人出租驾驶员执照	635 执照-乘用马车驾驶员执照
	636 执照-私人雇佣操作员执照	637 公共汽车庇护
	638 体育招募	639 体育许可
	640 年长者活动	641 体育俱乐部
	642 年轻人互拜活动	643 年轻人组织活动
	644 运动设备	645 投诉-拥护
	646 执照-私人的俱乐部	647 执照-街道募捐
	648 执照-挨户募捐	649 依法登记-公共土地和村庄草地
	650 住所核准（宜居）	651 债务商议
	652 普通住屋信息和建议	653 客户满意调查
	655 吉普赛人和流浪者定居点	657 道路关隘
	658 预算程序相关	659 办公指南请求
	660 污染控制-水	661 公共卫生-住房
	662 姐妹城镇	663 副本核准
	664 公共卫生-排水	665 租赁支持
	666 测量（主修理）	668 保护和城市规划-建筑物和风景设计服务
	669 地面维护-景观美化	670 户外的游戏设施
	671 市政葬礼	672 地方土地收费查询
	674 地方计划-矿物	675 地方计划-废物
	676 法律建议	677 财产查询

续表

类　别	类 目 列 表	
10. 地方政府服务分类	678 执照-星期日贸易通知	679 执照-大甩卖
	680 执照-纹身，耳朵穿孔和电除毛	681 执照-针灸医生
	682 执照-二手货物	683 执照-信用
	684 公开和遗弃的财产	685 出口论坛
	686 赛会场所	687 地方 MPs 和 MEPs-大众信息
	688 目击者支持	689 商业废物-快速处理服务
	690 业务奖金	691 污染控制-清洁空气法案
	692 安全服务	693 业务安全许可
	694 执照-美容师	695 执照-路障设置员
	696 执照-骑马场馆	697 加油站
	698 婚姻-历史查询	699 执照-动物园
	700 年轻人建议	701 道路采用
	702 乡村管理项目	703 主要紧急事件
	704 设备供应-协助购买方案	705 学校许可-诉求
	706 执照-动物转移	707 公共卫生-冷却塔通知
	708 污染控制-B 级授权	709 园艺标准
	710 食物和农业	711 住房分配-租赁改变
	712 住房分配-家具租赁	713 地方租赁介绍
	714 私人财产没收	715 私人财产自愿捐赠
	716 合住-注册	717 地主任命计划
	718 健康和安全-职业健康服务	719 集会和会议
	720 社区策略	721 选举-公布结果
	722 信息自由法案	723 教区/城镇会议和议员
	724 仲裁-公共信息	725 最佳价值 CPA-表现信息
	726 欺骗调查	727 酒精情况报告服务
	728 社会服务的倡议	729 市民紧急事件-外伤支持服务
	730 药物咨询服务	731 保护易受伤害成人
	732 其他护理提供者	733 地方名胜
	734 旅游招待所	735 访问学者
	736 包含-青少年怀孕	737 包含-吉普赛人或旅行者
	738 执照-水上运动	739 执照-快乐船
	740 执照-自驾游艇	741 执照-出租船者
	742 执照-咖啡店	743 执照-野营车露营地
	744 执照-公路发射	745 乡下地方保护
	746 农场管理	747 乡村发展
	748 森林和林地管理	749 守林人服务
	750 乡村志愿者	751 住房研究中心
	752 工作健康和安全-建议和培训	753 工作健康和安全-调查

续表

类　　别	类　目　列　表	
10. 地方政府服务分类	754 土地开荒	755 村庄门厅（忠告，及其他允许）
	756 海滩巡逻	757 船和拖车停靠
	758 船舶停靠	759 起重机使用费
	760 事件（舰队）	761 租用叉车
	762 发射和恢复设备	763 个人的水上技术登记
	764 领航（港口）	765 移植信息
	766 储藏锁柜	767 为舰队和航船引导
	768 候补目录	769 废物接收/处理
	770 气象数据	771 冬天储藏（舰队和航路）
	772 动物进口	773 船或飞机 ETA 通知
	774 新船坞申请	775 引渡委托通知
	776PH 控制练习	777 拘留和进一步行动
	778 发射服务	779 安全带
	780 房船	781 水库管理
	782 市场（公共信息、位置、时间等）	783 道路安全-驾驶员教育
	784 道路安全-速度检查	785 不正常的负荷
	786 出租汽车等级	787 消费者建议
	788 动物健康和福利	789 公平贸易
	790 护士代理注册	791 食物标签和构成
	792 意外危险	793 水灾紧急计划
	794 管道（紧急计划）	795 放射线
	796 炸药许可	797 娱乐许可
	798HAZCHEM 信息	799 烟火登记
	800 纵火减少	801 自动火灾警报
	802 社区用火安全	803 强制实施-本地居民
	804 强制实施-非本地居民	805 消防认证-工厂
	806 消防认证-办公室	807 消防认证-商店
	808 消防认证-旅馆/登机收容	809 消防官员/商业的培训
	810 石油许可证	811 健康和安全-建筑的规章
	812 学校（消防安全）	813 工作地点规章
	814 铁路规章	815 处理火灾
	816 受害人照顾	817 特别服务
	818 维护消防栓	819 事后补办安全许可
	820 财产评价	821 不动产管理
	822 媒体和广告协议	823 革新计划
	824 欧洲资源采购-欧洲基金	825 独立葬礼
	826 数据保护法案	827 杂项和出版物售卖
	828 投标	829 合同管理
	830 采购政策	831 面向儿童、青年人和家庭的服务组织

类　别	类　目　列　表	
	833 帮助离开医院	834 监督命令
	835 在年轻的罪犯上的检定次序	836 查询命令
	837 预防未成年人犯罪	838 艺术综合信息（包含位置、事件）
	839 商务活动（艺术）	840 儿童教育服务
	841 遗址古迹	842 执照-操场
	843 执照-地秤操作员	844 执照-博彩
	845 食品行业-保健品	846 环境卫生培训
	847 狂犬病防护	848 海岸警卫
	849 战争纪念物	850 有害废物收集
	851 回收-综合信息	852 公民典礼
	853 因特网服务标准	854 援助垃圾收集
	855 计划咨询	856 地方发展框架
10. 地方政府服务分类	857 住房联合会财政援助	858 抵押贷款
	859 生活垃圾-医用垃圾	860 执照-酒
	861 平等	862 地方建筑师中心建筑工程勘测服务
	863 CRB 契约/供应者职员的诊疗	864 宽带
	865 特种图书馆	866 执照-机动救生员
	867 咨询概观	868 社会住屋政策
	869 交通运输部（MOT）测试	870 社区安全
	871 社区资金	873 命名典礼
	874 婚姻介绍所	875 市民丧事
	876 民事伙伴关系	877 城市废物处理策略
	878 通用评估框架	879 环境信息规则
	880 能源效率评估	
11. 地方政府资源类型列表	财政/采购	组织
	图形/非文本	个人
	立法/国会/地方政府	出版物与信函
	新闻、集会和会议	网络指南

　　GCL 是一个比较粗的表，具体地方可以进一步细化。英国的 GCL 和 LGCL 的映射机制，为管理分类系统提供了一个非常好的思路。首先，GCL 是统一制定和强制使用的，而且比较精简。其次，各个地方制定 LGCL，可以选择使用并制定 GCL 和 LGCL 之间的映射机制。目前 GCL 和 LGCL 正在通过一个词汇融合工程（Merged Vocabulary Project，MVP），逐渐开始融合成为一个公共服务综合词汇（集）（Integrated Public Service Vocabulary，IPSV）。MVP 工程实施的目标是建立政府分类列表与地方政府分类列表之间的映射机制，从而实现两级分类之间的相互融合和统一，对我国电子政务分类粗框架的细化具有一定的借鉴意义。为多种分类之间的关系映射提供了一个比较好的思路。

5.3　联合国政府职能分类体系

联合国是全球最重要的国际组织，包括范围极广的一系列组织机构和近 200 个成员国，每个机构既要独立地与各国开展业务，又要与联合国总部及各个相关机构协调运作，可以认为联合国是全球最大、层级最高的一个政府。这就需要有规范化程度极高的信息系统的支持才能使整个联合国系统高效运作。因此，在其中运行的各类管理信息系统、数据库及许多成功有效的信息标准等，对各国建设电子政务系统都具有极高参考价值。为了对联合国系统内部各机构和与各国政府往来的所有业务进行管理和统计分析，联合国统计司分类处（UNSD）编制了一套适用于电子政务和电子商务的分类体系[①]，包括政府职能分类（Classification of the Functions of Government，COFOG）、基于个人消费目的的分类（Classification of Individual Consumption according to Purpose，COICOP）、非营利机构住房服务项目分类（Classification of the Purpose of Non-Profit Institutions Serving Household，COPNI）、生产经营支出项目分类（Classification of the Outlays Producers according to Purpose，COPP）。这 4 种分类标准既可分别用于 G2G、G2C、G2P 和 G2B 系统，又在结构和数据上一致，彼此间是全兼容的。

本节将对其中的政府职能分类体系和生产经营支出项目分类体系进行简要介绍。

1.　政府职能分类（COFOG）体系

COFOG 既是联合国内部用于统计的分类目录，也是其与各国政府机构之间的业务接口。它综合考虑了当今世界各国政府最基本、最一般的行政职能，因而是一套具有广泛适应性的政府职能分类标准。该标准在建立时，充分考虑到了与其他相关国际标准的兼容，以最大限度保证依据该标准所组织的政务信息的稳定性和实用性。例如 COFOG 与国际标准产业分类体系（International Standard Industrial Classification，ISIC）之间建立了对照表，通过该对照表，使"政府职能"体系与"工业分类"体系之间建立关联，便于电子政务应用支撑国民经济的调控。

1）编码体系

COFOG 目录体系采用不定长分层型代码结构，最多划分至三级类目。第一层级为主题类，2 位数代码；第二层为分组类，3 位数代码；第三层为细目类，4 位数代码。由于各层可再分且代码不定长，这就在结构上能无限扩展下去，直至满足政务作业中最细致的业务描述。

2）分类方法

联合国在综合各国政府的基本职能基础上，本着分类"实用性与宽窄性适度"的原则，将政府提供的一般服务项目分为 10 大类，分别为：公众服务，国防，公共秩序

---

① Economic Statistics and Classifications Section of United National Statistics Division. Classification of the Functions of Government. http://unstats.un.org/unsd/cr/registry/regdnld.asp?Lg=1。

与安全，经济事务，环境保护，住房和社区设施，医疗保健，娱乐、文化和宗教，教育和社会保障。再据此细分为二级、三级目录，如表 5-6、表 5-7 和表 5-8 所示。以公共服务类为实例，其结构如下。

（1）主题：01　公共服务

（2）分组：01.1　行政立法机关，金融财政事务，对外事务

（3）细目：01.1.1 行政立法机关（CS）

表 5-6　COFOG 一级类目表

代　　码	类　目　名　称	
01	General public services	公共服务
02	Defence	国防
03	Public order and safety	公共秩序与安全
04	Economic affairs	经济事务
05	Environmental protection	环境保护
06	Housing and community amenities	住房和社区设施
07	Health	医疗保健
08	Recreation, culture and religion	娱乐、文化和宗教
09	Education	教育
10	Social protection	社会保障

表 5-7　COFOG 详细类目表部分样例（01 公共服务类）

代　　码	类　目　名　称	
01	General public services	公共服务
01.1	Executive and legislative organs, financial and fiscal affairs, external affairs	行政立法机关、金融财政事务、对外事务
01.1.1	Executive and legislative organs（CS）	行政立法机关（CS）
01.1.2	Financial and fiscal affairs（CS）	金融财政事务（CS）
01.1.3	External affairs（CS）	对外事务（CS）
01.2	Foreign economic aid	外国经济援助
01.2.1	Economic aid to developing countries and countries in transition（CS）	对发展中或过渡阶段国家的经济援助（CS）
01.2.2	Economic aid routed through international organizations（CS）	来自国际组织的经济援助（CS）
01.3	General services	综合服务
01.3.1	General personnel services（CS）	人事服务（CS）
01.3.2	Overall planning and statistical services（CS）	综合规划及统计服务（CS）
01.3.3	Other general services（CS）	其他综合服务（CS）
…	…	…

注：CS——Collective Services 集体服务

表 5-8 COFOG 详细类目表部分样例（07 医疗保健类）

代　码	类 目 名 称	
07	Health	医疗保健
07.1	Medical products, appliances and equipment	医疗产品、器械和仪器
07.1.1	Pharmaceutical products（IS）	医药产品（IS）
07.1.2	Other medical products（IS）	其他医疗产品（IS）
07.1.3	Therapeutic appliances and equipment（IS）	治疗器械和仪器（IS）
07.2	Outpatient services	门诊服务
07.2.1	General medical services（IS）	综合医疗服务（IS）
07.2.2	Specialized medical services（IS）	专科医疗服务（IS）
07.2.3	Dental services	牙科服务（IS）
07.2.4	Paramedical services	辅助医疗服务（IS）
…	…	…

在上述实例中，后缀（CS）表示其为"集体服务"项目，如加（IS）则为"个体服务"（Individual Services）项目（如表 5-8 中牙科服务（IS）），政务系统可以利用该后缀来识别同一对象在 G2G、G2P、G2B 与 G2C 中的不同应用。

2. 生产经营支出项目分类（COPP）体系

COFOG 主要用于对政府职能的界定与行政架构描述，而 COPP 标准分类结构等分类体系则是与之关系最为密切的几个政务内容组织系统。COPP 在结构上与 COFOG 较为类似，不同的是它们适合于 G2G、G2B、G2P 等场合的应用。例如，生产经营支出项目分类体系 COPP 的主类结构示例如表 5-9 所示。

表 5-9 生产经营支出项目分类（COPP）体系（节选）

代　码	描 述 对 象
01	基础设施建设投资
01.1	道路、地面建筑与维修投资
01.1.0	道路、地面建筑与维修投资
01.2	工程与相关技术开支
01.2.0	工程与相关技术开支
01.3	信息管理开支
01.3.1	管理信息系统运行开支
01.3.2	软件研发投资
02	研究与发展投资
02.1	自然科学、工程研究、实验与开发投资
02.1.0	自然科学、工程研究、实验与开发投资
02.2	社科与人文研究、实验与开发投资
03	社科与人文研究、实验与开发投资

续表

代　　码	描 述 对 象
03.1	大气和气候保护项目投资
03.1.0	大气和气候保护项目投资
03.2	废物处理与污水净化投资
03.2.0	废物处理与污水净化投资
...	...

5.4　国外分类编码方案的借鉴意义

5.4.1　美国政府信息指引服务

美国政府最初建立政府信息指引服务（GILS）也是为了整合国内的政务信息资源，进而实现对政府内部信息的有效管理；后来逐渐转成一种利用分布式的网络环境，为用户提供更综合、更方便地获取政府信息的途径。现在，GILS 发展已颇为完备，已被列为美国国家信息基础设施（NII）的一个重要组成部分，而且加拿大、日本、澳大利亚等国家也都相继采用。GILS 的想法与我国目前信息资源利用现状有共通之处。GILS 对我国的借鉴意义在于以下几个方面。

（1）由于原先网络上的信息资源十分庞杂和无序，从而导致用户在查找所需信息时较难精确定位，虽然可以搜索出很多相近似的信息，但往往并不是用户所真正需要的内容，因此，使用者不得不花费大量的时间与精力来查找和筛选所需信息，效率十分低下。有了 GILS 之后，使用者可以通过信息资源的内容描述和唯一标志来提高检索的精确率，改善搜索的精准度。

（2）要规范化信息的内容描述方式。政府信息的类型较多，且格式多样，GILS 通过分析政府信息的特征，设计出通用的数据描述元数据，并推荐使用 LCSH、MeSH 和政府手册等专门的主题词表。最终实现了标准化的信息内容描述，为信息的交换、共享、分类查询和检索提供了基础。

（3）规范了政府部门间的信息资源管理工作。通过强制要求地方部门（OMB Bulletin 95-01 号文和 NIST 明确要求）将 GILS 作为政府部门信息资源采集、整理和发布的标准，促进各部门间的资源共享，减少信息资源的重复采集和加工。

（4）GILS 系统设计上采用了分布式架构，即由各机构独立建设和维护自身的 GILS 系统。地方政府可以根据自身的实际情况和实施水平，制定合适的内容主题词表。但对用户而言，访问任何一个 GILS 站点时，都可以同时搜寻到其他 GILS 站点的内容，提高了信息浏览的便捷程度。

（5）通过技术手段和技术标准，形成了数据共享和交换的基础。因为 GILS 系统主要采用 Z39.50 为信息检索及交换的标准，因此可以在跨平台的条件下实现数据的交换和共享。

信息孤岛已经引起了我国电子政务建设的诸多问题，在整合阶段，我国应尽快建立一套类似 GILS 的新标准和系统，以此来规范和统一政务服务标准，提升管理效率，改善服务质量。

5.4.2　美国联邦政府组织架构（FEA）

美国政府的 FEA 计划旨在寻求简化和统一政府业务过程的技术解决方案，该计划致力于促进政府跨部门的交互，并在不断提高内部效率的同时执行业务活动。在 FEA 模型体系中，业务参考模型是其基础，决定后面的服务参考模型（SRM）、数据参考模型、技术参考模型（TRM），以及绩效参考模型的具体评估内容。FEA 对我国目前跨政府部门的信息整合和电子政务的顶层设计方法带来了很多可以参考借鉴的内容。

（1）业务规划注重业务流程整合，淡化部门概念，强调业务协调和统一。顶层设计不是部门概念，这一点在美国政府的 FEA 架构中表现得非常明确。实际上，随着发展水平的提高，在信息化环境下，传统的部门割裂的做法是难以取得更好的绩效的。

（2）顶层设计启示我们必须重新考虑新的数据分类体系。建立新的政务信息资源分类体系必须应用科学合理的方法对政务活动中的业务线进行分离、梳理。例如，BRM 对业务区、业务线和子功能的划分，SRM 对服务域、服务类型和服务构件的划分等。

（3）BRM 的分类特点十分鲜明，它的 4 个领域的划分不是按照部门业务进行的，而是按照政务面向公民的服务、服务提供方式、提供服务的支持和政府资源管理这样一个层次来划分的。按这种方式来划分的好处是可以跨越部门信息壁垒，实现信息共享。

BRM 也存在不足之处。其顶层 4 个领域的划分在逻辑上并不是非常清晰，从 BRM 提供的分类（表5-4）来看，甚至还有些混乱。在借鉴吸收时，应该结合我国具体情况加以改造。

5.4.3　英国电子政务互操作框架（e-GIF）

英国电子政务从实用的角度出发，以服务电子化为目标，在总体上设立了一个 e-GIF 框架，定义了一系列跨部门使用信息的规则，同时 e-GMS 定义了引用信息资源时的元数据标准，地方政府则在地方网站建设（LAWs）上采纳和应用这些标准。英国政府这种从顶层互操作设计、规范到应用实践整个过程紧密结合，对我国电子政务建设也有许多借鉴意义。

（1）中央政府的 GCL 是一个顶层的分类设计。地方政府根据实际情况，制定了更为详细的 LGCL。LGCL 的顶层必须和 GCL 保持一致。

（2）制定、颁布并维护了 GCL 和 LGCL 之间的相互映射，映射文件以多种方式共享。

（3）英国的电子政务建设以服务电子化为中心。这一点体现在分类体系结构的设计上，就是以地方政府服务列表为核心，LGDL、LGCL、LGIL、LGCS、LGAL 和 LGBCL 均向地方政府服务列表进行映射。

（4）在政务分类列表的维护机制方面比较成熟，专门成立了政务分类的网站，定期发布新版本的政府分类列表，供政务信息系统研究和开发人员使用，推动了该研究成果的不断完善和实际应用。

（5）英国政府针对目前已经存在的分类列表较多的情况，正在通过一个词汇融合工程将 GCL 和 LGCL 逐渐融合成为一个 IPSV。MVP 工程对我国电子政务标准研究中各地各种各样的信息资源分类统一整理具有一定的借鉴意义。

5.4.4　联合国政府职能分类标准

联合国的"政府职能分类"标准的核心是将"行政职能"与具体的"行政机构"分开考虑，因为行政机构的设立是各国的内政，甚至同一国家中不同地区的政府机构在设置上可能并不相同。以我国为例，沿海省市政府机构中往往设有"海洋与渔业资源管理局"一类的机构，但内陆省份可能就没有这个机构。因此，联合国作为国际组织就不可能按照行政机构来考虑公共行政、公共管理与公共服务的分类，而只能对政府行政职能进行分类。正是因为职能与机构之间存在着复杂而动态的"多对多"关系，所以在缺乏统一设计情况下的电子政务系统建设，就可能出现大量的彼此不兼容，这正是 COFOG 等标准所要解决的问题之一。

通过上述分析可以看出，一项信息分类与编码标准往往都只给出一般的分类原则与编码方案。项目设计者在具体使用时根据需要在原有的分类基础上按相应的层级添加子类目，这种添加称为分类体系的延拓；当分类体系满足要求，但其中款目内容不够时根据需要添加新条目，这种添加称为某一目录的细化，而任何政务系统在引用某一套标准进行内容组织时，都将不可避免地进行相应的延拓与细化工作。延拓与细化的原则是尽量采用标准的专业分类体系。

第6章 中国政务信息资源分类编码实践

6.1 政务信息资源分类编码的意义与主要应用场合

6.1.1 分类编码与政务信息资源管理和共享

如同土地、矿产等自然资源，政务信息资源也有其产生和终结的过程。信息资源的分类编码可以应用到政务信息资源的整个生命周期中，包括采集、加工、存储、共享与交换、服务与应用等政务信息资源管理与共享的各个过程。

在对政务信息资源的采集过程中，尤其是信息资源集汇交、汇聚的过程中，需要对数据进行分类管理。政务信息资源是由各政府部门根据自身的职责范围，通过部门业务信息化系统形成的或者通过其他渠道采购、建设而成的。一般情况下，分类编码都会应用到具体的政务信息资源的生产过程中，例如，国土资源部的土地利用数据、国家气象局气象数据、中国疾病预防控制中心的有关传染病方面的数据等都应用了各自的分类编码方案。这些分类编码方案与其各自所属的业务系统结合紧密，在部门内部广泛使用，已经成为部门工作的重要环节和内容。因此，在政务信息资源的采集过程中应尽量继续使用原有的分类编码系统。

政务信息资源加工是在已有的信息资源基础上，通过各种处理方法和手段形成新的信息资源的过程。分类编码在政务信息资源加工过程中的应用主要有两个方面，一是通过信息资源分类，在查询符合加工目标的基础信息资源的过程中确定搜索范围；二是分类编码还应用到加工完成后的新的政务信息资源中，以便于管理和使用。

存储管理是政务信息资源建设和管理的一个重要方面。通过分类编码，既可以针对集中的信息资源备份中心，也可以针对各部门管理自身的政务信息资源，实现对多源、海量、不同类型和不同主题的信息资源进行有效管理。

共享与交换是政务信息资源在资源提供者和资源使用者之间的交换过程。在此过程中，通过分类信息，资源的使用者可以快速发现和定位政务信息资源。

服务与应用是政务信息资源的使用环节。在该环节中，政务信息资源的分类将成为政务信息资源使用范围及如何使用的重要参考。使用政务信息资源时，需要从海量、跨部门的信息资源中快速定位到所需要的信息资源，这也就需要对政务信息资源进行分类，以便用户可以非常方便快捷地发现其所需的政务信息资源。在政务信息资源的使用过程中应注意到，不同类型的用户由于自身工作方式的不同，将从不同的角度来查找政务信息资源，所以在建立政务信息资源目录体系时需要提供多种类型的政务信息资源分类，以满足不同类型用户的需求。当前，建立面向各政府部门间信息共享的分类是最为急迫和重要的任务。

6.1.2　政务信息资源的主要应用场合

政务信息资源分类编码方案需要应用于政务信息资源生命周期的各个环节，包括政务信息资源的采集、加工、存储、共享与交换、服务与应用等政务信息资源管理与共享的各个过程。同时，政务信息资源还应用到多种场合，包括门户网站、政务信息资源目录体系、基础库以及跨部门共享的信息库建设。无论是在政务信息资源管理和共享的各个环节，还是在政务信息资源的多个应用场合中，都会使用到相关的分类编码工具，而此类工具的建设正是依照政务信息资源分类编码方案进行的。

政务信息资源分类可应用到不同类型的电子政务系统中，包括政务门户网站、基础库、跨部门共享信息库等。随着政务信息公开以及政务信息化工作的推进，政务信息资源分类还将应用到其他相关的信息服务系统。

1. 门户网站

门户网站是加强政务信息资源共享，促进信息资源开发利用的重要手段。政务信息资源分类主要应用到门户网站信息资源目录服务系统页面栏目的设计中。

2. 政务信息资源目录体系

政务信息资源目录体系是政务信息资源共享以及政务信息资源开发利用的基础，它的建设有利于用户发现和定位所需要的政务信息资源；有利于加强对信息资源的管理；有利于整合、利用并形成新的信息资源。

政务信息资源分类是政务信息资源目录体系建设的重点和核心，政务信息资源元数据编目以及使用者查询都离不开资源分类的支持。

3. 基础库

基础库的提出有助于满足信息资源共享和业务协同的需要，同时也考虑了当前建设的可行性。我国电子政务建设重点任务的 4 大数据库，即人口、法人、地理空间和宏观经济数据库就是我国的国家基础数据库。其中，宏观经济数据库是作为国家宏观经济管理的基础而提出来的，人口、法人和地理空间 3 个数据库则是作为国家行政管理与服务的基础提出的。

通过政务信息资源分类，能够对基础库覆盖面广，信息量、数据类型复杂的信息资源进行有效管理和服务。

4. 跨部门共享的信息库

最为典型的跨部门共享信息库是"金"字工程的相关信息资源库，包括"金关"、"金税"、"金宏"等。以"金宏工程"为例，该工程涉及国家发展和改革委员会（以下简称"发改委"）、财政部、商务部、中国人民银行、国有资产监督管理委员会、海关总署、国家统计局、国家外汇管理局 8 个部门 10 个大的数据库的建设，如此众多的信息资源没有统一的分类模式是无法使用和管理的。

6.2   中国政务信息资源分类的主要方法

6.2.1   主题分类

中国对政务信息资源的分类主要采取的是主题分类方法，同时也会根据具体的应用情况选择其他的分类方法与主题分类方法共同进行分类，如部门分类、服务分类和资源形态分类等。主题分类法最早可以追溯到 1985 年，当年中共中央的文件正式开始标注主题词。之后的中共中央办公厅编制的《公文主题词表》（1991 年，1998 年修订版）和国务院办公厅的《国务院公文主题词表》（1988 年，1997 年修订版）正式将主题分类法用于政府公务信息分类。2002 年，在电子政务迅速发展的背景下，《电子政务主题词表编制规则》及《电子政务主题词表》成为了中国政务信息主题分类法运用于电子政务信息资源的成功尝试。

2007 年 9 月，《政务信息资源目录体系 第 4 部分：政务信息资源分类》（GB/T 21063.4—2007）正式发布，并于 2008 年 3 月正式实施。该分类是《信息分类和编码的基本原则与方法》（GB/T 7027—2002）在政务信息资源分类领域的具体展开，采用后者所提及的"线分类法"，即层级分类法、体系分类法。该目录体系规定，政务信息资源分类应采用主题分类，也可根据具体应用情况选择其他的分类方法与主题分类同时进行，如政务机构分类、服务分类、资源形态分类等多种分类形式。因此，主题分类是政务信息资源的基础性分类，体现了政务信息资源内容的属性或特征。该目录体系将政务信息资源按照主题（即政务活动的主要内容）分为 21 个一级类和 133 个二级类，表 6-1 列出了 21 个一级类，表 6-2 给出了"综合政务类"及其 12 个下位二级类的代码、名称和描述说明。

表 6-1   主题分类一级类目表

ZA 综合政务	ZH 财政	ZQ 文化、卫生、体育
ZB 经济管理	ZJ 商业、贸易	ZR 军事、国防
ZC 国土资源、能源	ZK 旅游、服务业	ZS 劳动、人事
ZD 工业、交通	ZL 气象、水文、测绘、地震	ZT 民政、社区
ZE 信息产业	ZM 对外事务	ZU 文秘、行政
ZF 城乡建设、环境保护	ZN 政法、监察	ZV 综合党团
ZG 农业、水利	ZP 科技、教育	ZW 综合用语

表 6-2　主题分类类目表——二级分类表样例

代　码	名　　称	描　述　说　明
ZA	综合政务类	关于政治方面的事物和国家的管理工作
ZAA00	政务综合类	
ZAB00	方针政策	政府制定的、宏观的、指导各个领域发展的方针政策
ZAC00	中共党务	关于中国共产党的规章制度、组织机构建设和发展，以及工作职责等相关信息
ZAD00	政府工作	关于政府的规章制度、组织机构建设和发展，以及工作职责的相关信息
ZAE00	人大	关于人民代表大会的规章制度、组织机构建设和发展，以及工作职责的相关信息
ZAF00	政协	政治协商会议的规章制度、组织机构建设和发展，以及工作职责的相关信息
ZAG00	法院	法院系统的规章制度、组织机构建设和发展，以及工作职责的相关信息
ZAH00	检察院	检察院系统的规章制度、组织机构建设和发展，以及工作职责的相关信息
ZAJ00	机构编制	关于机构编制的管理、机构体系的当前概况和远景规划
ZAK00	领导人	关于领导人的简历、工作岗位、工作活动、作品等相关信息
ZAL00	会议、会务	会议产生的报告等相关信息，以及会议组织、管理的相关信息
ZAM00	重大事件	有深远影响的事件的相关信息

下面给出主题分类示例。

（1）信息名称：城镇居民最低生活保障制度。

（2）分析：信息"城镇居民最低生活保障"反映的信息内容主题是"社会保障制度"，所以应在劳动、人事——社会保障下"社会保障制度"类。

（3）归类：确定信息"城镇居民最低生活保障制度"的类目名称为一级主题分类中"劳动、人事"（ZS）的下位类"社会保障"类（ZSD00）的"社会保障制度"，分类号为"17CB"。

6.2.2　部门信息分类

部门信息分类根据政府行政赋予政府部门的职责来设计，按政府部门职责和分管业务领域，按照政务信息资源的产生、处理、管理相关的最主要机构、部门对政务信息资源进行分类。部门信息分类主要从调查和梳理各政府部门的三定职责出发，找出各政府部门的职能和相关的核心业务，结合核心业务信息，建立部门信息分类框架。部门信息分类本质上是按照各单位、部门分别拥有的信息资源进行分类的。

当前中国部门政务信息分类多采用"混合分类法"[①]。在顶层分类中，按政府各部门属性水平展开，即一级类由同级的各委、办、局等政府部门构成。二级类再结合不同单位的具体行政职能和政务活动进行细分。

---

① 《信息分类和编码的基本原则与方法》（GB/T 7027—2002）列举了 3 种信息分类基本方法：线分类法、面分类法、混合分类法。其中线分类法又称层级分类法、体系分类法；面分类法又称组配分类法，将所选定的分类对象的若干属性或特征视为若干"面"；混合分类法是将线分类法和面分类法组合使用。

这种分类方法的实质是以政务信息的部门来源为分类主线，再以部门内信息的主题内容（行政职能）为辅进行细化，以此为基本原理建立政府部门分类目录，较好地提升了政务信息的完备性、降低了共享和开发利用中存在的信息不对称度。

部门信息分类法具有良好的可延性与可检索性。同一单位的信息资源集中归类至同一上位类，利于政府信息人员标识、检索、利用、处理、掌握部门所拥有的政务信息资源，后续新增的资源也可以较为简便地添加归类。然而，此方法也有一个严重问题，即在机构改革日渐成为时代主旋律的情况下，部门及其下设机构的调整将造成分类体系不稳定，由此带来分类标准的不连续将削弱政务信息分类的积极作用。表 6-3以发改委信息分类为例，简要展示了部门分类的实际应用。

表 6-3　部门信息分类示例表

编　号	部　门	对应三定职责说明
B02	国家发展和改革委员会	
B0201	国民经济和社会发展地方性法规和规章	研究拟订全市国民经济和社会发展地方性法规和规章
B0202	中长期规划和年度计划	研究拟订全市国民经济和社会发展战略计划、中长期规划和年度计划
B0203	可持续发展战略	研究提出全市可持续发展战略，组织编制土地供应计划
B0204	固定资产投资	固定资产投资规模、投资结构和资金平衡方案，规划重大项目布局
B020401	固定资产投资项目监测	指导和监督政策性贷款用于固定资产投资使用、安排协调境外重大投资项目，引导民间资金用于固定资产投资的方向
B020402	固定资产投资统计分析	监测固定资产投资规模、资金、对外债务

下面给出部门信息分类示例。

（1）信息名称：国民经济"十一五"发展规划。

（2）分析：信息"国民经济'十一五'发展规划"对应的三定职责说明是"研究拟订国民经济和社会发展战略计划、中长期规划"，在"发改委"下有"中长期规划和年度计划"类。

（3）归类：确定信息"国民经济'十一五'发展规划"的类目名称为部门信息分类中"发改委"下的"中长期规划和年度计划"类，分类号为"B0202"。

再以北京市政府信息分类为例介绍部门分类法（见表 6-4）。2007 年 1 月中国发布了《中华人民共和国政府信息公开条例》，要求各行政机关应当编制、公布政府信息公开指南和政府信息公开目录。为此，北京市出台了《北京市政府信息公开目录编制规范》，其中提出了政府信息公开目录分类标准。

政府信息公开目录原则上分为四级类目，分为固定类目和非固定类目两种，各单位在精简适当的原则下，可根据需要扩展或缩减目录层次。固定类目由《北京市政府信息公开目录编制规范》确定，不能随意变更；非固定类目由各行政机关根据需要自行设定或决定取舍。

表 6-4　北京市政府信息公开目录分类类目表

一级类目 （固定类目）	各行政机关名称				
二级类目 （固定类目）	机构职能类	法规文件类	规划计划类	行政职责类	业务动态类
三级类目 （非固定类目）	机构职责 机构信息 领导介绍 机构设置 其他	法律法规 规范性文件 其他文件	规划 计划	按各单位业务领域 划分为不同的行政 职责类别	部门动态 结果公示
四级类目 （非固定类目）	内设机构 直属机构及事 业单位 区县机构 其他	法律 法规 规章	中长期规划 近期规划	工作计划 财政预算 其他	行政许可　行政处罚 行政强制　行政征收 行政给付　行政确认 行政裁决 其他行政执法职权 其他

6.2.3　服务分类

服务分类采用的是依据政务信息资源对应的公共服务内容对其进行分类的方法，反映了政务信息资源的行政服务属性。

服务分类以线分类或面分类为主，具体选用何种往往由实际工作需要决定。若将政务信息分为中共党务、行政管理、财务管理、人力资源管理、矿产资源等行政活动，则属于线分类；若将政务信息依据服务的内容、提供方式、提供的支持与监督和资源管理进行分类，则属于面分类。服务分类的线分类法，与主题分类法有类似之处。

政务信息资源具有不同的行政职能属性，在提供政务服务时信息资源也展现出显著不同的特点，服务分类正是融合了政务信息资源的部门背景与职能、服务内容与性质等业务性质而得出的。服务分类能够较好地突出政府公共服务涉及的各类业务，利于行政职能部门向社会提供更为优质的公共服务。

下面以北京市为例介绍服务分类的具体应用，该分类以面分类法为主线。北京市经济和信息化委员会在深入研究和分析美国联邦政府组织架构模型-业务参考模型（FEA-BRM）基础上，提出了面向公共服务的政务信息资源分类体系，其结构体系和类目表分别如图 6-1 和表 6-5 所示。

该分类体系结构为"四横四纵"，横向分为 4 个面，纵向分为 4 个层级。横向分为公共服务内容、服务提供方式、服务支持与监督、政府资源管理 4 个面。纵向按政府实现公共服务的职能、业务、事项和信息 4 个角度逐次地分解成若干个层级，并归类形成类目，在此基础上形成面向公共服务的政务信息资源分类体系。

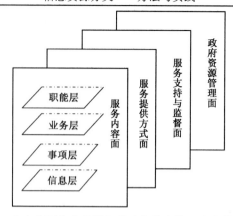

图 6-1　北京市面向公共服务的政务信息资源分类体系结构

表 6-5　北京市面向公共服务的政务信息资源分类体系类目表

一 级 类 目	二 级 类 目	一 级 类 目	二 级 类 目
服务内容	北京市公民基本生活保障	服务提供方式	知识创造和管理
	社团服务		公共财产创造和管理
	卫生健康		依法管制和强制
	教育		直接服务于公众
	首都安全		政府财政援助
	灾难管理		经费下拨
	发展经济		信用和保险
	交通运输		计划拟制和资源分配
	劳动力管理	服务支持与监督	北京市政府收入征收
	能源		内部风险管理和缓解
	执法行为		控制和监督
	罪犯矫正		立法事务
	诉讼和司法行为		发展与调整
	环境管理		公共事务
	自然资源		北京市常规政府工作
	科普和创新		行政管理
	对外事务和贸易	政府资源管理	内部人力资源管理
	北京市国防建设		内部财政管理
	情报工作		内部信息和技术管理
			内部其他资源管理

下面给出公共服务信息分类示例。

政府资源管理类

政府人力资源管理 ·· 职能

公务员管理 ··· 业务

公务员监督考核 ··· 事项

所需信息 ··· 信息

业务办理程序及办理结果

相关政策与工作制度

生成信息 ··· 信息

考核结果

6.2.4　用户分类

政务信息资源按用户（信息的使用对象）可以分为 G2C 型、G2B 型、G2G 型、G2E 型和 GI 型。在政务信息资源分类实践中，用户分类法一般配合前面提及的其他分类方法，以利于信息使用者有针对性地获取信息，同时此分类方法还有助于确定信息资源的保密级别和开放程度。

G2C 型政务信息资源是指政府与公民之间交互作用产生的信息有序集合。政府向公民提供信息服务、法律服务、就业服务、医疗服务、婚姻登记服务等，公民向政府申报个人所得税、财产税，办理房产证、身份证、出生证、毕业证、离婚证、死亡证明等，这些都产生大量信息，也需要以信息为基础，其中有序化的信息就属于 G2C 型政务信息资源。

G2B 型政务信息资源是指政府与企业之间交互作用产生的信息有序集合。政府对企业发布项目招标、工程招投标等信息，企业参加政府项目的招投标，针对政府采购提供产品和服务；企业每年到政府部门办理各种证件和执照，如企业营业执照的申请、受理、审核、发放、年检、登记项目变更、核销，土地证、房产证，建筑许可证、环境评估报告等证件和执照的审批办理；企业向政府咨询政策法规、按章纳税等。与以上活动相关的有序信息集合都属于 G2B 型政务信息资源。

G2G 型政务信息资源是指政府与政府或政府部门之间交互作用产生的信息有序集合。政府部门相互之间的信息资源包括政策法规信息、事务性公务信息和公文信息等。

G2E 型政务信息资源是指政府与公务员之间交互作用产生的信息有序集合。政府必须向公务员介绍政府机构信息，提供薪水、职位晋升、教育培训等信息，这些都属于 G2E 型政务信息资源。

GI 型政务信息资源是指政府部门内部之间交互作用产生的信息有序集合。

表 6-6 介绍了深圳市电子政务系统分类过程中采用用户分类法为逻辑主线的实例。该分类体系的顶层分类依据是用户种类，随后在一级、二级展开中不断细化。

在政务信息资源分类的实际操作中，用户分类法一般以配合使用为主，多作为一级分类法为分面分类时的其中一个属性出现。

政府网站通常采用混合方法，将用户属性作为一个一级分类，进行信息资源分类。

各级政府网站中多设有分类导航，如中国政府的门户网站"中国政府网"中分了主题服务和部门服务两大类，如表 6-7 所示。主题服务下根据服务对象不同分为公民、企业、外国人 3 部分，每部分又按照服务内容作了详细分类。部门服务则基于各职能部门不同的行政职能进行政务信息资源分类。

表 6-6　深圳市电子政务系统用户分类法实例

分类代码	用户分类名称	一级系统	二级系统名称
123456789-GI			
123456789-GI001		机关办公系统	
123456789-GI001001			公文流转子系统
123456789-GI001002			电子会务子系统
…			…
123456789-GI002		行政审批系统	
123456789-GI002001	GI		审批数据管理子系统
123456789-GI002002			业务部门审批子系统
123456789-…			…
123456789-GI003		环境保护管理系统	
123456789-GI003001			污染源管理子系统
123456789-GI003002			环保执法子系统
…			…
123456789-GC			
123456789-GC001		"政府在线"网站	
123456789-GC001001			网上业务咨询子系统
123456789-GC001002			网上投诉子系统
…	G2C		…
123456789-GC002		行政审批系统	
123456789-GC002001			网上申报子系统
123456789-GC002002			审批结果网上查询子系统
…			…
123456789-GB			
123456789-GB001		环境保护管理系统	
123456789-GB001001	G2B		网上填报子系统
123456789-GB001002			审批结果网上查询子系统
…			…
123456789-GG			
123456789-GG001		政务资源共享平台	
123456789-GG001001	G2G		共享资源查询子系统
123456789-GG001002			共享资源发布子系统
…			…

资料来源：深圳市电子政务应用服务规范第 2 部分：应用系统分类及代码规范 SZDB/Z 17.2-2008 中附录 B 应用系统分类示例。

表 6-7　中国政府网服务分类导航

大　类	详　细　分　类		
	公　民	企　业	外　国　人
主题服务	生育　户籍　教育　文化 就业　兵役　婚姻　纳税 社保　交通　医疗　殡葬 邮政　旅游　护照　出入境 法律援助　港澳台侨	开办设立　年检年审 企业纳税　工商管理 质量检查　安全防护 劳动保障　执业资格 企业资质　建设与管理	领事司法　出入境 移民定居　旅游观光 婚姻收养　文化教育 在华就业　商务投资 …
部门服务	外交部　教育部　民政部　人事部　国土资源部　科技部　财政部　卫生部　商务部 … 国防科工委　　发展改革委　　人口计生委　　国资委　侨办　　台办　港澳办 … 审计署　海关总署　新闻出版总署　人民银行　税务总局　工商总局 …		

　　浙江省政务信息资源分类也是考虑了信息的用户属性。政府经过本省各级各类政府部门信息资源调查和分类分级研究，分别根据信息资源的主题、性质以及共享层次提出 3 种分类形式。详细分类形式如表 6-8 所示。

表 6-8　浙江省政务信息资源分类

按主题含义分	按信息性质分	按共享层次分
1.交通旅游　2.企业项目　3.农林水牧　4.国土环保　5.财政税务 6.工商管理　7.社会保障　8.医药卫生　9.教育科技　10.文化体育 11.城建规划　12.劳动人事　13.民族宗教　14.民政社团　15.外事外经 16.公安司法　17.台务侨务　18.质监物价　19.广电出版　20.海关金融 21.土地房产　22.贸易租赁　23.市政公用　24.职业教育　25.结婚生育 26.人才就业　27.防灾救灾　28.知识产权　29.劳动仲裁　30.信息产业 31.其他综合	1.政府内部信息 2.保密信息 3.公共信息 4.公益信息 5.增值信息资源 6.其他	1.社会公开类 2.依法专用类 3.部门共享类 4.其他

6.3　电子政务主题词表体系

　　在电子政务系统中，主题词表是供国家各级政府部门、职能机构在网络环境下处理政务、开展公共服务使用的规范化检索语言工具。作为控制词表，它与政务信息分类体系结合，服务于政务信息元数据体系，成为政务信息资源目录的基础组成部分，为电子政务信息资源的加工、管理和整合发挥其应有的作用。

6.3.1　电子政务主题词与主题词表

　　主题词在中国政务中的应用最早可以追溯到 20 世纪 90 年代，1997 年 12 月和 1998 年 8 月，中共中央办公厅和国务院办公厅先后修订了各自的《公文主题词表》。它是一种电子政务环境下为了供国家各级党政机关在网络环境中处理政务信息用的语义词典，通过收集与电子政务相关的主题词，建立其概念间的相互关系，进行政务信息资源的分类、标引和检索，从而反映各学科领域及主题词之间的语义关系，构成网状结构。

主题词（subject terms）是从自然语言和专业词汇中优选出的、经规范化处理、有组配功能、显示语义关系的名词术语。电子政务主题词就是从各类政府机构内部业务、公共行政、专业服务等活动中所涉及的语言中优选出的、符合相关规范要求的分类名词术语。

根据国际标准《ISO 2788:1986》的规定，绝大多数主题词都有其特定的分类和词位属性，按词位属性，往往有上位主题词和（或）下位主题词之分。所谓上位主题词又称上位概念词或上位词，是表示属概念或整体概念的主题词，例如，"土地管理"为"地政管理"的上位词。下位主题词又称下位概念词或下位词，是表示种概念或部分概念的主题词，例如，"地政管理"为"土地管理"的下位词。在两个主题词之间有时会存在同义词，或者有些词语尽管目前还不是规范词，但是它的使用频率相对于主题词来说相当高，在主题词表中会构建用代关系，以提高主题词表的人口率，例如，"贿赂"与"行贿"即是用代关系。同时，还有一些与某主题词既不具有同义关系也不具有上下位关系，但又在语义或使用中有密切联系的主题词，称为关联主题词，例如，"秘密"在深圳市国土资源和房产局的工作中是被赋予了密级的一种，因此，与之相关的"机密"和"绝密"则是其关联主题词，具体如图 6-2 所示。

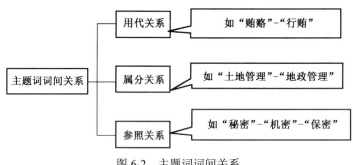

图 6-2　主题词词间关系

主题词在图书情报领域是用于描述、存储、查找文献主题的受控词汇，是主题表中能表达一定意义的最基本的词汇单元。主题词是以众多的事物概念为基础的，它是事物本质属性的概括，是一个类称概念。

从以上主题词的定义中可以看出其具有以下几个显著特点。

（1）集合性：由于政务活动的综合性、系统性和完整性要求，决定了电子政务系统中的主题词也和其他任何管理信息系统中的一样，所使用的主题词也都是一组组词语的集合，如中共中央办公厅和国务院办公厅分别出台了《公文主题词表》，并且规定每个上报的文章中必须写《公文主题词表》中的主题词。

（2）规范性：由于主题词并非自然语言，它的规范性要求很高。中国《综合电子政务主题词表》就对每个主题词的相关词的位属关系有所说明。

（3）系统性：由于人类知识、客观事物、抽象概念、自然界与人类社会活动及其关联都是复杂的，不在同一层面上，反映到主题词所代表的概念上也就有了复杂的层次关系和网状关系，而这些词所代表的概念，连同其外延的关联等就反映了某一特定领域的知识系统结构。

（4）组配型：主题词有单元型和词组型之分，后者往往由前者直接组配而成，用于反映两个或两个以上单元概念组成的复合概念，如"电子政务"、"电子政府"、"宏观经济调控"等。

主题词表是把主题词按一定方式组织与展示的词汇表。受控主题词之间的语义关系用参照系统等方式加以显示。词表是供标引和检索用的工具。主题词表的特点除了按字顺（或字顺与分类并用的方式）排列外，主要是它的动态性，可以根据学科、事物的发展流变，增删有关的主题词。主题表的作用表现在两个方面：①从结构看，它按照情报检索查全、查准的要求，通过显示概念间的关系，去组织展示主题词，作为标引、存储和查检文献的依据；②它对所有主题词进行词形、词义、词间关系等方面的控制，从而在文献标引和检索之间搭起了一座桥梁，使两者有了共同的语言。

电子政务主题词表（electronic government thesauri）也称电子政务叙词表，是供国家各级政府部门、具有行政职能的事业单位和各级各类相关部门在网络环境下处理政务信息用的主题词表（田景熙，2005）。正如上述，主题词间的上位、下位、相关关系的特征反映在主题词表中就形成一个层级、网状的体系结构。

6.3.2　电子政务主题词的意义和作用

电子政务系统中，主题词表是供国家各级政府部门、职能机构和网络环境下处理政务、开展公共服务时使用的规范化检索语言工具。有目的地采集、整理和编辑各政务的领域主题词，对其进行质量控制以及实现检索语言在网络环境下的兼容与共享，维护政务系统中知识体系的整体性与可用性，是电子政务主题词系统管理的主要目的。

电子政务主题词表的构建，是政务信息分类和元数据的共同作用，成为政务信息资源目录体系中的基础组成部分。使用受控词表对于准确地检索到相关信息是非常必要的，根据数字图书馆的建设经验，电子政务信息资源目录中也通过主题词表这一受控词表，为精确检索相关政务信息提供了有效的桥梁。用户可以通过多种检索途径进行主题查询，满足用户需求，而这些由自由词组配或关键词的检索是很难做到的。电子政务主题词表在元数据中作为"主题"这一元素的备选词表，帮助用户实现并能够保证查全率和查准率的查询。电子政务主题词表在电子政务中的应用框架如图 6-3 所示。

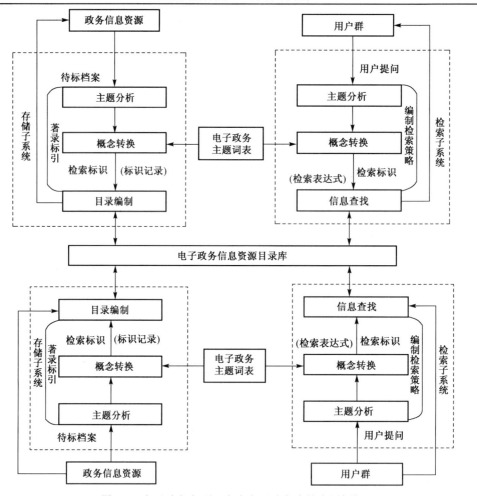

图 6-3　电子政务主题词表在电子政务中的应用框架

电子政务主题词从知识管理和语义关联的角度对整个电子政务的内容系统起到了支撑作用。电子政务主题词表的构建是为了实现政务信息整合及政务信息资源的共建共享。

电子政务数据交换是面向语义、主题驱动的资源交换。主题词在电子政务中的重要作用可以体现为以下几个方面。

（1）主题词是整个电子政务信息资源库内信息资源组织与管理，以及库际资源管理与交换的基础。

（2）主题词是指导各类政务信息采集、加工、整合和有效使用的统帅和核心。

（3）主题词是有效沟通"信息孤岛"的桥梁。

（4）主题词是对信息资源进行知识划分标引的重要工具。

（5）通过主题词严格的语义内涵和位属关联，建立所有资源在主题层的映射关系，可以实现全库资源的加工规范化、标识有序化以及信息共享化，从而为电子政务知识管理奠定坚实的基础。例如，与 Internet 相同或相近的词语有：互联网、国际互联网、因特网、互联网、计算机网络、网络。那么这些词语在语义上是何种关系呢？通过主题词表中对主题词的如下定义，可以清晰地了解这些词之间的相互关系。

互联网[中]
D: 国际互联网
　　因特网
　　Internet
S: 互联网
　·计算机网络
　··网络

该条主题词的意思是：互联网是国际互联网、因特网和 Internet 的正式、规范的词语，互联网在语义上是属于计算机网络的，而计算机网络又是网络的一种。通过主题词表中对每一条主题词按照这种方式建立起层次和网状的关系，通过在元数据中加入主题词一项，用户在检索时可以方便、准确地查找到互联网方面的信息资源等。

（6）主题词为元数据提供支持。

6.3.3　国内外的最新发展

近年来，许多国家在电子政务建设中，已经认识到受控语言在提供政府网站浏览和检索功能中的潜能，已经编制或正在编制电子政务主题词表，如加拿大、澳大利亚、英国、新西兰和美国等，有些国家正在把主题词表的原理和方法运用到电子政务系统中，并取得了一定的成效。事实上，在 20 世纪末，国际标准化组织（ISO）就汇集了各国各领域的专家学者，编制了一套名为 *Root Thesauri*（《根主题词表》）的大型综合目录系统，力图为全球各国的管理信息系统提供一套较为完整而规范的主题词参照系统。世界银行、加拿大、法国、英国和美国的一些州级政府机构及个别大学、专业研究机构、民间团体等，都陆续将其分类主题词表在网上公开发布维护。这对于促进各国专业信息系统的规范化建设与资源共享意义重大。

鉴于电子政务主题词表对主题词的要求，许多国家设立了专门的机构，采用与电子政务数据源一样的"分布注册、集中管理"模式进行统一管理，如澳大利亚就建立了《澳大利亚政府交互功能主题词典（AGIFT）》体系，目的是在全国范围内集中各行各业各领域的术语专家，在国家高层机构的直接支持下，专业、集中、统一地对从中央到地方的电子政务系统中使用的主题词系统进行采集、评估、规范化处理，建立中心主题词库等工作。

1. 国外建设情况——加拿大和澳大利亚

1）加拿大政府核心主题词表[①]

加拿大政府核心主题词表简称 GoC，源自 DSP 主题词表。DSP 主题词表经过 1999 年 5 月至 2000 年 2 月共 9 个月的时间由法国两名学者编著而成。GoC 核心主题词表是英语、法语两个语种版本同时编撰的，两个语种的版本平等，无谁受控与谁为词源之分，并且在范畴覆盖和主题词数目上是可以互换的。但由于英语与法语在自然概念和术语上的区别，其各自的关联结构兼容但不完全一致。GoC 包括了描述加拿大政府以各种形式生成和发布的所有主题信息的词语、所有领域的知识。词表覆盖非常广泛，给主题描述带来很大方便。

2）澳大利亚政府主题词表

澳大利亚是最早建立电子政务系统的国家之一。用于澳大利亚政府电子政务的主题词表有两个，一个是基于政府主题的主题词表（TAGC）；另一个是基于政府功能的交互式主题词表（AGIFT）[②]。《澳大利亚政府交互功能主题词典（AGIFT）》体系以规范目录对照表的形式在标准主题词表间建立对照，同时将它们添加到一个名为《澳大利亚政务定位服务系统（AGLS）》的全国性标准电子政务内容管理系统中，从最基础的、与应用无关的语义层出发，建立起稳定的主题定位与交互系统，使所有政务应用都通过引用此两表建立起对照关系，使得从根本上解决"信息孤岛"的问题。

AGIFT 标准既是一套政务分类目录，又是一套政务主题词表。在澳大利亚，这套词典的使用在国家和各级地方政府中是强制性的。它的建立、运行、监督、维护与服务是直接在中央政府控制下独立进行的，各级各类政府机构凡建立信息资源库、开展文献标引、建立检索、彼此间开展业务交互与作业整合时，都必须按此分类并使用其中的主题词进行，故称"政府交互功能主题词典"，它是全国从中央到地方、从垂直到综合性机构间构建跨系统互动作业的基础，以此实现全国电子政务信息资源的规范与公享，具体实例如表 6-9 所示。

表 6-9 《澳大利亚政府交互功能主题词典（AGIFT）》体系（节选）

资源	能源、矿藏、金属、土地和可再生资源的管理与经济开发、包括政府主管当局所有或租赁的土地，公共处理的资源，以及自然资源开采对环境的影响管理保护等	
	国土资源	
	能源	化石燃料管理
		可再生能源开发

---

① 可通过http://en.thesaurus.gc.ca/default.asp?lang=En&n=E5807AB0-1或 http://en.thesaurus.gc.ca/default.asp?lang= En&n= EAEAD1E6-1 查询。

② 《澳大利亚政府交互功能主题词典（AGIFT）》[EB/OL].http://www.naa.gov.au/collection/a-z/index.aspx。

	土地使用规划	
	土地使用分区	商业区
		公共面积区
		住宅区
资源	土地评价	土地恢复计划
	矿物资源	采矿规则
	污染物辐射控制	
	水资源	水资源保护计划
		水质控制
		水资源使用管理
		航道管理
...	...	...

在管理信息系统中，信息是按照从大类、中类、小类延伸到具体条目的，条目再向下一层为主题词。主题词又分为功能性主题词与管理性主题词等。为在 G2G、G2B 和 G2C 等系统之间，电子政务系统与电子商务及其他系统之间建立信息资源共享，澳大利亚政府从主题词一级即最底层开始建立标准词典，取一批功能性主题词与标准目录建立一对一或一对多的映射关系。

这样，凡是使用上述功能主题词典中的词目对任何一篇文献进行加工标引后，该文献就与上述各系统建立了关联，就能建立各类基于主题的政务信息资源视图，从而为后续的资源再提取、加工、分析与增值利用提供了可能。

在此架构之内，政务信息资源的加工也就不能随心所欲，而要在严格的分类体系与主题词表的支持下进行加工，当然，这种做法也从根本上保证了系统的运行与服务质量。

2. 国内建设情况

我国政府于 2002 年 8 月 8 日启动了电子政务的 6 个标准化项目，其中，电子政务主题词表标准即是其中之一。此后，逐步颁布了主题词表的规则和使用版的词表《电子政务主题词表编制规则》，这一国家标准于 2004 年 4 月获批，于同年的 10 月正式实施；《综合电子政务主题词表》（试用本）于 2005 年 1 月编制完成。

国家电子政务系统信息资源交换、传递、加工、利用和共享基础的《综合电子政务主题词表》（试用本）的编制遵循了国家标准《电子政务主题词表编制规则》（GB/T13486—2004）的各项原则，广泛调研了国内外现有电子政务主题词表的结构、选词范围、性能指标和在电子政务信息系统中的使用情况。它兼容了我国已有的《公文主题词表》和《国务院公文主题词表》，包含 6 种语义关系，尽可能收录已有的其他公文类主题词表中的主题词，以保证这些单位在将来改用《综合电子政务主题词表》时，保持以往信息处理系统的连贯性和稳定性。

《综合电子政务主题词表》（试用本）是为了满足我国国家电子政务信息化和信息共享利用的需要而编制的主题词表，是我国第一部按国家标准编制的综合性电子政务主题词表。其收词范围涵盖了电子政务各个领域，总收录主题词20252条，其中正式主题词17421条，非正式主题词2831条。范畴表包含21个大类，132个二级类，包括：综合政务，农林、水利，政法、监察，文秘、行政，经济管理，财政，科技、教育，综合党团，国土资源、能源，商业、贸易，文化、卫生、体育，综合用语，工业、交通、邮政，旅游、服务业，军事、国防，信息产业，气象、水文、测绘、地震，劳动、人事，城乡建设、环境保护，对外事务，民政、社区（中共中央办公厅秘书局，1998）。其体系结构完整、科学合理、词量选择适当；内容覆盖了我国电子政务各领域及相关知识范畴，包括党派团体活动、理论研究、思想政治工作、理论宣传等相关方面。此主题词表中选取的主题词有良好的政务信息根据和用户需求根据，有较强的组配功能，还收录了一批最新出现的、有较高使用频率的政务方面的术语；参照系统比较完善实用，不刻意追求烦琐的词间关系。该词表是目前国内外收词量最多、专业覆盖面最广的政务主题词表。它的问世，对加速我国电子政务信息管理、实现电子政务信息资源共享共建具有深远的意义。该词表是一项综合性电子政务主题词表，主要供国家机构使用，是专业性电子政务主题词表的母本，对我国各地各部门专业电子政务主题词表的编制具有指导和示范性作用。

6.3.4 电子政务主题词表的体系结构

电子政务主题词表按具体政府机构或政府系统的业务涵盖面、层次关系和使用范围，分为综合电子政务主题词表和专业电子政务主题词表。综合电子政务主题词表是为满足某一级政府或综合管理部门的电子政务信息化和信息共享利用的需要而编制的，它的收词范围涵盖电子政务各个领域，但收词深度有一定限制；专业电子政务主题词表是在综合电子政务主题词表的基础上，根据各专业职能部门的实际需要而编制的，称为"×××电子政务主题词表"，它是对综合电子政务主题词表的细化和补充，收词范围以本领域专业词为主，兼顾相关的业务，故具有一定的收词深度。

电子政务主题词表一般由字顺表、范畴表和相应的附表、索引组成。字顺表由正式的主题词款目和非正式主题词款目按汉语拼音字顺排列构成，为主题词表的主体，也是电子政务信息组织和信息检索的主要工具。

主题词表的体系结构如图6-4所示。主题词在主题词表中呈树形分类结构，由族首词、正式主题词、人口词和同义词等组成。所谓族首词（top terms）是指主题词表内具有属分关系的一族主题词中，表示最上位属性概念的主题词。正式主题词（descriptors）即叙词，是文献标引和检索时用以表达文献主题概念的优选词。专业电子政务主题词表中的族首词一般应是综合电子政务主题词表中的正式主题词，以保证相互之间的属分关系衔接和兼容。

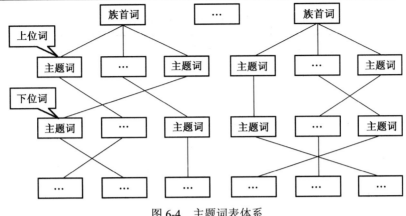

图 6-4　主题词表体系

电子政务主题词表的设计准则，除了要遵循一般信息系统中主题词系统的设计准则之外，更有其自身的特别要求，如规范化要求严、管理层级高、涵盖领域面广、维护量大等。

6.4　中华人民共和国国家标准系列

我国目前的电子政务分类体系实行的是统一分类的管理方法。统一分类的好处是将整个电子政务归一化，没有代码和词目的冗余，易于管理维护；缺点是分类代码的总容量较大，所有不同职能系统的政府机构都不加区别地使用同一分类体系，加大了开发的难度。表 6-10 为国家标准《GB/T 19488.1—2004》中的电子政务分类示例。

可以看出，这是一个以含义字母代码与顺序（流水）数字码组成的分级代码，形式如表 6-10 中码段所示，其结构和含义如表 6-11 中所示。在该代码体系中，分类值（即代码）和类别名称结合，能唯一说明一项相关政务活动。如在政府对政府、政府对企业和政府对公民等不同场合下都会有"政府行文"这一活动，直接用单词组合如"政府对企业政府行文"既累赘又不符合语言习惯，而"GI010000"和"政府行文"就能准确定位这一概念，同时与其他场合的"政府行文"区别开来，所以分类值可单独使用，也可和款目名称结合使用，但款目名称单独使用时就会产生不确定性。

目前，我国已经制定了一些政务信息资源分类相关的标准，如国家标准《政务信息资源目录体系　第 4 部分：政务信息资源分类》是我国为规范各地方政府构建政务信息资源目录体系的分类体系而制定的。该标准规定了政务信息资源的分类原则和方法，为政务信息资源目录体系提供分类方案以及为政务信息资源分类体系的建立和维护提供了依据。

表 6-10 电子政务分级与代码示例

门　类	一　级　类	二　级　类	类别名称	说　　明
G2G			政府对政府	
G2B			政府对企业	
G2C			政府对公民	
GI			政府部门内部	
B2G			企业对政府	
C2G			公民对政府	
	01		公共层	
		01	人事管理	
		02	财务管理	
		03	公文管理	
		04	档案管理	
		05	资产管理	
		…	…	
		99	其他	1. 在每一门类（G2G、G2B、G2C、GI、B2G 和 C2G）中都允许包含所有（或部分）的一级类目，在每一个一级类目中都允许包含所有（或部分）的二级类目
	02		基础层	
		01	人口管理	
		02	企业管理	2. 门类用两位或三位字符表示，一级类目和二级类目都是用两位数字表示，中间根据需求进行扩展
		03	土地管理	
		…	…	3. 分类方案值是由门类、一级类和二级类的编码值组成。对于某些通用的数据元，其分类方案值不一定包含三级编码，可能只包括门类编码或门类和一级编码
		99	其他	
	03		行业层	
		01	金融管理	
		02	税务管理	
		03	财务管理	
		04	医疗卫生	
		05	经济贸易	
		06	公共安全	
		07	国家安全	
		08	国民教育	
		09	社会保障	
		…	…	
		11	外交	
		12	国防	
		…	…	
		99	其他	

　　该标准在参考国内外政务信息资源分类相关资源的基础上，分析并依据国内政务信息资源的特点，结合汉语的特点，形成了"针对政务信息资源，先确定主体框架，

具体详细类目根据领域专家的意见和使用需求再进一步深入研究，补充调整"的技术路线。标准采用混合分类法，既吸收面分类法具有较大的弹性、适应性强、便于机器处理信息、易于添加和修改的特点，又吸收线分类法容量较大、层次性好、使用方便的优点。顶层通过主题分类、行业分类、服务分类和资源形态分类 4 种分类来刻画政务信息资源的整体框架。4 种分类内部采用线分类法，其关系如图 6-5 所示。

表 6-11　分类值和类别名称示例

分　类　值	类　别　名　称	分　类　值	类　别　名　称
GI000000	政府内部活动	GI010202	收文批办单
GI010000	政府行文	GI010300	公文
GI010100	发文处理	GI010400	公文归档
GI010101	发文稿纸	GI020000	会议管理
GI010200	收文处理	GI020100	会议安排
GI010201	收文登记表		

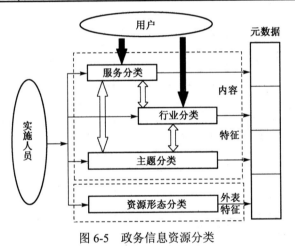

图 6-5　政务信息资源分类

本节将对与政务信息资源分类密切相关并已经成文的部分国家标准系列进行简要总结，如表 6-12 至表 6-28 所示。

6.4.1　现有国家标准总结

1. 基础理论类标准（共性、方法性标准）

表 6-12　信息资源管理与利用

序号	项　目　名　称	国　际　标　准	国　内　标　准	需要程度
1	信息资源管理对象的标识（ID）编码原则	—	GB/T×××× .5—××××第 5 部分：政务信息资源标识符编码方案	正在制定

序号	项目名称	国际标准	国内标准	需要程度
2	国家信息资源的元数据框架	UK e-Gov Metadata framework		急需
3	国家信息资源的基础（核心）元数据标准	Dublin Core	GB/T 21063.3—2007 第 3 部分：核心元数据	完成制定
4	国家信息资源分类及代码	—	GB/T 21063.4—2007 第 4 部分：政务信息资源分类	正在制定
5	政务信息资源目录体系	—	GB/T ××××.1—×××× 第 1 部分：总体框架 GB/T ××××.2—×××× 第 2 部分：技术要求 GB/T ××××.6—×××× 第 6 部分：管理要求	正在制定
6	政务信息资源交换体系	—	GB/T ×××.1 第 1 部分：总体框架 GB/T ×××.2 第 2 部分：分布式系统间信息交换技术要求 GB/T ×××.3 第 3 部分：异构数据库接口规范 GB/T ×××.4 第 4 部分：技术管理要求	正在制定
7	信息资源门户系统的框架要求（目录体系）		—	急需
8	信息资源注册服务规范	UDDI	—	急需
9	信息资源描述框架	RDF	—	需要采用
10	统一资源标识符（URI）：通用语法	RFC 2396	—	需要采用
11	政府信息定位服务应用轮廓（GILS）	FIPS PUB 192-I	—	急需
12	信息和文件_信息检索（Z39.50）——应用服务定义和协议规范	ISO 23950：1998	—	急需
13	信息和文件_记录管理	ISO 15489-1：2001 ISO/TR 15489-2：2001	—	急需
14	信息资源的信息封装和路由协议	SOAP、MIME	—	需要采用
15	信息资源服务描述规范	WSDL	—	需要采用
16	信息资源内容权限访问控制规范		—	需要采用
17	信息资源互操作性框架	UK eGIP	—	急需
18	电子政务业务流程设计方法通用指南		GB/T 19487—2004	制定完成
19	业务流程描述规范	WSFL	—	需要采用
20	信息技术_开放式电子数据交换参考模型	ISO/IEC 14652：1997	—	—
21	信息技术_业务协定语义描述技术——第一部分：开放式电子数据交换实施的操作方面	ISO/IEC 15944-1：2002	—	—

表 6-13　信息结构描述（信息模型、数据模型、数据标准）

序号	项 目 名 称	国 际 标 准	国 内 标 准	需要程度
1	信息处理——文本和办公室系统一标准通用标记语言（SGML）	ISO 3379:1936	GB/T 14314—1993	—
2	可扩展置标语言（XML）1.0	W3C	GB/T 18793—2002	—
3	W3C XML Schema	W3C		需要采用
4	XML 的名字空间	W3C		需要采用
5	可扩展的式样语言转换 1.0	W3C		需要采用
6	XML 在电子政务中的应用指南	—	GB/Z 19669—2005	制定完成
7	基于 XML 的电子单证格式设计指南	—	GS/T 4—2006	制定完成
8	信息技术_超媒体/基于时间的结构化语言（HyTime）	ISO/IEC 10744:1992	GB/T 16965—1997	制定完成
9	信息技术——文件描述和处理语言_超文本标记语言（HTML）	ISO/IEC 15445:2000	GB/T 18792—2002	制定完成
10	信息技术_文件描述和处理语言_多媒体交互文件互换标准（ISMID）	ISO/IEC 13240:2001	—	—
11	信息技术_处理语言_文件样式语义学和规范语言（DSSSL）	ISO/IEC 10179:1996	—	—
12	信息技术_处理语言_标准页描述语言（SPDL）	ISO/IEC10180:1995	—	—
13	数据库结构设计的基本规范（BNF1\BNF2\BNF3）	—	—	需要
14	信息技术_数据库语言 SQL	ISO/IEC 9075 系列	—	需要采用
15	信息技术_数据库语言_SQL 多媒体和应用包	ISO/IEC 13249 系列	—	需要采用
16	信息技术_信息资源词典系统（IRDS）框架	ISO/IEC 10027:1990	GB/T 16647—1996	—
17	信息技术_信息资源词典系统（IRDS）服务接口	ISO/IEC 10728:1993	GB/T 17962—2000	—
18	数据元（素）规范第 1 部分：设计与管理	ISO/IEC 11179 系列	GB/T 19488.1—2004	制定完成
19	数据元（素）规范第 2 部分：公共数据元（素）	—	—	正在制定
20	信息技术_数据管理参考模型	ISO/IEC 10032:1995	—	需要采用
21	信息技术_实现元数据注册系统（MDR）内容的一致——第一部分：数据元素	ISO/IEC TR 20943-1:2003	—	—
22	信息技术_数据元素值格式符号	ISO/IEC 14957:1996	—	

表 6-14　信息表示（信息显示格式、数据值域管理、编码规则）

序号	项 目 名 称	国 际 标 准	国 内 标 准	需 要 程 度
1	标准编写导则第 3 部分：信息分类编码	—	GB/T 20001.3—2001	—
2	标准化工作导则_信息分类编码的基本原则和方法	—	GB 7027—1986	—
3	信息技术_代码值交换的通用结构第 1 部分：编码方案的标识	—	—	

续表

序号	项 目 名 称	国 际 标 准	国 内 标 准	需 要 程 度
4	信息技术_代码值交换的通用结构 第2部分：编码方案的登记	——	——	——
5	信息技术_数据交换用数据元素的组织和 表示的指南_编码方法和原则	ISO/IEC TR9789:1994	——	——
6	数据元和交换格式 信息交换 日期和时间的 表示法	ISO 8601:2000	GB/T 7408—1994	——
7	国家汉字点阵字型标准系列	——	GB 1300.1 等	——

表 6-15　信息资源基础编码方式（面向机器的二进制编码方式）

序号	项 目 名 称	国 际 标 准	国 内 标 准	需 要 程 度
1	信息技术信息交换用七位编码字符集	ISO 646:1991	GB/T 1988—1998	——
2	信息交换用汉字编码字符集基本集	——	GB 2312—1980	——
3	信息技术通用多八位编码字符集（UCS）第1部分： 体系结构与基本多文种平面	ISO/IEC 10646	——	——
4	信息技术信息交换用汉字编码字符集基本集的扩充	——	——	——
5	MPEG	——	——	——
6	JPEG	——	——	——
7	BASE64	——	——	——
8	PS	——	——	——
9	PDF	——	——	——
10	中文办公软件文档格式规范	——	——	正在制定
11	条形码	——	GB 12904—1998 等	已制定

表 6-16　信息资源开发利用的政策

序号	项 目 名 称	国 际 标 准	国 内 标 准	需 要 程 度
1	信息内容安全保密要求	——	——	——
2	信息内容权限访问控制要求	——	——	——
3	信息分类编码标准的维护方法和规定	——	——	——
4	信息分类编码标准的管理规定	——	——	——
5	信息分类编码的注册规定	——	——	——

2. 专业应用类标准

1）自然人基础信息

表 6-17　信息资源管理与利用

序号	项 目 名 称	国 际 标 准	国 内 标 准	需 要 程 度
1	自然人标识代码编码规则	——	——	急需
2	公民身份号码	——	GB 11643—1999	——

表 6-18　信息结构描述（信息模型、数据模型、数据标准）

序号	项目名称	国际标准	国内标准	需要程度
1	自然人基础信息的数据元（素）目录	—	—	急需
2	自然人基本信息的数据库结构规范	—	—	急需
3	基于 XML 的自然人基本信息的 Schema	—	—	急需

表 6-19　信息表示（信息显示格式、数据值域管理、编码规则）

序　号	项目名称	国际标准	国内标准	需要程度
1	公民身份号码	—	GB 11643—1999	—
2	人的性别代码	—	GB/T 2261—1980	—
3	本人成分代码	—	GB/T 4764—1984	已废止
4	家庭出生代码	—	—	—
5	文化程度代码	—	GB/T 14658—1984	—
6	健康状况代码	—	GB 4767—1984	—
7	婚姻状况代码	—	GB 4766—1984	—
8	职业分类代码	—	GB/T 6565—1999	—
9	专业技术代码	—	GB/T 8561—2001	—
10	政治面貌代码	—	GB 4762—1984	—
11	党、派代码	—	GB 4763—1984	—
12	干部职务名称代码	—	GB 12403—1990	—
13	干部职务级别代码	—	GB 12407—1990	—
14	中华人民共和国学位代码	—	GB 6864—1986	—

2）空间地理基础信息

表 6-20　信息资源管理与利用

序　号	项目名称	国际标准	国内标准	需要程度
1	空间地理标识代码编码规则	—	—	急需
2	空间地理信息资源的元数据规范	—	—	急需
3	地理信息——元数据	ISO 19115:2003	—	—
4	地理信息——参考模型	ISO 19101:2002	—	—
5	地理信息——一致性和测试	ISO 19105:2000	—	—
6	地理信息——空间计划	ISO 19107:2003	—	—
7	地理信息——时间计划	ISO 19108:2002	—	—
8	地理信息——质量原理	ISO 19113:2002	—	—
9	地理信息——参照系下的空间位置	ISO 19111:2003	—	—
10	地理信息——功能标准	ISO/TR 19120:2001	—	—
11	基于定位服务的标准体系	—	—	—
12	空间地理基础信息管理的要求	—	—	—

表 6-21　信息结构描述（信息模型、数据模型、数据标准）

序　号	项 目 名 称	国 际 标 准	国 内 标 准	需 要 程 度
1	空间信息的结构	—	—	—
2	空间地理的数据标准	—	—	—
3	空间地理的框架数据标准（数据元素目录）	—	—	—

表 6-22　信息表示（信息显示格式、数据值域管理、编码规则）

序　号	项 目 名 称	国 际 标 准	国 内 标 准	需 要 程 度
1	某一地理位置经度、纬度和高度的标准表示法	ISO 6709:1983	—	—
2	空间信息的分类与编码	—	—	—

表 6-23　信息资源基础编码方式（面向机器的二进制编码方式）

序　号	项 目 名 称	国 际 标 准	国 内 标 准	需 要 程 度
1	地理信息——图和栅格数据	ISO/TR 19121:2000	—	—
2	电子地图标准	—	—	—

3）基础公共文献数据库群（公文、标准）

表 6-24　信息资源管理与利用

序号	项 目 名 称	国 际 标 准	国 内 标 准	需 要 程 度
1	信息和文件——国际标准图书编号方式（ISBN）	ISO 2108:1992	—	—
2	信息和文件——国际标准序列号（ISSN）	ISO 3297:1998	—	—
3	信息和文件——国际标准记录码（ISRC）	ISO 3901:2001	—	—
4	信息和文件——国际标准技术报告编号（ISRN）	ISO 10444:1994	—	—
5	信息和文件——国际标准音乐编号（ISMN）	ISO 10957:1993	—	—
6	信息和文件——国际标准视听编号（ISAN）	ISO 15706:2002	—	—
7	信息和文件——国际标准音乐著作码（ISWC）	ISO 15707:2001	—	—
8	电子政务主题词表编制规则	—	GB/T 19486—2004	制定完成

表 6-25　信息结构描述（信息模型、数据模型、数据标准）

序号	项 目 名 称	国 际 标 准	国 内 标 准	需 要 程 度
1	数据元（素）目录	—	—	正在制定
2	数据库结构规范	—	—	急需
3	基于 XML 的 Schema	—	—	正在制定

6.4.2 电子政务信息共享标准

表 6-26 数据元标准

序号	国际/行标编号	标准名称	对应国际标准	状 态	资源适应范围
1	GB/T 18391.1—2002	信息技术_数据元的规范与标准化_第1部分：数据元的规范与标准化框架	ISO/IEC 11179_11999	需要修订待采用的国际标准为：ISO/IEC 11179-1:2004信息技术_元数据注册_第1部分：框架	提供了关联部分的相关环境和从概念上理解数据元的基础；适用于人机共享数据元的规范化表示和含义，不适用于机器级上数据以位和字节为单位的物理表示
2	GB/T 18391.2—2003	信息技术_数据元的规范与标准化_第2部分：数据元的分类	ISO/IEC 11179_22000	—	通过一组具体的属性为编写数据元分类方面的文档提供依据，确定了一系列原则、方法和程序；适用于阐明在为某个数据元的各个组成部分与分类模式间联系提供文件时（最基本）的需求
3	GB/T 18391.3—2001	信息技术_数据元的规范与标准化_第3部分：数据元的基本属性	ISO/IEC 11179_3:1994	需要修订待采用的国际标准为：ISO/IEC 11179-3:2004信息技术_元数据注册第3部分：注册元模型和基本属性	规定了数据元的属性，但只限于一组基本属性，而这些属性在应用系统、数据库、数据交换报文等方面的用法无关
4	GB/T 18391.4—2001	信息技术_数据元的规范与标准化_第4部分：数据定义的编写规则与指南	ISO/IEC 11179_4:1995	需要修订待采用的国际标准为：ISO/IEC 11179-4:2004信息技术_元数据注册第4部分：数据定义的表示	规定了构建数据元定义的规则和指南；仅介绍数据元定义的语义结构，不对定义的格式作出规定
5	GB/T 18391.5—2001	信息技术_数据元的规范与标准化_第5部分：数据元的命名和标识原则	ISO/IEC 11179_5:1995		规定了数据元命名和标识的规则与指南，阐述了数据元标识的组成成分和结构
6	GB/T 18391.6—2001	信息技术_数据元的规范与标准化_第6部分：数据元的登记	ISO/IEC 1179_6:1997	需要修订待采用的国际标准为：ISO/IEC 11179-6:2005信息技术_元数据注册第6部分：注册	规定了对每个要注册的数据元进行注册时，应当详细说明其信息类型、应满足的条件和需要遵守的程序；不规定在实施过程中使用的注册簿系统的设计、文件的编制技术、存储媒体、编程语言等
7	GB/T 19488.1—2004	电子政务数据元第1部分：设计和管理规范	—	—	规定了电子政务数据元的基本概念和结构、电子政务数据元的表示规范以及特定属性的设计规则和方法，并给出电子政务数据元的动态维护管理机制；适用于政府部门编制各种通用的或专用的数据元目录，并为建立数据元的注册和维护管理机制提供指导
8		电子政务数据元第2部分：公共数据元目录	—	正在制定	—

表 6-27　信息分类与编码标准

类型	序号	国际/行标编号	标准名称	对应国际标准	状　　态	资源适应范围
方法性、通用性标准	1	GB/T 7027—2002	信息分类和编码的基本原则与方法	—	—	规定了信息分类编码的基本原则和方法；适用于各类信息分类编码标准的编制
	2	GB/T 7408—2005	数据元和交换格式_信息交换 日期和时间的表示法	ISO 8601:2000	—	规定了公历日期和时间的表示法；适用于在信息交换中所涉及的日期和时间的表示
	3	GB/T 10113—2003	分类与编码通用术语	—	—	规定了分类编码标准化领域常用的术语及定义；适用于分类编码标准、工作总则及有关文件的制订和实施
	4	GB/T 19486—2004	电子政务主题词表编制规则	—	—	规定了电子政务主题词表（包括综合电子政务主题词表和专业电子政务主题词表）编制中应遵循的原则、方法和要求；适用于电子政务主题词表的编制和修订工作，其他电子办公系统可参照使用
	5	GB/T 20001.3—2001	标准编写导则_第3部分:信息分类编码	—	—	规定了信息分类编码标准的结构和编写规则；适用于信息分类编码国家标准、行业标准、地方标准的编写；企业标准的编写可参照使用；非信息分类编码标准中含有信息分类编码内容的章、条也可参照使用
	6	—	电子政务信息分类编码标准的动态维护与管理	—	需要制定	—
	7	—	电子政务信息分类与编码体系	—	需要制定	—
自然人与人事管理基本信息分类与编码	1	GB/T 2261.1—2003	个人基本信息分类与代码_第1部分:人的性别代码	ISO 5218	需要修订；待采用的国际标准为 ISO 5218:2004 信息技术 人的性别代码	规定了个人基本信息分类与代码——人的性别代码；适用于个人基本信息的信息处理和信息交换
	2	GB/T 2261.2—2003	个人基本信息分类与代码_第2部分:婚姻状况代码	—	—	规定了个人基本信息分类与代码——婚姻状况代码；适用于个人基本信息的信息处理和信息交换
	3	GB/T 2261.3—2003	个人基本信息分类与代码_第3部分:健康状况代码	—	—	规定了个人基本信息分类与代码——健康状况代码；适用于个人基本信息的信息处理和信息交换

续表

类型	序号	国际/行标编号	标准名称	对应国际标准	状　态	资源适应范围
自然人与人事管理基本信息分类与编码	4	GB/T 2261.4—2003	个人基本信息分类与代码_第 4 部分：从业状况（个人身份）代码	—	需要修订	规定了个人基本信息分类与代码——从业状况（个人身份）代码；适用于个人基本信息的信息处理和信息交换
	5	GB/T 2261.5—2003	个人基本信息分类与代码_第 5 部分：港澳台侨属代码	—	—	规定了个人基本信息分类与代码——港澳台侨属代码；适用于个人基本信息的信息处理和信息交换
	6	GB/T 2261.6—2003	个人基本信息分类与代码_第 6 部分：人大代表、政协委员代码	—	—	规定了个人基本信息分类与代码——人大代表、政协委员代码；适用于个人基本信息的信息处理和信息交换
	7	GB/T 2261.7—2003	个人基本信息分类与代码_第 7 部分：院士代码	—	—	规定了个人基本信息分类与代码——院士代码；适用于个人基本信息的信息处理和信息交换
	8	GB/T 4658—1984	文化程度代码	—	需要修订	规定了中国各类人员的文化程度代码；适用于任何信息处理和信息交换工作
	9	GB 4761—1984	家庭关系代码	—	需要修订	规定了家庭关系的代码；适用于使用信息处理系统进行人事档案管理、社会调查、统计、公安户管管理等方面工作时信息处理系统之间的信息交换
	10	GB 4762—1984	政治面貌代码	—	—	规定了政治面貌的代码；适用于使用信息处理系统进行人事档案管理、社会调查、统计、公安户籍管理等方面工作时信息处理系统之间的信息交换
	11	GB 4763—1984	党、派代码	—	—	规定了党、派名称的代码；适用于使用信息处理系统进行人事档案管理、社会调查、统计、公安户籍管理等方面工作时信息处理系统之间的信息交换
	12	GB/T 6565—1999	职业分类与代码	—	需要修订	规定了中国职业的分类结构、类别和代码；适用于按职业分类的各种普查、调查统计以及行政管理和国内外信息交流等
	13	GB/T 6864—2003	中华人民共和国学位代码	—	—	规定了中华人民共和国学位的表示方法；适用于任何信息处理系统之间的信息交换

续表

类型	序号	国际/行标编号	标准名称	对应国际标准	状　态	资源适应范围
自然人与人事管理基本信息分类与编码	14	GB 6865—1986	语种熟练程度代码	—	需要修订	规定了语种熟练程度的表示方法；适用于任何信息处理系统之间的信息交换
	15	GB 8560—1988	荣誉称号和荣誉奖章代码	—	需要与 GB/T 8562—1988 和 GB/T 8563—1988 整合修订	规定了荣誉称号和荣誉奖章代码；适用于任何信息处理系统之间的信息交换
	16	GB/T 8561—2001	专业技术职务代码	—		规定了专业技术职务代码；适用于任何信息处理系统之间的信息交换
	17	GB 8562—1988	纪律处分代码	—	需要与 GB/T 8560—1988 和 GB/T 8563—1988 整合修订	规定了纪律处分代码；适用于任何信息处理系统之间的信息交换
	18	GB/T 8563—1988	奖励代码	—	需要与 GB/T 8560—1988 和 GB/T 8562—1988 整合修订	规定了奖励代码；适用于任何信息处理系统之间的信息交换
	19	GB 11643—1999	公民身份号码	—	—	规定了公民身份号码的编码对象、号码的结构和表示形式，使每个编码对象获得一个唯一的、不变的法定号码
	20	GB/T 12403—1990	干部职务名称代码	—	需要修订	规定了党政机关、企事业单位、人民团体、军队干部职务名称代码；适用于信息处理和信息交换
	21	GB/T 12405—1990	单位增员减员种类代码	—	需要修订	规定了劳动人事信息管理中单位增员减员数据元的分类及代码；适用于各种劳动人事档案数据库的数据存贮及检索；并适用于计算机进行人事信息处理和信息交换
	22	GB/T 12407—1990	干部职务级别代码	—	—	规定了干部职务级别代码；适用于信息处理和信息交换
	23	GB/T 12408—1990	社会兼职代码	—	需要修订	规定了语种熟练程度的表示方法；适用于任何信息处理系统之间的信息交换
	24	GB/T 14946—2002	全国干部、人事管理信息系统指标体系分类与代码	—	需要与 GB/T 17538—1998 整合修订	规定了全国干部（含国家公务员）、人事管理信息系统指标体系，分类代码和指标项说明；适用于全国各地、各部门干部（含国家公务员）、人事管理信息系统的建立以及人员的各项管理及计划、统计工作
	25	GB/T 16502—1996	劳动合同制用人形式分类与代码	—	需要修订	规定了劳动合同制用人形式的分类与代码；适用于劳动力管理及之间的信息交换

续表

类型	序号	国际/行标编号	标准名称	对应国际标准	状　态	资源适应范围
自然人与人事管理基本信息分类与编码	26	GB/T 16835—1997	高等学校本科、专科专业名称代码	—	—	规定了一套统一的高等学校本科、专科专业分类与代码；适用于按专业分类的各种统计调查、教育管理和人事管理等方面的信息处理和信息交换
	27	GB/T 17538—1998	全国干部、人事管理信息系统数据结构	—	需要与 GB/T 14946—2002 整合修订	—
	28	—	人事管理信息系统信息分类代码_奖惩集	—	需要将 GB/T 8560—1988、GB/T 8562—1988 和 GB/T 8563—1988 整合修订形成	—
社会组织机构分类与编码	1	GB 11714—1997	全国组织机构代码编制规则	—	—	规定了全国组织机构代码的编码方法，使全国各机关、团体、企事业单位等组织机构均获得一个唯一的、始终不变的法定代码，以适应政府部门的统一管理和业务单位实现计算机自动化管理的需要；适用于全国组织机构代码的编制、信息处理和信息交换
	2	GB/T 12404—1997	单位隶属关系代码	—	—	规定了单位隶属关系代码；适用于统计、管理等各项工作及相关的信息处理和信息交换
	3	GB/T 16987—2002	组织机构代码信息数据库（基本库）数据格式	—	—	规定了用于组织机构公共、基本数据的处理和交换工作的全国组织机构代码数据采集规范和数据库数据字段内容及格式；适用于各行业各类信息系统的组织机构公共、基本数据的交换和处理
区域、地点和地理信息分类与编码	1	GB/T 2260—2002	中华人民共和国行政区划代码	—	需要修订	规定了中华人民共和国县及县以上行政区划代码；适用于对行政区划的标识、信息处理和交换
	2	GB/T 2659—2000	世界各国和地区名称代码	修改采用 ISO 3166.1:1997	—	规定了世界各国和地区名称的代码；适用于国内外信息处理与交换
	3	GB/T 10114—2003	县级以下行政区划代码编制规则	—	—	规定了县级以下行政区划代码的编制规则，以统一全国县以下行政区划的代码；适用于编制县以下行政区划代码

类型	序号	国际/ 行标编号	标准名称	对应 国际标准	状　态	资源适应范围
区域、地点和地理信息分类与编码	4	GB 12409—1990	地理格网	—	—	规定了地理格网系统划分的规则与代码，用以标识与地理空间分布有关的资源与环境信息，保证其存储、统计、分析与交换的一致性，实现信息共享；适用于表示呈面状分布并以格网作为计量单元的资源与环境信息
	5	GB/T 13989—1992	国家基本比例尺地形图分幅和编号	—	—	规定了国家基本比例尺地形图的分幅、编号及编号应用的公式；适用于1：1 000 000～1：5000地形图的分幅和编号
	6	GB/T 14395—1993	城市地理要素_城市道路、道路交叉口、街坊、市政工程管线编码结构规则	—	需要修订	规定了城市主要地理要素——城市道路、道路交叉口、街坊、市政工程管线等的编码结构规则，以统一全国大、中、小城市的城市道路、道路交叉口、街坊、市政工程管线的代码结构，为各城市建立城市地理编码系统提供了应遵循的原则；适用于编制全国大、中、小城市的城市道路、道路交叉口、街坊、市政工程管线的代码
	7	GB 14804—1993	1：500、1：1000、1：2000 地形图要素分类与代码	—	—	规定了1：500、1：1000、1：2000地形图要素的分类与代码，用以标识该比例尺范围地形图要素数字信息，保证其存储及交换的一致性；适用于1：500、1：1000、1：2000 数字地形图及以其为基础的各种空间信息系统中地形图要素信息的采集、存储、检索、分析、输出及交换
	8	GB/T 15660—1995	1：5000、1：10000、1：25000、1：50000,1：100000地形图要素分类与代码	—	—	规定了1：5000、1：10000、1：25000、1：50000、1：100000数字地形图要素的分类与代码；适用于1：5000、1：10000、1：25000、1：50000、1：100000数字地形图测绘时地形要素的采集、存储、检索、分析、输出及交换
	9	GB/T 16828—1997	位置码	—	—	规定了位置码的定义、结构、编码方法和条码符号表示；适用于在电子数据交换、自动数据采集等应用中对法律实体、功能实体和物理实体唯一、准确的标识

续表

类型	序号	国际/行标编号	标准名称	对应国际标准	状　态	资源适应范围
区域、地点和地理信息分类与编码	10	GB/T 16831—1997	地理点位置的纬度、经度和高度的标准表示法	—	—	规定了一种可变长度的格式，用于数据交换中表示纬度、经度和高度；采用数字符号 0～9，书写符号正号（+）、负号（−）、小数点（．）和逗号（，）
	11	GB/T 18317—2001	专题地图信息分类与代码	—	—	规定了专题地图宏观信息分类体系与代码；适用于建立专题地图数据库及制作相关数字产品
国民经济统计信息分类与编码	1	GB/T 4754—2002	国民经济行业分类与代码	—	—	规定了国民经济行业分类的原则和划分行业的基本单位、编码方法及代码；适用于企业、事业单位、国家机关、社会团体划分行业
	2	GB 12402—2000	经济类型分类与代码	—	—	规定了中国经济类型的分类与代码；适用于统计、管理等各项工作及相关的信息处理和信息交换
	3	GB/T 14885—1994	固定资产分类与代码	—	需要修订	规定了固定资产的分类、代码及计算单位，用于固定资产管理、清查、登记、统计等工作；适用于企业、事业单位、社会团体、行政机关、军队和武警部队以及各级有关管理部门
	4	—	社会统计指标标准	—	需要制订	—
	5	—	计划指标系列标准	—	需要制订	—
	6	—	财务收支指标标准	—	需要制订	—
	7	—	预算指标标准	—	需要制订	—
	8	—	国际收支管理信息系统系列标准	—	需要制订	—
	9	—	国有资产投资信息系统系列标准	—	需要制订	—
科学技术信息分类与编码	1	GB/T 3304—1991	中国各民族名称的罗马字母拼写法和代码	—	—	规定了中国各民族名称的罗马字母拼写法及其字母代码和数字代码；适用于文献工作、拼音电报、国际通信、出版、新闻报道、信息处理和交换等方面
	2	GB/T 3469—1983	文献类型与文献载体代码	—	—	适用于各种文献检索工具上的著录标记
	3	GB/T 4880.1—2005	语种名称代码第 1 部分：2 字母代码	修改采用 ISO 639.1:2002	—	规定了国际通用的语种名称代码；适用于术语学、辞书学和语言学，也适用于任何信息处理和任何需要以代码形式表达语种的工作领域

类型	序号	国际/行标编号	标准名称	对应国际标准	状　态	资源适应范围
科学技术信息分类与编码	4	GB/T 4880.2—2000	语种名称代码 第2部分：3字母代码	修改采用 ISO 639.2:1998	—	规定了431个语种（包括集合语种）的3字母代码，每个语种有其对应的用于术语学（T）的代码和用于目录学（B）的代码，其中除23个语种的T代码与B代码不同外，其他语种的T代码与B代码均相同；适用于术语学、辞书学、语言学、目录学等，也适用于任何信息处理和需要以代码形式表示语种的工作领域，包括图书馆、信息服务和出版工作中用于交换信息（尤其是计算机系统）的场合
	5	GB/T 4881—1985	中国语种代码	—	—	适用于任何信息处理系统之间的信息交换
	6	GB/T 5795—2002	中国标准书号	—	—	规定了中国标准书号的结构及其印刷位置，为在中国的合法出版者所出版的每一出版物及每一版本提供唯一确定的、国际通用的编号标识方法；适用于各种介质的图书；不适用于连续出版物
	7	GB/T 7156—2003	文献保密等级代码与标识			规定了文献保密等级的确定、变更和解密的原则，规定了文献保密期限、文献保密等级代码和标识；适用于对文献保密等级的标识，以促进文献信息的管理、交换和使用
	8	GB/T 9999—2001	中国标准连续出版物号	—	—	规定了中国标准连续出版物号的结构、内容、印刷格式与位置及其分配原则；适用于经国家出版管理部门正式许可出版的任何载体的连续出版物
	9	GB/T 13396—1992	中国标准音像制品编码			规定了中国标准音像制品编码的结构和显示方式；适用于在中国注册的音像制品出版者所录制出版的音像制品
	10	GB/T 13745—1992	学科分类与代码	—	需要修订	规定了学科的分类与代码；适用于国家宏观管理和科技统计
	11	GB/T 15416—1994	中国科学技术报告编号			规定了中国科学技术报告编号（CSRN）的统一代码；适用于公开和内部发行的科学技术报告，含各种载体的科学技术报告

续表

类型	序号	国际/行标编号	标准名称	对应国际标准	状　态	资源适应范围
科学技术信息分类与编码	12	GB/T 15418—1994	档案分类标引规则	—	—	适用于各级各类档案馆（室）使用《中国档案分类法》对所藏各种类型的档案进行分类标引；适用于编制档案分类目录、索引以及建立档案目录中心和数据库的档案分类标引工作
	13	GB/T 16733—1997	国家标准制定程序的阶段划分及代码	—	—	规定了国家标准制定程序的阶段划分及代码；适用于国家标准制定的制定修订及其管理，其他各级标准亦可参照使用
金融、贸易与货币信息分类与编码	1	GB/T 12406—1996	表示货币和资金的代码	等同采用 ISO 4217:1995	—	规定了表示货币和资金的 3 位字母型代码结构和相应的 3 位数字型代码结构；适用于需要对货币和资金加以描述的所有贸易、商业和银行业务领域
	2	GB/T 13496—1992	银行行别和保险公司标识代码	—	—	规定了银行行别和保险公司的代码；适用于各类金融业务
	3	GB/T 13497—1992	全国清算中心代码	—	—	规定了全国的清算中心代码；适用于全国电子联行往来业务及其他金融业务
	4	GB/T 14393—1993	贸易单证中代码的位置	非等效采用 ISO 8440:1986	需要修订待参考的国际标准为 ISO 8440:1986/Cor1:200	规定了国际贸易单证中代码标识符和编码数据项的位置和区域；适用于贸易单证制单的自动数据处理系统
	5	GB/T 15421—1994	国际贸易方式代码	修改采用 UN/EDIFACT/93.A	需要修订待采用 UN/EDIFACT/04.B	规定了国际贸易方式代码；适用于从事国际贸易惯例和中国已颁布的各项贸易法规
	6	GB/T 16711—1996	银行业_银行电信报文 银行标识代码	—	—	规定了用于银行业和相关金融环境中自动化处理的通用银行标识代码（BIC）的元素和机构
	7	GB/T 16962—1997	国际贸易付款方式代码	—	—	规定了国际贸易付款方式的代码结构和代码；适用于从事国际贸易的机构进行电子数据交换和信息处理
	8	GB/T 16963—1997	国际贸易合同代码规范	—	—	规定了中国国际贸易合同代码的代码结构和编写规则；适用于中国进出口企业编写国际贸易合同代码，也可以供编国内贸易合同代码时参考
	9	GB/T 17295—1998	国际贸易用计量单位代码	修改采用 UN/ECE/TRADE/R.888	—	规定了表示行政管理、商业、运输、科学技术和工业等领域中使用的长度、质量（重量）、体积和其他量的计量单位代码

类型	序号	国际/行标编号	标准名称	对应国际标准	状　态	资源适应范围
自然资源与环境保护信息分类与编码	1	GB 5751—1986	中国煤炭分类	—	—	适用于无烟煤、烟煤和褐煤的分类
	2	GB/T 9649	地质矿产术语分类代码	—	将 GB/T 9649 系列标准整合修订形成	—
	3	GB/T 9852.3—1988	全国海岸带和海涂资源综合调查档案标准分类法			规定了全国海岸和海涂资源综合调查档案分类的原则、技术方法和类表；适用于类分全国海岸调查档案和分类目录的组织
	4	GB/T 10630—1997	放射性矿产地质术语分类与代码			规定了放射性矿产地质术语分类与代码；适用于中国放射性矿产地质信息系统，也适用于放射性矿产地质工作的其他有关领域
	5	GB 12462—1990	世界海洋名称代码	—	—	规定了世界大洋、海、海湾、海峡等名称的代码；适用于海洋信息系统的建设、应用与管理
	6	GB/T 13923—1992	国土基础信息数据分类与代码			规定了国土基础信息数据分类与代码，用以标识数字形式的国土基础信息，保证其存储及交换的一致性；适用于各种资源与环境信息系统采集、存储、检索、分析、输出及交换国土基础信息
	7	GB/T 14467—1993	中国植物分类与代码			规定了中国植物的分类与代码；适用于国民经济各个部门的植物信息交换和处理
	8	GB/T 14529—1993	自然保护区类型与级别划分原则			规定了自然保护区类型与级别的划分；适用于中华人民共和国领域和中华人民共和国管辖的海域内的各种类型的自然保护区的确定
	9	GB/T 14721.1—1993	林业资源分类与代码_森林类型			规定了乔木林和具有一定盖度、面积并且相对稳定的灌木林的类型、代码及其分类原则；适用于森林资源管理、建立森林资源与环境信息系统，作为区分森林类型，进行信息交换和处理的统一标准
	10	GB/T 15161—1994	林业资源分类与代码_林木病害			规定了中国主要林木病害的名称及代码；适用于中国林木病害调查防治中作为进行信息交换和处理的统一标准
	11	GB/T 15218—1994	地下水资源分类分级标准			规定了地下水资源分类分级的原则以及类别和级别的名称、定义、划分条件、用途和代码；适用于地下水资源各个勘察阶段，是各个勘察阶段设计书编制、工作部署、地下水资源量计算、报告编写的重要依据，也是地下水资源审批、统计，水源地立项、设计，制定地下水开采计划、规划的重要依据

续表

类型	序号	国际/行标编号	标准名称	对应国际标准	状态	资源适应范围
自然资源与环境保护信息分类与编码	12	GB/T 15281—1994	中国油、气田名称代码	—	需要修订	规定了中华人民共和国油、气田名称的代码；适用于在信息处理和交换工作中对油、气田名称的标识
	13	GB/T 15628.1—1995	中国动物分类代码_脊椎动物	—	需要修订	规定了中国现存的脊椎动物的分类代码；适用于脊椎动物的信息处理和交换
	14	GB/T 15775—1995	林业资源分类与代码_林木害虫	—	—	规定了林木害虫的分类与代码；适用于有关林木害虫的调查、检疫、防治及林木害虫的信息采集、交换和处理
	15	GB/T 15778—1995	林业资源分类与代码_自然保护区	—	—	规定了与林业资源有关的自然保护区的名称与代码；适用于自然保护区的信息处理和信息交换
	16	GB/T 16705—1996	环境污染类别代码	—	—	规定了环境污染的类别与代码；适用于环境信息管理，也适用于其他信息系统的信息交换
	17	GB/T 16706—1996	环境污染源类别代码	—	—	规定了环境污染源的类别与代码；适用于环境信息管理，也适用于其他信息系统的信息交换
	18	GB/T 16772—1997	中国煤炭编码系统	—	—	规定了煤按煤阶、煤的主要工艺性质及影响环境参数的编码顺序及方法，便于交流煤炭质量信息；适用于对腐植煤进行编码；不适用于腐泥煤、泥炭、碳质岩和石墨
	19	GB/T 16792—1997	中国含油气盆地及次级构造单元名称代码	—	—	规定了全国含油气盆地及石油气盆地内一、二级构造单元名称的代码；适用于在信息管理系统中，数据库（或数据文件、表）间交换信息时，对各级构造单元实体的识别
	20	GB/T 17296—2000	中国土壤分类与代码	—	需要修订	规定了中国土壤分类系统中的土纲、亚纲、土类、亚类、土属和土种的土壤名称与代码；适用于土壤调查、土壤统计信息汇总、土壤信息交换与处理和土壤资源的利用等过程中对土壤信息的标识
	21	GB/T 17297—1998	中国气候区划名称与代码_气候带和气候大区	—	—	规定了中国气候区划系统中陆地气候带和气候大区的名称与代码；适用于各有关部门按气候区划进行资源与环境调查分析、信息汇总统计、信息交换与处理、气候资源的利用以及防灾抗灾等过程中对气候信息的标识

续表

类型	序号	国际/行标编号	标准名称	对应国际标准	状　态	资源适应范围
自然资源与环境保护信息分类与编码	22	GB/T 17670—1999	天然石材统一编号	—	—	规定了天然石材的统一命名和编号；适用于天然花岗石、天然大理石、天然板石（层叠岩）
	23	GB/T 17826—1999	海洋生物分类代码	—	—	规定了分布在中国近岸海域和管辖海域的海洋生物的分类系统和分类代码；适用于在中国近海发现的海洋生物物种和大洋中常见生物种的信息处理和交换
	24	—	土地资源信息分类代码标准	—	需要制定	
	25	—	河流分类与代码	—	需要制定	
	26	—	湖泊分类与代码	—	需要制定	
	27	—	水库分类与代码	—	需要制定	
	28	—	自然灾害分类、分级代码	—	需要制定	
交通运输信息分类与编码	1	GB 917.1—2000	公路路线标识规则命名、编号和编码	—	—	规定了公路路线及其路段的命名原则、编号规则和编码方法；适用于交通运输、公安、测绘、国土资源管理等行业对公路信息的处理与交换；也适用于公共信息载体的标识
	2	GB 917.2—2000	公路路线标识规则国道名称和编号	—	—	规定了国道的全称、简称和编号；同时给出国道途经的省级行政区划代码；适用于交通运输、公安、测绘、国土资源管理等行业对公路信息的处理与交换；也适用于公共信息载体的标识
	3	GB/T 918.1—1989	道路车辆分类与代码_机动车	—	需要与 GB/T 918.2—1989 整合修订	规定了在城乡道路上行驶的机动车辆的分类、编码方法和代码；适用于车辆使用部门和交通管理部门的机动车辆管理、调度、计划统计以及科研等领域
	4	GB/T 918.2—1989	道路车辆分类与代码_非机动车	—	需要与 GB/T 918.1—1989 整合修订	规定了在城乡道路上行驶的非机动车辆的分类、编码方法和代码；适用于车辆使用部门和交通管理部门的非机动车辆管理、调度、计划统计以及科研等领域
	5	GB/T 919—2002	公路等级代码	—	—	规定了公路管理等级与公路技术等级的代码；适用于公路的信息处理与交换
	6	GB/T 920—2002	公路路面等级与面层类型代码	—	—	规定了公路路面等级与面层类型的代码；适用于已建、新建和改建的国家干线公路、省干线公路、县公路、乡公路、专用公路的信息处理与交换；其他公路也应参照执行

续表

类型	序号	国际/行标编号	标准名称	对应国际标准	状　态	资源适应范围
交通运输信息分类与编码	7	GB/T 1836—1997	集装箱代码、识别和标记	等同采用 ISO 6346:1995	—	规定了集装箱识别系统、尺寸和箱型代码及其相关标记和标记的标打方法等；适用于已列入 ISO 668、ISO 1496/1~1496/5 和 ISO 8323 等各项标准的各种集装箱。也适用于未列入本标准第 2 章的其他集装箱和与集装箱有关的其他设备
	8	GB/T 3730.2—1996	道路车辆质量_词汇和代码	等同采用 ISO 1176:1990	—	规定了 ISO3833（道路车辆–类型–术语和定义）中定义的道路车辆（不包括首次制造的道路车辆）质量的术语和代码；道路车辆可以是完整的，也可以不是；代码用于车辆数据资料交流和电子化处理；对测量方法、采用的计量单位及误差等未作规定
	9	GB/T 4099—1983	航海常用名词、术语及其代（符）号	—	—	适用于航海驾驶、船舶操纵、航海文件、航海法规条例、航海图书表册、航海教材以及航海监督考核等
	10	GB/T 6388—1986	运输包装收发货标志	—	—	规定了货物运输包装必须具有的标志
	11	GB/T 6512—1998	运输方式代码	等同采用 UN/ECE R.19	—	规定了运输方式的基本分类代码结构及表示运输工具类别的运输方式代码；适用于中国国际贸易有关文件（单证、报文）中使用代码标明运输方式的一切场合，也适用于中国行政、运输、商业等领域的业务所涉及的运输方式的标识
	12	GB/T 7407—1997	中国及世界主要海运贸易港口代码	—	—	规定了世界主要海运贸易港口的代码及港口名称代码的格式结构和内容；适用于中国对外贸易远洋及沿海运输管理、生产调度、计划统计、信息交流与处理等有关文件中表示港口名称用的代码
	13	GB/T 10302—1988	中华人民共和国铁路车站站名代码	—	—	规定了全国铁路车站站名代码；适用于全国铁路运营管理及现代化管理中铁路车站站名信息的处理业务
	14	GB/T 11708—1989	公路桥梁命名编号和编码规则	—	—	规定了国家干线公路桥梁的命名原则、编码规则及其编码方法；适用于国家各级管理部门有关公路桥梁的信息处理与交换；非干线公路桥梁的命名、编码也可参照使用

类型	序号	国际/行标编号	标准名称	对应国际标准	状　态	资源适应范围
交通运输信息分类与编码	15	GB/T 14945—1994	货物运输常用残损代码	—	—	规定了货物运输中用以表示货物或包装常用残损状态的代码；适用于有关单证和信息传输中表示货物或包装残损状态的场合
	16	GB/T 15119—1994	集装箱常用残损代码	等效采用 ISO 9897_1:1990	—	规定了集装箱及设备的常用残损状态代码；适用于在集装箱有关单证和信息传输中表示集装箱的常用残损状态
	17	GB/T 15419—1994	国际集装箱货运交接方式代码	—	—	规定了国际集装箱货运交接方式的代码；适用于国际集装箱航运（或多式联运）企业与其业务伙伴之间有关信息的计算机处理和交换
	18	GB/T 15514—1998	中华人民共和国口岸及有关地点代码	—	需要修订	规定了中国主要口岸及重要国际贸易地点代码。不包括中国香港特别行政区、台湾和澳门地区的口岸代码；适用于从事国际贸易、地区贸易和运输等机构进行电子数据交换和信息处理
	19	GB/T 16158—1996	内河船舶分类与代码	—	—	规定了内河运输船、运输辅助船、工程船等（船舶）的分类和代码；适用于内河船舶的规划、统计、管理和信息传输
	20	GB/T 16300—1996	民用航空业信息分类与代码	—	—	规定了民用航空业信息分类与代码；适用于从事民用航空业的计算机信息处理和交换工作
	21	GB/T 16472—1996	货物类型、包装类型和包装材料类型代码	—	—	规定了在与国际贸易有关的贸易、运输和其他经济活动中使用的货物类型、包装类型和包装材料类型的数字代码表示；同时还规定了包装类型的数字代码表示；适用于从事国际贸易的参与方之间采用自动交换方式进行的数据交换及其他应用的参与方之间进行的数据交换，也适用于人工系统
	22	GB/T 16735—1997	道路车辆_辆识别代号（VIN）_位置与固定	—	—	规定了汽车、挂车、摩托车及轻便摩托车上的车辆识别代号（VIN）的位置与标志
	23	GB/T 16736—1997	道路车辆　车辆识别代号（VIN）_内容与构成	等同采用 ISO 3779:1983	—	规定了车辆识别代号（VIN）的内容与构成，以便在世界范围内建立一个统一的道路车辆识别代号体系；适用于 ISO 3833 中所规定的汽车、挂车、摩托车及轻便摩托车

续表

类型	序号	国际/ 行标编号	标准名称	对应国际 标准	状　态	资源适应范围
交通运输信息 分类与编码	24	GB 16737—2004	道路车辆_世界制 造厂识别代号 （WMI）	—	—	规定了一种识别代号的内容与构 成，以便在世界范围内建立道路 车辆制造厂的识别体系；适用于 ISO 3833 中所规定的汽车、挂车、 摩托车及轻便摩托车
	25	GB/T 16738—1997	道路车辆_世界零 件制造厂识别代 号（WPMI）	—	—	规定了一种识别代号的内容与构 成，以便在世界范围内建立道路 车辆零件制造厂的识别体系；适 用于 ISO 3833 中所规定的道路车 辆所用零件的制造厂
	26	GB/T 17152—1997	运费代码（FCC） _运费和其他费用 的统一描述	—	—	规定了用于建立与国际有关的运 费和其他费用的统一描述的命名 体系，并为这些描述分配了代码； 适用于以纸面单证或电子方式进 行的贸易数据交换中出现的任何 用自然语言或代码形式说明的运 费和其他费用的描述
	27	GB/T 17273.1—1998	集装箱设备数据 交换通信代码	—	—	规定了用于集装箱设备数据 （CEDEX）的通信代码；适用于 集装箱运输通信联系的业务机构 使用
	28	GB/T 17347—1998	商用道路车辆_尺 寸代码	等同采用 ISO 7656:1993	—	规定了商用道路车辆的尺寸代 码，以便用于车辆数据交换和电 子化处理；适用于 ISO 3833:1977 中所定义的商用道路车辆
	29	GB/T 17350—1998	专用汽车和专用半 挂车术语和代号	—	—	规定了专用汽车和专用半挂车术语和 代号；适用于在公路、城市道路和非 公路上运行的专用汽车和专用半挂车
	30	GB/T 17730—1999	国、省道主要控制 点编码规则	—	—	规定了国、省道主要控制点的标号 规则及代码编制方法；适用于公路 工程建设、养护、运输和管理等部 门和单位对国、省道网上的主要控 制点信息的处理与交换；也适用于 相关各行业对公路信息的共享及信 息载体对公路主要控制点的标识
	31	GB/T 17734—1999	公路信息 分类与代码	—	—	规定了交通行业中公路的主要信 息分类与代码；适用于公路工程、 运输、管理及国家相关行业对公 路信息的处理与交换
	32	GB/T 17735—1999	水路信息 分类与代码	—	—	规定了交通行业中水路的主要信息 分类与代码；适用于水路运输、港 口生产管理、安全监督部门及国家 相关行业对水路信息的处理与交换

续表

类型	序号	国际/行标编号	标准名称	对应国际标准	状　态	资源适应范围
医药卫生	1	GB/T 14396—2001	疾病分类与代码	—	—	规定了疾病、损伤和中毒及其外部原因、与保健机构接触的非医疗理由和肿瘤形态学的分类与代码；适用于统计、医疗卫生、公安、民政、保险福利等部门各级行政管理机构对疾病、伤残、死亡原因等进行宏观管理和统计分析，也适用于各医学科学领域进行有关资料的收集、整理和分析
	2	GB/T 15657—1995	中医病症分类与代码	—	—	规定了中医病症的分类与代码；适用于中医医疗、卫生统计、中医病案管理、科研、教学、出版及国内外学术交流
劳动安全防护	1	GB 3869—1997	体力劳动强度分级	—	—	规定了体力劳动强度分级的划分原则和级别；适用于体力劳动作业，是劳动安全卫生和管理的依据
	2	GB 5817—1986	生产性粉尘作业危害程度分级	—	—	适用于区分工人接触生产性粉尘作业危害程度的大小，是劳动保护科学管理的依据
	3	GB 6944—1986	危险货物分类和品名编号	—	—	适用于危险货物运输中类、项的划分和品名的编号
	4	GB 13690—1992	常用危险化学品的分类及标志	—	—	规定了危险品的包装标志。适用于常用危险化学品的分类及包装标志，也适用于其他化学品的分类和包装标志
	5	GB/T 13861—1992	生产过程危险和有害因素分类与代码	—	需要修订	规定了生产过程中各主要危险和有害因素的分类和代码；适用于各行业在规划、设计和组织生产时，对危险和有害因素的预测和预防，伤亡事故的统计分析和应用计算机管理，也适用于职业安全卫生信息的处理和交换
其他信息分类与编码标准	1	—	域名注册编码规则	—	需要制定	—
	2	—	公安有关信息系统分类与代码、表格规范（部分）	—	需要制定	
	3	—	司法有关文件分类与代码、表格规范（部分）	—	需要制定	

表 6-28　元数据标准

序号	国际/行标编号	标准名称	对应国际标准	状　态	主要适应范围
1	GB/T 19710—2005	地理信息元数据	ISO 19115:2003	—	定义描述地理信息和服务所需要的模式，提供有关数字地理数据的标识、覆盖范围、质量、空间和时间模式、空间参照系和分发等方面信息；适用于数据集编目、数据交换网站活动和对数据集的完整描述
2	—	政务信息资源目录体系 第3部分:核心元数据	—	正制定	—
3	—	政务信息资源目录体系 第4部分:政务信息资源分类	—	正制定	—
4	—	政务信息资源目录体系 第5部分:标识符编码方案	—	正制定	—
5	—	生态科学数据元数据	—	正制定	—

6.5　国内分类编码方案总结

6.5.1　现有政务信息资源分类方法总结

通过研究可以发现，国内目前已有的分类编码方案在具体应用中或多或少都存在一些缺陷和不足，主要涉及分类编码的原则和方法、编码架构，以及分类编码与政务信息资源的共享和交换等方面。对这些问题的思考和研究能对中国政务信息资源分类编码方案的提出提供借鉴和启示。

（1）无论是中央还是地方政府的各级行政职能部门，都结合自身的实际情况和业务需求，面向政务信息资源的组织、管理和共享利用，从不同的分类视角出发提出了不同的政务信息资源分类模式。

（2）目前，中国大部分中央部委的信息服务门户网站中，对政务信息资源的分类都能与履行政务职能、服务社会公众、促进信息资源交流和共享的需求相结合，基本上满足了前期对信息资源组织、管理、检索、服务的需求。

（3）对科学数据、档案、政务公文以及粮食等行业部门的信息资源分类编码方案的研究揭示：对于政务信息资源的分类，需要参考政务信息资源的内容和属性，并参考各个行业和领域内已有的分类方法和标准，分析他们的特点和适用范围，再结合各个行业和领域的特点、发展趋势和应用需求，以实现信息资源共享和利用为目标来制定分类编码方案。

（4）随着信息资源的日益增长和政府、企业、公众对政务信息资源深度开发利用需求的提升，目前已有的信息资源分类方案应该从顶层设计的高度出发，重新研究、设计和制定统一的政务信息资源分类标准；同时兼顾各地方、行业的实际需求，在类目设置上尽量给各领域及各行业留出可以扩展的空间，另外要兼顾分类编码方案的实用性和操作性，同时考虑方便计算机的检索与处理。

（5）传统文献分类体系是以学科和逻辑划分为标准的严密而深细的分类体系，经历过长期的实践检验，在政务信息资源分类中应尽可能与其保持一致。

（6）网络信息资源作为一种新型的信息资源，其内容的重要性和数量上的比重日益增加，在政务信息资源分类体系中也应加以考虑。其分类体系在创建过程中还需从传统文献分类体系中吸取有利的因素，并结合新环境、新要求进行创新，需要把握类目范围和网络信息资源的特点，提高分类体系的易用性和准确性。

（7）在制定政务信息资源分类编码方案时要处理好以下几个环节：①分类编码方案在国家和地方层面上的关联和映射关系，可以考虑在国家层面上类目的设置宜粗不宜细，然后制作出较粗的基本框架，而具体的分类细化工作由各行业和领域结合自己的实际情况来定；②分类编码方案在时间上的兼容性和延续性问题；③分类编码方案的相对稳定和与时俱进的关系；④分类编码方案的科学性与实用性的关系；⑤分类编码方案制定与实施推广应用的关系等。

6.5.2　现有政务信息资源分类方法的借鉴意义

从国内外政务分类实践看，政务信息纷繁复杂，难以按照单一标准进行划分。在现有的各种政务分类体系中，大多采用多维分类思想，根据政府部门业务职能和信息应用需求，选取不同的分类标准。

政务信息资源与政府部门的业务活动密切相关，政务信息资源分类必须要体现与业务需求的关联性，不同的应用需求需要侧重不同的分类形式；政务信息资源的特点和应用需求特性决定了较难形成一个完全通用的、统一的政务信息资源分类标准，但是政务信息资源分类的基本原则和方法却是可以通用的，可以有一个通用体系。

纵观国内外政务信息资源分类体系及方法，可以发现如下规律：

（1）政务信息分类多采用线分类法与面分类法相结合的混合分类方法；

（2）具体分类体系由政务信息资源特性决定，是主题分类、部门分类、服务分类、用户分类等方法不同程度的融合；

（3）主题分类和服务分类多会成为分类的逻辑主线，其他分类方法作为辅助。

现有政务信息资源分类体系的主要问题是，尚未形成一个统一分类，甚至即使针对某一类政务信息资源也未达成分类的共识，需要在实践中继续深入探索、提炼经验。据此可以确定政务信息资源分类未来的研究重点，包括以下几个方面。

（1）探索政务信息资源分类的基本原则和方法；

（2）如何根据特定的应用需求选择合适的分类标准；

（3）提出适用于各重要领域、常用应用场景的通用分类形式，如政府网站信息分类、共享信息目录分类、政府信息公开目录分类、部门内部政务信息资源分类等；

（4）将政务信息资源分类的基本原则与适用于各重要领域、常用应用场景的通用分类形式相结合，在二者基础上，进一步研究形成政务信息资源分类体系框架；

（5）开发政务信息资源分类工具。

第7章 政务信息资源分类编码实例

随着政府行政体制改革的不断深入以及以计算机和网络为代表的现代通信技术的飞速发展，电子政务在全球范围内掀起了巨大的浪潮。建立电子政府、加快电子政务的发展不仅是政府公共管理改革的内在要求，也是信息网络技术应用于政府信息化建设的必然趋势。政府门户网站作为电子政务的核心平台，逐渐受到人们的重视。2000 年 9 月，美国政府开通了具有代表性的超大型政府网站，即"第一政府"网站[①]。

中国政府门户网站的建设始于 1999 年启动的"政府上网工程"。早在 1998 年 5 月 18 日，青岛市就率先开通了中国第一个严格意义上的政府网站"青岛政务信息网"。几年来，中国政府信息化和电子政务建设水平不断提高，对经济社会的发展作出了重要的贡献。政府网站，特别是作为电子政务的核心应用平台的政府门户网站逐渐受到人们的关注。

中华人民共和国商务部网站（以下简称商务部网站）作为中华人民共和国商务部的政府门户网站，本着服务公众、服务社会的宗旨，以放眼全球经济、助力中国商务为使命，向公众发布各种商务信息、提供与公众互动交流的平台以及向公众提供各种公共商务信息服务等，已成为中国商务领域的重要门户网站。

因此，剖析商务部网站网络信息资源分类体系对于分析当前政府门户网站网络信息状况、明确政府门户网站应实现的功能、探索政府门户网站信息资源分类体系的构建方法及如何实现各种功能具有重要的借鉴价值。

本章将从网络信息资源分类体系特征、类目结构、类目功能 3 个方面对商务部网站网络信息资源分类体系进行分析，并最终对商务部网站网络信息资源分类体系进行综合评价。

7.1 商务部网站网络信息资源分类体系特征

本节将首先简单介绍商务部网站的基本功能和界面，然后从类目结构与类目名称、类目排列与展现方式、类目检索方式 3 个方面描述和总结其类目设置特征。

7.1.1 基本页面结构

中华人民共和国商务部网站首页如图 7-1 所示，其网址为 http://www.mofcom. gov.cn。

---

① www.firstgov.gov。

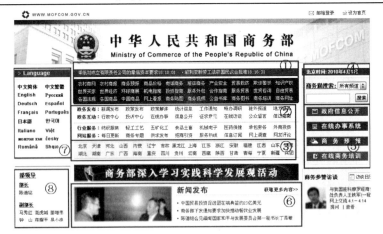

图 7-1　中华人民共和国商务部网站首页

由图 7-1 可知，中华人民共和国商务部网站主页主要有以下部分构成：

（1）商务部所属公共服务网站链接（区域①）；

（2）信息发布及网站服务链接（区域②）；

（3）各地区商务链接（区域③）；

（4）信息检索入口（区域④）；

（5）常用电子政务系统入口（区域⑤）；

（6）最新信息显示（⑥）；

（7）其他语言版本网站入口（区域⑦）；

（8）机关子站入口（区域⑧）。

7.1.2　类目结构与类目名称

用户使用某个网站时，首先接触到的信息就是整个网站的类目结构与类目名称。从形式上来看，类目结构和类目名称是一体的，类目结构实际上描述了一个"类目名称"与另一个"类目名称"之间的隶属关系。从用户使用的角度来说，类目结构是否清晰、便捷，类目名称是否明确、科学，决定了用户能否高效、准确地检索到目标信息。

为了方便用户直接查看相关信息，图 7-1 所示的中华人民共和国商务部网站首页展示了大量信息，但是并没有按层次向用户展现其类目结构。商务部网站在其网站地图页面①中显示了其分类体系，图 7-2 展示了该页面的部分信息。

由图 7-2 可以看到，网站地图页面按照频道栏目所包含信息内容特点不同划分成多个版块，由此可以从网站地图页面中获得一级大类和二级类目的划分情况，而通过其提供的链接进入具体栏目页面则可获得低层次类目信息。下面依次介绍如何获得一级大类、二级和低级类目及底层类目所含信息。

---

① http://www.mofcom.gov.cn/sitemaps/sitemaps.html。

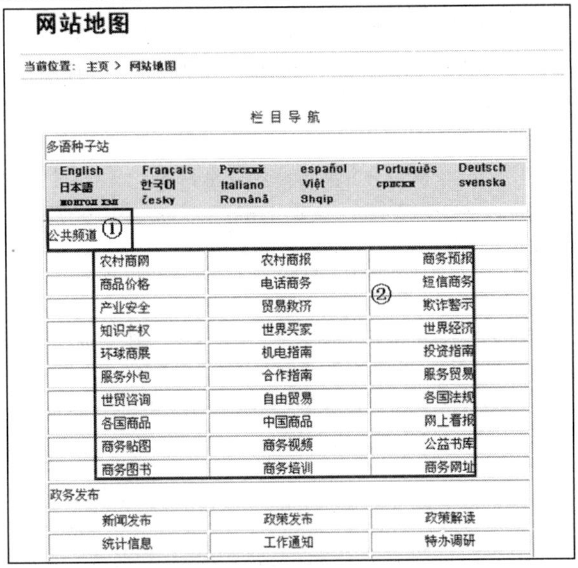

图 7-2　中华人民共和国商务部网站地图

（1）一级大类。从图 7-2 所对应的完整页面可以得到中华人民共和国商务部网站的一级和二级类目结构。其中一级大类共有 8 个，按显示顺序依次为：“多语种子站”、“公共频道”、“政务发布”、“政务互动”、“行业服务”、“网站服务”、“子站频道”、“商务之窗”。 需要注意的是，这些版块仅是对各个栏目的逻辑划分，并没有对应的实际页面与链接。如图 7-2 中区域①所显示文字“公共频道”并非超文本链接，实际上在其网站中并无对应的一级大类页面。

（2）二级及低层次类目。图 7-2 中区域②的部分显示了一级大类下的二级类目，并提供了入口链接。如一级大类“公共频道”下包括“农村商网”、“农村商报”、“商务预报”等二级类目。在 8 个一级大类下，除了“政务发布”大类下的二级类目和其余大类下的小部分二级类目，大部分二级类目从其显示页面来看，更接近一个单独的网站，但由于其网址均隶属于域名“mofcom.gov.cn”，所以可将其作为二级类目，在逻辑上属于商务部网站体系的一部分。

以“政务发布”大类为例，如图 7-3 所示。图中区域①标识了该部分所属的一级大类名称，下部区域②列出了“政务发布”下所有的二级类目名称。并且列出的二级类目名称均为超文本链接，点击该名称，用户即可进入该二级类目页面。

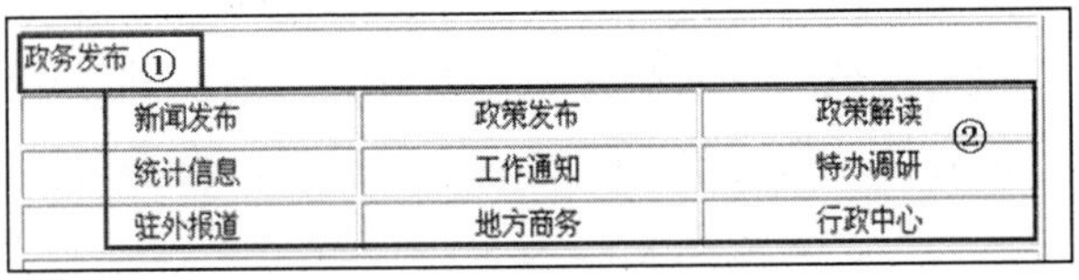

图 7-3　“政务发布”大类页面

前面介绍了商务网站大类和二级类目信息可以通过网站地图获得，除此之外，三级及更低级类目的结构可以通过访问其二级类目页面获得。由此便可得到商务部网站的整个类目结构，如表 7-1 所示。

表 7-1 商务部网站类目表

一 级 大 类	二 级 类 目
多语种子站	中文简体、中文繁体、英语、俄语、德语、西班牙语、法语、葡萄牙语、日语、韩语、意大利语、越南语、蒙古语、捷克语、罗马尼亚语、阿尔巴尼亚语
公共频道	农村商网、农村商报、商务预报、商品价格、电话商务、短信商务、产业安全、贸易救济、欺诈警示、知识产权、世界买家、世界经济、环球商展、机电指南、投资指南、服务外包、合作指南、服务贸易、世贸咨询、自由贸易、各国法规、各国商品、中国商品、网上看报、商务贴图、商务视频、公益书库、商务图书、商务培训、商务网址
政务发布	新闻发布、政策发布、政策解读、统计信息、工作通知、特办调研、驻外报道、地方商务、行政中心
政务互动	行政中心、投诉中心、在线办事、信息公开、征求意见、在线访谈、公众留言、信访指南
行业服务	纺织服装、轻工工艺、五矿化工、食品土畜、机械电子、医药保健、承包劳务、外商投资
网站服务	每日更新、商务专题、供求发布、招商引资、服务热线、信息订阅、网上调查、网友评论
子站频道	领导子站、机关子站、商会协会学会子站、重点商务工程子站、投资开发贸易促进中心、相关链接
商务之窗	北京、天津、河北、山西、内蒙古、辽宁、吉林、黑龙江、上海、江苏、浙江、安徽、福建、江西、山东、河南、湖北、湖南、广东、广西、海南、重庆、四川、贵州、云南、西藏、陕西、甘肃、青海、宁夏、新疆、兵团

（3）底层信息。底层信息是商务部网站网络信息资源分类体系的最小组成部分。在商务部网站中，底层信息页面代表了一条政策或商务信息，底层信息条目显示方式大多如图 7-4 所示。其中区域①是某条信息的名称，区域②显示了该条信息的发布时间。其中，每条信息条目的名称均是超文本链接。用户在信息显示页面中根据信息的名称和发布时间发现所需的信息，单击该名称即可进入查看该信息的详细内容。

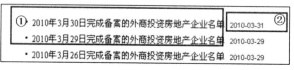

图 7-4 底层信息条目展示

根据以上分析所得到的商务部网站的页面结构可以看到，由上级类目页面跳转至下级类目页面，或者在类目页面中打开目标信息，都通过超文本链接的方式实现页面跳转。这种类目页面之间的跳转关系，勾勒出了商务部网站的信息分类体系的树形结构，如图 7-5 所示。利用这种超文本链接的页面跳转，用户可以在图中所示的目录树上由上级类目到达下级类目，从而层层筛选、逐级展开，根据需要细化类目，直至找到目标信息。

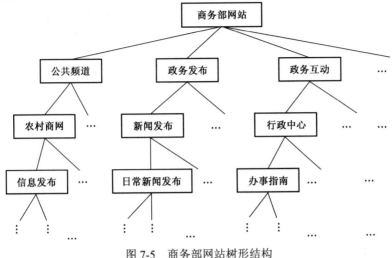

图 7-5　商务部网站树形结构

7.1.3　类间关系与展现方式

如 7.1.2 节所述，商务部网站的基本类目结构是一棵庞大的树形目录，类目之间的基本关系是父类目与子类目之间的隶属关系。实际上，由于网络信息的多样性、用户及其信息需求的多样性，类目之间的逻辑关系更加复杂。除了构成树形结构的纵向隶属关系，类目之间还存在横向逻辑关系。这些横向逻辑关系对用户有些是透明的，如类目划分标准；有些是可见的，如类目排列方式。

正是依循这种纵向的或者横向的、透明的或者可见的类间关系，用户在商务部网站中才能合理地实现类目跳转，进而有效地检索目标信息。在检索过程中，用户必须清晰地获知当前类目与"周围"类目之间的关系，否则用户很可能"迷失"在繁杂的目录中。因此，高质量的网络信息分类体系应当能根据网络信息特点及用户需求，描述其复杂的类间关系，并向用户清晰地展现出来。本节将以实际页面为例，介绍商务部网站如何描述并向用户展现类间关系。

1. 纵向隶属关系

在商务部网站中，用户浏览一个类目的页面，在纵向隶属关系方面需要获取以下 3 方面信息：当前类目名称、当前类目路径、当前类目子类及信息列表。此处以三级类目"国内贸易"为例，其页面如图 7-6 所示。

图 7-6 中区域①显示当前类目的名称"国内贸易"，区域②显示当前类目的路径，即"主页>政策解读>国内贸易"。商务部网站采用层级链接的形式表现类目路径，以">"符号作为分割符。需要注意的是，"政策解读"和"主页"都是超文本链接。用户可以通过点击路径中的任意一个目录名称以回到该目录页面或商务部网站主页。但

是如前面所述，商务部网站对于所划分的一级大类并没有提供单独的显示页面，仅存在逻辑结构中。因此，在路径显示中，并没有显示其所属一级大类，即用户通过此页面无法判断该类目所属的一级大类的类目名称。

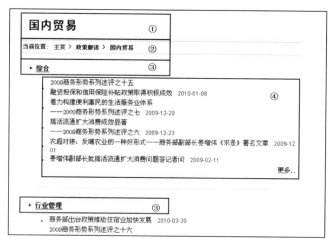

图 7-6　"国内贸易"类目页面的信息区域

图 7-6 中区域③记录了当前类目的下属子类，全部子类的显示由各自子类包含的信息内容隔开。图 7-6 仅展示了页面的部分内容，全部子类的信息在浏览整个页面时可以获得。子类的显示均以超文本链接的形式呈现，因此用户可以在区域③点击链接进入任一子类页面。区域④以超链接的形式显示了相应子类下的部分信息，点击即可进入查看信息详细内容。

2. 横向类目排序

商务部网站中一个类目下往往有大量的子类目和众多条信息。用户不可能耐心地浏览每条信息，此时用户必须依赖合理的（或者多样的）横向类目排序提高检索效率。对于同级类目，商务部网站采取了以下几种排序方式。

1）按用户访问频率排列

对于有些同级类目，商务部网站采取了按用户访问频率大小进行排序，将用户访问频率高的网站排在前面。例如，"多语种子站"下的类目排列（图 7-7），将用户访问频率相对较高的"English"（英语）、"Français"（法语）、"Русский"（俄语）等类目排在前面。

多语种子站					
English	Français	Русский	español	Português	Deutsch
日本語	한국어	Italiano	Việt	српски	svenska
монгол хэл	česky	Română	Shqip		

图 7-7　"多语种子站"类目排序方式

　　2）按照类目所代表事物的自身规律排列

　　对于有些同级类目，商务部网站采取按照事物本身某些自有规律进行类目排列。以图 7-8 所示的"商务之窗"大类为例，该大类下的各地区类目按照地区之间的地理位置关系进行排列，将地理上具有紧密联系的地区类目排列在一起。

商 务 之 窗

北京	天津	河北	山西	内蒙	辽宁
吉林	黑龙江	上海	江苏	浙江	安徽
福建	江西	山东	河南	湖北	湖南
广东	广西	海南	重庆	四川	贵州
云南	西藏	陕西	甘肃	青海	宁夏
新疆	兵团				

图 7-8　"商务之窗"类目排序方式

　　此外，子站频道下的机构类目也是按照商务部组织本身的各组织单元设置顺序进行排列。

　　3. 其他类目展现方式

　　对于类目的展现，商务部网站除了采用前面所述的文本超链接的方式外，还结合了其他的网络信息技术。图 7-9 显示了运用图片链接技术的商务部驻外经商机构和地方商务子站下各子类目的展现。当鼠标停留在图中红点之上时，便显示当前对应的国家和区域，此时点击即可进入相应页面。

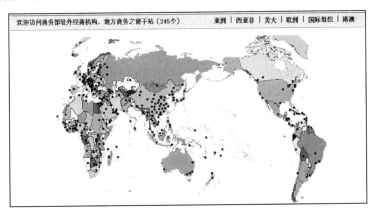

图 7-9　商务部驻外经商机构和地方商务子站类目展现

　　4. 网络信息资源条目展现与排列

　　对于底层类目下的信息，商务部网站采取按信息发布时间的先后顺序进行排列，将最近发布的信息排在前面向用户显示。例如，图 7-10 所示的"日常新闻发布"类目下的信息展现，按照时间逆序将最新的信息（2010-04-07 发布）排在最前面。

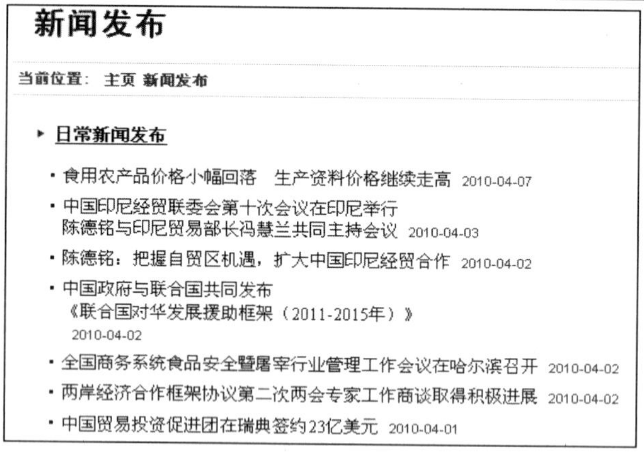

新闻发布
当前位置：主页 新闻发布
日常新闻发布
· 食用农产品价格小幅回落　生产资料价格继续走高 2010-04-07
· 中国印尼经贸联委会第十次会议在印尼举行
陈德铭与印尼贸易部长冯慧兰共同主持会议 2010-04-03
· 陈德铭：把握自贸区机遇，扩大中国印尼经贸合作 2010-04-02
· 中国政府与联合国共同发布
《联合国对华发展援助框架（2011-2015年）》
2010-04-02
· 全国商务系统食品安全暨屠宰行业管理工作会议在哈尔滨召开 2010-04-02
· 两岸经济合作框架协议第二次两会专家工作商谈取得积极进展 2010-04-02
· 中国贸易投资促进团在瑞典签约23亿美元 2010-04-01

图 7-10　信息排序方式

7.1.4　检索方式

信息发布是商务部网站的一个重要功能，因此信息检索是用户使用该网站的一个重要目的。商务部网站提供了 3 种信息检索方式，本节将以实际页面为例，介绍商务部网站提供的类目检索页面。

1. 按照类目设置进行信息检索

在这种方式下，用户可以首先进入网站地图页面，通过商务部网站设置的各个类目，并根据信息检索需求确定其所在的类目，便可点击进入相应类目继续按照这种方式检索。

2. 按照子站进行信息检索

通过点击网站地图中的子站，根据各子站的内容定位检索相关内容。以公共频道下的“产业安全”为例，图 7-11 显示了在该子站进行高级检索的检索输入框。

新闻搜索
按
标题①
全文
关键字
②
栏目
全部
③
时间
至
④
查询
⑤

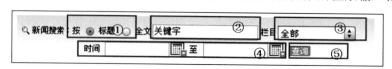

图 7-11　“产业安全”子站信息检索输入框

其中，区域①为检索类型选择框；区域②为关键词输入框；区域③中的下拉菜单用来选择检索信息所属的该子站大类类目，但只能在该子站范围内选择；区域④为检索信息发布时间范围选择框。当这些信息输入完毕后，点击区域⑤中的“查询”按钮即可进入结果页面。例如，用户希望在“安全预警”目录中搜索发布时间为 2009 年 7 月 1 日至 2010 年 4 月 1 日，并且标题与“出口”相关的信息。用户在输入选择区域①～④的各个参数后，单击“查询”按钮即可获得搜索结果，搜索结果如图 7-12 所示。

搜索结果页面包括了信息搜索输入框（区域①）、搜索结果显示（区域②）和搜索结果概况及搜索结果页面链接（区域③）3 个部分。

　　其中，区域①的结构和前面的介绍相同，只是里面保存了用户输入的信息；区域②以超链接的形式依次显示了每条结果信息的标题和发布时间，点击相应条目即可查看其详细信息；区域③（放大后如图 7-13 所示）包括以下内容：搜索结果总数量（①）、当前页数和总页数（②）、下一页和末页链接（③和④）、页数选择输入框（⑤），用户点击⑥对应的"跳转"按钮即可进入指定页面。

　　3. 使用总站提供的搜索引擎

　　商务部网站向用户提供了基于关键字的全文搜索引擎（称为"商务猫搜索"，http://cat.mofcom.gov.cn），如图 7-14 所示，可以在商务部网站内部搜索相关信息。

　　用户进入到如图 7-14 所示的页面后，可以直接在区域①所示的关键字输入框中输入关键字直接点击"猫猫搜索"按钮进入结果页面，也可以点击区域②所示的"高级搜索"超链接进入如图 7-15 所示的页面，设置搜索参数。值得注意的是，区域③显示的超链接链接到相应的子站搜索页面。

图 7-12　搜索结果页面

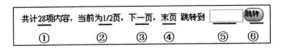

图 7-13　搜索结果概况及搜索结果页面链接区域

图 7-14　"商务猫搜索"页面图

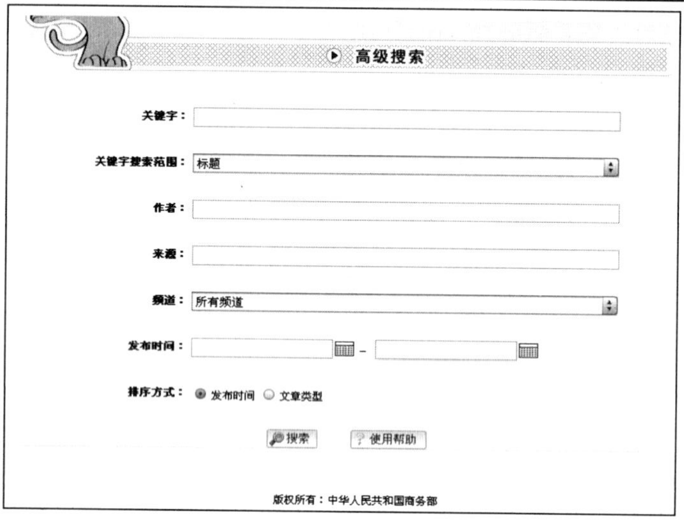

图 7-15 "高级搜索"页面

以上这两种方式得到的搜索结果均如图 7-16 所示。包含关键词搜索输入框(区域①)、搜索结果概况（区域②）、搜索结果页面链接（区域③）和搜索结果（区域④）4 个部分。

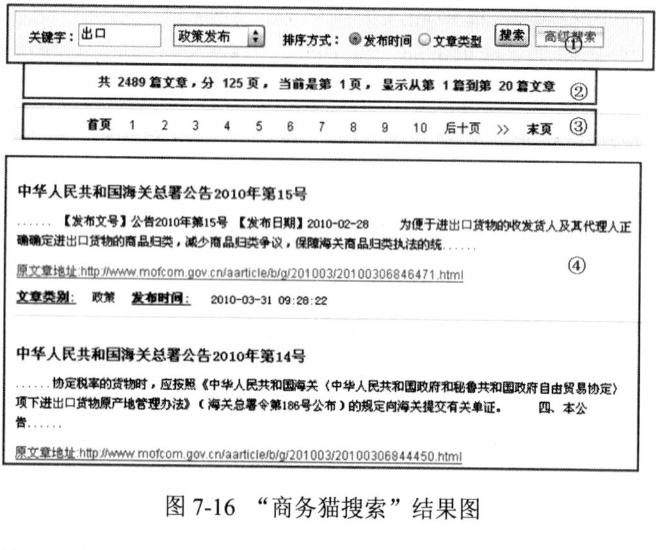

图 7-16 "商务猫搜索"结果图

1）关键词搜索输入框

搜索结果页面的关键词搜索输入框如图 7-17 所示。与"商务猫搜索"的普通搜索和高级搜索输入框均不同。其包括以下部分：关键词输入框（区域①）、搜索信息所属范围选择下拉菜单（区域②）、搜索结果排序方式选择（区域③）和"搜索"及"高级搜索"按钮（区域④）4 个部分。

图 7-17　搜索结果页面的关键词搜索输入框

2）搜索结果概况

搜索结果概况如图 7-18 所示，其说明了搜索结果概况，包括搜索结果总数量（①）、搜索结果页数（②）、当前页数（③）、当前页面显示范围（④）。图 7-18 说明在"政策发布"类目下搜索关键词"出口"，共得到 2491 条结果，本页面显示第 1～20 条信息。

图 7-18　搜索结果概况区域

3）搜索结果页面链接

搜索结果页面链接如图 7-19 所示，用户可以根据需要点击数字及其他超链接进入任一搜索结果页面。

图 7-19　搜索结果页面链接

4）搜索结果

此处以第一条搜索结果为例，如图 7-20 所示。搜索结果包括以下内容：信息条目名称（区域①）、信息条目内容简介（区域②）、信息条目链接地址（区域③）、信息类别（区域④）和信息发布时间（区域⑤）。其中，信息条目名称是超文本链接，用户点击该条目名称即可打开该条目页面。

图 7-20　搜索结果示意图

7.2　商务部网站网络信息资源分类体系类目结构分析

大类，或者称为"基本大类"，即网络信息资源分类体系中的一级类目。大类是分类体系的大纲，是支撑整个分类体系的框架，也是用户检索的直接入口。大类结构是否完善，很大程度上直接影响了网络信息资源分类体系的优劣。因此，设计大类结构是构建网络信息资源分类体系的重点。

7.2.1　类目划分准则

类目划分准则是设计类目结构的基本蓝图，分类原则是否合理，直接决定了所设计类目结构是否系统、清晰、易于理解以及用户查找信息的效率。分类原则也代表设计该网站网络信息资源分类体系的出发点及设计侧重点。以传统的文献分类法为例，其使用者多是专业人员，因此传统的文献分类法多从科学的角度出发，采用学科分类的方法。

由于商务部网站以向用户提供信息为主要功能，并且信息内容和面向的用户群范围有限。因此其在类目划分上，充分考虑用户需求，主要采取了主题分类法和体系分类法的原则。下面将依次分析各级类目的类目划分准则。

首先，在一级大类划分上，按照功能主题划分大类，即按照功能的差别设置大类。具体划分为"多语种子站"、"公共频道"、"政务发布"、"政务互动"、"行业服务"、"网站服务"、"子站频道"、"商务之窗"等 8 个大类。这些大类的功能之间的关系将在7.3 节详细分析。

其次，在二级及以下级类目划分上，商务部网站结合了主题分类法和体系分类法的原则。具体地，商务部网站各一级大类下二级类目划分原则如表 7-2 所示。

表 7-2　一级大类下二级类目划分原则表

类目划分原则	一 级 大 类	二 级 类 目
按事物内在包含关系划分（体系分类）	多语种子站	中文简体、英语、法语、…
	公共频道	农村商网、农村商报、商务预报、…
	商务之窗	北京、天津、河北、…
	子站频道	领导子站、机关子站、商会协会学会子站、…
按主题划分	政务发布	新闻发布、政策发布、政策解读、…
	政务互动	行政中心、投诉中心、在线办事、…
	网站服务	每日更新、商务专题、供求发布、…
	行业服务	纺织服装、轻工工艺、五矿化工、…

体系分类法在商务部网站的类目设置中体现为按事物间的内在包含关系形成的体系设置类目。例如，"公共频道"大类下的二级类目设置即遵循了按事物内在包含关系设置类目的原则，将商务部承办的所有公共服务子网站作为二级类目列出，为用户进入这些相对独立的网站提供了入口，如图 7-21 所示。此外，"多语种子站"、"子站频道"和"商务之窗"大类下二级类目设置也采用了这种原则，分别将所有的外文子站、各组织机构和各地区作为一个个类目列出。用户访问这种类目设置原则的类目时，能方便地查找到需要的类目。

除了上面这种类目设置方式外，大部分类目划分都采取了按主题划分的原则，主题分类法是指直接以表达主题内容的词语作为类目的划分方法。例如，图 7-22 所示的"网站服务"大类下二级类目的设置即为按主题划分原则设置以下类目："每日更新"、

"商务专题"、"供求发布"、"招商引资"、"服务热线"、"信息订阅"、"网上调查"、"网友评论"。

公共频道		
农村商网	农村商报	商务预报
商品价格	电话商务	短信商务
产业安全	贸易救济	欺诈警示
知识产权	世界买家	世界经济
环球商展	机电指南	投资指南
服务外包	合作指南	服务贸易
世贸咨询	自由贸易	各国法规
各国商品	中国商品	网上看报
商务贴图	商务视频	公益书库
商务图书	商务培训	商务网址

图 7-21　"公共频道"大类下二级类目划分

网站服务		
每日更新	商务专题	供求发布
招商引资	服务热线	信息订阅
网上调查	网友评论	

图 7-22　"网站服务"大类下二级类目划分

7.2.2　类目纵向隶属关系

类目纵向隶属关系指上层类目与下层类目之间的逻辑关系，也是用户进行类目跳转的主要逻辑关系。本节主要从分类体系深度、分类体系广度和纵向关系交叉 3 个方面考察分析商务部网站的类目纵向隶属关系。

其中，分类体系深度指的是分类体系层次的数量，分类体系广度指的是分类体系每一层次可以选择的类目数量。如果类目体系窄且深，用户必须点击多次才能找到较低层次的信息，这样就会使用户失去查找该信息的兴趣；如果类目体系宽且浅，每一层次上面有大量可选择的类目，用户又会不知所措。因此，在构建分类体系中平衡广度和深度十分重要。

而纵向关系交叉是网络信息资源分类体系的特点。由于网络信息资源的虚拟性以及超文本链接技术的支持，使网络信息分类体系摆脱了传统文献分类体系单线性的限制，可以对网络信息资源进行多维的分类揭示。这种多维模式，在纵向隶属关系上体现为一个子类（或者一条信息）可以隶属于多个父类。因此，如何清晰地标识并展现这种纵向关系交叉是网络信息资源分类体系必须解决的问题。

1. 分类体系深度

传统的信息分类法是典型的树形结构体系，对知识的组织根据知识原有的内在逻辑，按照同一标准，采用从一般到具体、从宽到窄层层划分的方式，形成比较纵深的信息等级结构。这一划分的目的是将某一概念在知识体系中进行准确定位。而网络信息分类体系在类目层次上与传统分类法有所不同，为方便用户使用、节省用户的时间和精力，一般都不会设置过多的层次。否则较多的分类层次将导致用户失去浏览该信息的兴趣。

　　将商务部网站信息分类体系中由每个大类到最底层类目所经过的层数作为分类体系深度进行统计，如表 7-3 所示。

表 7-3　商务网站大类深度表

大 类 类 目	大类深度/层
多语种子站	3
公共频道	3
商务之窗	4
政务发布	4
政务互动	4
行业服务	3
网站服务	4
子站频道	3

　　由表 7-3 可以看到，大部分大类深度都是 3 层或 4 层。其中，"多语种子站"、"公共频道"、"子站频道"大类的深度是其下属的单独子站的分类深度，其余的是指最底层类目在整个商务部网站体系中的层次。例如，"行业服务"大类的分类体系深度为 3，即意味着其所包含的二级大类子网站的分类体系只有 1 层。

　　认知心理学家米勒的研究表明，人们的记忆遵循 7±2 的原则，即在短期记忆中能保存和有效处理的符号数或信息块的大小是 5～9，一般以 7 为限。从这个角度看，商务网站的信息分类体系并不复杂，保证了用户查找信息的方便性。

2. 分类体系广度

　　分类体系广度一方面体现为用户在每个层次可以选择的类目数量，另一方面分类体系广度也体现为分类细度。分类粒度越细，则分类体系广度越大；分类粒度越粗，则分类体系广度越小。因此，下面将从底层类目的粒度和底层类目的数据量（即底层类目所包含网页的数量）两个方面分析商务部网站的分类体系广度。

　　（1）底层类目的粒度。由于商务部网站的信息发布与政务公开的功能要求，其低层类目粒度要求尽可能细，以方便用户查找相关信息。具体地，尽管类目划分准则不同，但其底层类目一般能细分到行业和信息类型或者地区，其中信息类型主要包括：政策法规、新闻资讯、统计数据。有些大类先从信息类型角度划分再从行业的角度划分，如"政务发布"和"政务公开"大类；有些大类则先按行业划分，再按信息类型划分，如"行业服务"大类。底层类目细化到地区和信息类型的类目有"商务之窗"大类、"政务发布>地方商务"、"子站频道>特办子站"。

　　（2）底层类目的数据量。由于商务网站的信息发布功能的特殊性，因此其信息更新频繁，底层类目的数据量在时刻增长。横向来看，底层类目信息量更新速度差异很大，以"行业服务"大类各类信息更新速度为例，其各子类信息更新速度差别很大。如图 7-23 所示。但纵向来看，各类目下信息的更新速度趋于平稳，以"行业服务>机械电子"所含信息更新速度为例，其每天新增信息基本在 50 条左右，如图 7-24 所示（图 7-23 和图 7-24 均为利用商务部网站管理频道下的信息统计功能所生成）。

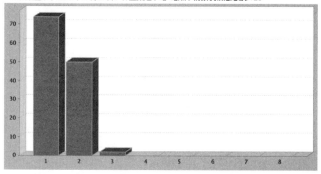

图 7-23　"行业服务"大类各子类信息更新速度图

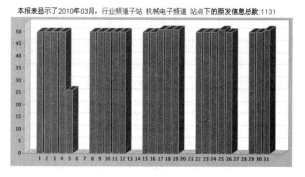

图 7-24　"行业服务>机械电子"所含信息更新速度图

3. 纵向关系交叉

纵向关系交叉包括纵向类目交叉和类目所属信息交叉两种，下面依次分析。

1）纵向类目交叉

商务网站中设置了一些纵向交叉类目，即某类目隶属于多个父类。例如，"农村商网"、"农村商报"、"产业安全"、"服务外包"、"知识产权"等类目既隶属于"公共频道"，又隶属于"子站频道>重点商务工程子站"。如图 7-25 和图 7-26 所示，这些类目尽管在命名上存在差异，但点击进入其页面后，实际上是同一页面，因此可将其看做类目间的纵向交叉，其逻辑关系如图 7-27 所示。

公共频道		
农村商网	农村商报	商务预报
商品价格	电话商务	短信商务
产业安全	贸易救济	欺诈警示
知识产权	世界买家	世界经济
环球商展	机电指南	投资指南
服务外包	合作指南	服务贸易
世贸咨询	自由贸易	各国法规
各国商品	中国商品	网上看报
商务贴图	商务视频	公益书库
商务图书	商务培训	商务网址

图 7-25　"公共频道大类" 类目图

重点商务工程子站		
新农村商网	新农村商报	品牌万里行
服务外包网	保护知识产权网	产业安全指南网
中部投资贸易博览会		

图 7-26　"子站频道>重点商务工程子站"类目图

商务部网站在其分类体系中，设置了一些类似的纵向交叉关系。商务部网站设置这种纵向交叉类目为用户查询同一类目下的信息资源提供了多种途径，能够满足用户从不同角度检索的要求。例如，在上面的例子中，当用户需要查找知识产权方面的信息时，既可以通过"公共频道>知识产权"查找路径进入相应的子站，也可以通过"子站频道>重点商务工程子站>保护知识产权网"进入这一网站。但不足的是，商务部网站并没表明这些交叉关系。并且由于商务部网站下属的单独子站页面中并无该子站在商务部网站体系中逻辑位置的纵向关系显示，也无法通过链接回溯到上一级类目。

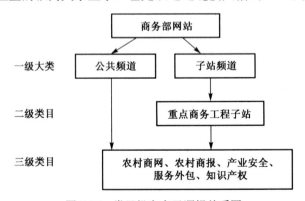

图 7-27　类目纵向交叉逻辑关系图

2）类目所属信息交叉

在商务部网站中，有些信息不只属于某个固定的底层类目，可能属于两个或两个以上类目。例如，在"行业服务>五矿化工"子站中，"统计数据"下的信息和以行业设类的"金属矿产"、"石油化工"、"五金建材"下的信息存在着交叉。如图 7-28 和

图 7-29 所示，两图中区域②所示的信息是同一条信息，但隶属于不同的类目，分别隶属于"统计数据"和"五矿化工"。

图 7-28 "行业服务>五矿化工>
统计数据"所含信息图

图 7-29 "行业服务>金属矿产>
统计数据"所含信息图

商务部网站在其信息分类体系中，设置了大量类似的信息纵向交叉关系。商务部网站设置这种纵向关系交叉的信息为用户查询同信息提供了多种途径，能够满足用户从不同角度检索信息的要求。

7.2.3 类目横向相关关系

类目横向相关关系是指同一父类下多个子类之间的逻辑关系。类目横向相关关系一般可以表现为同级类目的排序方式、多角度设类和多元划分。与类目纵向隶属关系不同，这些同级类目之间的逻辑关系一般并不以文字或链接的方式向用户展现，即对用户透明。

尽管用户看不到类目横向相关关系，但是其直接影响到用户从大量同级目录中选择目标类目的效率。因此，本节将从排序方式、多角度设类和多元划分 3 个方面分析商务部网站的类目横向相关关系。

1. 排序方式

如前面所示，商务部在其网站中对于一级大类下二级类目的排序主要使用了用户访问频率和事物内在系统联系这两种排序方式。除此之外，由于信息发布是商务部网站的一个主要功能，商务网站中某些低级类目也采用按发布信息量的多少进行类目排序的方式。

（1）按用户访问频率排序。例如，在一级大类中，"多语种子站"下的二级类目即采用这种排序方式，将用户访问频率较高的"English"、"Français"等类目排在前面。这种排序方式固然遵循了从用户角度出发的原则，但若是用户的兴趣发生了改变，类目的使用频率也将会随之改变，这种排序优势也就体现不出了。而且不同用户的兴趣也不一样，因而这种排列方式体现不出明确不变的顺序，也体现不出类目之间的关系。因此，这类排序方式的科学性较差。但当需要排列的类目较少时，适合采用这种排序方式。

（2）按事物内在系统联系排序。这种排序方式遵循人类认识事物的一般规律，揭示了类目之间的内在联系。尽管可能看似不方便用户使用，但是如果用户掌握这些事物的一般规律，也能够方便地使用。由于这种根据事物一般规律的排序方式具有很强的科学性，因此当类目较多时，使用这种排序方式有很好的效果。例如，"商务之窗"一级大类下的二级类目排序即采用这种排序方式，按照各地区的地理位置排序，将地理上具有紧密联系的地区类目排列在一起。

（3）按信息发布量排序。对于有些三级及以下类目采用了按照类目所含信息量的多少进行类目排序，将所含信息量相对较多的类目排列在较前面。例如，二级类目"政务发布>新闻发布"下三级类目的排序即采用这种排序方式，将所含信息量较多的"日常新闻发布"类目排在前面，将所含信息量相对较少的"新闻发言人谈话"和"例行新闻发布会实录"排在后面。这种排序方式和按用户访问频率排序的特点类似，排序方式固然遵循了从用户角度出发的原则，但若是类目所含信息量的相对多少发生了改变，这种排序优势也就没有了。

（4）信息按时间逆序排列。对于底层类目信息的排序，商务部网站采用了按时间逆序排列的方式。如图 7-30 所示的"政策发布>国内贸易管理"类目下的信息排序，从方框中的时间信息可以看出，其采用了时间逆序的排列方式，将信息发布时间最晚的列在前面。这种排序方式显然最大程度上方便用户按照信息发布时间查找信息。

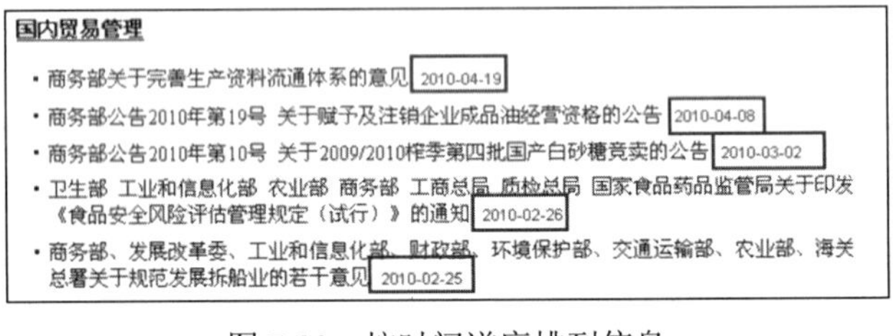

图 7-30　按时间逆序排列信息

但有些大类下二级类目的排序方式既不是这几种排序方式之一，也不是其余的常用类目排序方式（如按字母顺序等）。例如，"行业服务"一级大类，其类目的排序如图 7-31 所示。

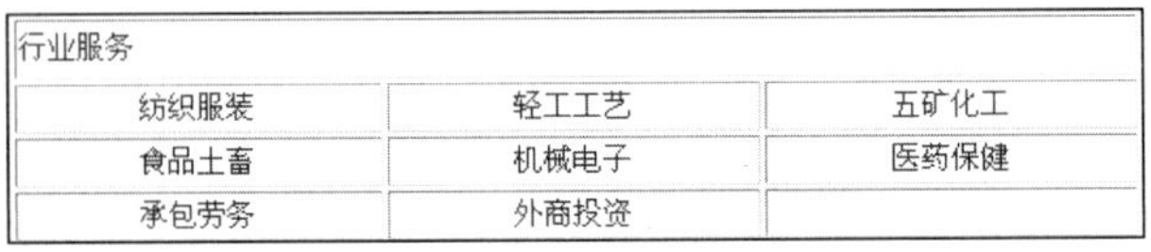

图 7-31　"行业服务"大类类目排序

利用商务部网站管理频道下的访问分析功能可以生成这些二级类目在 2010 年 3 月份的访问量排名情况，如图 7-32 所示。

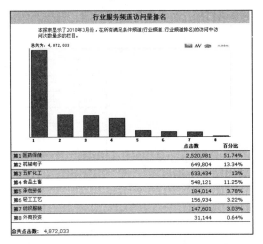

图 7-32　"行业服务"下二级类目访问量排名

此外，利用商务部网站管理频道下的信息统计功能可以生成这些二级类目在 2010 年 3 月份的发布信息量排名情况，如表 7-4 所示。

对比分析图 7-30、图 7-31 和表 7-4，可以发现这些二级类目的排列既没有按照访问频率排序，也没有按照信息量排序。类似地，对于"公共频道"、"政务发布"、"政务互动"这些大类，也没有发现二级类目的排序方式和规律。显然，这样的类目排序并没有考虑用户的使用情况。

表 7-4　"行业服务"下 2010 年 3 月二级类目信息量

二 级 类 目	信 息 量
纺织服装	116
轻工工艺	124
五矿化工	1487
食品土畜	1113
机械电子	1131
医药保健	28
承包劳务	289
外商投资	0

2. 多元划分

所谓多元划分，是指同一类目下同时采用多种划分标准列类。传统分类法类目展开时，通常遵循逻辑分类的原则进行一次只采用一个标准。事物的多重属性规定了它可以从属于两个或多个知识门类。传统的等级体系分类法由于类目划分的单一标准原则，一个子类只能隶属于一个父类，而一个父类只能用一个标准划分成若干个子类，其线形结构，无法全面地揭示主题之间的客观联系。与传统分类法相比网络信息资源分类的类目展开受划分标准的约束较少，往往在同一类目下同时采用两个或多个标准。

为了方便用户查找，商务部网站在类目设置时采用了多元划分的方式，但未进行任何标注。例如，二级类目"行业服务>外商投资"下的类目设置，同时采用了主题对象、资源类型多种划分标准设置类目，如表 7-5 所示。

由表 7-5 中可见，商务部网站从用户需求的角度出发采用了多元划分。在"行业服务>外商投资"类目下既有按主题对象设置的类目，也有按信息类型设置的类目。除此之外，商务部网站在其他类目下也采用了类似的类目划分方式。

表 7-5　商务部网站"行业服务>外商投资"类目下的多元划分

类 目 名 称	子 类 类 别	子 类 名 称
行业服务>外商投资	按主题对象设类	行业动态
		地方简介
		企业沙龙
		专业信息
		项目介绍
		专题研讨
	按信息类型设类	数据资料
		政策法规
		音频视频

商务部网站通过进行多元化分，使得网站信息在类目展开时，各层次下的子类目类型多、数量大、范围广；同时有效减少了类目展开的层次，增加了类表的直接性，减少了换屏次数；节省了检索时间，给用户带来了极大的方便。

3. 多重列类

多重列类指在类目展开时，同时使用多种不同的引用次序，重复反映某一类目，多维度地展开类目体系。由于任何事物都具有多重属性和多向成簇的特点，采用多重列类可以将同一类目多次重复反映，适应了用户的不同的思维方式，达到通过多个入口及路径检索到同一目标信息的目的。

前面所述的纵向类目交叉实际上也是多重列类的一种体现。例如，图 7-33 显示了"行政中心"类目的交叉关系。用户需要进入商务部行政事务服务中心时，既可以按照"政务发布>行政中心"的引用顺序和路径查找，同时也可以按照"政务互动>行政中心"的引用顺序和路径查找，其逻辑关系如图 7-34 所示。

图 7-33　"行政中心"类目交叉　　　　图 7-34　"行政中心"类目纵向交叉逻辑关系图

但是，商务部网站同样并没有明确标识出多重列类的方式，或者向用户提供用户相应的信息提示。因此，即使商务部网站采用了多重列类的方式，用户也无法明确使用哪种引用顺序。

7.2.4　类目名称分析

类目名称是指分类体系中标识某一类事物或某一主题的"语词"。类名是网络信息资源分类体系中非常重要的组成部分，也是网络用户判断类目概念内涵与外延从而进行检索的依据，因此类名是否合理、是否符合认知规律，影响到用户的使用效率。

本节将从类名用词合理性和类名内涵清晰性两个方面分析商务部网站的类目名称。

1. 类名用词合理性分析

类名用词合理，是指类目名称所使用的词汇，既要尽可能科学、规范，也要符合网络用户的认知水平和目标需求。

传统文献分类法的类名要求科学、准确、规范，并具有很高的稳定性。因此，传统文献分类法常以学科名称作为类名，如《中国图书馆图书分类法》中采用了"P14天体物理学"、"O07 晶体学"、"Q2 细胞生物学"等学科名称。

但是网络信息资源分类体系的服务对象是网络用户，正如前面所述，用户的知识水平参差不齐，如果类名使用过多的学术词汇，则用户很难由类名理解该类目的含义，反而影响了用户的检索效率。

因此，在设置类目名称时，采用的多是自然语言，即通用、准确、精练的语言，同时辅以科学性的词汇。如果有些类名词汇必须使用专业词汇而用户难以理解，那么可以添加一些必要的注释。

由于商务部网站的信息和用户的范围特殊性及其作为政府网站的性质，它的用词不同于一般的网站，它的用词要力求严谨，且是与商贸经济相关的词汇。此外，鉴于商务部网站服务功能，在类目命名上，其采用了比较贴近、用户通俗易懂的命名方式，下面将依次分析。

（1）采用专业词汇。这类类目的命名参考了商贸经济领域和政务领域的专业词汇作为类目标识，具有一定的科学性。例如，"政务发布>政策解读>双边经贸合作"、"公共频道>服务外包"、"公共频道>自由贸易"、"子站频道>机关子站>直属单位"，这些类目的命名在一定程度上反映了本网站作为商贸网站和政府网站的性质。

（2）采用通俗词汇。由于商务部网站的一个重要功能是为用户提供方便的信息查询和政务互动服务，因此类目的命名应具有通俗易懂性、具有亲和力。具有亲和力的用词能提高政府网站的绩效水平和用户的满意度。商务部网站采用了大量的通俗易懂的词汇命名类目，例如，"工作通知"、"公众留言"、"征求意见"、"行政中心>重要通知"及"行政中心>最新消息"等。这样的类目命名极大地方便了用户查找信息和参与其他服务。

2. 类名内涵清晰性分析

类名内涵清晰，是指类名所表达的知识范围与该类目下属的网络信息资源范围"相互匹配"。即类名必须完全覆盖所有的下属信息资源，否则用户可能受到类名误导，忽略了某些目标信息资源；类名也不能远远超过下属信息资源的范围，否则用户也会受到类名误导，错误进入该类目检索，降低了用户的检索效率。与类名用词合理一样，分类体系也可以通过注释对类名内涵加以说明，以保证用户准确理解类名内涵。

对于商务部网站，由于其特殊的功能要求及用户的使用要求，其设置的大部分类目都能明确地概括所包含的信息。例如，政务发布下的"统计信息"类目明确地表明该类目包含的信息是经济运行中的各种统计数据信息，能够与其他类目严格区分。同样地，"新闻发布"、"政策发布"、"工作通知"这些类目之间也都能进行区分，因此用户在使用其查找信息时一般能明确地进入某个类目进行查找。

当然在商务部网站中也有一些类目就不能明确所含的信息，但这样的类目数量很少，对用户查找相关信息影响较小。这些类目往往采用一些专业性很强或者与所含信息不匹配的词语作为类名，而且没有注释，这就使用户很难判断该类目的外延。例如，"政务发布>特办调研"的类目命名，对于"特办调研"，由于其专业性强（在著名的全文搜索引擎中按此关键字搜索，得到的结果基本全是有关商务的信息），大部分用户在使用时都不能明确其具体含义，其实际含义是指"子站频道>特办子站"下各特办子站所发布的信息。

类名与所含信息不匹配的词语的一个例子是"行业服务>食品土畜>电子刊物"的类目命名。用户对于"电子刊物"的理解通常为"以电子邮件为传送方式的互联网络信息服务"（某知名电子百科释义）。但是在商务部网站中，其所包含信息为该行业的进出口统计信息和其他资料（见图 7-35），并且与其同层类目"统计资料"所含信息类似，如图 7-36 所示。

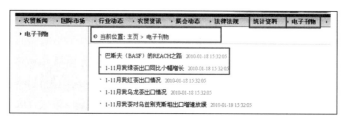

图 7-35　"电子刊物"类目所含信息

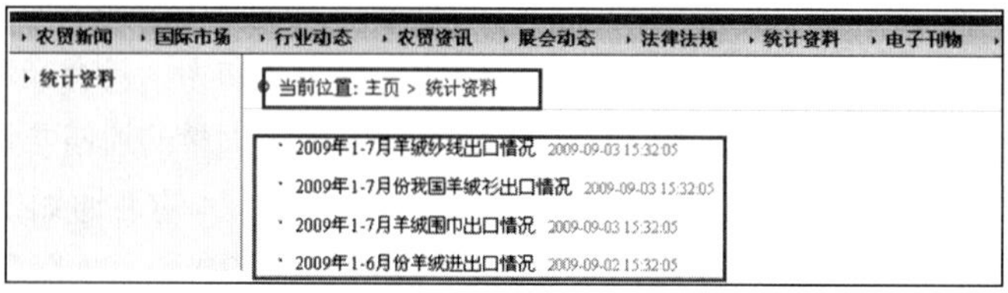

图 7-36　"统计资料"类目所含信息

显然，商务部网站中类似的类目命名违背了方便用户使用的原则，用户在利用这些类目查找信息时，所得到的信息并不符合用户对于类名的理解。

7.3　商务部网站网络信息资源分类体系类目功能分析

政府网站是中国各级政府履行职能、面向社会提供服务的官方网站，是政府实现政务信息公开、服务企业和社会公众、方便公众参与的重要渠道，是政府部门信息发布的平台，也是政府部门集中对外提供服务的平台。建设政府网站目的是要以服务对象为中心，整合政府各部门资源，针对不同类型公众提供个性化的信息和服务，丰富客户服务渠道，使企业和公众更充分地享受电子政务带来的便利。商务部网站作为政府网站，因此综合评价商务部网站首先就是要评价网站是否全面地实现了上述功能，同时评判类目设置实现的功能是否合理。

本节将首先分析商务部网站的功能定位，然后依次分析类目功能覆盖及类目功能分布。

7.3.1　网站功能定位

政府门户网站的功能定位是指以政府的角色定位为基础，描述政府在互联网上职责范围，其主要取决于现实社会中政府的角色定位。按照公共行政的一般理论，政府在整个社会中扮演的角色主要涉及社会的公共领域，即行使公共权力、代表公共利益、管理公共事务、提供公共服务、维护公共秩序、承担公共责任。政府门户网站的功能定位应以此为基础参照执行，同时政府要为网站功能的有效行使、网上管理的有序进行、网上秩序的平稳安定以及自身网上形象的良好塑造等提供法律、技术和制度保障，以保证政府角色作用的有效发挥。

作为一个系统的政府门户网站，商务部网站的网站功能页面详细说明商务部网站的宗旨使命、发展目标、网站定位等多方面内容。网站功能页面地址为 http://manage. mofcom.gov.cn/aarticle/gebtt/200209/20020900041346.html。

如图 7-37 所示，根据该网站定位页面可以得到商务部网站所实现的网站功能。由图 7-37 可知，商务部网站功能定位主要包括 4 个方面，即新闻发布、政务发布、官民互动和公共服务。

（1）新闻发布的新窗口。作为商务部对外新闻发布指定的主要媒体之一，商务部政府网站设立"新闻发布"等栏目，及时发布商务部的重大新闻和信息。

（2）政务公开的新平台。按照《商务部政务公开暂行办法》的要求，商务部政府网站设立"政策发布"等栏目和专题，及时将可对外公开的政策文件上网公布，推动政务公开。

（3）官民互动的新桥梁。商务部政府网站设立"公众留言"、"商务部邮箱"、"在线访谈"和"网上调查"等栏目，搭建起一座官民互动的桥梁，了解社情民意，及时解答公众关心的业务咨询。商务部还通过政府网站就一些政策的出台公开征求社会公众的意见和建议。

图 7-37　商务部政府网站定位

（4）公共服务的新门户。作为公共商务信息服务最重要的推广渠道，商务部政府网站链接了 5 大综合数据库（中国法规、中国商品、世界买家、环球商展、国别报告）和外贸指南、投资指南、合作指南、贸易救济、世贸咨询等公共商务信息服务项目站点，为公众和企业提供全方位的公共商务信息服务，成为中国商务领域的重要门户网站。

7.3.2　类目功能覆盖分析

商务部网站所设定的网站功能是通过具体的类目提供的信息服务功能予以实现的。类目功能覆盖即每个类目所覆盖的网站的功能，每个类目可以覆盖一个或多个功能，但是不应该覆盖与网站定位的功能不匹配的内容。

为了分析商务部网站的类目功能覆盖，表 7-6 给出了每个大类所覆盖的功能情况，并在此基础上注意分析各个大类的功能覆盖状况。

表 7-6　商务部网站类目功能覆盖表

一 级 类 目	覆 盖 功 能
多语种子站	新闻发布、政务发布
公共频道	公共服务
政务发布	新闻发布、政务发布
政务互动	官民互动、新闻发布、政务发布
行业服务	新闻发布、政务发布
网站服务	新闻发布、政务发布、官民互动
子站频道	新闻发布、公共服务、政务发布、官民互动
商务之窗	新闻发布、政务发布、官民互动、公共服务

（1）多语种子站。多语种子站下的各子站主要覆盖了新闻发布和政务发布功能，以其中的日语子站为例，图 7-38 是使用某浏览器的翻译功能得到的中文网页，从中可以看出区域①和区域②的类目分别实现了新闻发布和政务发布的功能。

（2）公共频道。公共频道与功能定位中的公共服务功能基本吻合。该大类链接了 5 大综合数据库和外贸指南、投资指南、合作指南、贸易救济、世贸咨询等公共商务信息服务项目站点，为公众和企业提供全方位的公共商务信息服务，是商务部网站的重要部分。

图 7-38　日本语子站翻译页面

（3）政务发布和政务互动。"政务发布"大类通过"新闻发布"、"工作通知"、"特办调研"、"驻外报道"和"地方商务"等类目实现了新闻发布功能，通过"政务发布"和"政务解读"类目实现了政务发布功能。"政务互动"大类通过一些类目设置主要实现的是官民互动功能，如"行政中心"、"在线办事"、"投诉中心"、"公众留言"和"征求意见"等类目，此外"信息公开"类目覆盖了一些新闻发布和政务发布功能。

（4）行业服务和网站服务。"行业服务"大类下的各子站通过设置一些类目实现新闻发布和政务发布的功能。以图 7-39 所示的"机械电子频道"为例，区域①和区域②的类目分别实现了这两种功能。"网站服务"下的"服务热线"、"网上调查"和"网友评论"覆盖了功能定位中的官民互动功能，其余类目则覆盖了新闻发布和政务发布的功能。

图 7-39 "机械电子频道"类目设置

（5）子站频道。与前面类似，子站频道下的大部分网站也通过设置相关类目覆盖了功能定位中的新闻发布、政务发布和官民互动功能。以图 7-40 所示的"特派子站>大连"为例，区域①和区域③的类目覆盖了新闻发布功能，区域②和区域④的类目则分别覆盖了政务发布和官民互动功能。而且如 7.2.2 节所述，"重点商务工程子站"通过与"公共频道"的类目产生交叉实现了公共服务功能。

（6）商务之窗。"商务之窗"大类下各子站的页面、类目设置和展现方式与商务部总站的类目设置和展现方式相似。以图 7-41 所示的"北京商务之窗"为例，方框区域内的类目设置与图 7-1 中的商务部总站类似，因此通过分析可得该大类覆盖了功能定位中的所有功能。

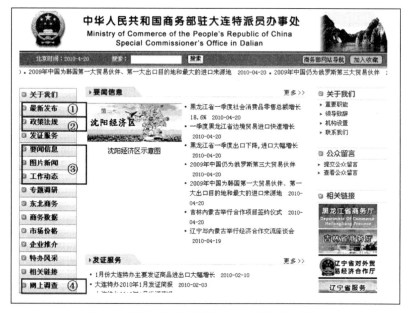

图 7-40 "子站频道>特派子站>大连"类目设置

图 7-41　"北京商务之窗"类目设置和展现方式

7.3.3　类目功能分布分析

类目功能分布指功能在所有类目中的分布情况，分析每个大类所覆盖的主要功能可以间接表明功能在所有类目中的分布情况。

由表 7-6 的讨论可知，每个大类所覆盖的功能都不是单一的，但每个大类都有所侧重的功能。商务部网站的大类按照主要功能性质可以分为以下 3 类（表 7-7）。

（1）商务网站导航。这些大类主要向用户提供一些商务网站入口的导航服务，例如，"公共频道"大类即向用户提供商务部网站下属子站的入口链接。此外"行业服务"、"商务之窗"和"多语种子站"也有类似的功能。

（2）商务信息服务。此部分大类主要功能是向用户发布各种商务信息及提供各种服务，"政务发布"、"政务互动"和"网站服务"即为这样的大类。

（3）机关组织导航。"子站频道"这种大类的设置具有明显的政府类网站的功能，即通过层层展开的方式向用户全面展现其组织结构信息。

表 7-7　大类功能表

功　能　类　型	大　类　名　称
商务网站导航	多语种子站
	公共频道
	行业服务
	商务之窗
商务信息服务	政务发布
	政务互动
	网站服务
机关组织导航	子站频道

7.4　网络信息资源分类体系综合评价

与传统的文献分类法不同，网络信息资源分类体系不仅要考虑分类体系的科学性、系统性，还要考虑网络信息数量巨大、内容庞杂、变化快、稳定性差的特点，同时还要考虑网络信息用户的特点并满足其复杂的需求。一个网络信息资源分类体系很难同时满足分类体系、网络信息特点和网络用户 3 方面的要求。因此，评价一个网络信息资源分类体系需要从以上 3 个方面综合评价。

如 7.3 节所述，商务部网站作为一个系统的政府门户网站，它是面向社会的窗口，是公众在互联网中获得商务信息及参与商务服务的重要渠道。它为广大用户提供了新闻发布、政务发布、官民互动和公共服务等功能。

因此，本节将从分类体系特性、网络信息特性、用户需求特性 3 方面综合评价网络信息资源分类体系。

7.4.1 分类体系特性

分类体系特性，指从传统文献分类体系构架的角度，分析网络信息资源分类体系的整体框架是否满足传统文献分类体系的科学性、系统性和功能性要求。其中，科学性是指分类体系从科学的角度设置类名和类间逻辑关系；系统性是指分类体系通过合理设置并展现类目间逻辑关系，形成一个可供有效检索的有机整体；功能性是指分类体系所设置的类目与网站功能之间的对应关系。本节将从这 3 个方面依次分析。

1. 科学性要求

本节将从分类准则、类目名称和类间关系 3 个方面评价商务部网站网络信息资源分类体系的科学性。

1）分类准则科学性

从类目划分准则来看，商务部网站分类体系采用了按主题设置类目和体系分类法的原则，其中以主题分类为主，体系分类为辅。同时，即使在按体系分类的上层类目下，其下层类目的划分仍然使用了大量的按主题划分原则。因此，与传统文献分类法采用严格的体系和学科分类法相比，商务部网站分类体系在类目划分准则上并没有体现出严谨的科学性。

2）类目名称科学性

由于商务部网站的信息及用户的范围特殊性及其作为政府网站的性质，与一般公共网站不同，其用词力求严谨，且多是与商贸经济直接相关的词汇。此外，由于商务部网站服务功能的需求，在类目命名上采用了比较贴近、用户通俗易懂的命名方式。

类名内涵清晰性方面，由于商务部网站特殊的功能要求及用户的使用要求，商务部网站设置的大部分类目都能明确地概括其所包含的信息，进而为用户查找信息或者使用其他功能提供了明确的方向。但是据前面分析可知，在商务部网站中有些类目就不能明确其类目下所含的信息，由于这样的类目数量很少，所以对用户查找相关信息影响较小。

3）类间关系科学性

商务部网站的信息分类体系中，纵向隶属关系较为合理。从分类体系深度来看，商务网站的信息分类体系并不复杂，保证了用户查找信息的方便性；从分类体系广度来看，其低层次类目一般能细分到行业、信息类型或者具体地区，满足用户的查找粒度要求。商务部网站不足的方面是，由于下属的单独子站页面中并无该子站在商务部网站体系中逻辑位置的纵向关系显示，也无法通过链接回溯到上一级类目，因此用户在页面间的跳转方式选择上缺乏灵活性。此外，为了满足用户从不同角度检索信息的要求，商务部网站在其信息分类体系中，设置了大量的信息纵向交叉关系和以多元化分和多重列表设置的类目。

2. 系统性要求

下面将从系统复杂性、系统灵活性和系统可扩展性 3 个方面评价商务部网站网络信息资源分类体系。

1）系统复杂性

如前面所述，商务部网站网络信息资源分类体系采用了传统图书分类体系的树形结构，由纵向隶属关系构成，用户通过超文本链接只能在上级类目和下级类目之间跳转。因此，仅从整体逻辑结构来看，商务部网站并不复杂，且易于用户理解和使用。

商务部网站在分类体系中设置了少量的纵向交叉类目，即一个子类目隶属于多个父类目。但是，商务部网站并没有像其他综合网络信息资源分类体系一样，使用"@"符号标识交叉类目，这使得用户无法直观地判断某个类目是否为交叉类目。因此，与综合网络信息资源分类体系相比，商务部网站分类体系的纵向交叉结构使整个系统更加复杂，用户很容易"迷失"在网络信息资源分类体系中。

2）系统灵活性

虽然交叉类目增加了分类体系的复杂性，但从用户的角度来看，商务部网站使用纵向交叉类目，在类目展开时使用多种标准，为用户提供了多条路径到达目标类目。因此，与传统文献分类法相比，这种做法明显提高了商务部网站分类体系的灵活性。此外，商务部网站提供的多样的信息检索方式和页面跳转方式也使用户能够更加灵活地检索目标信息。

3）系统可扩展性

商务部网站并没有对单一类目展开的子类数量进行限制，因此向商务部网站添加新的类目和信息，不会影响其基本结构，具有极高的可扩展性。一般来说基于主题划分的类目是容易扩展的，如"政务发布"、"政务公开"和"网站服务"等大类下，通过新增以主题命名的类目即能实现分类体系的扩展。但采用体系分类法的类目的子类目扩展性会受到限制，因为事物本身的体系结构是相对稳定的，如"商务之窗"大类下的基于地区设置的类目，其扩展性就不强。

3. 功能性要求

所谓功能性要求是指，政府网站的分类体系即内容设置满足某些特定功能的能力。政府门户网站作为一级政府联系社会的桥梁和服务公众的窗口，其能否取得实质性成果并保持长久的生命力，缘于其功能设计的品质和功能运作的有效性。政府门户网站的功能安排要遵循"以用户为中心"的原则，以提供公平、优质、高效的公共服务为标志，"以人为本"、"执政为民"是其治理理念。

一般地，政府网站功能应主要符合以下 6 点要求：①要有利于增强政府工作透明度，促进政务公开，确保公众知情权；②要有利于政府畅通纳谏渠道，促进民主化进程，确保公众参与权和监督权；③要有利于规范政府行为，促进廉政建设，营造公正透明的办事环境；④是要有利于规范市场经济秩序，促进经贸发展，切实发挥政府监管职能；⑤要有利于政府各部门资源整合，促进信息共享，塑造信用政府形象；⑥要有利于网上信息的快速定位，体现人本思想，确保用户方便快捷地检索到需要的信息。据此，政府网站相应地设置信息发布、公众参与、网上办事、经济服务、资源整合以及信息检索等 6 项基本功能。

由 7.3 节的分析可以看出，商务部网站实现的功能基本涵盖了以上 6 项基本功能。具体地，商务部的新闻发布和政务公开功能与信息发布功能对应；官民互动功能包含了公众参与功能；商务部网站下的某些子站（如在线办事①）实现了网上办事功能；公共服务功能则与经济服务功能相对应；商务部网站下的管理频道实现资源整合功能；信息检索功能在 7.1.4 节已作了详细介绍和分析。

总地来说，商务部网站网络信息资源分类体系的设计基本满足其政府网站的各种功能需求。

7.4.2　网络信息特性

网络信息特性是指，网络信息资源分类体系应充分考虑网络信息资源特性，并充分利用网络信息技术加以体现。本节将从网络信息资源类别、网络信息资源动态性、网络信息技术应用 3 个方面评价商务部网站的网络信息特性。

1. 网络信息资源类别

由于功能性的要求，商务部网站分类体系向用户提供的底层类目下的检索信息主要是一些文本类型的新闻、统计和政策信息。

随着网络技术的发展，网络信息资源形式越来越丰富，如文字、图像、音频、视频、FTP 资源、BT 资源等多种形式。用户同样也对其他的网络信息资源种类提出了检索要求，希望能够区分不同类型信息资源，迅速查找到特定类型的目标信息资源。

因此，商务部网站除了提供大量的文字信息外，结合网络动态信息及多媒体技术的发展，对现有的分类体系进行扩展，例如，设置了一些"图片新闻"、"音频视频"等类目，实现了其他类多媒体信息的发布。

2. 网络信息资源动态性

网络资源的最大特点之一就是更新速度快，同一栏目中的信息在一天的时间内

---

① http://egov.mofcom.gov.cn。

就可能进行多次更新。在商务部网站中新闻发布和政务发布功能的类目中，网络资源动态性表现得极为明显。商务部网站这些类目的信息会及时更新，充分体现了网络信息资源的动态性。但是这种更新主要体现为内容上的更新，仅限于在原有类目中增加其所包含的信息，对于整个类目结构极少进行调整，即便进行调整也局限于增加或者减少部分的子类目，这种动态调整保持了商务部网站整个分类体系的相对稳定性。

3. 网络信息技术应用

商务部网站的页面基本都是由大量的文字和图片构成。同时商务部网站充分利用了超文本链接技术的自由性即丰富的多媒体技术，为用户提供了丰富的信息检索途径，实现了信息资源分类的多元化和立体化。例如，在类目展现方式上，除了采用普通超文本链接外，也灵活运用了图片链接技术，实现了部分类目的跳转和访问。

7.4.3　用户需求特性

用户需求特性，是指从用户需求的角度出发，考察商务部网站能否帮助网络用户高效、准确、便捷地检索目标信息。本节将从实用性、直接性、自然性、快捷性和针对性 5 个角度来评价商务部网站的用户需求特性。

1. 实用性

实用性指类目设置符合用户需求的程度，不仅要求全面，更重要的是对用户而言要精确、有用。如果只是为了美观和平衡而编制一些无用的类目，将会给分类体系带来华而不实的效果，反而影响了用户对于类目的认知。

首先，在类目的设置方面，商务部网站大量地采用主题词语进行类目设置，按主题划分的类目降低了用户的认识负担，相对于传统文献的按学科划分方式，按主题划分更直观、更易于用户理解。

其次，在网站信息内容方面，商务部网站根据大多数网络用户的需要，为了实现其网站定位的各种功能，向用户提供了丰富的、及时的信息。

2. 直接性

直接性是指网络信息资源分类体系的类目层次和类目细分程度满足用户查全率和查准率要求的程度。类目层次越多，类目细分程度越高，用户在单一底层类目下检索到的信息数量越少，查全率低而查准率高；相反，类目层次越少，类目细分程度越低，用户在单一底层类目下检索到的信息数量越多，查全率高而查准率低。

如前面所述，商务部网站的类目层次大部分大类深度都是 3 层或 4 层，类目层次深度并不高，满足了用户浏览信息的便捷性要求。在分类体系广度方面由于其底层类目一般能细分到行业、信息类型或者具体地区，较为细分的类目划分关注了用户的查准率要求，但没有考虑查全率。为了提高查全率，商务部网站在多数子站中都提供了基于类目的关键词搜索，通过这种方式显示与用户输入的关键词相匹配的信息，以提高用户检索的查全率。

3. 自然性

自然性指网络信息资源分类体系在设置类目时适应网络用户的多元化和个性化程度。

在类目命名上，由于商务部网站的信息特点、用户范围的特殊性以及作为商务网站的特点，网站用词在力求严谨、与商贸经济相关的基础上，采用了比较贴近用户、通俗易懂的命名方式。

另一方面，用户在使用商务部网站提供的基于类目的检索方式检索信息时，可以根据个人偏好对搜索结果进行设置。同时，商务部网站通过设置纵向交叉类目，向用户提供了多条目标访问路径，适应了用户的不同思维方式。这些做法都充分考虑到了用户的个性化需求。此外，在商务部网站多语种子站的设置，也方便了用户的语言多元化需求。

4. 快捷性

快捷性主要表现为在网络信息资源分类体系中，用户能够方便地进入目标类目。快捷性可以通过提供多种访问路径或跨层次访问目标目录实现。

商务部网站通过设置纵向交叉类目，向用户提供了多种目标访问路径，适应了用户的多种思维方式，方便用户访问目标类目，体现了用户的快捷性需求。

商务部网站分类体系采用树状目录，要求用户必须从目录最高层（即大类）进行检索，逐层深入，直至底层类目。但是某些用户可能需要直接查询相关信息，而不是逐层检索，对于这种需求，用户能通过商务部网站提供的关键词全文搜索引擎，能跨越层次查找到目标信息。

5. 针对性

针对性是指网络信息资源分类体系将检索频率极高的类目和信息单独列出，有针对性地进行分类，并将重点类目细化实现。在针对性方面，商务部网站在"网站服务>商务专题"类目页面中，通过设置专题将一些用户关注程度高的类目信息突出展示，图 7-42 是商务专题及"第 107 届中国进出口商品交易会"专题页面。

图 7-42　商务专题及"第 107 届中国进出口商品交易会"专题页面

7.4.4　综合评价

总体来说,商务部网站最大的特点是尽可能地均衡用户需求与科学性之间的矛盾,商务部网站仍然是以用户需求为主,在满足用户需求的基础上,尽可能满足科学性的要求。

(1)从用户需求的角度来说,商务部网站在类目设置上因需而设、针对性地设置类目、以实现某种特定功能为出发点;类名使用用户易于理解的日常用语及商贸经济领域和政务领域的专业词汇;在体系结构上控制分类体系深度、减少栏目层次,采用纵向交叉目录;类目展开采用多种分类标准;提供完善的信息检索功能。尽管在类目注释、交叉类目标识、类目内涵清晰性、快捷性需求等方面存在一些不足,但是总体上商务部网站很好地满足了用户的需求。

(2)从科学性的角度来说,商务部网站的基本结构借鉴了传统文献分类法的树形结构;在类目设置上结合了主题分类法和体系分类法;在类目横向排序上部分参考了事物内在系统联系进行排序等。当然,商务部网站科学性的应用,仍然是建立在满足用户需求的基础上。

商务部网站分类体系的不足主要体现在网络信息特性方面,尽管有部分图片、视频等多媒体信息,但网络信息资源的展现方式还是文本信息,其并没有在考虑网络信息资源特点的基础上建立网络信息资源分类体系。商务部网站基本理念仍然是传统的文献分类法,将各种信息视为特殊类型的文献,并将这些"信息文献"编入根据网络用户需求构建的框架中。

第8章 政务信息资源分类编码建议

本章主要研究和提出适应中国政务信息资源组织、管理、共享和利用需求的政务信息资源分类编码建议方案，主要从分类的基本原则、分类视角、方案的具体内容和推广应用模式和策略等方面进行阐述。

8.1 现有分类编码方案的不足

通过前面的研究分析可知：目前国内已有的政务信息资源分类编码方案大都是从某一个视角出发对信息资源进行组织、管理和共享利用，无法帮助人们对政务信息资源的分类形成完整的、系统化的认识。这些分类编码方案的主要缺陷和不足体现在以下几个方面。

（1）多数行业和领域内部，各个生产和应用单位或部门都结合自身的实际情况和业务需求建立了自身的分类编码方案，但缺少面向整个行业领域的统一的分类编码体系，造成这些单位或部门之间难以实现信息资源的共享和交互使用。

（2）相关行业和领域之间，也缺少从顶层高度出发而建立的、统一的信息资源分类编码方案，造成这些行业和领域之间信息共享和交互的困难。

（3）各自的分类编码的组织和代码结构不统一，既不利于计算机的检索与处理，又难以实现信息资源跨部门、跨领域的共享和交换。

（4）分类编码方案在国家和地方层面上的关联和映射关系不明显，难以协调统一，导致的结果是：要么是国家层面上的分类制定得太细而造成地方层面上难以根据自身情况进行适当的修改，使分类编码方案缺乏延续性和实用性；要么是地方层面上的分类太强调自身领域和职能范围内的实用性，造成"各自为政"的局面，使分类编码方案缺乏统一性和稳定性。

因而，中国政务信息资源分类编码方案，既要考虑在时间上的兼容性和延续性问题，又要兼顾他们的稳定性、科学性与实用性的关系，同时还要在实际应用中解决好分类编码方案的制定与其实施推广应用之间的关系，并以此为基本出发点。

8.2 分类方法的基本原则

1. 以政务为主原则

政务信息资源主要是各级政府部门在履行其自身职能、管理国家事务过程中所产生、形成、使用和管理的信息资源，这是政务信息资源不同于一般信息资源的根本差别，因此对政务信息资源的分类必须结合其自身的职能和业务领域，从履行政务职能、服务社会公众、促进信息资源交流和共享的角度出发，遵循以政务管理领域范围为第一分类基准的原则。

2. 顶层分类一致原则

政务信息资源具有主题广泛、应用面广、类别层次不均匀等特点，要想给出一种从顶到底、从粗到细完全一致的分类模式是不现实的，且会降低资源管理的效率，因此应采用"整体一致、局部灵活"的分类策略，即在顶层分类保持一致，而在下层进一步分类划分时则不强求一致，以便在较大程度上满足实际应用的灵活性。根据这一原则，目前已有的信息资源分类方案应该从顶层设计的高度出发，重新研究、设计和制定顶层统一的政府信息资源分类标准。

3. 实用化原则

在遵循以政务为主、顶层分类一致原则的基础上，应根据具体情况使政务信息资源分类的类目设置既实用又具有可操作性。鉴于政务信息资源分类的根本目的在于有效地利用这类资源，因此当政务信息资源分类与已有的体系分类不能一致时，应按照实用化原则，以满足政务管理的应用需求为主导进行分类。

4. 通用性原则

政务的两端是政府与社会公众，政务信息资源的分类应当符合社会公众对政府的认识模式，因此这种分类不应倾向于任何专业性分类，而应贯彻通用性的原则，以通用化的主题为主要分类基准。

5. 适用性原则

我国政务信息资源分类方案的提出，应能满足建立政务信息资源分类体系的根本需求，从而具体实现政务信息资源采集、管理、服务、共享等目标，实现对政务信息资源的有序管理和开发利用。遵循适用性原则，应针对不同粒度的政务信息资源采用不同的分类手段，最大限度地保证可操作性。

8.3　分类视角建议

结合对国内外信息资源分类编码方案的分析可以看出，政务信息资源的分类涉及国家、地方、行业和领域等多个层面，因而政务信息资源的分类也应具有多个视角，不同的视角对应不同的分类方法。

1. 来源视角

主要从政务信息资源生产来源角度来描述政务信息资源分类。政务信息资源的生产和使用是其最重要的两个方面。

各政府部门根据自身的职责范围，通过部门业务信息化系统形成的或者通过其他渠道采购，建设政务信息资源。一般情况下，具体政务信息资源的生产过程都会有相应的分类标准，例如，国土资源部的土地利用数据、国家气象局气象数据、中国疾病预防控制中心的有关传染病方面的数据等都有各自的分类标准。这些分类标准与其自身的业务系统结合紧密，而且在部门内部已经广泛使用，成为其工作的重要坏节和内容。因此，在政务信息资源生产过程中应尽量继续使用原有的分类系统。

为保证政务信息资源生产和使用的连续性，需要建立生产过程中使用的信息资源分类标准和政务信息资源分类标准之间的映射关系，保证政务信息资源分类信息的正确性。

2. 内容视角

按照政务信息资源的表述内容来描述政务信息资源的分类。主要包括两个方面的信息：一是在电子政务系统中产生的信息，即通用公文类信息、业务管理信息、档案信息、日常办公管理信息、辅助办公及服务信息等；二是从其他专业应用系统中产生，并被电子政务系统所调用的信息，如有关的防汛信息、水情信息、水土保持信息等为领导提供辅助决策支持的信息。

3. 服务视角

从信息资源的业务管理角度出发，根据存储和管理的政务信息资源的类别，依据政务信息资源共享与交换的粒度和类别，以及信息共享和服务对象的不同，对多源、海量、不同类型、不同主题的信息资源的分类进行描述。

从服务视角出发进行政务信息资源的分类，可以建立政务信息资源目录系统，以便用户快速地查询和定位所需要的政务信息资源，有利于加强对信息资源的管理、整合和利用，并形成新的信息资源。

以河南省为例，按照服务视角，政务信息资源可分为 A、B、C、D、E、F 六种类型。其中，信息的真实性由各信息提供单位的主要负责人负责，信息安全保密的行业管理部门为办公室。A 类信息只对领导开放，包括人事档案、各类资金的安排情况以及有关反腐败和党风廉政建设情况等；B 类信息主要对机关和所属单位开放；C 类信息是报送水利部的信息；D 类信息是报送河南省委、省政府的信息；E 类信息对相关流域机构和有关单位（如沿黄各省水利厅或相关水库等）开放；F 类信息为在黄河网上发布的信息，它需要由信息提供单位或部门审核把关。

4. 属性视角

主要按照信息资源的属性来划分政务信息资源。具有以下几种。

（1）静态数据。主要包括各类政策法规、基本资源、历史信息、已发公文等一定时期内较为稳定的数据。

（2）动态数据。主要包括各种综合办公信息，如通知、工作动态、工作计划、值班报告等。

（3）中间数据。即用户根据管理工作的需要，由计算机按照既定的逻辑程序，经运算处理而形成的数据，如待批公文、待办事宜等。

5. 形态视角

主要从政务信息资源的表现形态出发来描述其分类。

政务信息资源的表现形态可以采用各种不同的数据编码技术进行表达，包括文本、数据库、XML 等多种方式。

8.4　分类框架模型

1. 需求分析

通过广泛地调研国外信息资源的分类方案并结合我国现有的信息资源管理现状，可以发现，目前在政务信息资源分类的各个层面上，部门、行业和领域的概念太强，而缺少面向整体的、统一的分类编码体系，已经造成了信息资源共享和交互使用的困难，因而迫切需要从顶层高度出发而建立的、统一的信息资源分类编码方案。顶层设计的理念启示我们必须重新考虑新的分类体系，而建立新的政务信息资源分类体系必须应用科学合理的方法对政务活动中的业务线进行分离、梳理。这就要求在制定政务信息资源分类编码方案时注重政务活动的业务流程整合，强调业务协调和统一。

同时应该认识到：按照以上的思路制定的、新的政务信息资源分类体系，其好处是可以跨越部门信息壁垒，实现信息共享；但其中的困难在于，政务信息资源的划分不仅要涉及部门的业务领域的划分，而且也要结合政务信息资源的应用服务方式、服务支持和政务信息资源管理等层面所涉及的问题。这样一来，很难从顶层设计的高度出发理清部门业务领域划分的逻辑和层次，容易造成混乱。因此，需要结合我国的具体情况，在实践中不断探索，然后加以改造。

2. 三个基本维度

基于以上考虑，同时也为了使政务信息资源分类编码方案具有最广泛的适用性，可以从政务信息资源的行政作用范围、内容范畴和应用服务领域这三个主要维度出发，构成政务信息资源的基本分类体系。基本分类不宜过细，以免丧失可操作性。各类用户在信息资源分类实施的过程中，可以此为基础，再结合具体情况适当增加其他维度，以实现进一步扩充。

这三个主要维度反映了政务信息资源在其生命周期中的产生、组织、应用三个最主要的阶段，分别阐述如下。

1）依据行政维度进行的分类

政务信息资源是为政府行使各种政务职能而生的。行政维度针对的是产生、组织、管理和利用这些信息资源，并在其中发生作用的行政领域。

对于依据行政维度进行的政务信息资源分类，建议可以在国家和省、自治区等层次上，依据行政管理职能所体现出的类别，参考中国政府的组织架构体系。行政维度在国家层级上由在一定领域内有行政管理职能的各大部委、特设机构、直属机构、办事机构、国务院直属事业单位、国家委办局等来体现其类别；在省、自治区、直辖市层级上通过相应的厅、局、委等各职能部门来体现其类别；省级以下行政维度可参照其对应的职能机构来体现其类别，如图 8-1 所示。

图 8-1　行政维度—政府部门分类示意图

从行政维度出发，政务信息资源可大致分为社会和经济发展、经济贸易、教育管理、科技管理与发展、民族事务、社会行政事务、法治工作、财政税收与资产、劳动与人事、自然资源管理与利用、交通运输、环境与建设、农业、文化事务、人口与健康、金融、外交、安全、监督检查、体育、宗教、新闻、通信、特殊事务等若干大类。

2）依据内容维度进行的分类

政务信息资源产生以后，出于组织、加工以及检索应用的需要，对信息资源在主题内容上进行分类。该维度体现了政务信息资源所涉及的知识范畴，是政务信息资源深度开发、利用的重要基础。

可以参照《综合电子政务主题词表范畴表》，同时要综合政务信息资源的主题应用，从部门实际业务工作出发，对政务信息资源进行划分。

从实践和操作的角度来说，政务信息资源内容的主题类别不宜过细，建议主题类目以不超过 100 为宜。

3）依据使用维度进行的分类

政务信息资源可以供政府部门开展业务工作使用，可以针对不同的应用主题为政府部门领导提供决策服务，也可以面向企业、社会公众提供服务。该维度主要从政务信息资源使用的角度体现了政务机构所履行的行政和服务职能。

可以粗略地划分为以下 4 类。

（1）A 政府部门业务应用：各级部门间因为政务协同的需要实现信息共享的业务信息，来源于部门信息。

（2）B 部门领导决策服务：在部门业务信息资源的基础上，围绕辅助各级领导决策需要，汇总而成的信息。

（3）C 企业服务：各级政府部门根据有关规定，向企业提供或收集的信息，为企业应用提供服务。

（4）D 社会公众服务：各级政府部门根据有关规定，向社会公众公开的信息，为社会公众提供查询、查阅服务。

在具体的分类编码实施中，对于依据使用维度进行的政务信息资源分类，建议参照美国联邦政府组织架构（FEA）中所提出的业务框架——业务参考模型（参见表5-4）。它体现的思想和策略是：以政府实现公共服务需求为出发点和归宿，以政府提供公共服务为主线，通过政府提供的服务内容、服务提供方式、服务的支持与监督、政府信息资源管理各环节来体现出一个服务型政府的整体职能，由此来对与之对应的政务信息资源的类目进行划分，从而形成面向公众服务的政务信息资源分类体系。

3. 方案实施的策略和方法

在政务信息资源分类实施过程中，行政、内容和使用（服务）这 3 个维度为必备的分类维度，也就是说，任何政务信息资源的分类在高位层面上都应按照这 3 种维度进行划分归类，以便于政务信息资源的统一组织、管理、共享和交换。在必备分类维度以下，用户可以结合具体情况适当增加其他维度作扩展分类，以满足自身的特殊应用需求。例如，以属性、形态等维度作扩充分类，以便更加有效地进行政务信息资源的内部管理或提供更加专门化的服务等。

总地来说，建议从顶层设计的角度出发，对政务信息资源分类方案按照行政维度、内容维度和使用维度的顺序进行划分，即先按照行政作用把政务信息资源划分对应到各行政业务领域，然后按其内容进行进一步细分，接下来在细分的各个行政部门和业务领域中按照政务信息资源的应用服务类别进行进一步细分。

分类体系中的基本维度与扩展维度示意图如图 8-2 所示，主要对用户如何在具体的政务信息资源分类编码实施过程中贯彻和实现这种分类策略进行指示和说明。

　　对于基本维度和扩展维度在政务信息资源分类中进一步的使用策略和方法，建议用户在具体的政务信息资源分类编码过程中，根据自身需要进行采纳和修改使用，相关建议如表 8-1 所示。已经进行过政务信息资源分类的单位或机构，建议依据行政、内容和应用 3 个维度进行调整，将现有的分类与政治信息资源分类编码方案进行映射，必要的时候需要进行适当的修改和补充；尚未进行过政务信息资源分类的单位或机构，则建议严格按照政务信息资源分类编码方案建立自己的分类体系。

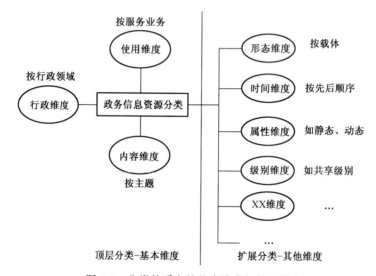

图 8-2　分类体系中的基本维度与扩展维度

表 8-1　政务信息资源分类中的基本维度和扩展维度及其使用策略和方法

维度	使用策略 / 维度划分	维度的含义	相关标准或规范	使 用 建 议
基本维度	行政维度	针对产生、组织、管理和利用政务信息资源的行政领域	国家和省、自治区等层次上，依据行政管理职能所体现出的类别，可参考中国政府组织架构	分类的第一个层级，建议粒度较粗
	内容维度	体现政务信息资源所涉及的知识范畴	《综合电子政务主题词表范畴表》	分类的第二个层级，其主题类别不宜过细，建议主题类目以不超过 100 为宜
	使用维度	主要从政务信息资源使用的角度体现了政务机构所履行的行政和服务职能	FEA（联邦政府组织架构）类目表	分类的第三个层级，建议分类首先立足于政府整体职能，分为服务内容、服务提供方式、服务的支持与监督、政府资源管理等几个层面，每个层面再按照业务领域和事务类别进行细分

续表

维度	使用策略 / 维度划分	维度的含义	相关标准或规范	使 用 建 议
扩展维度	属性维度	信息资源本身的属性		结合具体情况适当增加，层级不作规定
	形态维度	表现形态或存储媒介		结合具体情况适当增加，层级不作规定
	级别维度	按某种属性或需求的分级		结合具体情况适当增加，层级不作规定
	时间维度	时间属性		结合具体情况适当增加，层级不作规定
	XX维度			

　　纵观国外政务信息资源分类方法和应用现状发现，一套分类法的贯彻执行，离不开一系列的管理规范和法律政策的保障。我国在信息资源分类领域的缺失，除了技术上的问题，主要还在于管理和政策这两个层面上。

　　针对我国政务信息资源的现状，主要在以下几个方面对国家电子政务建设中政务信息资源分类编码方案的实施以及政务信息资源分类编码标准化等方面提出几点主要的对策和建议。

8.5　建立政务信息资源分类体系的建议

8.5.1　综合引用标准整合政务信息资源

　　为加快政务信息资源分类工作的进程，减少工作量，应尽量采用标准信息分类与代码体系，尤其是国际与国家级标准；同时，在各类综合性与专业性标准之间建立对照体系。

　　在标准的使用策略上，包括直接引用和参照采用，以及引用后的延拓与细化等处理手段。

　　（1）直接引用：直接引是指建立政务系统时直接从分类和代码上与标准保持一致。这样做的最大好处在于保证与标准的完全兼容。

　　（2）参照采用：参照采用是指使用单位在结构、代码等对象单元上参照标准的架构体系，然后针对自己的需要再作一些处理。这种情况适用于转业职能机构。如教育主管部门，可能只需涉及教育，故其只需引用其中的"教育类"即可。

　　（3）延拓与细化：如前所述，任何政务系统在引用国际标准时都可能要作进一步的延拓或细化。当某一层的原标准款目对象不够用时，系统开发机构可以添加一些同级单元，代码结构要保持不变。延拓是当标准目录中的层级不够用时，再往下延伸并拓展新的层级，以满足政务系统更具体的要求，但此时要改变标准的代码机构，如原标准为4层，延拓后为5层，与其他标准应用系统信息交换时，只需要通过高层代码即可。

8.5.2　方案技术实现相关的对策和建议

（1）建议从最少的维度出发，构造中国的政务信息资源分类编码体系，使政务信息资源分类有据可依。政务信息跨部门协调委员会（ICGI）提出的几项有关分类的建议中有一条关于使用最小分类（minimum category）的建议值得参考和借鉴。政务信息资源分类编码体系应对行政、内容和使用这3个基本维度进行定义，并进行相应的类别划分。

（2）具体分类实现方面，应充分考虑分类方案的准确程度和使用方便性之间的矛盾。提供足够详细的分类方法要求政府部门的信息管理人员具备相应的分类培训水平，这与中国目前的现实水平之间存在矛盾。需要对分类的层级数目、详细程度进行仔细权衡和控制。可以采纳GILS的策略：制定简单易用的分类层次数，先进行推广使用。

（3）在具体应用分类体系的过程中，要注意区别信息资源的粒度，具体由实施部门和单位自己掌握。

8.5.3　方案实施政策相关的对策和建议

（1）政务信息资源分类编码的方案必须与电子政务实施的需求相结合。在方案的具体实施过程中要求统一规划，保证可持续性，需要贯彻以下几点。

①与政务信息资源目录体系的建议相结合。

②与中国政务信息资源描述元数据的需求相结合。

③与部门电子政务的业务信息系统及信息资源的建设结合。

④获得持续的信息资源更新能力。

（2）在政务信息资源分类编码方案的实施和推广应用方面，建议与国家和地区的重点信息化工程和应用相结合。从区域上选择信息化程度较高的地方，从部门上选择经济、资源（土地、矿产等）、环境、民生（医疗、社保）等有代表性的部门，从内容上选择能够对国家或地区的电子政务建设和协同发展产生巨大经济效益和社会效益，并且能够提高行政效率和快速决策的方面先行试点应用，然后建立分类标准的管理机制，以点带面进行推广和实施，保证方案的可用性和适用性。

（3）建议加强中国信息资源分类的管理方法、政策和技术平台的研究。从目前一些先进国家的信息资源分类研究、应用的经验来看，已经开始注重强调分类的管理、维护机制、流程和平台的建设等。

8.5.4　标准制定相关的对策和建议

（1）建议尽快开展政务信息资源术语标准化的工作，以保证政务信息资源分类在术语方面的一致和统一。建议制定的标准：《政务信息资源基本术语》。

（2）建议在十一五期间展开中国分类置标语言 cnTML 的研究。通过该研究做到保证中国目前已有和未来将新建的分类、主题词表能够做到高度的共享。建议制定的标准：《中国分类置标语言 cnTML 规范》。

（3）建议研究并注册管理相关标准，以支持政务信息资源分类编码标准的互操作和自动分类、查询检索以及对比分析工具的开发和使用。

① 《标准内容注册和管理系统/平台建设规范》：系统/平台主要负责注册和管理已有的各种政务信息资源分类编码标准，对其进行搜集和整理，从而为统一标准奠定基础。

② 《标准查询检索工具建设规范》：满足用户依据相关条件查询和检索相关标准的需求。

③ 《标准对比分析工具建设规范》：满足用户对各种分类编码标准之间的一致性、相关性、关联度进行分析的需求，使用户能够分析相关标准的适用度，从而找出现有标准的不足，为制定新的分类编码标准提供决策和建议。

此外，还需要研究和制定统一的标准映射和互操作机制，包括以下几个方面。

① 制定不同标准之间的映射规则。

② 兼容部门政务产生的和市场产生的两种来源的信息资源。

③ 建议制定《分类互操作的框架》标准。

④ 建议制定《分类映射机制和原则》标准。

另外，还要加强政务信息资源分类编码方案及其相关标准的宣传工作，可以考虑开设标准论坛，印刷标准宣传材料，包括标准文本、应用方案和实施建议，发布标准注册管理系统/平台以及工具软件等。

8.5.5　分类后编码建议

对于分类后的编码实施，建议采用层次码形式来表达，即以编码对象集合中的层级分类为基础，将编码对象编码成为连续且递增的组（类）。位于较高层级上的每一个组（类）都包含并且只能包含它下面较低层级全部的组（类）。这种代码类型以每个层级上编码对象特性之间的差异为编码基础。每个层级上特性必须互不相容。细分至较低层级的层次码实际上是较高层级代码段和较低层级代码段的复合代码。

政务信息资源分类的行政、内容和使用这 3 个维度本身并不存在层次上的上下级关系，哪一维在前、哪一维在后并不存在严格规定的次序，但从编码实现的角度建议套用层次码形式来表达，从应用操作的角度建议行政维度用 2 位、内容维度用 2 位、使用维度用 4 位数字代码顺序表示，用户自定的扩展分类维度的编码不作统一规定，见图8-3。当然，所有的建议必须接受电子政务实践的检验，通过实践的结果来调整、改进。

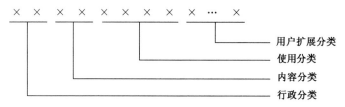

图 8-3　中国政务信息资源分类编码建议结构

8.5.6　政务信息资源分类工具建设建议

政务信息资源分类编码还应用在政务信息资源分类的工具建设方面，具体包括自动分类工具、辅助分类工具、分类组件等。

1. 自动分类工具

自动分类工具是根据具体的政务信息资源中的内容，按照政务信息资源分类方案中的相关内容，从特定对象中提取内容特征，通过综合分析、比对，自动对政务信息资源进行分类，一般将分类的具体结果记录在政务信息资源元数据中。自动分类工具一般应用在网页、电子文档等对象的分类中。

2. 辅助分类工具

辅助分类工具是针对信息资源不能完全自动分类的情况，通过计算机辅助支持、协助进行政务信息资源的分类工作。例如，政府部门已根据业务分类标准对信息资源进行了分类，业务分类转换到政务信息资源分类过程中不能完全一一对应时，通过计算机辅助分类可以更加方便地进行分类工作。

3. 分类组件

分类组件是将政务信息资源分类的基本处理逻辑打包，形成可分类业务功能组件，方便其他应用系统使用的一种形式。

第三篇　互联网信息资源分类

　　作为信息资源分类的重要内容，互联网信息资源分类有其特殊的背景和特点。传统的信息分类方法在互联网这一个特殊的环境下衍生出了新的变化，发展出了多种适用于互联网信息资源的分类方法。

　　本篇旨在介绍和总结互联网信息资源分类现状。在明确互联网信息资源分类意义的前提下，从网络信息、网络用户、网络技术环境3个角度描述了互联网信息资源分类的背景特点，总结应用于互联网信息资源分类的几类重要的分类法，分析各自的优缺点，并以新浪网为实例详细剖析互联网信息资源分类实践，最后分析互联网信息资源分类的趋势，提出相应的分类建议。

第 9 章　互联网信息资源分类的背景和意义

9.1　互联网信息资源分类的背景

随着互联网发展进程的加快，信息资源网络化成为一大潮流。与传统的信息资源相比，互联网信息资源在数量、结构、分布传播的范围、载体形态、内涵、传递手段等多个方面都显示出新的特点。这些新的特点赋予了网络信息资源新的内涵。作为知识经济时代的产物，互联网信息资源也称虚拟信息资源，它是以数字化形式记录的，以多媒体形式表达的，存储在网络计算机磁介质、光介质以及各类通信介质上的，并通过计算机网络通信方式进行传递的信息内容的集合。简言之，互联网信息资源就是通过计算机网络可以利用的各种信息资源的总和。

现有的互联网信息资源分类体系通常是根据分类对象的特点和用户需求，结合一定的技术环境建立的。下面简要说明一下网络信息、网络用户、网络技术环境等进行互联网信息资源分类时所需要考虑的背景。

9.1.1　网络信息

从信息检索角度看，网络信息具有以下特点。

（1）数量巨大，增长迅速。互联网把分散在全球不同地理空间的资源都集中在一起形成了一个巨大的信息资源库，而且自它诞生之日起，其信息量就在不停增长，每天都有新的网站建立。以目前世界范围内最受欢迎的搜索引擎 Google 数据库的发展为例：1997 年 Google 刚成立时，全球 Web 网大约有 3.2 亿个网页；2002 年 6 月，Google已需要对 20.7 亿个万维网网页进行搜索；到 2003 年 9 月，Google 不得不对 33 亿个Web 网页进行跟踪。网络信息的爆炸式增长，使得人们从中淘取有用信息的难度越来越大。

（2）内容广泛，价值不一。网上的信息涵盖了人类知识的全部领域，既有人文科学、社会科学、自然科学、工程技术信息，也有大量生活服务、娱乐消遣信息。互联网的高度开放与自由，使任何人都可以不受限制地发布信息，致使网上的信息广泛而混乱，质量参差不齐。既有较大参考价值的信息，也有毫无价值的大量冗余信息，甚至还有不少有害的信息（如黄色信息、暴力信息、恐怖信息等），为用户选择、利用网络信息带来了不便。

（3）更新快，变化频繁。互联网的资源是一个动态系统，不但各种信息处在不断产生、更新、淘汰的状态，而且它所链接的网络、网站、网页也都处在不断地变化中。

有的网页几小时就更新一次，用户现在浏览器上的内容可能在几个小时之前在因特网上并不存在。网络信息更新快、变化频繁的特点要求网络信息资源分类体系也应具有跟踪动态发展的能力，能及时将重要信息多方面地反映给用户。

（4）类型多样，结构复杂。网络信息资源种类繁多，包括动态信息、网上出版物、书目数据库、联机数据库、软件资源以及个人主页、电子邮件等。这些信息的表现形式有文本，也有以声音、图形、图像存储的。网络信息分别存储在世界不同国家、不同地区的服务器上，而不同的服务器可能采用不同的操作系统及数据结构。网络信息本身的生产、流通也缺乏统一的标准与规范，WWW 网页文件就包括了 HTML、ASP、JSP、PHP、DOC 等多种格式，结构复杂。

（5）超文本链接，利用方便，但无序性增强。网络信息利用超文本链接技术，将各个国家、各种服务器、各种网页、各类不同文献上的相关信息都通过节点链接起来，点击节点即可以访问该信息，加强了信息间的关联度，形成了一个网状结构，使得用户对相关信息的检索非常方便。但另一方面，由于超文本的节点和链接可以动态的改变，使信息定位比较困难，信息的无序性增强，容易造成"迷航"现象。

网络信息的这些特点，要求网络信息分类体系具有高度的包容性及动态性，能够组织各种信息并及时变更类目体系以容纳新的信息内容。

9.1.2　网络用户

网络环境下，不同年龄、行业和文化的人都可以通过计算机终端来直接利用网络信息，使得网络信息用户的成分多样化。由于年龄、职业的不同，以及受教育程度的高低差异，用户个体的认识和认知特征、知识储备和知识结构各不相同，使得网络信息用户对知识体系的了解不同，对同一概念、同一事物的内涵与外延的理解不尽相同，描述的语言不同，对这些概念、事物在知识体系中的位置认识也有所不同。并且不同层面的用户上网的目的不同，查询和利用信息的视角、方法、类型及深浅程度也各不相同，致使网络信息用户的需求呈现出差异性、复杂性。从信息分类的角度看，网络环境下用户需求的变化主要表现在以下几个方面。

（1）网络环境下，用户信息需求的内容以消息型信息和知识型信息为主。从互联网发展状况统计报告可以看到，目前我国信息用户在网上经常查询的信息包括新闻、计算机软硬件信息、休闲娱乐信息、生活服务信息、电子书籍、科技、教育信息、求职招聘、金融保险、房地产、体育、旅游交通信息及法律法规政策信息等。由此得出，网络用户信息需求的内容主要是以新闻、休闲娱乐信息为主的消息型信息和以计算机软硬件知识、电子书籍、科教信息为主的知识型信息。

（2）用户对检索工具易用性的要求增强。网络信息用户从院士到小学生、从企业家到农民、从政府公务员到文化艺术工作者，从电脑爱好者到球迷，乃至家庭主妇，无所不有。他们中的大多数人未受过专门训练，缺乏专业的信息检索技能，所以要求网络信息检索工具必须具有较好的通用性和直接性，界面友好、简明易用，普通用户能用自己熟悉的语言与之交互。

（3）用户对检索速度的要求增加。一方面，计算机网络技术和情报检索学科日新月异地发展，为用户的这种需求提供了条件；另一方面，随着现代社会生活节奏的加快和收费网络检索工具的兴起，用户对检索速度的要求也越来越高。

（4）用户对查准率的需求超过了查全率。网络信息资源极其丰富庞杂，这为用户查找适合其需求的信息增加了难度。有人总结说用户在因特网上总能找到（甚至只能找到）他不需要的东西。在这种情况下，用户就更加迫切需要适合其需求的信息资源，因为庞大的无用信息对用户来说，只是一种信息污染和时间浪费。

（5）用户的可选择性增大。网络环境下，以搜索引擎为代表的信息检索工具数量大，类型也较传统检索工具丰富得多，这就为用户的选择提供了较大余地。只有那些收集资源丰富、检索效率高、界面友好的检索工具才能"适者生存"。

网络环境下用户信息需求的这些变化，要求互联网信息分类系统必须具有较好的实用性和易用性，类目体系简明且具有较强的通用性和直接性，使用户无须经过预先学习，就可以通过类表进行查找。

9.1.3　网络技术环境

互联网是通过 TCP/IP 协议把全世界计算机网络、网站和网页连接起来的巨大系统。计算机技术、网络技术、通信技术，使分布在全球的信息设备和各种信息资源跨越时空地联系在一起，为人们的利用提供了巨大的便利；数字技术、多媒体技术把不同载体、不同形式的信息搬上互联网，除一台 PC 外，人们不用借助更多的专门设备，就可以浏览文本、图形、声音、图像等信息；超文本和 WWW 技术实现了因特网上客户机与服务器的集合，将全部的 Web 站连接在一起，将全部的相关信息链接在一起，透过它可以存取世界各地的超媒体文件以及各式各样的软件；人工智能技术、自然语言理解技术、自动索引技术、数据库技术以及相应的硬件，使得快速地对浩如烟海的动态信息进行筛选、过滤、整序、建库成为可能，也为网络信息各种途径的快速查询提供了条件。

互联网信息分类体系与传统分类法的生存环境有着根本的不同，它存在于网络，与网络信息技术相联系。互联网信息分类体系的编制只有与当时的网络信息技术环境相适应，才能最大限度地发挥其信息组织和检索的作用。

9.2　互联网信息资源分类的意义

21 世纪的今天，信息已逐步成为这个时代的核心资源，人们越来越清楚地认识到信息的重要价值，国民经济的增长直接依赖于知识和信息的生产、传播与利用。如何组织信息资源，便于人们高效率地生产、传播知识，以最方便的方式获取、利用知识，以最快捷的手段进行知识和思想的相互交流与创新合作，决定着一个国家的创新竞争能力和可持续发展能力，体现着一个国家的综合国力基础，已引起了人们的高度重视。

快速发展的互联网已成为目前最大的信息生产、加工、存储与交换的环境和渠道。随着高新技术尤其是信息技术、网络通信技术的迅速发展，因特网正在改变着整个世界。网络信息资源层出不穷，网页内容以每 12 个月翻一番的速度向前发展。中国网民规模早已跃居世界第一位，根据中国互联网络信息中心（China Internet Network Information Center，CNNIC）发布的第 31 次《中国互联网络发展状况统计报告》，截至 2012 年 12 月底，中国网民规模已经达到 5.64 亿。帮助如此众多的互联网用户在日益庞杂的网络环境中获取更加准确有效的信息，已成为中国乃至全球互联网发展的一项迫在眉睫的任务，也是提高国家信息化水平的一项重要战略举措。

自因特网诞生以来，网络资源日益膨胀，信息可获得量呈几何级数增长，并且表现出分散、无序、变幻多端的特点。无序扩张的网络信息，使网上信息包罗万象、分布组合复杂、垃圾堆积，而且使网络信息用户面对如此海量信息，无法快速、便捷有序地获取所需信息。因此，解决网络信息无序扩张与网络信息有序利用之间的矛盾，有效组织网上信息，变无序信息为有序信息，为网络信息用户提供便利的信息获取途径和方法，已成为网络环境下信息组织与管理的出发点和目的。

从分类角度获取网络信息资源是人们最常用的方法之一，但到目前为止，对网络信息资源的分类还没有一致的标准和公认的划分结果，大多数搜索引擎或门户网站采用的都是自编的分类体系。由于缺乏科学理论的指导，这些分类体系的编制相当粗糙，存在类目设置随意、类目划分缺少规范、归类不够科学、横向关系揭示不足以及同位类排列无序、类名不确切等诸多问题。况且用户查询网上信息时一般都不只使用一个分类体系，各个自编的分类体系在类目的设置、排列、类名的内涵与外延的限定上都各不相同，各行其是，造成用户理解和使用上的困难，不利于网络信息资源的共建共享。因此，对互联网信息资源分类问题展开研究，并提出一套科学合理的互联网信息资源分类标准，建立完备而实用的网络信息分类体系，将对规范互联网信息资源，改善用户的信息获取效果有极大的意义。

1. 提高互联网信息资源的系统性

《辞海》中对分类的解释是：分类的对象是事物，其目的是使事物系统化。对于互联网信息资源分类问题来讲，分类的对象是各种网络信息资源。网络信息资源的最大特点是海量和迅捷。随着网络信息数量的不断扩充，对广大信息用户和信息管理者来说，困扰他们的不是信息太少，而是信息太多的问题。大量无价值、质量差、盲链接的信息进入网络，加重了用户获取有用信息的负担，人们普遍感受到由于网络信息资源的庞大无序而带来的检索困难。信息利用率的不断下降，促使人们对网络信息资源进行有效的组织与控制的要求日益迫切。奈斯比特曾经说过："失去控制和无组织的信息在信息社会里不再构成资源，相反，它成为信息工作者的敌人。"这说明对网络信息资源组织理论和方法的研究，无论是对于信息管理者，还是对于信息用户都是十分必要的。建立统一的网络信息资源分类体系，提高网络信息资源的系统性，是摆在每一个信息工作者面前紧迫而艰巨的任务。

2. 规范互联网信息资源的组织工作

目前通行的一些互联网信息资源分类体系普遍存在一些缺点，主要表现在：分类体系的严密性、逻辑性不够；类目设置不全面，类目隶属随意性强；类名措辞太随便，许多类名很难理解其内容范围；类目间的横向关系揭示不清楚；类目排列随意性较大，不能反映类目之间的关系等。而且，还存在一个比较严重的问题是，用户获取网上信息时一般都不只通过一个站点进行查询，而现有的不同的分类体系，其基本大类的设置偏差很大，类目的排列顺序各自不同，针对同一类名定义的内涵与外延也各不相同，这极易造成用户理解和使用上的困难。

因此，需要对互联网信息资源的分类问题进行研究，进一步规范类目名称和类目的编排方式，建立一个涵盖面广、结构清晰、层次分明、完善的互联网信息资源分类体系，而这对于规范互联网资源的组织工作有着非常积极的作用。不同的网站可以依据这套公用的标准，根据各自网站的偏重点来编制各自的分类目录。由于各级目录取自这套标准，保证了类目和类目排列的严密性和逻辑性，网站编辑人员可以更加准确地把握每个类别的含义，指导网络信息的划分工作。由于不同的网站采取同一套标准，这能极大地避免上述不同网站分类目录差别大、类名含义各不相同、给用户造成难以理解和使用等问题。

3. 提高信息的查准率

查准率是衡量用户信息获取程度的一个重要指标。这个概念源自文献检索领域，它是指检出的相关文献量与检出文献总量的比率，是衡量信息检索系统检出文献准确度的尺度。应用到互联网信息资源分类问题中，查准率指的是用户通过信息检索获取的网页中，与用户需求相关的网页占检出网页的比率，反映信息检索的准确程度。

用户从互联网上获取信息的主要途径通常是利用网络信息检索工具。目前，网络信息检索工具的类型主要有两种：关键词全文检索和分类目录检索。

（1）关键词全文检索，利用其内部的搜索机器人 spider（蜘蛛）程序，自动搜索互联网上大大小小的网站内容，按照网页相关性原理在每一个关键词和所有相关的网页之间建立一个对应关系，存储在其网络服务器的数据库中，用户只要输入关键词就可以找到符合该关键词特征的所有被索引的网页，并以超链接的方式对搜索结果列表，附有简单介绍，点击相应的链接就可以进入相应的网络资源网站，从而找到所需信息。

这样搜索到的结果通常数以百万计，相关性越高的信息，在搜索结果列表中的位置越靠前。然而，从关键词全文检索的实际使用现状看，它还存在很多问题。虽然关键词全文检索的检索速度很快，但由于没有从概念语义上匹配，没有范畴限定，返回的检索结果往往数量巨大而与用户的本来需求偏差甚大，而且，这些检索信息的可靠性经常受到质疑。因此，关键词全文检索这种方式的信息查准率相对较低，常受到大量无关信息或者重复性信息的干扰，或遇到对搜索到的信息缺乏信任的尴尬局面。

（2）分类目录检索，其信息查准率就相对较高。分类目录检索采用人工方式收集和存储网络信息，并按一定的分类原则如网络资源的主题性质进行分类，建立相应的分类体系，用户依其分类体系，找到最适合的信息。与关键词全文检索相比，分类浏览检索的优点非常突出，主要包括以下几个方面：第一，网页是经人工精选的，质量高；第二，检索方式直观，容易上手，方便用户使用；第三，有较高的查准率，当检索目的不明确、检索词有待确定时，分类浏览方式更有效率。基于此，很多学者认为能在信息海洋中真正起导航作用的是分类目录检索功能。而分类目录检索功能的关键环节则是其分类体系。现在通行的综合性的网络信息检索工具的分类体系大多是为一般网络用户设计的。它们多采用比较简明的主题分类法模式，直接以语词组织信息，其列类侧重人们日常生活需要，类名措辞大量采用通俗、时尚、有吸引力的词汇，分类表动态性强，更新迅速，一定程度上适应了广大网络用户查询的需要。

因此，将互联网信息资源分类的工作重点放在对分类目录检索这种方式的研究上，利用分类标准提高网络资源分类的科学性和相关性，进而提高用户信息查询时的准确率。

4. 提高信息的查全率

查全率是衡量用户信息获取程度的另一个重要指标。这个概念也源自文献检索领域，它是指检出的相关文献量与检索系统中相关文献总量的比率，是衡量信息检索系统检出相关文献能力的尺度。对于互联网信息资源分类问题，查全率指的是用户通过信息检索获取的相关网页与网络中总的相关网页的比率，反映信息检索的获取能力。

尽管对于普通的互联网用户来说，信息的查准率比查全率更为重要，但是查全率也是衡量一个网络检索工具的信息检索能力的重要指标。由于现在还没有一个统一的分类标准，采用分类目录检索方式的网站大多各自为政，分别对网页进行人工的筛选和组织，导致各个网站所提供的信息的查全率不高。如果建立一套标准的分类体系，分类网站据此筛选、组织信息，那么不同的网站就能更容易地彼此分享它们所收集到的信息，提高互联网整体的信息查全率，给用户提供更加全面、完备的信息。

第 10 章　互联网信息资源分类体系

　　分类是指以事物的本质属性或其他显著特征作为根据，把各种事物集合成类的一种过程和方法。分类的逻辑思维可以使人们从本质上把握事物之间的区别与联系。分类在传统的文献管理中一直起着举足轻重的作用，在网络环境下也同样是规范、优化信息的有效手段。

　　互联网信息资源分类体系起源于 Galaxy，Galaxy 的本意是指星系，借喻为互联网上.com 的集合。Galaxy 创建于 1994 年 1 月，是第一个既可搜索又可浏览的网络分类目录，它最初的目的是为网上的电子商业贸易提供一种大规模的指南服务。Galaxy 虽然是互联网上出现的第一个分类目录，但也许是因为收录范围狭窄的缘故，它的影响远远不及随后出现的 Yahoo（雅虎）。1994 年 4 月，斯坦福大学的两名博士生，David Filo 和美籍华人杨致远（Jerry Yang）共同创办了网络指南信息库 Yahoo，并一炮打响，引起了巨大的轰动。由此，分类这种组织网络信息资源的方法开始受到人们的关注，逐渐成为国内外大型网络检索系统中一种基本检索手段，例如，国外的 Lycos、Excite、HotBot、LookSmart、Google 等都建有网络分类系统。

　　网络信息分类体系其实质是采用分类法的方式对网络信息进行组织并提供检索。它需要首先建立一个知识大纲（即基本大类），然后将每个大类由宽到窄逐步划分为若干级类目，构成一个知识树，形成某种分类体系。网络开发者以此分类体系为依据，对所收集的网络资源（主要是网站）按照不同的主题将它们归入该分类体系的不同类目中，最终形成一个由基本大类→子类→网站链接→网站的信息查询结构。网络信息分类最明显的特色在于：其分类体系结构具有"物以类聚"、"鸟瞰全貌"、"触类旁通"的作用，用户利用它能很方便和有效地系统掌握与利用一个学科或专业范围或主题领域的知识和信息，即使未掌握检索原理和技巧的用户，也能通过从大类到小类再到细目的逐层深入，比较容易地检索到与其检索目的具有针对性的网络信息资源，而且，由于分类体系的"透明度"高，用户通过分类浏览常可"发现"他所需要但事先并不知道该事物名称的网络信息。再者，网络信息分类系统中的网站通常是由人工收集建立的，即由专家来决定，在有关的类目结构中列入哪些网站。专家一般不会将整个网络中每个网站的所有页面都放进去，而是从茫茫网海中挑选出质量较高的网站的首页，将其放入相应的适当类目中，故利用分类目录浏览检索所得的结果检准率高，网站是专家人工精选得来，内容丰富，学术性较强，参考价值大。

10.1　互联网信息资源分类体系的特点

互联网信息资源分类体系主要是根据网络信息资源的特点和一般网络用户查询的需要，结合网络技术和网络环境的特点而建立的。不同于传统的分类法，网络信息分类体系具有以下显著特点。

（1）直接用语词组织信息。标记符号是传统分类法极为重要的组成部分，具有类目定位、文献排架、款目排列的作用，读者也必须通过含有分类号的索书号才能在书库提取已检索到的文献。但在对网络信息进行分类查询时，用户所检索到的信息可以利用超文本技术直接链接进入，无须再到其他地方去提取，标记对于用户来说基本上是无意义的。因此，网络信息分类体系放弃了传统分类法用人工标引语言的分类号作为信息查询和检索标识的方式，直接用语词来表达类目，利用超文本链接技术结合屏幕显示类目体系，比使用分类标记更加方便直观、易于理解。而且，为了能更清楚地显示类目系统的纵向联系，防止超文本浏览中的"信息迷航"，目前多数系统均采用了在子类上方显示其类系的方式，进一步揭示类目展开的等级。例如，在搜狐搜索中，足球类下的上级类目标示为"体育与健身>球类运动>足球"，这一方式不仅可以比分类号更直观地揭示出类目的隶属关系，而且可以利用它直接访问有关的上位类目。

（2）以主题和事物为中心设置类目。传统分类法以学科为中心建立类目体系，而网络信息分类体系虽然并没有完全放弃从学科的角度组织网络资源，但主要是以主题分类为主，直接以检索的事物为中心来设置大部分类目，网络分类体系常采用的一二级类目名称总结如表 10-1 所示。具体以搜狐为例，它所设的 18 个大类中，除了"文学、艺术、社会科学、科学与技术、政治/法律/军事"等少数几个类目是以学科列类之外，其余的 10 多个类目如"娱乐与休闲、教育与培训，体育与健身、个人主页、旅游与交通、工商与经济、生活与服务、公司与企业、电脑与网络、卫生与健康、新闻与媒体"等都是以事物主题来列类的。雅虎、新浪、网易等综合性网站的列类方式也基本如此。这种类目设置方式是为了方便和指引用户的浏览行为，因为一般用户对事物主题的认识要比对学科的认识更直观和清晰，按事物主题设置大部分类目能够降低用户浏览时的认识负担。

表 10-1　常见的网络信息资源分类体系

一 级 类 目	二 级 类 目
计算机与网络	通信技术、信息技术、多媒体技术、网络技术、Internet、计算机技术与应用、个人主页等
新闻与媒体	传播理论、时事新闻、专题新闻、广播、电视、出版（包括电子出版物）、新闻组等
教育与就业	教育理论与技术、各国教育、各级教育、其他教育、学校与招生、教材、考试与试题、人才与就业等
文学与艺术	美学、文艺理论、创作、作品、团体、人物、奖项等
体育与健身	体育理论与技术、体育设施与器械、各类体育运动、竞赛与成绩、健身运动、户外活动等

续表

一 级 类 目	二 级 类 目
生活与休闲娱乐	社交与交谊（包括网上交友、聊天）、服务与时尚、娱乐场所、家庭生活、家政与烹饪、居室庭院、爱好与嗜好、购物、美容、游戏、宠物等
旅游与服务业	名胜古迹、旅游景点、旅游服务设施、旅游指南、旅游向导、水陆空交通概况及时刻表、订票服务、气象服务、货币兑换服务等
医学与健康	各科疾病、紧急救护、临床诊断、治疗、护理、康复、医院、医药及药店、医疗器械、医学工程、医学教育、家庭医学、保健与养生、心理学、心理健康与咨询等
经济与金融	经济理论、经济计划与管理、各国经济、工业经济、农业经济、房地产经济、交通运输经济、邮电经济、贸易经济、信息产业、财政、税务、金融、经济开发区、企业、市场、广告等
社会文化与历史、地理	语言文字、专题文化、大众文化、文化史、考古与博物馆、文物、展览与展览馆、民俗风情、神话传说、世界及各国史、各学科及行业史、人物传记、自然地理、人文地理、经济地理、自然考察、探险等
人文与社会科学	人文科学、社会学、社会发展与变迁、社会问题与分析、民族学与民族问题、人口学与人口问题、家庭与婚姻、人类学、统计学及统计资料、管理学与管理理论技术等
哲学与宗教	哲学理论、各国与各科哲学、伦理学、各类宗教及信仰、占卜巫术等
政治	政治理论、政府机构、政党、国情与政策、外交与国际关系、政治事件、政治人物等
法律	法学理论、国际法、各国法律法规、各行业法律法规、法律咨询、司法机构、法庭与审判、仲裁及仲裁机构、律师及律师机构等
军事	军事理论、军事史、各国军事、战略战术、武器装备、军事工程、军事教育等
自然科学	科学理论、数理科学、天文学、地球科学、大气科学、海洋科学、生物学与生物工程等
工程技术	通用技术、矿业与能源、机械工程、电力电子技术、自动化技术、化学与化工、轻工业与手工业、建筑工业、水利工程、交通运输工程、航空航天技术、环境与生态等
农业科学	农业基础科学、农业机械、农业工程、农艺、园艺、林业、畜牧兽医、蚕桑蜂、水产养殖与捕捞等
图书馆与参考资料	图书馆、情报所、信息中心、各类参考工具、各类参考资料等
国家与地区	在各国家和地区下，可按上述各领域展开

（3）多元划分。所谓多元划分，是指类目展开时同时采用多种划分标准。传统分类法类目展开时，通常遵循逻辑分类的原则进行，一次只采用一个标准，只有在必要时才采用两个或两个以上的标准。而网络信息分类体系受划分标准的束缚较少，整个大类及各个类下进一步划分的标准通常是多元的，同一级类目可能采用主题、学科、资源类型、地区、时代等多重标准。以新浪商业经济类为例，该类就同时采用了主题对象、学科、资源类型及地域四重标准设置类目，并且即使是按主题对象设置的类目，也并非属于一个标准。多元划分使得各层次下的类目类型多、范围广、数量大，有效地减少了类目展开的层次，增加了类表的直接性，同时也为从不同角度展开类目体系提供了条件。

（4）多维展开。多维性是网络信息分类体系在类目展开上的一大特色，多维展开与多元划分是紧密联系在一起的。首先，从类表展开的整体上来看，是指在多元划分的基础上同时使用不同的引用次序列类，多维度地展开类目体系。例如，在主题类下按"主题-文献类型"、"主题-地区"的引用次序展开类目的同时，在新闻媒体、BBS、个人主页、机构团体以及地区下，按"形式-主题"、"地区-主题"的引用次序展开分类体系。其次，从类目划分的个体而言，则是指在多元划分的基础上分别从不同类目的特点出发加以展开。如在历史类下，同时从各代史、人物、专门史、历史事件等多个角度来展开类目。除此之外，网络信息分类体系的多维性还体现在类目设置不完全拘泥于原有的逻辑等级层次，把信息量大、访问频率高的类目突出列类。如对一些热点类目，在其相应位置上设类的同时，还根据使用需要，在作为上级的类目中突出反映。例如，新浪分类将"社会文化"下的"同学录"类目在"文化群体"下设类的同时，打破原有的逻辑层次划分，以"文化群体"并列类的方式加以突出反映，以方便用户的使用。

（5）横向关系揭示灵活。这里的横向关系主要是指多属类目和相关类目。对于多属类目，网络信息分类体系一般是采取多层网页交叉结构的形式来解决的。如在搜狐分类目录中，"教育>图书馆>大学图书馆>香港@"类下没有再设置下位类，也没有相应的款目，而是链接到了"国家与地区>香港>教育>图书馆>大学图书馆"类。同样，"在娱乐休闲>旅游景点@"类下也没有下位类和相应的款目，而是链接到了"旅游与交通>旅游景点"类。这种形式如同传统分类法中交替类目的设置（传统分类法中交替类目的形式特征是将其类号置于方括号"[ ]"内，网络信息分类体系是在交替类目后添加@，也有的不作任何标识，如新浪网），与文献分类法中"见"项异曲同工。类与类的链接，充分利用了超文本的特性，不仅提供了多种检索途径，而且还减少了款目重复著录的浪费。对于相关类目，传统分类法多通过参照注释的方式来进行揭示，而网络信息分类体系对此采取的方式有两种。第一种是类下提供相关目录的链接，例如，Google 的分类目录中，在"World>Chinese>Simplified>社会"的分类页内，提供了两条相关目录"World>Chinese Simplified>地区>亚洲>新加坡>社会与文化"和"World>Chinese Simplified>地区>亚洲>中国>社会与文化"。第二种是对类间的关系不作提示，类下相同的部分重复著录，例如，搜狐分类目录中，"新闻与媒体>报纸>日报/时报"类与"国家与地区>北京>新闻与媒体>报纸"是两个有密切联系但重点不同的相关类目，两类之间没有关联提示，类下相同的款目重复著录，互不影响。

（6）动态性强、更新迅速。传统分类法以印刷版为主，具有组织文献分类排架的功能，加上分类标记对类目体系变化的束缚，其修订是很慎重的，通常几年为一个修订周期。而网络信息分类体系是通过链接与网络文献建立联系的，且无分类标记的限制，因此具有很大的灵活性，更新迅速，可以随时根据网络资源和用户需求的变化进行结构的调整和类目的增删变更。当某一类的资源增长较快，打破了原有的资源平衡时，可以对此类目作进一步的划分，随热点信息和新颖信息的出现而增加新类目，将用户点击量大的类目设置为热点类目，有时还将这些类目提前显示。例如，在某体育赛事、节日前将有关类目提前设置，使分类体系具有较强的动态性、灵活性，方便用户实际使用。

现有的互联网资源分类体系所用到的方法有多种，下面将详细总结主题分类法、学科分类法、分面组配法、体系分类法和分众分类法，通过对各方法的深入研究，总结各自的原理和优缺点，以期为后续的分类体系构建工作做好准备。

10.2　主题分类法

随着网络的出现和互联网信息的急剧增长，信息分类组织面临着新的困难，传统分类法与主题法在一定程度上不能满足互联网信息分类的要求，必须出现新的分类方式适应互联网信息资源新的特点。主题分类法融合了传统分类法和主题法，取两者之长，满足互联网信息资源分类组织的要求，能够为用户提供便利、行之有效的检索途径，成为各大型综合门户网站和搜索引擎广泛采用的信息分类组织方法。

10.2.1　主题分类法的背景

传统的分类法将各种知识领域的类目按知识分类原理进行系统排列，并以表示类目的数字、字母符号（即分类号）作为文献的主题标志，直接体现了知识分类的概念标识系统。

主题法就是直接以表达主题内容的语词作为检索标识、以字顺为主要检索途径、并通过参照系统等方法揭示词间关系的标引和检索信息资源的方法。作为另一种主要的传统信息资源组织方法，主题法的产生弥补了分类法在检索特定事物、特定主题方面的不足。主题词表用于组织网络信息资源后，其最大的优点也得到充分显示，即利用词汇关系链来获取领域知识以提高检索效率，尤其是关键词（自然语言）检索在组织网络信息资源的过程中发挥了十分显著的作用。

10.2.2　主题分类法的内容

传统分类法基本上都是以学科为中心建立的，因为这种方式符合人们的知识结构，比较适合一般用户对学术资源的使用习惯。1906 年，英国图书馆学者布朗曾经编制了一个以主题为中心的分类法 ——《主题分类法》，采用"一个主题一个位置，从而集中关于这个主题的全部资料"的方法，但这一分类由于种种原因未能在图书馆得到推广。但是，在现代网络环境中，主题分类法逐步成为现代互联网信息资源分类应用最为广泛的分类方法。主题分类法的特征是一个主题充当一个类目，类目像主题词表一样按字顺排列，而不是以逻辑顺序排列。一个类目又可分为若干细目，同位类的细目也是按字顺排列，这种分类法实质上是分类法和主题法互相融合的产物。

主题分类法以主题为中心构建分类体系，如何确定互联网信息资源的主题成为主题分类法的一个重要问题。主题分类法应用主题识别技术提取互联网信息资源的各种主题概念，结合这些概念在特定领域知识中构成的层次结构进行综合，最终确定互联网信息资源的主题，实现主题分类。也就是说，主题识别的过程是利用领域知识对互

联网信息资源的主题概念进行提取和综合的过程。每个主题概念是由一系列主题特征表示的，因此主题识别可以表示为

主题识别=主题概念提取+主题概念综合

主题概念提取=主题特征识别+主题特征集聚

每个主题概念代表一个分类，可以用主题词表示。这些主题概念并不是没有关系的，而是按照一定的层次关系构成了一个概念树，如图 10-1 所示。

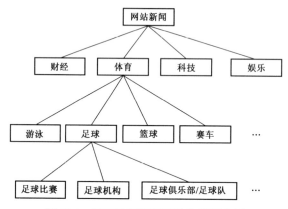

图 10-1　某网站新闻网页的主题概念树

不同层次表明其抽象的程度不同，层次越高，概括性越强，包含的下位概念可能越多。下位概念往往是上位概念的属性、特征、部分或说明；上位概念常常是下位概念的抽象概括或整体表示。

主题分类法以所得到的主题为类目，按字顺排列类目，类目细分若干细目，形成新的互联网分类体系。

由于网络资源数不胜数，现有任何分类目录都未能包罗所有的网页，大多数网络目录只选取一些热点事物作为主题类目，如汽车、房地产、计算机、因特网、教育、健康等。主题分类法一般设置 14～18 个一级主题类目，层次多为 4 级左右。最末一级就是列成表的超文本链接点，每个链接点伴有编辑对网页内容的简要介绍。

10.2.3　主题分类法的应用实例

Yahoo 最初是以指南型分类检索工具的形式出现的，由于该系统的资源质量高，重视以事物对象为中心设置类目，采用西方用户习惯的字顺方式排列同位类，形式直观、使用方便，并且受到用户的欢迎，所以逐步发展成一个大型综合性的门户网站。下面以 Yahoo 主题指南[①]为例，简述主题分类法在互联网信息分类中的应用。

（1）类目设置。Yahoo 主题指南设置 14 个基本大类以及两个附录，按英文字顺排

---

① http://dir.yahoo.com。

列为 Art & Humanities（艺术与人文）、Business & Economy（商业与经济）、Computers & Internet（计算机与互联网）、Education（教育）、Entertainment（娱乐）、Government（政府）、Health（健康与医药）、News & Media（新闻与媒体）、Recreation & Sports（休闲与运动）、Reference（参考资料）、Regional（地区）、Science（科学）、Social Science（社会科学）和 Society & Culture（社会与文化），如图 10-2 所示。上述基本大类，大体涉及了普通用户关注的领域，是热门主题对象与学科的结合。与传统文献分类法相比，这一大类结构的不同之处在于：这种分类方法基本上放弃了文献分类法以学科为中心建立类目体系的传统，采用以主题为中心并与学科结合的设类方式，可以使其在具有直接性的同时增加包容性，并且，类目按字顺排列。主题分类法正是以一个主题充当一个类目，类目像主题词表一样按字顺排列，而不是以逻辑顺序排列。

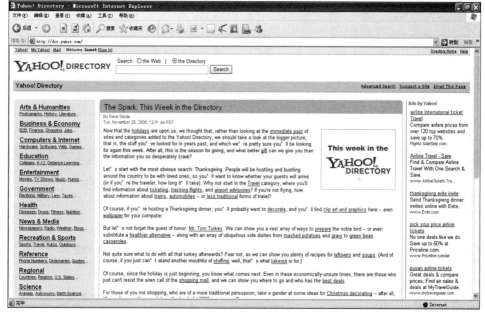

图 10-2　Yahoo 主题指南的主页

（2）类目体系展开。在大类以下，Yahoo 主题指南按照各大类的对象特点，通过层层列举，逐步展开，以详细列举的方式组织和处理网络资源。每个大类下所包含的若干细目重视以事物为中心设置类目，大致采用学科类与事物类分别设置的方式，除自然科学与社会科学两类外，往往直接按照特定的事物对象、用户关注的问题设置类目，形成了根据用户需求，按对象、问题组织资源，以主题为中心的类目设置框架。类目以字顺排列，如图 10-3 所示。

另外，Yahoo 主题指南层次为 4～5 级，最末一级就是列成表的超文本链接点，每个链接点伴有编辑对网页内容的简要介绍。如图 10-4～图 10-6 所示。

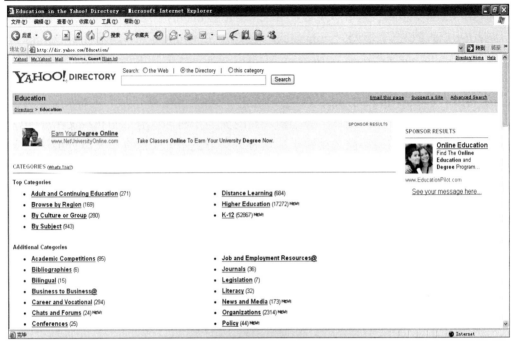

图 10-3　Yahoo 教育大类的二级类

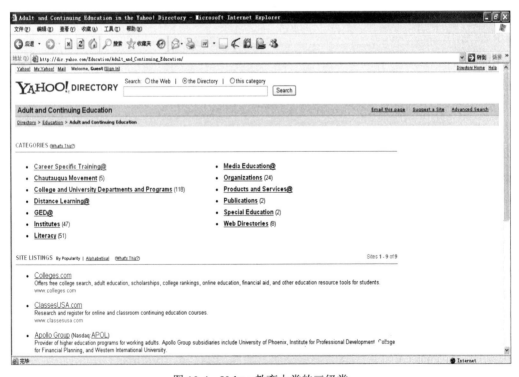

图 10-4　Yahoo 教育大类的三级类

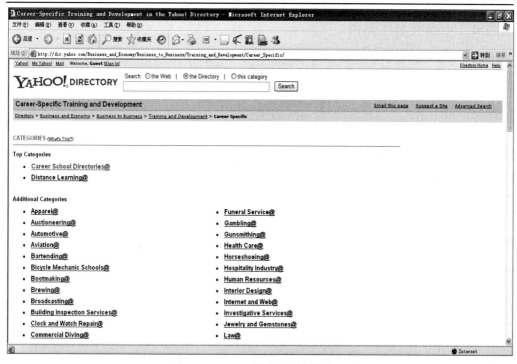

图 10-5　Yahoo 教育大类的四级类

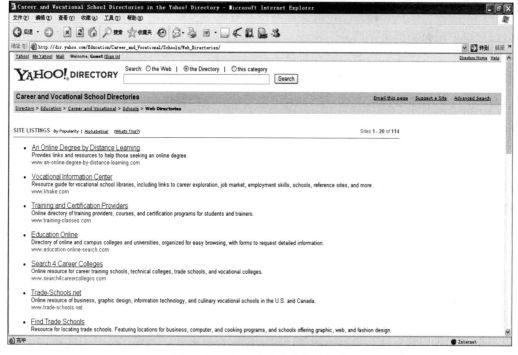

图 10-6　Yahoo 教育大类的五级类

10.2.4　主题分类法评价

综上所述，主题分类法的优点主要在于以下几个方面。

（1）主题分类法以事物分类，和此事物相关的内容全部集中在一起，如汽车大类下包括汽车制造、交易、维修、博览会、汽车书籍和杂志、各种汽车、赛车、高速公路、运输等子类目，这种分类法以事物为纲，而不以学科为纲，适应交叉学科的主题。

（2）主题分类法按照主题为中心展开分类体系，在纵向上实现了多维划分和多元展开，能够更加全面地对互联网信息资源进行组织。

（3）主题分类法在横向关系揭示上，通过重复反映的方式，充分揭示相关主题，提高了检索的全面性，适应了互联网信息资源关联性强的特点。

（4）主题分类法突出强化生活性类目，淡化学科性类目，贴近用户生活，易于用户理解；这种分类法对事物对象的揭示形式直观，直接性好，比较符合普通用户按对象和问题检索的习惯，实用性好，目前已经成为一种在网络上占主导地位的信息分类组织模式。

（5）主题分类法的动态性高，易扩展，能够及时地反映互联网信息资源的变化，适应了互联网信息资源更新频率高的特点。

主题分类法的不足主要包括以下几个方面。

（1）主题分类法容量太小，对互联网信息资源的覆盖率极为有限，不能将全部互联网信息资源包括进去。

（2）主题分类法同位类中往往包括不同等级、层次的类目，对类下范畴的区分缺乏一致性。

（3）主题分类法按照类名字顺排列不能反映并列类目之间的联系，缺乏对知识门类系统显示能力和揭示类目相关性的作用。特别是在同位类采用多种划分标准的情况下，更容易造成类目关系的混乱。

（4）主题分类法类目的展开缺乏统一的标准，一类下类目的设置有比较大的任意性，缺乏规律。不同搜索引擎的类目划分都有自己的体系，相互之间缺乏一致性，不利于知识组织和交流。

10.3　学科分类法

学科分类法以学科为中心，将各个学科的类目按一定的顺序排列，把各领域的知识和相关事物归入到相应的类目中，以相应的分类号作为类目中信息的主题标识，并以严格的逻辑关系设立二级、三级等细类，进行类目展开，形成学科分类体系。在互联网技术环境中，学科分类法适用于数字图书馆和专业学术网站的信息分类。

　　以学科分类法形成的学科分类体系具有良好的科学性、系统性和逻辑性。为获得更为直观的印象，以管理学这一学科为例，学科分类法形成的学科分类体系如表 10-2 所示[①]。

表 10-2　管理学学科分类体系

630 管理学	630.10 管理思想史	
	630.15 管理理论	630.1510 管理哲学 630.1520 组织理论 630.1530 行为科学 630.1540 决策理论 630.1550 系统管理理论 630.1599 管理理论其他学科
	630.20 管理心理学	
	630.25 管理计量学	
	630.30 部门经济管理	
	630.35 科学与科技管理	630.3510 科学社会学 630.3520 科技政策学 630.3530 科学心理学 630.3540 科学计量学 630.3550 科技管理学 630.3599 科学与科技管理其他学科
	630.40 企业管理	630.4010 生产管理 630.4015 经营管理 630.4020 财务管理 630.4025 成本管理 630.4030 劳动人事管理 630.4035 技术管理 630.4040 营销管理 630.4045 物资管理 630.4050 设备管理 630.4055 质量管理 630.4099 企业管理其他学科
	630.45 行政管理	
	630.50 管理工程	630.5010 生产系统管理 630.5015 研究与开发管理 630.5020 质量控制与可靠性管理 630.5025 物流系统管理 630.5030 战略管理 630.5035 决策分析 630.5040 决策支持系统 630.5045 管理信息系统 630.5050 管理系统仿真 630.5055 工效学 630.5060 部门管理工程 630.5099 管理工程其他学科

① 引自中华人民共和国国家标准《学科分类与代码表》（GB/T 13745—92）。

续表

		630.5510 人力资源开发战略
	630.55 人力资源开发与管理	630.5520 人才学
		630.5599 人力资源开发与管理其他学科
630 管理学	630.60 未来学	630.6010 理论预测学
		630.6020 预测评价学
		630.6030 技术评估学
		630.6040 全球未来学
		630.6099 未来学其他学科
	630.99 管理学及其他学科	

中文搜索引擎"网络指南针"采用了学科分类法，一级类目共有 60 个学科，类目按字顺排列，另有二级和三级类目。学科分类法的优势是比主题分类法有更大的容量，但要选择内容好的网页来充实这个框架，仅仅靠几个编辑人员是力不能及的，所以，这种分类法以用户提交或推荐网页的方式建立分类系统。

学科分类法优点在于：

（1）以学科为中心，形成的分类体系具有良好的系统性和完整性，类目设置科学，知识覆盖全面。

（2）这种分类体系归类科学，类目间的界限清晰，类目间的逻辑性强，隶属关系明确。

（3）类目名称规范，类名能确切概括类目的内涵是这一分类体系另一大优点。

（4）学科分类体系具有统一标准，不同搜索引擎和专业学术网站的体系具有一致性，有利于知识组织和信息交流。

学科分类法的缺点在于：

（1）学科分类法形成的分类体系动态性差，更新慢，不能对互联网信息的变化做出及时反映。

（2）这种分类体系以学科为中心，虽然具有良好的系统性和科学性，但不符合普通用户的查找习惯，实用性差。

（3）学科分类法不是大型综合门户网站和搜索引擎所广泛采用的分类方法，它在数字图书馆和专业学术网站应用较多。

10.4 分面组配法

10.4.1 分面组配法的背景

根据概念的分析和综合原理编制的文献分类法，又称分面分类法、组配分类法、分析-综合分类法。它将主题概念分解为简单概念（或概念因素），按照它们所属的方面或范畴，分别编列成表。标引时用两个或多个简单概念的分类号的组合来表达一个复杂的主题概念。

1896 年"概念分析"的原则被提出，并在《国际十进分类法》中大量使用组配符号和组配方法。1906 年英国图书馆学者布朗在《主题分类法》中采用了主题分析法和组合原则，是分面分类法的萌芽。1933 年印度阮冈纳赞编制了世界上第一部分面组配式分类法——《冒号分类法》，并系统地提出了分面分类理论。20 世纪 50 年代初，英国伦敦分类法研究小组发展了阮冈纳赞的分面分类理论和技术，编制了 10 多部专业分面分类法。1955 年该小组向英国图书馆协会及联合国教育、科学和文化组织提出了题为《需要以分面分类法作为一切情报检索方法的基础》的备忘录。这一观点得到 1957 年在英国道金召开的第一次分类研究国际会议的赞同，一致认为分面分类法是文献分类法发展的方向。维克里撰写的《分面分类法——专业分类表编制和使用指南》（1960）一书，全面总结英国伦敦分类法研究小组编制分面分类法的经验，促进了分面分类法的推广。1969 年该小组成员艾奇逊又将分面分类法与叙词表融为一体，研制出一种新型的检索语言——分面叙词表。与此同时，该小组成员米尔斯运用分面分类研究的成果，对《书目分类法》进行全面修订，1976 年起陆续出版了《布利斯书目分类法》，使其由等级列举式分类法发展成为一部大型的分面组配式分类法，米尔斯因此荣获国际文献联合会颁发的阮冈纳赞奖。

10.4.2 分面组配法的特征

分面组配的原理是，首先确定几个分类标准，即分面，再确定每个分类标准中的若干特征值，即类目，每一分面的类目与其他分面的类目分别组配，形成许多组配类目，达到细分的目的。分面组配法基本特征如下。

（1）分面组配式分类法是利用概念分析与概念综合的逻辑原理构成的。如"文学"分为 4 个面，即语言面、体裁面、作家面、著作面，这是根据文学的构成要素分析出来的。

（2）分面组配式分类法的分类表是分面的概念要素表，其体系结构是隐含的。每个大类都先列出基本类，再列出分面公式，再列出其中焦点及类号，就是说每个大类都是由各个面及面内焦点组成的。

（3）分面组配式分类法的完整分类号是分段的，可以分拆。分面组配法如"大学图书馆的期刊分类"，其分类号为 234；46；51；等级列举式分类法如"大学图书馆的期刊分类"，其分类号为 G25512，此类号不能分拆。又如"图书馆经济学"，CC 为 20bx，还可轮排为 x0b2；等级列举式分类法如《中图法》中只能是 G250，不能轮排为 250G。

（4）分面组配式分类法只能用来编制分类目录和其他检索工具（如期刊论文索引）。分面组配法由于分段标记类号容易冗长，不适合用于组织分类排架。

（5）分面组配式分类法标引能力强，检索效率高。分面组配式分类法能把文献主题的每一个概念因素都标引出来，它不但可用来标引图书主题，还可用来标引期刊中论文的主题，查找起来，因专指度高而能够准确反映内容。

（6）分面组配式分类法的主要特点是动态性。从体系结构、标记制度到分类号都强调动态性，即随着科学技术的发展而发展。

10.4.3　分面组配法的应用实例

craigslist 是由创始人 Craig Newmark 于 1995 年在美国加利福尼亚州的旧金山湾区创立的，2005 年 4 月后先后进入中国香港、上海、北京和广州，目前在中国拥有 4 个网点，均为英文界面。

craigslist 上涵盖的分类信息包括了求职招聘、房屋租赁买卖、二手产品交易、家政服务、地区活动指南、寻找罗曼史对象等。

craigslist 可以说是一个网络分类广告网站，它作为 Web 2.0 的一个代表性网站，充分利用了发散性的集群效应，极大程度地调动了用户自我的积极性。所有的用户都是网站的"免费员工"，他们根据各自的需要，实时地在网上发布各类信息，不收取任何费用地每日在帮助这些网站进行更新维护。有人在 craigslist 上找到工作和房子，有人碰到了志同道合的朋友，有人找到终身的伴侣，有人找到每一季最流行的时尚趋势，有人找到家居装潢的每一件饰物，没有人知道，还有什么是在 craigslist 上找不到的。

craigslist 有 23 名工作人员，从创始人、CEO，到客户服务顾问、技术人员，大概一半在做技术，一半在做客户服务。他们每天要处理海量的信息发布、邮件检测和其他工作，但是以此应付世界各地的 craigslist 发展却游刃有余，craigslist 成为了一个覆盖全球 34 个国家和地区，后缀为.org 的网站。

图 10-7 显示了 craigslist 的首页网址为 http://www.craigslist.org，它的样式非常简单，没有广告。craigslist 的分类体系首先是依据地理信息进行分类，例如，美国的州（因为网站创始于美国，所以其美国的信息比较丰富，以州为单位来划分）和其他国家，你可以选择自己所关注的国家。

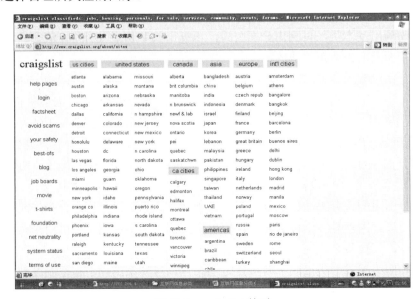

图 10-7　craigslist 首页

　　例如，选择 China，那么就进入图 10-8 所示的页面。craigslist 的分类体系的第二层就是这个国家的一些城市。以中国为例，网站涵盖了北京、广州、杭州、香港、上海和深圳 6 个城市。

图 10-8　craigslist-China 页面

　　图 10-9 显示了进入 beijing 后的页面，可以看出，在这一层面，信息首先按 community、personals、discussion forums、housing、for sale、services、jobs、gigs、resumes 进行分类。每一个类下面，又依据一些用户关注的热点再划分，例如，jobs（工作）下面，又按照字母顺序划分为会计财务类工作、行政办公类工作、建筑工程类工作等。

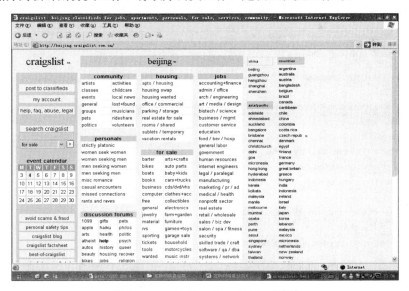

图 10-9　craigslist-China-beijing 页面

　　图 10-10 是进入的建筑工程类工作的页面，里面显示了很多发布的信息。

　　接下来，用户可以根据自己的兴趣点选消息，如图 10-11 所示，这就是整个分类体系的最后一层，即具体信息。

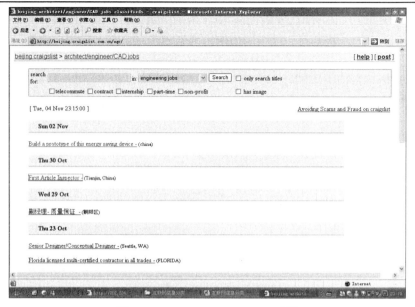

图 10-10　job-arch/engineering 页面

图 10-11　用户感兴趣的页面

从这些介绍可以看出，craigslist 主要采用的是前面网络信息分类方法中提到的分面组配法，其分类系统主要设计了两个分面，第一个分面是地域分面，第二个分面是主题分面。

10.4.4　分面组配法评价

分面组配法优点在于以下几个方面。

（1）分面组配法是利用概念分析与概念综合的逻辑原理构成的，能把互联网信息资源的每一个概念因素都标引出来。标引出的概念因素通过概念综合的原理组合罗列，形成查找的检索标记，因专指度高而具有较高的查准率。

（2）分面分配法形成的信息分类体系结构、标记制度和分类号的特点都决定了其高度动态性的特点，能及时地满足信息发展的需要，特别是面对更新频繁的互联网信息，这种动态性越发重要。

（3）分面组配式分类法的完整分类号是分段的，可以分拆。这种分类号的组合方式有利于在互联网技术环境下，互联网信息资源分类号的自动生成和重新组合，适应互联网的技术环境。

分面组配法的缺点在于以下几个方面。

（1）提高分面组配法的容量，需要进行分面分析，编制周密的分类方案，才能获得良好的效果。对于庞大的、瞬息万变的网络资源来说，编制一个大型的分面分类方案是很困难的。

（2）分面组配法的灵活性会使互联网信息资源分类系统不确定，需要制定大量的标引规则加以限定，增加了标引的复杂性。

10.5　体系分类法

为了提高互联网信息分类方案的容量，网络目录的设计者借用传统的体系分类法，对网络资源进行了大规模的组织与整序，形成了现在所说的基于网络信息的体系分类法。网络信息分类常用到的体系分类法主要包括《杜威十进分类法》、《国际十进分类法》、《美国国会图书馆图书分类法》，具体应用在一些大型图书馆的数字信息资源分类上，例如，天文学信息资源、图书馆情报资源的分类等。

10.5.1　体系分类法的背景

体系分类法，又称列举式分类法或枚举式分类法，是以文献内容的学科性质为对象，运用概念概括与划分的方法，按照知识门类的逻辑次序从一般到具体、从简单到复杂层层划分，形成一种等级体系，它是以数字/字母（即分类号）作为表达文献的学科内容的标识，并以此标识编排组织和查找文献的一种排检方法。

体系分类法的源头是中国古代西汉编制的一套比较完整的图书分类法《七略》，该方法根据当时国家收藏的图书的内容和属性，将其划分为 6 个大类，38 个小类。随着社会的发展，科学的进步，特别是造纸术、印刷术的发明与应用，图书的类型、数量和内容的复杂性也与日俱增。12 世纪，中国图书分类理论家郑樵编撰了《艺文略》，其中设置了 12 大类、100 家、432 种，在《七略》的基础上，《艺文略》突破了旧的分类法，成倍扩充大、小类目。

1876 年世界第一部现代分类法《杜威十进分类法》诞生。杜威法首先采用阿拉伯数字标记类目号码，以小数十进制序列类目先后次序，编制相关主题索引。其结构比较简单，等级体系清晰，曾风行一时，被世界许多图书馆采用。1885 年《杜威十进分类法》第 2 版诞生，其中增加了通用区分表，奠定了该分类法的结构体系。杜威十进分类法设立机构负责经常性的补充、修订和出版，使该分类法的内容由第一版的约1000 个类目发展到第 19 版的 26141 个类目，而通用分区表增至 7 个。

19 世纪末 20 世纪初，比利时的目录学家奥特勒和拉封丹在对《杜威十进分类法》的标志制度、分类号码、体系结构进行了探索、研究和修改之后，提出了概念分析和组配方法，并于 1905 年编制了《国际十进分类法》。该分类法发展至今，目录字顺索引由 3.8 万条增至 15 万～20 万条，而标记制度采用数字、字母混合，运用多种辅助符号表示各种主题概念，并采用各种通用复分表、专用复分表和类目之间的自由组配，比较灵活合理地反映复杂文献主题和文献类型，增大了容纳能力，为读者提供更多的检索途径，并被翻译成多国文字，受到了当代图书情报界的广泛重视和使用。20 世纪50 年代，计算机开始应用于文献检索，《国际十进分类法》由于检全率和检准率都很高，被首先使用。

19 世纪末产生的影响较大的体系分类法还有《美国国会图书馆图书分类法》，该方法是美国图书馆的两大分类体系之一，起初是专为国会图书馆馆藏图书和未来的扩充进行分类而设计的，现在广泛应用于美国和一些国家的图书馆。该体系的设计并未严格遵循学科发展的科学顺序，而是以实用为目的形成的序列。经过一个世纪的发展，该分类法形成了一个完整的体系，容纳了人类各个领域的知识，并把他们划分到各自的类序之中，为书籍管理提供了行之有效的依据，为读者直接索取图书资料提供了方便，在图书馆界得到广泛使用。

《中国图书馆图书分类法》是国内较成功的体系分类法。1971 年，北京图书馆发出倡议，36 个单位组成编辑组，1973 年发行试用本，1975 年正式出版《中图法》第 1版。《中图法》继承了《中小型法》的基本序列、基本大类、字母数字混合制、交替类目、总论复分表等。

在互联网高速发展的今天，这些体系分类法相继被引入互联网信息资源的分类中，它们以其知识的系统性和标识语言的通用性以及族性检索能力和扩检缩检的功能，在互联网信息分类中发挥了巨大作用。

10.5.2 体系分类法的构成原理和结构

1. 体系分类法的构成原理

体系分类法是以概念的划分与概括原理作为逻辑基础，将文献内容与事物的各种类目组成一个纵向为层层隶属、横向为并列列举、既体现类目的从属又体现类目的并列关系的等级结构体系。

类名是用来表示一类事物的概念，在体系分类法中又称为类目。经过一次划分所形成的一系列概念称为子类或下位类，被划分的类称为母类或上位类。它们之间的关系是隶属关系，即子类隶属于母类。各子类互称同位类，它们之间既有联系又有区别，既有描述母类的共同属性，又有各自不同于别的子类的特殊属性。由于事物有很多属性，它们都可以作为划分标准，所以分类是可以连续进行的，即对经过一次划分所得的子类，还可以用别的属性作为划分标准在此划分。这样层层划分，层层隶属，便构成了具有隶属、并列关系的等级体系。

2. 体系分类法的结构体系

体系分类法的主表结构是由基本部类、基本大类、简表和详表逐级展开而形成的类目表，它是分类法的主体。

基本部类是对人类全部知识与客观事物所作的最基本、最概括的划分。其排列次序称为基本序列。如 DDC 中关于"理性知识"的基本部类为理性知识→想象知识→记忆知识。

基本大类是在基本部类基础上根据学科发展和文献出版情况所列出的文献分类法的第一级类目。

简表是由基本大类与其展开的一、二级类目所形成的一种类目表，也叫基本类目表。其作用是：对基本大类和详表起承上启下的作用；便于进行较大范围课题的检索；可作为中小型图书馆的分类依据；标引非专业文献。

详表是由简表展开的各种不同等级的类目所组成的类目表，它是类分文献的真正依据。

在主题表中，类目与类目之间的关系主要有 4 种。

（1）隶属关系，即上位类与下位类之间的关系，如 Q179 表示水生生物学，是上位类，而 Q179.1 表示浮游生物，是下位类，两者之间的关系为隶属关系。

（2）并列关系，即同位类之间的关系，如 Q179.2 表示游动生物，它与 Q179.1（浮游生物）互为同位类，两者之间的关系为并列关系。

（3）交替关系，即表达同一事物的正式使用类目与非正式使用类目之间的关系。它体现了同一事物的多重隶属关系，便于分类法用户按实际需要集中有关文献。如"[R145]放射性物质对环境的污染及防护 宜入 X591"，其中 X591 放射性物质污染及其防治，R145 与 X591 的关系是交替关系。

（4）相关关系，除了上述关系以外的关联关系。它通过采用类目参照与多重列类来实现。多重列类法是指在建立类目体系时，对某个类目同时采用几个分类标准，分别建立几组平行子目的方法。例如，"R33 人体生理学 参见 Q4"，其中 Q4 生理学，R33 与 Q4 的关系是相关关系。

　　体系结构的复分表也叫附表、辅助表，是体系分类法的重要组成部分。它是将主表中按相同标准划分某些类所产生的一系列相同子目，抽出来并配以特定号码，单独编制成表，供主表有关类目作进一步复分用的类目表。复分表可以分为通用复分表和专类复分表，通用复分表供整个分类表各类用，而专类复分表供某大类或大类中部分类目细分用。复分表可以简化类表，节省篇幅，增强伸缩性，可增强主表中有关类目的细分化程度，提高类表容纳能力，便于集中某些文献。

　　类目索引，是从类目名称字顺途径查找相应分类号的工具。帮助用户从主题名称字顺途径查用类表。类目索引可以分为直接索引（列举索引）和相关索引（分析索引）两种。直接索引是将分类表中所有类目及其注释中有关的主题概念，按其名称字顺排列，每个类目一般只按分类表中的措辞在索引中出现一次，每条索引款目后注明相应分类号。它难以表达复杂的主题。而相关索引除把分类表中全部类目及其注释中具有检索意义的主题概念按字顺排列外，还将获取一个主题的各个方面以及被这一主题所规定的词，主题检索性能强大。

10.5.3　体系分类法的应用

　　大多数基于体系分类法的互联网信息资源分类体系是依据《杜威十进分类法》、《国际十进分类法》和《美国国会图书馆图书分类法》建立的。

1. 杜威十进分类法

　　如第一篇中的介绍《杜威十进分类法》是由美国图书馆专家杜威发明的，对世界图书馆分类学有相当大的影响。目前，DDC 已被全球超过 135 个国家的图书馆使用，并且被翻译逾 30 种语言，如西班牙文、中文、法文、挪威文、土耳其文、日文、僧伽罗文、葡萄牙文、泰文等。在美国，有 95%的公共图书馆及学校图书馆、25%的学院及大学图书馆和 20%的专门图书馆使用 DDC。

　　DDC 的基本原则是：从实用观点出发，提供检索主题的手段，将一切已知的主题详尽无遗地列举出来，依据传统的学科领域将主题加以分类，组成系统，按照小数原则，配给每类一个号码，编成相关主题索引，用这个号码作为关键词，这样就可以按照号码，进行图书、目录和其他记录的相关排列和检索。

　　DDC 的分类方式是通过类表结构实现的，它的类表有主表和附表两种，主表包括全部直接用以处理图书的类目，是对已知主题的列举，先归纳成 9 个领域，称为大类，加上"总论"共 10 个大类。每一个大类又分为 9 个类，加上"总论"，共为 10 类。每个类也分为 9 个小类，加上"总论"，共为 10 个小类。附表的作用是提供通用于全部或绝大多数类目的复分子目和类号。这种类表结构以上位、下位和同位的形式来表示类与类之间的关系，即形式逻辑上所说的种与属的关系。DDC 的一、二级类目如表 10-3 所示。

表 10-3　DDC 的一、二级类目表

大 类 名	类 名		
000 总论	010 目录学 040 语言 070 期刊、出版、报纸	020 图书馆和信息科学 050 一般连续出版物 080 一般收藏	030 普通百科全书 060 一般组织和博物馆学 090 手稿和珍本书
100 哲学、心理学	110 形而上学 140 特殊哲学观点 170 伦理学	120 认识论、因果论和人类 150 心理学 180 古代的、中世纪的、东方的	130 超自然的现象和行为 160 逻辑学 190 现代的、西方的哲学
200 宗教	210 自然宗教 240 基督教信念和祈祷 270 教会的历史和地理	220 圣经 250 地方教会和宗教职务 280 基督教教派和宗派	230 基督教理论 260 俗世和教会的神学 290 其他的和类似的宗教
300 社会科学	310 统计学 340 法律 370 教育	320 政治学 350 公共行政管理 380 商业（贸易）	330 经济学 360 社会机构，社会团体 390 风俗、礼仪、民俗
400 语言学	410 语言学 430 日耳曼语言；德语 450 意大利语、罗马尼亚语、里托-罗曼语 470 意大利的诸语言 拉丁语	420 英语和盎格鲁-撒克逊语言（古英语） 440 罗曼语言；法语 480 希腊语系 古典希腊语	460 西班牙和葡萄牙的诸语言 490 其他语言
500 自然科学	510 数学 540 化学及其相关学科 570 生命科学各学科	520 天文学及其相关学科 550 地球科学及其他星球科学 580 植物科学各学科	530 物理学 560 古生物学 590 动物科学各学科
600 应用科学	610 医学 640 家庭经济学及日用技术 670 制造业	620 工程及相关操作 650 管理及附属服务 680 特殊用途的制造	630 农业及相关技术 660 化学品及相关技术 690 建筑
700 艺术和娱乐	710 城市和景观艺术 740 装饰艺术和小型艺术 770 摄影艺术	720 建筑艺术 750 美术 780 音乐	730 雕塑艺术 760 书法艺术、印刷 790 娱乐和演出艺术
800 文学	810 美国英语文学 840 罗曼语言文学 860 西班牙和葡萄牙的诸语言文学 880 希腊语系 希腊语文学	820 英国及盎格鲁-撒克逊文学 850 意大利语、罗马尼亚语、里托-罗曼语文学 870 意大利的诸语言 拉丁语文学 890 其他语言文学	830 日耳曼语言文学
900 历史和地理	910 普通地理 旅行 940 欧洲历史 970 北美洲历史	920 普通传记和系谱学 950 亚洲历史 980 南美洲历史	930 古代历史 960 非洲历史 990 其他地区历史

随着电子信息时代的到来，DDC 的电子化一度成为国际上分类法研究的热点之一。1993 年，电子版的 DDC 问世，标志着分类法电子时代的真正开始。电子杜威系统由 3 个部分组成，第一部分是该系统的主体，包括主表、附表、相关索引、手册等；第二部分是为方便用户查找数据库而设计的系统软件；第三部分是电子杜威系统用户指南，向用户解释怎样利用系统的程序功能。在电子杜威光盘数据库中，每个记录均集中了与每个主表或附表有关的信息，包括类号、类名、类目等级、各种注释、索引词、相关的其他类号、相应的若干主题。电子杜威系统允许采用关键词、布尔逻辑、位置逻辑、截词等方法查找类名、注释、索引中的词或短语，进而获取类号，也可单

独用类号或者用类号与关键词组配进行查找，并支持用户进行 DDC 主表和附表的全文浏览。在浏览过程中，能够在一个屏幕上显示某一类的等级链，进行上位类和下位类查找。电子版的 DDC 的记录中还包含与特定类号相关的若干个主题标题，用户可以在一次查找过程中集中有关一个课题的所有记录。

电子版的 DDC 的出现为该分类法在网络环境下的应用提供了支持。电子版的分类可以非常及时、方便地对数据进行更新、补充、修改；应用超文本技术,可以实现相关类目与类目、类目与注释等的超文本链接，对有相互关系的类目及注释，可以灵活方便地实现跳转，可显示类目间的非线性纵横联系；同时，通过超链接促进了分类与主题一体化的结合。电子版分类法不仅增加了适应网络环境下运行的多种功能，同时保留甚至强化了原有传统分类法所具有的优势。电子版分类法为传统分类法适应网络信息资源的组织提供了数据保证和技术支持。

网络上的分类目录利用 DDC 作为分类体系始于 1995 年，目前已有 AgriFor、CyberDewey、Canadian Information by Subject、NetFirst、Blue Web'n Content Categories 等 30 多个站点应用 DDC 来组织网络信息。这些站点以图书馆和大学为主，资源类型有综合性全球资源，也有专题性资源、国别资源。有些目录在各层次的类均标记了标准的十进制分类号，而大多数目录没有分类号，只是利用 DDC 体系浏览结构。以下是利用 DDC 比较成功的几个网站。

（1）AgriFor。AgriFor 被评价为优质因特网农业、粮食和林业资源的通道，使用者多是农业、粮食或林业的学生、研究人员、学术人士和从业者。AgriFor 使用 DDC 主题标题作为一种手段将各种资源汇集成更有意义的关系，以便于识别、储存和检索。AgriFor 的信息资源主要分为各种农业和应用科学等主题类别，在信息检索时则结合 DDC 主题标题和 CAB 叙词表（C Thesaurus）[①]。通过主题标题和关键资源交叉联系，在启动一个具体主题时就会得到关于这一专题的资源。结果中的每一条目如果显示在顶部，均有广义词、相关词、其他词、狭义词和分配给它的 CAB 键的描述词，这些词也会与其他有关文件发生互动联系。使用树状结构和交叉联系可以帮助用户查询所有有关文件层次系统交叉的任何一级。这拓宽了搜索结果，但仍在同一专题内，保持高度的精确性。这种应用显示了 DDC 在组织和检索因特网资源时的优势。图 10-12 是从 AgriFor 网站上截取的分类结构。

（2）CyberDewey。CyberDewey 的分类目录有 3 个层次：第一个层次包含 10 个大类；第二个层次在 10 个大类下再分成 10 个小类，共计 100 个小类；第三个层次，每个小类下再细分，并提供相应链接，同时还提供主题索引，将主题词按照字母顺序排列，并提供相应链接。但该工具很多三级类目下根本没有提供任何链接，有的链接已经转移，但没有更新（其分类体系结构见图 3-1）。

---

① 该叙词表来由国际农业和生物科学中心（也称国家应用生物科学中心，CABI）出版，CABI 是一个非营利性的国际组织，是一个具条约关系的政府间组织，现有 47 个成员国，通过信息产品、信息服务以及利用其在生物多样性方面的特长，产生、验证和传递应用生命科学的知识，从而达到促进农业、贸易和环境发展的目标。

```
Arts and Creative Industries
Architecture
Communications, Media and Culture
Design
Fashion and Beauty
Music and the Performing Arts
Visual Arts

General Arts and Humanities
Cross-disciplinary (Arts)
Humanities (General)
Humanities Computing
Manuscript Studies
Museum/Library/Archive

Historical and Philosophical Studies
Archaeology
History
History and Philosophy of Science
Philosophy
Religion and Theology

European Languages, Literature, Historical and Cultural Studies
Celtic
French
German
Hispanic
Italian
Portuguese
Russian
Scandinavian
Slavonic and East European
Other European
Modern Languages (General)

Other Languages, Literature, Historical and Cultural Studies
African
American
Australasian
Chinese
Japanese
Latin American
Middle Eastern
South Asian
Other Asian

Literature, Linguistics, Classics
Classics
Comparative Literature
English Studies
Linguistics
```

图 10-12　AgriFor 网站的分类结构

（3）Canadian Information by Subject。加拿大主题信息系统（Canadian Information by Subject，CIBS）是由加拿大国家图书馆建立和维护的网络分类系统。CIBS 基本上采用了 DDC21 原有的结构，分 0～9 共 10 个大类，各大类后以完整的列表显示其二级类目，二级类目下列出所链接的资源的数目；三级类目与二级类目分屏显示，三级类目下直接提供对资源的链接。考虑到类目深度的处理，一般只用到 DDC 的三级类目。另外，CIBS 没有绝对地照搬所有 DDC 类目，而是根据收录的网络资源有针对性地选择使用 DDC 的有关类目。例如，language 大类原有 10 个二级类目，CIBS 根据自身的资源情况，仅从中选择了 6 个加以组织。由于 CIBS 收录的仅是关于加拿大地区的网络资源，故其对 DDC 中的地区复分进行了一定的修改，忽略了地区复分。CIBS 还从不同的角度为用户提供了 3 种检索方式，分别是主题检索（Subject Order）、按字母顺序检索（alphabetical order）和关键词检索（title/keyword index）。

利用 DDC 的专题性网络目录还包括加拿大多伦多参考图书馆的面向天文学资源

的"Expanding Universe"，英国阿伯里斯特威斯（Wales Aberystwyth）大学 Thomas Parry 图书馆的针对图书情报学资源的"PLCK"，以及"GNOSIS"、"WWLib"、"Sized"等有特色的站点。

2. 国际十进分类法

国际十进分类法由比利时目录学家奥特勒和拉封丹于 1895 年编制，是一个在详尽列举式类表的基础上大量采用组配的方式建立的大型的、综合的半分面等级体系分类法。它是在 DDC 的基础上改编的，也采用阿拉伯数字为标记，以层累制方式配置号码。表 10-4 显示了 UDC 的类目简表。为了便于识别，三位一点；为便于组配，UDC 广泛设置了各种辅助符号。目前 UDC 已有类目 21 万条，其科技部分尤为详尽，所以最适用于科技文献的细密分类；它采用多种辅助符号，能较好地反映多主题、复合主题的图书文献分类；此外，采用轮排法还可以为读者提供多种检索途径。

表 10-4　国际十进分类法简表

类　号	类　名	类　号	类　名
0	总论	510	数学
1	哲学、心理学	520	天文学、地质学
2	宗教、神学	530	物理学、力学
3	社会科学	540	化学、晶体学、矿物学
4	（语言学）	550	地质学、气象学
5	自然科学	560	古生物学
6	应用科学	570	生物学、人类学
7	艺术、娱乐	580	植物学
8	文学	590	动物学
9	历史和地理	610	医学
25	农业	620	工程和技术科学
26	家政	621	机械和电气工程
27	商业管理、交通	622	采矿工程
28	化学工业	623	军事工程
29	制造业	624	土木工程
30	特种行业、仪表、手工业	625	道路工程
31	建筑业、材料科学	626	水利工程
32	机械零件及材料	627	河道、港湾、海洋工程
33	机床及加工	628	卫生工程
38	电子学	629	交通工程
39	通信工程	621.1	蒸汽动力工程
621.22	水力机械	621.3	电气工程
621.4	内燃机工程	621.5	气动机械与制冷工程
621.6	泵、管道工程	621.7	弹、塑性成形及加工

UDC 主要来源于 DDC，所以在复分表设置上具有一定的继承性，UDC 的类型复分表、地点复分表、种族和民族复分表、人与人特征通用复分表与 DDC 的标准复分表、地区复分表、语言复分表、人种、种族和民族表、人物表基本上是一致的。虽然 UDC 在复分体系和类目设置上与 DDC 基本相似，但是 DDC 没有独立的通用时间复分表，而 UDC 不仅有通用时间复分表，而且可以在该时间表下面进行 5 次并行复分，"0/2"表示基督教日历时间，"3"可以表示年、季、月、日等阳历时间，"4"表示 10 年、100 年等持续时间段，"5"表示周期或频率"6"则表示地理、考古和文化时间划分。另外，UDC 复分表采用各种封闭式标识符号（除语言复分号以外），在与主类号组配使用时可以前置、中置和后置（语言复分号前置时需要在主类号前再加一个"="），最大限度地解决了文献集中与分散的矛盾，根据标引与检索的需要能够局部改变分类体系，类号组配与轮排的灵活性远远优于 DDC，如 5（47）苏联自然科学，（73）629.113 美国汽车工业。

UDC 通用复分表分为两种：独立复分表与从属复分表。其中属于独立复分表的是语言复分表、类型复分表、地点复分表、种族和民族复分表、时间复分表。具体到每一表如地点复分表与时间复分表还可以细分为不同的分面，具有多次复分功能。从属复分表以短横为标志，必须附在主类号之后，包括属性复分表、关系、处理与操作复分表、材料复分表和人与人特征通用复分表。

UDC 大量采用辅助符号（+, /, :, 等）和复分标识符与主表类号的组配以克服体系分类法文献主题概念单向线性排列的缺点，使复合概念通过类号的组配而得以充分体现，并通过特定的符号以显示不同概念的性质和范围。例如，对于《英国的物价》与《十九世纪室内音乐》这两本书（表10-5），不同的标识符显示了不同的主题概念，而且主题因素与位置因素还可以轮排以提供不同的标引与检索途径。

表 10-5　UDC 的标识符举例

书名类号	英国的物价	十九世纪室内音乐	主题因素		位置因素（英国）	时间因素（19 世纪）
			物价	室内音乐		
UDC	① (41)338.5 ②338(41) 5 ③338.5(41)	① "18" 785.7 ②785 "18" 7 ③785.7 "18"	338.5	785.7	(41)	"18"

UDC 常用到的辅助符号及其作用和含义主要包括如下。

（1）组配符号（:），它的作用是构成比组配符前后任何一个类号表示的内容和范围更小的类。此外，用该组配符号连接的两个类号允许前后倒置、轮排，从而实现了多元性组配，提供多途径检索。在语义的表达上，表现出极大的灵活性，如它可以表达 "……用于……"，"在……影响……"，"……所受效应……" 等，对新学科新问题尤为适用。

（2）扩充符号（/），它主要用于连接一组并列的相连贯的类号中最前和最后两个类号，表示两个类号之间的所有各类，形成较起始类含义要大得多的综合类或学科。

（3）辅助符号（（）），它可以表示地区区分号码、图示资料的形式细分以及种族民族的区分等。

（4）分隔符号（.），它把类号分成节段形式，起到易于辨认和阅读的作用。

UDC 在 2001 年推出了网络版——UDC Online，用它可以标引各个类型的文献，尤其是非传统媒体的文献，包括多媒体收藏、动画、地图集、艺术收藏和研究性资源等。UDC Online 为类号构建提供了便利，使 UDC 的组配性质运用网络的优势得到很好体现，从而帮助用户在屏幕上构造复杂的 UDC 类。UDC Online 的使用范围大致可分为：①图书馆及图书馆联机公共查询目录。目前，全世界共有上千家图书馆利用 UDC 来组织系统排架和信息检索，在联机公共查询目录中，UDC 还可以用来提供主题浏览和检索功能。②书目和国家书目。据 2004 年统计的数据，使用 UDC 来组织国家书目的国家和地区约有 29 个，与此同时，在这些国家和地区，UDC 也广泛地被各类型的图书馆和文献情报中心所采用。③数据库、索引和文摘服务。例如，英国剑桥大学斯科特极地研究所（Scott Polar Research Institute，SPRI）所设计和提供的一系列网络数据库均使用了 UDC。④因特网主题门户（Subject Gateway on Internet）。一些比较著名的门户网站，如 SOSIG[①]、NISS Information Gateway 等都采用了 UDC 的类目体系。下面简要介绍几个重点网站。

（1）NISS。它是一个英国图书馆界的联系项目，该系统拥有一个标准的资源描述框架，包括题名、网址、著作权说明、关键词、UDC 类号以及对该资源的简单介绍，可以进行主题和关键词检索，并且提供相关门类和相关站点的链接。它具有 3 种浏览方式：一是按主题字顺方式；二是按照 UDC 分类号的线性排列方式或按照排架分类号的顺序进行浏览；三是按照 UDC 号码的树状结构进行浏览。除了医学、地理学个别类目之外，绝大部分的类号不会超过小数位，基本都限制在 3 位。

（2）GERHARD。这个项目于 1996 年在德国奥登堡（Oldenburg）大学图书馆开始研究，目标是建立全德国网上资源的检索和浏览工具，它利用了自动分类技术，网页由机器人程序自动采集。凡匹配 UDC 类目的网页，由计算机建立索引，并自动生成目录树。

（3）SOSIG。即社会学信息门户网站，该网站由英国布里斯托尔大学创建，其主要内容是社会科学的网络资源，数据库内包括上万条目录的网络资源。该网站不使用 UDC 的完整版本，而是用 UDC 作为组织网络信息资源的工具，采用社会科学方面的类目来组织网络信息资源。该系统在浏览部分提供了 26 个 UDC 类号，在编目部分使用了 57 个类目，类号的范围从最顶端的等级（哲学=1）到最底端的等级（环境科学=551.588）。图 10-13 是 SOSIG 网站的浏览分类主题，而图 10-14 是选择"Anthropology"后得到的该类目的子类目结构树。

---

① Social Science Information Gateway，http://sosig.ac.uk。

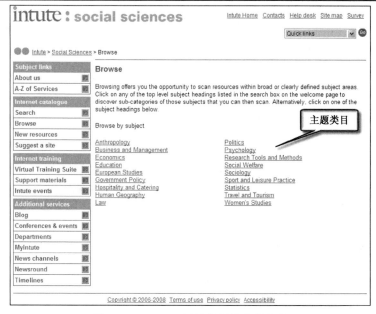

图 10-13　SOSIG 网站的浏览分类主题

Anthropologists - Life and Works

Applied Anthropology

- Advocacy and Indigenous Rights

- Development Anthropology

Culture, Personality, Identity

Ecology, Demography, Technology, Economy

- Demography/Migration (Anthropology)

- Ecology/Environment (Anthropology)

- Economy (Anthropology)

- - Consumption (Anthropology)

- - Distribution (Exchange, Barter, Gift, Trade, Markets)

- - Production (Agriculture/Industrial Production)

- Technology (Anthropology)

Ethnographic Studies of Peoples and Communities

- Africa

- Asia

- Circumpolar

- Europe

- Middle East

- North America

- Oceania

- South America

Folklore, Material Culture and Entertainment

- <u>Art and Literature</u>

- <u>Folklore</u>

- <u>Leisure and Entertainment (Games, sport, festivals, carnivals, etc)</u>

- <u>Material Culture</u>

- <u>Symbolism</u>

- <u>Visual Culture (Clothes, fashion, design, dance, theatre)</u>

History of Anthropology

Knowledge, Science, Medicine and Health

- <u>Anthropology of Health</u>

- <u>Anthropology of Medicine</u>

- <u>Anthropology of Science (Ethnomathematics, Ethnobotany, Ethnopharmacology, etc)</u>

- <u>Categories of Thought and Meaning (Anthropology)</u>

Linguistic Anthropology

Materials and Methods of Anthropology

- <u>Anthropological Theory</u>

- <u>Anthropology, Methods and Techniques</u>

- <u>Anthropology, its Scope and its Relations to other Sciences</u>

- <u>Historical Anthropology</u>

- <u>Visual Anthropology</u>

Reference Works (Anthropology)

Religion, Magic and Sorcery

- <u>Cosmology and Myth</u>

- <u>Local Religions and Rituals</u>

- <u>Magic and Sorcery</u>

- <u>Religious Change</u>

- <u>World Religions</u>

Social Change (Anthropology)

Socio-Political Structure and Relations (Anthropology)

- <u>Classes, Castes and other Social Groups (Anthropology)</u>

- - <u>Rural Societies</u>

- - <u>Urban Societies</u>

- <u>Family and Kinship Systems (Anthropology)</u>

- <u>Gender and Sexuality (Anthropology)</u>

- <u>Interethnic and Intraethnic Relations</u>

- <u>Legal Systems and Moral Codes (Anthropology)</u>

- <u>Political Structure and Power (Anthropology)</u>

- <u>Social Structure (Anthropology)</u>

- <u>Traditional Life Cycle (Anthropology)</u>

Teaching and Research (Anthropology)

图 10-14　SOSIG 网站 Anthropology 的子类目结构树

其他使用 UDC 的分类组织系统还有诸如 The BUBL Subject Tree，OMNI

（Organizing Medical Networked Information），Directory of Networked Resources: UDC Shelfmark Order，Information Classificate per Discipline，WWW Subject Tree of WAIS Databases 等。

3. 美国国会图书馆图书分类法

《美国国会图书馆图书分类法》是美国图书馆的两大分类法之一，被广泛应用于美国和一些其他国家的图书馆。美国国会图书馆成立于 1800 年，原为美国国会的附属图书馆，后担负起美国国家图书馆的任务，是目前美国最大的图书馆。19 世纪末，随着美国国会图书馆藏书量的激增，原有的分类法已不能适应需要，在研究了当时流行的几种分类法后，美国国会图书馆决定在克特的《展开式样图书分类法》的基础上自行编制分类法，从而形成了 LCC。1901 年发表 LCC 分类大纲，1902 年开始按大类陆续出版。LCC 各类的细分程度取决于美国国会图书馆藏书的数量和内容，不强调整个体系的严密性，类目偏重于历史、社会科学和文学。LCC 是专用于美国国家图书馆藏书排架的世界上最大型的列举式分类法，共 18 个大类，分 33 个分册出版，在类目体系、标记制度上 LCC 都是相当特殊的。

LCC 体系不是知识分类，不追求各学科的严密科学的系统性，而是致力于把许多不同的类安排成便于使用的秩序，其类目设置和秩序完全受藏书情况的制约。由于 LCC 采用列举式分类方式，对每个主题都给予一个特定的类号，所以它没有通用复分表，但是在许多类目中都设置有关专类复分表。

LCC 的分类号是由字母与数字组成，采用字母与整数结合的标记制度，其子目数的容量是很大的，每类下都有许多空余位置可以留待补充新类目。

随着计算机技术和网络信息技术的发展，LCC 的电子化和网络化成为一种趋势。1990 年，美国国会图书馆图书分类法的机读目录格式（The USMARC Format Classification Data）由美国国会图书馆协会机读书目情报委员会完成并通过。之后，美国国会图书馆成立专门的机构对该实验进行完善和改进，使分类数据的美国机读目录格式成为计算机存储分类数据的标准，并提供了系统间的分类记录通信功能。LCC 的电子化推动了它在网络信息世界中的应用。

应用 LCC 分类网络信息资源的服务系统也有多个，如 CYBERSTACKS，The WWW Virtual Library，INFOMINE，Internet Resources Arranged by the Library of Congress Classification System，Scout Report Signpost，Cardinal Stritch College Library 等。其中最著名的是 CYBERSTACKS。该系统由美国依阿华州立大学开发，以表格形式列出 LCC 中有关科技的 6 个大类：Q（科学）、R（医学）、S（农业）、T（技术）、U（军事科学）、V（海军），然后再以表格形式展开所有大类，并且提供交互分类索引和主题篇名索引。

10.5.4 体系分类法评价

1. 体系分类法的优势

体系分类法是以知识门类的层层划分、以代码为标志来揭示和组织信息的，它比较全面和客观地反映了知识全貌及其内在的逻辑联系，它的知识系统性和标识语言的通用性以及族性检索能力和扩检缩检的功能，是其他情报检索语言所不具备的和无法取代的。具体来说，体系分类法和其他组织网络信息资源的工具相比，有以下优势。

（1）便于查找浏览的等级结构。体系分类法是一个完整的知识分类等级体系，类目之间有严密的逻辑关系，全面揭示了知识的内在联系，适合浏览检索和对主题进行分类控制，适合非专业用户对不熟悉的专业范围进行检索，这是目前关键词全文搜索所不能达到的。

（2）优化的查全率和查准率。使用按等级结构排列的分类法，一方面可以通过上下位类的知识逻辑关系和类号之间的层次隶属关系或平行关系，扩大或缩小检索范围，提高查全率；另一方面，检索提问可以被限制在一定的收集范围内，从而减少错误的检索结果，提高查准率。

（3）多语种检索因为绝大多数分类法采用的是符号标记，而不是采用专门的语言，即标记符号和特定的语言是独立的，不同语言之间可以转换。检索者用一种语言输入检索词，可以检索到这一主题领域中其他语言的资源。

（4）非文本信息的组织。在网络环境中，对于一些非文本信息，如数值、图形、图像、声音和视频等非结构化信息，其内容特征难以用文字来表达。分类法的聚类功能及其代码标识为非文本信息资源提供了一条可行的途径，能对其进行粗分类、集中，并结合其他方式使之有序化。

（5）广泛使用的基础。分类法经过了上百年的发展，体系已相当完善，不会轻易被废弃，并且大多分类法仍在不断地修订中。在组织信息资源方面的作用也已得到广泛认可，一般的图书馆用户对分类法都有或多或少的认识。并且现在大多分类法都有机读格式，方便在网络环境中应用。

正是由于体系分类法的这些优势，能很大程度地满足网络信息组织的需要，所以体系分类法才逐步拓宽了它的网络功能。目前，图书馆所使用的一些主要分类法几乎都已应用于网络信息的分类组织。

2. 体系分类法的不足

体系分类法作为组织文献信息的重要工具，主要是针对传统纸质文献进行管理，是在组织文献而不是组织知识，对于网络这样一个瞬息万变，而且资源极其复杂的环境来说，它的应用还是有局限的。这表现在以下几个方面。

（1）分类的专业性。信息组织的目的是为了便于用户的使用，而体系分类法是建立在学科分类体系之上的，强调类表的科学性与专业性，而忽略了用户信息获取的难易程度。体系分类法以数字、字母和符号为标记，不像自然语言那样通俗、难以被一般用户接受。

（2）体系的一维性。由于网络信息是超链接、多媒体、全方位的，所以用户希望从多种角度来了解和描述信息的特征，然而体系分类法采用的是顺序的、线性的和固定的组织方式，这种方式不利于充分、客观地反映多维性的知识空间，与多元化的、交互式的、动态的网络信息环境不相适应。

3. 体系分类法的改进与定位

通过体系分类法在网络信息资源组织中的实际应用，人们不仅体会到了体系分类法的优势也发现了其中的缺陷，并基于此提出了改进和调整的建议：将文献分类法的文献保证扩展到包括 Internet 的信息资源，增加必要的新类目；修订类目，增强类名的表达性与通用性；分解和标记类号的组成因素，以识别它表达的特定主题和主题方面；不断增加新的术语作为索引词；扩展分类法与其他受控词汇的联系；控制使用类目的深度，多数网络分类检索系统，只使用分类法的一至三级类目。

10.6　分众分类法

信息技术和互联网的进步逐渐消除了人们进入网络世界的障碍。越来越多的网民不仅成为了网络内容的浏览者，同时也成了创造者。各种格式的网络信息如文本、图片、音乐、视频等，在为人们的生活带来方便的同时，也面临着如何进行有效组织的问题。由博客（Blog）、聚合服务（RSS）、维基（Wiki）等技术构成的新一代互联网应用（Web 2.0），以一种参与式架构使普通用户参与组织互联网信息成为可能，一种新的分类方法——分众分类法（Folksonomy）也由此诞生。

10.6.1　分众分类法的背景

Web 1.0 时代，网络用户在通过网络浏览器浏览 HTML 网页，获取所需的互联网资源时，开始面对海量、无序、动态性极强的网络信息。以搜索引擎为主要代表的网络信息组织与搜索工具，构筑了与传统分类法迥然不同的，由类目、子类目组成的可供浏览的分类导航体系，方便了网络用户在类目与子类目之间进行跳转和检索。然而搜索引擎在给用户带来极大便利的同时，缺点也逐渐暴露，如不同搜索引擎的类目、类名差异较大，给用户的理解与应用造成困难，导致分类导航的整体效果下降；搜索引擎无论采用机器自动搜索和标引还是采用人工标引，都难以完全、准确地概括信息内容创建者的思想，难以与信息内容创建者形成互动；网络用户只能使用事先设计好的分类体系，无法修改分类体系等。

以博客、维基、社会书签、媒体共享、播客和聚合服务这些社会性服务和应用为代表的统称为 Web 2.0 的新一代互联网应用,开创了一次从核心内容到外部应用的互联网革命,是创新 2.0 模式在互联网领域的典型体现。在 Web 2.0 模式中,网络用户既是网络内容的消费者(浏览者),同时又是网络内容的制造者,"全民织网"成为互联网的常态。

在 Web 2.0 模式下,用户作为生产者创造了内容格式不同、主题各异的海量信息,包括网页、图片、链接、音乐、视频片段等"细粒度"的信息资源,为了有效揭示与利用这些信息资源,需要对其进行准确标识。相比 Web 1.0 模式,Web 2.0 模式下的互联网内容更为丰富,同时具分散性、开放性等特点,仅仅依靠传统的分类方法和 Web 1.0 时代的搜索引擎技术已经无法满足对其进行有效的标引和管理。如以网页链接为例,在 Web 1.0 时代,对于一些有价值的网页,较方便的方法是保存到浏览器收藏夹里,但在 Web 2.0 时代,由于信息资源剧增和资源内容、形式的分散性,继续采用这种方式就会产生无法有效管理大量链接的问题,因为使用传统的分类法和受控词表很难标引图片视频等微内容,并且受控语言的标引技术对用户的要求太高不方便使用,此外还存在词表难以维护等问题。因此,一种使用简易、能够对大量微内容进行精确描述的特殊"元数据"技术就成为用户的必然需求。由于 Tag(标签)技术由于可以采用任意关键字包括信息资源中不包含的关键字作为 Tag 标记,能够较好地体现内容创建者的思想、与内容创建者形成互动,因而成为这一用户需求的首选。在 Tag 技术的支持下,博客博主为自己发布的文章以及自己的收藏做标签以方便别人发现自己收藏的活动促成了分众分类法的产生。

分众分类法是由网络用户自发地对感兴趣的资料用 Tag 对网络信息进行标识或修改,形成社会性标签总图,最后将具有用户共性代表的、点击频率较高的标签作为分类类目的分类方法,是网络用户直接参与网络信息分类组织的首次尝试,为网络信息分类组织注入了新的生机和活力,用户主导、简单易用、用 Tag 作类目标识是分众分类法的三大亮点。典型的分众分类法应用如 del.icio.us 社会化书签,通过汇总大量用户的自定义标签形成一套社会性标签,使用该书签对信息资源的特征予以标识从而快捷地定位到所需的资源。

10.6.2 分众分类法的概念与特点

1. 分众分类法的概念

分众分类法是英文 Folksonomy 的译名,是互联网时代的一个创造词,是由 Folk(或 Folks)与 Taxonomy 组合而成。它是由社会性书签服务中最具特色的自定义标签功能衍生而来的。Folks 在英文中是比较口语化的词,表示一群人、一伙人的意思;Taxonomy 则是指分类法,是信息组织中的一个重要组成部分。Folksonomy 的字面含义就是"一伙人的分类法",在这里 Folksonomy 是指"群众"自发性定义的平面非等级标签分类。

分众分类法产生时间相对较短,目前尚无一致的定义,它还有多种英文名称,如 Social Classification、Social Book-marking、Social Tagging 等, 翻译成中文称为社会分类法、大众分类法、大众标签、自由标签法、通俗分类法等,但本质并无区别,在本书中,这分类方法采用"分众分类法"这一中文译名。听起来复杂,实际上分众分类法原理非常简单, 举个例子,比如对于新浪网站,每个人在收藏该网站时都使用自定义的关键词作为该网站的标签,这些自定义的标签可能包括"门户"、"中国"、"新闻"、"网站"、"中文资讯"、"在线媒体"等等,但最后经过系统统计,使用"门户"、"中国"、"新闻"这几个关键词来定义新浪网站的频率最高,那么这 3 个词就将用户对新浪网的分众分类标签。可以看出,分众分类就是通过向社群参与者(用户)提供一种协同构建与共享网络资源标签的开放式平台,通过汇总用户提交的自定义标签来实现协作分类的一种活动。标签可以使用任何关键字,完全由用户自由定义,网络内容的分类、大意或链接地址等可以作为标签使用,同时标签对每一个用户都是完全开放的,用户可以自由查看并自由修改自己提交的标签。分众分类法与传统网络信息分类法最大的不同之处在于分众分类法不采用严格的分类标准,其分类标签全部由用户直接提交,分类标准的形成过程完全是自发的。分众分类的主要机制基于"开放元数据标准"和"自然语言社群聚类"。

2. 分众分类的特点

分众分类是一个分散式分类系统的类型,通常由使用者个体与群体,将网络资源(如图像、影像、网址与文件)加上标记,自由地随着社会情境来标记信息所创造出的分类结构。根据维基词典(Wikipedia)的归纳,分众分类具有 3 项特点。

(1)分众分类法是由用户群体标记词汇的频率来决定。传统的分类法将类目的名称称为类目,而在网络信息分类中人们习惯性地称为标签。传统的分类法中类名都是事先确定的,用户不能自定义,也不能修改类名。但是在分众分类中,标签的确定是由用户自定义的频率来决定的。这种由使用者首先进行标签分类,再由系统最后形成公有标签以供用户使用的过程,在分类法的使用与研究中是一个创造性成果。

(2)标签是公开共享的,可以被所有使用者看到,书签或称标签在网络中都是公共的,可以被所有人看到。用户可以自己建立一个书签来标引自己的信息文本,也可以使用别人提供或定义的书签进行标引。在网络上,用户可以看到其他人的标签,并且点击这些标签,进而看到更多使用这个标签的信息内容,或是与此相近的内容。这样一个开放的环境必然会更受到用户的欢迎。当然,在标签标引工具的使用中,人们应用标签进行标引的目的并不相同,有的用标签标引自己的信息,供自己使用,如 Flickr;有的用标签标引他人的信息,为他人提供方便,如 Wikipedia;有的用标签标引他人的信息为自己提供服务,社会性书签正是这一种;还有一类标引自己的信息供其他人使用,如 Technorati 书签和 HTML 数据书签。但它们都有一个相同的特点,那就是这些用来标引的书签可以被任何人看到和共享。

（3）分类的体系构建是由个人自发性标签与定义而来，与传统的分类体系相比，分众分类的方法像一个十分混乱的结构体系，但是这并不意味着它没有价值，网络本身也像是一系列无秩序的信息的堆积。事实上，分众分类虽然显得十分混乱，但是相对于传统的分类法，它其实更灵活、方便。在网络中，分众分类通过相似标签将相同或相近的信息链接在一起，成为一个能够向外延伸的扁平体系，并且出现一个关键词存在于多个类目中的现象。这与传统的严格的层累体系完全不同，它通过相关性将标签排列组织起来，在某些情况下，这样的数据比起一部分事先定义好的受控词汇更有用。

10.6.3 分众分类法的研究方向

分众分类法在受到日益广泛关注的同时，其研究内容也在不断深化，从早期的围绕概念、发展背景优缺点和改进措施等内容的研究，逐渐向注重应用细化领域（如标签、界面、可视化）和探究模型等方向发展。国内外有关分众分类法的研究呈现出以下一些发展态势。

1. 分众分类法存在价值的研究

分众分类法这一概念的产生晚于它的应用，最初的讨论集中在其存在价值的研究：Adam 认为分众分类法将取代以往由专家控制的元数据编辑管理；Clay 认为分众分类法是有胜于无的方案；Shelly 认为传统分类法过于复杂，维护成本高；Louis 认为分众分类法缺乏检索功能、精确性不强。

2. 基于 Tag 的定量分析

Lambiotte 和 Ausloos 采用概率论和数学建模的方法对专业音乐网站数据进行分析，发现使用 Tag 描述在线合作性分类产生了由不同结点即用户、款目和标签构成的三重网络。该研究从用户使用款目和 Tag 之间关系的视角分析这 3 个要素构成的无序网络，并采用过滤技术分析了用户的合作性行为，认为网络的等级结构产生了对用户类型的统计定义。在此基础上，研究提出了合作性过滤和分类之间的直接关系，并提出了合作性社群中测量用户多样性的方法。

Brooks 和 Montanez 通过对 Technorati[①]中排名前 305 的 Tag 以及分享同一 Tag 文章的相似性进行定量研究，分析了 Blog 标签分类的有效性。该研究发现，Tag 在粗略的分类体系中是有效的，但是在表明特殊的文章内容时是无效的，Tag 与自动抽词高度相关，可以高度聚焦分类文章。基于这一发现，研究讨论了未来使 Tag 成为更加有效的信息组织和检索工具的方法：形成更具表达力、简洁性和易用性 Tag；对 Tag 进行分群，对 Tag 间特定关系进行阐释，使 Tag 与特定的人或物相关；产生能够帮助用户自动生成 Tag 的工具等。

---

① 搜索 Blog 内容的一种搜索引擎。

3. 基于用户的定量分析

Cattuto 等采用统计学和概率论的方法对 del.icio.us 和 Connotea 中的 Tag 进行了统计分析，构架了用户使用合作性标签的随机模型。该模型包含两个要素：对于他人标记活动感知的用户偏好机制和系统中 Tag 的时效性。模型提出，尽管用户个体的认知过程和个体的分类、标记标签的行为是错综复杂的，但是在合作性标签系统内，用户普遍的标记行为却遵循着简单的活动模式。

Golder 和 Huberman 研究了用户使用合作性标签系统的规律。研究通过模型和图表分析了合作性标签系统的结构、用户使用标签的频率、各种标签的应用和相关标签使用的稳定性，认为 Tag 反映了用户兴趣的发展变化。

4. 注重系统的设计及应用研究

从已经发表的论著分析，有关分众分类的研究正在由"只是针对分众分类本身"向"将分众分类与特定系统、特定领域相结合"，将分众分类作为一种组件嵌入到其他系统中或各个具体应用领域加以应用的方向发展。

Marlow 建立了基于资源、用户和标签的网络标签模型，并以 12 个标签系统为例，设计了标签系统的模块和系统属性。这些模块为使用标签的权限、标签的聚集、标签支持/供给、资源的类型、来源、资源的链接、群体在系统中的连通性。研究分析了用户添加 Tag 时的 7 种动机（包括未来检索、贡献和分享、注意力的吸引、竞争、自我表现、观点表达等）以及这 7 种动机对标签系统的不同影响，并在 Flickr[①] 中进行了实验。研究提出的标签系统为开发者和设计者提供了基于 Tag 的模型设计和基本思路。

Niwa 等认为，由于难以收集用户偏爱网页的数据，同时互联网网页数量庞大，通过协作性过滤来构建网页评价体系的尝试存在一定困难，可尝试通过正在流行的分众分类法和社会性书签等工具来构建覆盖整个网络的网页评价系统的方法，并提出了一种构建方法。

Fichte 指出对于内部网而言，通过标签可以自由分享未曾发现的数字资源。通过宾夕法尼亚大学图书馆的 Penn Tags 的社会性书签服务项目、哈佛大学 Berkman 互联网社会研究中心的 H20 Playlist 项目和 IBM 引入分众分类法理念开发的企业社会性书签工具 Dogear 来说明，站点管理员可以试着使用多种社会性软件来支持标签活动，并指出标签活动可以消除信息分类者和使用者对信息理解的分歧。

其他的研究如 Bateman 探讨了如何将分众分类应用到 e-Learning 系统中。Arch 提出了创建大学图书馆分众分类的设想。多伦多大学的 Jennifer 和美国丹佛艺术博物馆的 Bruce 提出博物馆的收藏应该支持社会性书签，并且提供基于分众分类法的检索，这给开放的博物馆一种新的阐释。

---

① 相片分享网站 www.flickr.com。

5. 从不受任何限制向有一定限度的控制过渡

作为介绍分众分类优点的代表性文章之一，Noruzi 在 2006 年发表了《大众标注：不受控制的词汇》。但到了 2007 年 8 月，他又在题为《大众标注：为什么我们需要受控词汇》一文中指出，应该采用各种新技术，建立关键词、地名、人名、机构名称、资源名称等受控词表推荐用户使用，并建立有效的控制机制。此外，Guy 和 Peinhopf 等也撰文指出需要对分众分类中的标签实行推荐与限制策略。

6. 分众分类法的查找和检索效率

Martins 指出分众分类可用于改进搜索质量，并描述了分众分类理念在软件组件搜索引擎中的应用情况。

关于分众分类查找与搜索效率问题的进一步探索表明，分众分类将可以被进一步应用到数字资源相关度的排序之中。Hastings、Iyer、Neal、Rorissa、Yoon 等均撰文开展研究分众分类的查找与搜索效率问题。Lee 和 Han 构建了一个概念模型和一项评估机制，研究了标注系统 Qtag 的搜索性能。鲍盛华等也开始研究分众分类工具用于提高网页的搜索效率。

Szekely 和 Torres 构建了 UseRrank、PageRank 和 TagRank 的模型，并在美味书签[①]中进行试验，同时，也在 Gourmetviliage.org 网站和美味书签中进行了 URLCount 和 URLRank、TagCount 以及 TagRank 和 UserRank 检索结果的比较和分析。

Hotho 等研究了分众分类法的信息检索问题，构建了分众分类法的模型和 FolkRank 检索机制，并采用这种新的检索运算法则来研究分众分类法的结构。研究采用 FolkRank 运算法则计算了特定主题的排序，并比较了 FolkRank 和 PageRank 间的不同。

Al-Khalifa 通过测量分众分类法和 Yahoo 关键词设置的重叠率和索引者主观评价两种系统产生的关键词的质量，来对基于相同网站的 Yahoo API 文本语词抽取技术和分众分类法进行评价。

7. 将分众分类与语义 Web 和本体结合起来进行研究

将分众分类与语义 Web 和本体结合进行研究是一种新的发展态势。在国外，Kim 等研究了分众分类在语义 Web 中的应用，通过形式化的概念分析，构建了一种用于在标注博客的标签中实现具有上下文关系的分众分类新方法，并在标签中建立起概念层次。Gruber 等试图综合运用本体和分众分类的优势，构建分众分类中各种标签词的本体。Al-Khalifa 等则提出在创建语义元数据的过程中开发分众分类的价值，指出通过

---

① 即书签网站 del.icio.us。2003 年底上线，2005 年 10 月由雅虎公司收购，2011 年 4 月又被 YouTube 收购，现分为 meiweisq.com（中文版）和 delicious.com（英文版）。

分析分众分类中的各种标签，在虚拟社群中创建新的标注以及由机器抽取关键词并确立关键词之间的关系，可以进一步挖掘出分众分类的潜在价值。在国内，有关学者围绕本体与分众分类的研究也开始出现。

10.6.4　分众分类法的相关技术

1. 开放性元数据标签

元数据（metadata）是"关于数据的数据"，它是提供关于信息资源或数据的一种结构化的数据，是对信息资源结构化的描述。元数据用于描述信息资源或数据本身的特征和属性，规定数字化信息的组织，具有定位、发现、证明、评估、选择等功能。

都柏林核心（DC）是对图书馆分类元数据标准的简化和扩展，是在充分吸纳了图书情报界所有编目、分类、文摘等经验，同时在利用计算机、网络的自动搜索、编目、索引、检索等研究成果的基础上发展起来的，其最大特点是数据结构简单，信息提供者可直接编码。DC 元数据集是网络信息分类元数据的主要标准。

分众分类采用的分类标签建立在 DC 元数据标准基础上，但与图书馆分类体系不同，用于分众分类的标签主要采用其"主题关键字"元素（在 DC 元数据集中采取 <dc:subject> </dc:subject> 标签表示）。"主题关键字"元素是分众分类标签的核心。其最大特点是开放性即对关键字的选择没有任何限制。与图书馆分类体系给用户提供一个相对较窄的命名空间相比，分众分类给成员提供的是一个完全开放的命名空间。以"美味书签"为例，如果用户要提交一个关于 Blog 新闻内容的标签，用户需要按照分众分类的要求提供一组该内容所属主题的关键字，关键字完全由用户自己决定。如将一篇题为"UU 移动语音 Blog 新鲜上市"的新闻设定关键字，可以选用"Blog、语音、移动技术"等词汇，并得到如下一组采用 XML 语言编写的 RDF 识别标签。

```
<item rdf: about = "http://www.pconline.com.cn/yp/csdt/0508/687609.html">
<title>UU 移动语音 Blog 新鲜上市</title>
<link>http://www.pconline.com.cn/yp/csdt/0508/687609.html</link>
<dc:creator>作业</dc:creator>
<dc:data>2005-08-12T08:16:26Z</dc:date>
<taxo:topics>
  <rdf:Bag>
    <rdf:li resource="http://del.icio.us/tag/Blog"/>
    < rdf:li resource="http://del.icio.us/tag/语音"/>
    < rdf:li resource="http://del.icio.us/tag/移动技术"/>
  </rdf:Bag>
</taxo:topics>
```

在上述的 <taxo:topics> </taxo:topics> 标签中提供了 del.icio.us 中以"Blog、语音、移动技术"为关键字的标签聚集页面，其中包括所有采用该关键字为主题的标签，标签的数量取决于社群用户的选择取向。这样形成的分类页面具有很大的松散性和可定制性，反映社群的共同理念，容易得到大多数参与者的采纳，因此，这种标签成为开放性分类标签。

开发性分类标签是根据个人思维的开放性与发散性对分类方法进行的颠覆性改造。从心理学角度出发，人们会出于自私心理表现出不愿共享自身知识的倾向，使得有用的元数据仅存在于个人信息领域，没有因为共享而增值。将分类分发到社群每个参与者，再形成松散的可订制分类，可以解决这种共享困境。用户既不需要独立构建庞大的分类系统，也无须强制按照既有分类标准分类，并且分类标准可以完全按照个人需要而定，从而调动用户参与的积极性。

2. 自然语言社群聚类

传统分类体系一般采用特别创造出来的人工语言来命名类目，并且用分类号作为表示系统。人工语言是指许多因为特定目的与用途，为了某特定使用族群，而人为创造出来的语言。自然语言是相对于人工语言而言的，它代表自然地随文化演化生成的语言，是人类交流和思维的主要工具。而网络信息分类体系一般采用自然语言来命名类目，并且直接用词语作为信息标引和检索的标识，大大降低了使用者对分类体系的进入门槛。但目前网络上主流的信息分类体系仍保持着传统分类法学科聚类的特点，只不过是将学科聚类演化为主题聚类，用更通俗的自然语言来描述元数据，分类体系依然采用统一标准化的方式进行，难以应对互联网信息飞速变化的特点，也难以满足不同文化层次和知识背景的用户的需求。

分众分类得以实现，主要是采用社群成员共同建立的标准来进行分类体系的构建。成员提交的标签可能千奇百怪，但系统很容易通过统计方法在这些关键词中发现最适合的元数据。分众分类的分类标准是对于同一内容，采用使用频率最高的关键字标签作为其分类元数据。例如，在"美味书签"中，对同一内容可能存在如图 10-15 所示的标签分布。

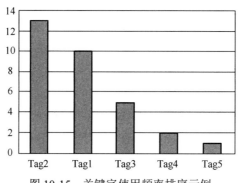

图 10-15　关键字使用频率排序示例

容易看出，Tag2 采用的关键字使用的频率最多（13 次），系统将采用 Tag2 作为这一内容的元数据标签。这种聚类方法实际上是通过自发过程选出满足大多数人需要的分类标签，与主流网络信息分类体系相比，可以更好地满足用户的需求，帮助用户更好地理解信息分类，从而更快更准地找到需要的信息。将这种有别于学科聚类、主题聚类的方式称为社群聚类，它是分众分类机制的核心部分。

基于以上两点的分众分类体系，其一般实现机制可以简单地用图 10-16 表示，仍以图 10-15 中的例子为例。

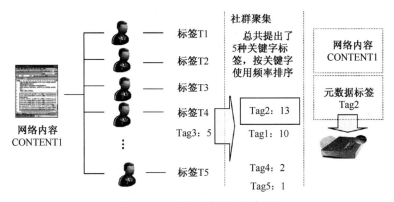

图 10-16　分众分类的一般机制

可见，分众分类的体系是一种基于用户提交关键字的分类，它反映的是整个社群的群体意识倾向和知识背景，具有不同成员结构的社群对同一网络内容就可能形成不同的元数据标签。基于这种关键字的分类，可以凸显出社群成员关心的热点信息，形成一个特别适合本社群成员特点的信息分类体系。可见，这种定制化的灵活分类方法非常适合目前因特网时代的信息特点，是一种更为有效和实用的分类体系。

3. 同义词控制技术

分众分类法的一大特点——开放的元数据标签，由于语言本身的模糊性和复杂性，系统为满足社群成员思维开放性要求而对分类关键字不加限制，必然会导致以关键字为核心的标签的模糊性。例如，在"美味书签"主页上搜索以"filtering"这个词为关键字的分类，得到以下内容。

① Last.FM-Your personal music network–Personalized online radio station；

② InfoWord: Collaborative knowledge gardening；

③ Wired 12.10: The Long Tail；

④ Oh My God! It Burns! Practical Application of the Philosopher's stone. For drunks. Brita filter makes bad vodka into good vodka；

⑤ Introduction to Bayesian Filtering。

"filtering"这个词意思较多,在内容④中它表示用过滤器纯化伏特加酒的一种工艺,在内容⑤中则表示一种贝叶斯统计分析方法。显然这样的分类使得"filtering"这个类别的意义显得非常模糊,因为它混杂了两个相关领域的内容。

为解决这种语言问题带来的模糊性,需要在分众分类中引入一种同义词控制(synonym control)技术来优化分类体系,使其达到用户使用的最优效果。同义词控制系统采用基于语义的人工智能技术,系统基于语义分析方法自动对相同或相近语义的标签进行分类统计,将语义上相近或相同的关键字合并,再进入社群聚类阶段进行使用频率统计。更高阶的同义词控制的目标就是智能化地识别出类似上面例子中的低相关度问题,采用语义相近或相同的其他关键字来避免标签的模糊性,保证分类体系的清晰有用。目前基于 XML 的同义词控制尚只能进行一些简单的同义分析,不能完全解决标签的模糊问题,在未来的语义网平台上,有望实现更加智能化的同义控制。

10.6.5　分众分类法的应用

目前对分众分类的应用主要还集中在类似"美味书签"的这种社会性书签服务上,它在对网络信息进行分类中表现出来的优势已经越来越突出。在因特网应用蓬勃发展的同时,分众分类的企业级应用也开始进入许多全球领先企业的视野。在这里需要将社会性书签这种网络应用与即将到来的企业级应用区分开来,将分众分类分为两种,分别是宽分众分类与窄分众分类。

1. 宽分众分类

宽分众分类(broad Folksonomy)(图 10-17)拥有大量异质的用户,这里的异质是指用户在知识结构和兴趣领域上具有很大的差异性,每个用户都可能用自己的语言对社区中现有或尚未添加的内容提供独特的标签,每一个内容或分类都存在着相当多的标签来描述。宽分众分类的目的主要是建立内容广阔的平台,供用户在一个比较大的信息或知识范围内浏览查询。宽分众分类体系可对热点信息做出反映,通过这种方式可以为社区吸纳更多的用户,用户的增多又可以反过来促进社区对热点的反映。此外,分众分类的思想建立在大众参与分类体系建构的基础上,只有对同一内容存在大量不同的标签,系统才可能通过同义词控制等方式得出最优化的分类结构。一旦参与人数不足,分类的片面性就很容易暴露出来。由于其面向大众的特点,宽分众分类是目前多数提供社会性书签服务网站的主要选择模式。宽分众分类法可以增加跨领域和跨文化交流的机会,在识别突然出现的词汇和趋势方面具有独特的优势。

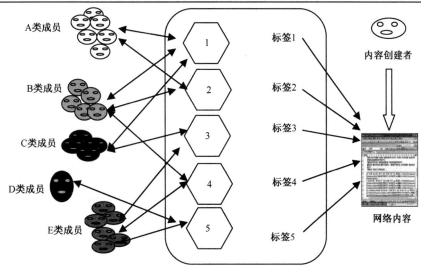

图 10-17　宽分众分类

2. 窄分众分类

窄分众分类（narrow Folksonomy）（图 10-18）与宽分众分类最大的不同在于用户特制。窄分众分类并不需要拥有数量庞大的用户群，同时用户也无须异质，更多时候，用户在知识结构和兴趣领域上具有很大的同质性。这是因为，窄分众分类的目的是对某一领域或专业的信息或知识提供共享平台。社区成员基于对同一领域或专业的兴趣加入，内容的提供者有时候就是社区某个成员，他给予自己提供的内容一个标签，期望在社区中存在与自己具有共同兴趣、可以共享相关信息或知识的其他成员。在这里，窄分众分类不再是一个构建大众分类体系的平台，而是在较窄范围用户中共享专业化信息或知识的平台。这种模式有利于社群中知识共享的实现，也是将分众分类引入企业级应用的契合点。

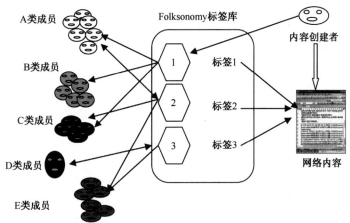

图 10-18　窄分众分类

　　基于对窄分众分类的理解，使基于分众分类的知识共享体系成为可能。目前一些IT 业的领先企业，如 IBM 公司，已经开始尝试将这一理论通过软件环境来实现。这种体系的建立，将有利于在组织内快速、高效、自发的生成最优组合团队，在高符合度知识结构下进行协作。

10.6.6　分众分类评价

1. 分众分类法的优势

　　分众分类法是对网络信息分类的一种新尝试，它突破了传统的类目设置，充分体现了网络用户的信息需求特点，与传统的分类法相比，它具有以下优点。

　　1）平面化、非等级结构的类目结构

　　传统分类法具有严密的等级结构和逻辑体系，分众分类法则是平面的、非等级的。一些门户网站和搜索引擎对信息的组织一般采用类目细分的方式来进行分类，如果分类体系过多，会增加网民的认识负担、影响检索效率；如果分类体系过少，则会影响分类体系的清晰度，增加网民浏览选择的负担。而分众分类法通过 Tag 的字号大小以及颜色的不同来表示其"受欢迎"的程度，能够实现快速、自动的信息聚类，重要的信息都直接显示在页面上，并且最热门、点击率高的信息在页面上被突出显示，具有较强的大众趋同性，直观性和易用性强。

　　2）低成本的信息组织方式

　　Adam 提出网络信息资源的组织有 3 种方式：由图书馆 ICP 服务商和其他信息机构提供的检索目录、作者创建元数据、用户交流和共享产生的信息描述。分众分类法通过用户共享元数据来实现合作分类和交流，相对于前两种信息组织方式，无需预先编制、维护和学习庞大的分类体系表，也无需掌握专门的图书馆领域专业技术方法和专业培训，能够节省用户的时间和精力。

　　3）多维度揭示信息资源

　　作为分众分类法类目的 Tag，它既不同于关键词，也不同于目录和主题词。Tag是在文章概括和理解基础上产生的，是在内容的个人理解上的私人标注，未必针对主题，可能是时间、内容或与文章主题无关的词汇，因此标签的设定要比关键词自由和方便，它可以从多个维度来揭示信息内容。在以目录为基础的存储体系中，目录结构必须要事前规划，而 Tag 可以不考虑目录结构并以较少的代价细化分类。分众分类法的类目是由用户定义一个或几个 Tag 组成，没有明确定义 Tag 之间的关系，各个 Tag之间的关系是平等的，但是又可以根据相关性分析，将经常一起出现的 Tag 关联起来，产生一种相关性的分类，它不像传统分类法和分类表有多重明确的关系。此外，它还能解决传统分类法更新慢、不能及时面对新出现的学科和专业术语的问题。

　　4）类目代表文献主题的能力较强

　　前面也谈到分众分类法类目的 Tag 相当于关键词，但又与关键词不同。关键词是出现在文章题名、文摘或正文中的词语，而 Tag 是博客对文章的分析和概括。Tag 可以是文章中的关键词，也可以是代表文章主题的其他词汇，因此用 Tag 不但包含了文章的显性知识，同时也包含了文章的隐性知识，更能代表文章的主题。这实际上是利用网络大众对网络信息而进行的标引行为。

2. 分众分类法的不足

分众分类法并非完美无缺，在对信息标引与检索方面同样存在一些不足。

1）使用范围有限

分众分类法源于博客博主为自己发布在网上的文章以及自己的收藏做标签，以方便别人发现自己的收藏活动。目前，分众分类的使用范围有限，这种分类法的组织对象基本上是非学术的、面向生活的和公众的，目前仅限于 Blog 等社会性网站的组织和管理，而这部分信息在整个网络信息空间中仅是微量部分。作为一种基于自然语言的网络信息组织方式，分众分类法受语言、风俗习惯、文化背景等差异的影响较大，在跨国界、跨时空、跨文化的信息组织和交流中仍然面临很多障碍。

2）模糊不准确性

狭义的分类是以严谨的学术逻辑为线索，以学术信息的汇集、树立和查询为目的，以学术为轴心的。而 Tag 是以个人的感性逻辑即个人的知识、情感、意志、记忆、素养等综合素质的反映为线索，以个人所需信息的汇集、梳理和查询为目的，以个人的经验为基础的。因此，对于他人或整个分类体系而言，分众分类法是模糊的、不精确的和随意的。此外，同名异义的问题也导致了它的模糊性，缩略词也会导致这样的问题，例如，在一些分众分类网站中，"ANT"是社会学领域 "Actor Network Theory" 的缩写，但是在 del.icio.us 中，它却是 Java 编程语言中的一种工具。

分众分类法缺乏同义词、英文单复数控制以及标题、词语顺序等语法控制。同时，分众分类法在中文运用问题上还存在着分词结构模糊、不同的语言环境下对语义的普遍认知存在明显差异的问题。而且，垃圾标签的出现使宏观标签总体的准确性下降，对垃圾信息和标签的合理使用还没有行之有效的解决方法。

3）类目的平面非等级显示同样会隐藏重要信息不便浏览

分众分类不具有等级结构，并不存在根结点，标识信息的 Tag 或者是字顺显示或者是随机罗列在页面上，尽管重要的、点击频率高的 Tag 通过特殊颜色或字体等被突出显示，仍然难免被浩如烟海的信息所淹没。

4）使用 Tag 检索的检索结果并不十分理想

目前只有少数博客网站提供 Tag 检索入口。对于热门 Tag 的检索结果往往成千上万，并且检索结果显示缺乏规律性。检索到的知识博客空间的文章，甚至只是该博客网站的文章。尽管也有博客网站利用时间、文章提供者的信誉排名等来对 Tag 的检索结果进行排序，但此项技术并未推广使用，效果也有待验证。

第 11 章　网络信息资源分类编码实例

新浪网成立于 1998 年，是一家服务于中国和全球华人社群的领先在线媒体及增值资讯服务提供商。丰富、实用的服务造就了新浪庞大的用户群，新浪在全球范围内的注册用户超过 2.8 亿，日浏览量超过 9 亿次，是四大门户之一。新浪在中国互联网行业中占据了重要的地位，其在多项调查中被评为中国最具品牌价值和最受欢迎的网站，是中国和全球华人社群中最受推崇的互联网品牌之一。

对现有具有行业影响力的网站进行研究分析可以帮助更好地构建符合中国互联网用户兴趣和使用习惯的科学合理的网络信息分类体系，更有效地利用互联网信息资源。作为中国主要的综合类门户网站之一，新浪网经过 10 余年的发展壮大，在互联网领域已经具有十分强大的影响力，网站所涵盖的信息资源内容涉及领域广泛、范围覆盖广阔、数据量巨大。因此，研究新浪网的信息资源分类体系意义重大，可以为建立科学、合理的网络信息分类体系提供重要的理论支持和实践验证。

本章将以新浪网（www.sina.com.cn）作为研究和分析对象，通过描述新浪网的信息资源分类体系和分类机制，探讨用户对于网络信息资源分类体系的需求，并分析新浪网信息资源分类体系对网络信息资源组织原理的借鉴作用。

11.1　新浪网络信息资源分类体系特征

新浪网是一个提供多种产品和服务的综合门户网站，为了便于用户使用，新浪网设置了大量类目，将信息资源归属于不同类目。研究新浪的网络信息分类体系，就是研究新浪网的类目设置。因此，本节主要从网络信息资源分类的角度出发，以体系的观点描述新浪网的类目设置特征。

本节首先简单介绍新浪的基本功能和界面，然后从类目结构与类目名称、类间关系及展现方式、类目检索方式 3 个方面描述和总结其类目设置特征。

11.1.1　基本功能与界面

门户网站如果按内容来分可以分为以下 3 种。

（1）搜索引擎式门户网站：这类网站的主要功能是提供强大的搜索引擎和其他各种网络服务。

（2）综合性门户网站：这类网站以新闻信息、娱乐资讯为主，同时也提供网络接入、聊天室、电子公告牌、电子邮箱、影音资讯、电子商务、网络社区、网络游戏、免费网页空间等服务。

（3）地方生活类门户网站：这类网站以本地资讯为主，一般包括本地资讯、同城网购、分类信息、征婚交友、求职招聘、团购集采、口碑商家、上网导航、生活社区等大的频道，有的网站中还包含电子图册、万年历、地图频道、音乐盒、在线影视、优惠券、打折信息等实用性功能。

新浪网作为中国最大的综合类门户网站之一，其核心功能是为用户提供各类资讯信息，同时也提供移动增值服务、免费邮箱、收费邮箱等其他类型的业务，是典型的第二类门户网站，如图 11-1 所示为新浪网主页界面。

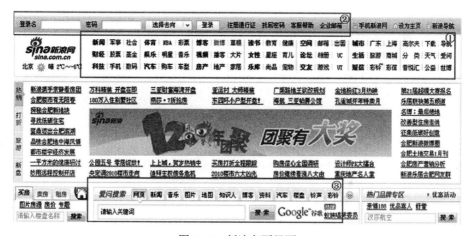

图 11-1　新浪主页界面

图 11-1 中区域①为新浪主页的导航栏，其中列出了新浪资讯主要的资讯频道，其中有新闻、财经、体育、娱乐等热门类目。区域②是新浪邮箱服务，包括免费邮箱、VIP 收费邮箱、企业邮箱等。区域③为新浪"爱问搜索"工具框，可以为用户提供搜索服务。关于新浪分类体系特征的具体内容将在后面详细论述。

11.1.2　类目结构与类目名称

用户使用新浪网浏览相关内容，首先接触到的信息就是整个网络信息的类目结构与类目名称。从形式上来看，类目结构和类目名称是一体的，类目结构实际上描述了不同类目之间的隶属关系。从用户使用的角度来说，用户在浏览新浪网提供的信息时主要通过两种方式对相关信息页面进行访问，一是通过搜索引擎直接搜索得到，二是登录新浪网站通过网站设置的分类目录查找目标信息，其中尤以后者为主。所以，类目结构是否清晰、便捷，类目名称是否明确、科学，决定了用户能否高效、准确地检索到目标信息。新浪的类目结构是分级目录结构，类目之间的层次关系，由页面上超文本链接的跳转关系体现出来。因此，本节将以新浪的实际页面为例，说明其类目结构和类目名称。

　　如图 11-2 所示为新浪主页，图中区域①为导航栏，列举了新浪主要的大类类目和相应的热门子类目的入口链接，其中加粗字体显示为大类类目，与之邻近的非加粗字体显示的是该类目中热门的二级类目；区域②是新浪导航页按钮，导航页界面如图 11-3 所示；区域③所示为各个类目所涉及信息的具体展示，新浪按照用户浏览各类目的热门程度将全部的 25 个类目分别排列在主页中央，其中各栏目的标签为大类类名，各栏目框中显示的是最近更新信息的超链接。

图 11-2　新浪主页界面

　　图 11-3 所示为新浪导航页界面，该页面展示了新浪信息分类结构的整体布局、新浪所涉及的所有大类类目和相应的常用二级类目以及一些临时类目，用户可以通过导航页进行检索查找目标信息。图中区域①为各大类类目的入口链接；区域②为大类类目下常用二级类目的入口链接，如"新闻"大类下的常用二级类目有"国内"、"国际"、"社会"等；区域③为热门推荐和一些临时类目，如在举办冬奥会时，"体育"类目下热门推荐中会有"冬奥"栏目。这些临时栏目在相关事件结束以后就适当保持一段时间后就会撤销，例如，新浪为 2008 年北京奥运会单独设置了"新浪奥运"[①]这一特殊栏目，该栏目在 2010 年冬奥会开幕前夕撤销，更换为"冬奥"[②]。

---

① 新浪奥运，http://2008.sina.com.cn/，访问日期 2009-12-19。

② 新浪冬奥，http://sports.sina.com.cn/z/van2010/，访问日期 2009-12-19。

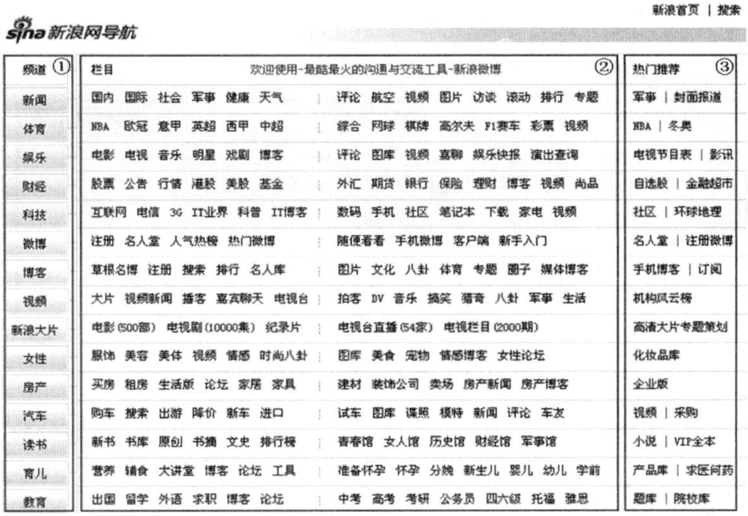

图 11-3　新浪导航页界面

　　为了更好地说明新浪大类目录之下的二级类目及更底层的类目结构设置，以"新闻"大类为例，点击进入该类目下属二级类目"国内新闻"页面，如图 11-4 所示。其中区域①列举了"新闻"大类中主要的二级类目，点击可进入相关类目页面，椭圆标注的区域为二级类目下的三级类目，如"国内新闻"下的"国内要闻"、"焦点专题"、"新闻发布会"等类目；区域②是为方便用户而设置的一些特殊类目，如其中的"排行"可向用户提供最近信息浏览的排行情况，使用者可以快速查找到最近的热门新闻，"滚动"则为用户提供了最新信息的更新列表，使用者可以准确快速地查找当前更新的及时新闻。

图 11-4　"新闻"二级类目"国内新闻"界面

点击其中任意三级类目名称则进入相应的类目页面，例如，点击三级类目"综述分析"进入该类目页面，如图 11-5 所示。

图 11-5 "综述分析"类目页面

在图 11-5 中，区域①显示的是"新闻"大类下的三级类目"综述分析"的类目路径；区域②显示的是该类目下的信息条目列表，该列表以更新时间的顺序进行排列，点击任意新闻标题可链接至内容页面；区域③显示的是一个可以选择日期的按钮，新浪为保证信息整体的完整性和时间上的延续性，设置"查看往日新闻"这一功能按钮，用户可点击选择相应日期以查看当日新闻信息；区域④为按关键字搜索的信息搜索工具框，用户可根据不同的需要选择搜索"新闻"、"图片"、"视频"等信息。

在新浪网中，由上级类目页面跳转至下级类目页面，或者在类目页面中打开目标信息，其跳转方式和层级间的结构都与"新闻"大类层级间的跳转方式和层级间的结构相似。对新浪网这种层级之间的跳转关系和层级间的结构布局进行分析比较之后，可以得到新浪网信息分类体系的树形结构，如图 11-6 所示。利用这种超文本链接的页面跳转，用户可以在图中所示的目录树上由上级类目到达下级类目，从而层层筛选、逐级展开，根据需要细化类目，直至找到目标信息。

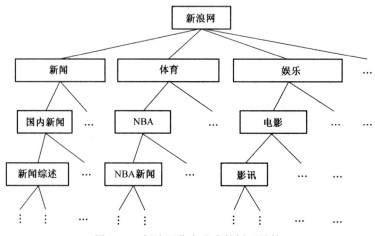

图 11-6 新浪网信息分类的树形结构

通过对新浪设置的导航页和新浪类目结构进行分析总结得出：新浪由 25 个频道

和 300 余个栏目组成，其中"新浪大片"虽然在导航页中单独列为一个频道，但是从其内容和网站结构来看，它是作为"新浪视频"的一个子类存在，所以没有将"新浪大片"归为一个大类，而是将其作为"新浪视频"的一个二级类目。所以，最终得到新浪一级类目共计 24 个，二级类目共计 280 余个，其一级类目和主要的二级类目设置情况和类目名称如表 11-1 所示。

表 11-1　新浪一级和二级类目统计表

一 级 类 目	二 级 类 目
新闻	国内、国际、社会、军事、健康、天气、体育、娱乐、财经、科技、公益、评论、视频、图片、新闻专题
体育	NBA、欧冠、意甲、英超、西甲、中超、综合体育、网球频道、棋牌、高尔夫、F1 赛车、彩票
娱乐	电影、电视、音乐、明星、戏剧、韩娱、娱乐博客、自由评论、娱乐论坛、娱乐专题、图库、视频新闻、娱乐嘉宾聊、新浪娱乐快报、乐库
财经	股票、公司公告、港股、美股、外汇、基金、理财、期货、债券、财经人物、博客、视频、行情
科技	互联网、业界、电信、3G、科普、环球地理、IT 博客、新浪数码
博客	娱乐、体育、文化、女性、IT、财经、汽车、房产、教育、游戏动漫、军事、星座、美食、居家、育儿、健康、旅游、公益、草根名博、相册、图片
视频	大片、视频新闻、播客、嘉宾聊天、电视台、实用生活
女性	美容、美体、服饰、情感、婚嫁、商品、产业、八卦、亲子、宠物
房产	新闻、博客、买房、业主论坛、商业地产、旅游地产、家居
汽车	新闻、购车、用车、社区、产业
文化读书	新书、书库、原创、书摘、文史、青春馆、女人馆、历史馆、财经馆、军事馆
育儿	专家、论坛、博客、视频、使用工具、求医问药、母婴用品、健康、营养、教育、辅食
教育	院校库、试题库、图书库、外语、出国、求职、招生、资讯、报名、少儿、中考、高考、自考、考研、公务员、司考、四六级、托福、雅思、论坛、博客、问答、视频、图库
星座	资讯、图片、星座运势、精彩时尚、心理测试、女性、星座魔法、星座教程、传统文化
旅游	旅游、航空、酒店、实用工具
游戏	单机、电竞、网络游戏、电视游戏、手机游戏、迷你、新星际家园
论坛	军事、读书、文化、体育、女性、教育、科技、时事、财经、汽车、星座、娱乐、生活、游戏、动漫、亲子、房产、UC、新浪 SHOW、UT Game、播客、百味、家居、健康、旅游、公益、地方
UC	新浪 SHOW、互动视听、活动会话
乐库	艺人、歌曲、歌词、专辑、新歌、专题、社区、MV
邮箱	免费邮箱、CN 邮箱、2008 邮箱、VIP 邮箱、企业邮箱
爱问搜索	网页、新闻、地图、知识人、图片、音乐、博客、共享资料、开放词典、专业搜索、手机搜索
手机	贺卡、主题、签名、专题、游戏、图片、铃声、短信、杂志、手机新浪网
工具	百事通、地图、实时路况、软件、搜索
地方	上海、广东、河南、四川……

从表中可以看出，"博客"、"视频"、"论坛"作为一级类目，在其他大类下存在相同类名的子类。从其内容上来看，其他大类的子类目中所涉及的内容与这 3 大类中

子类目中的内容互有交叉，同时也有区别，关于这些类目之间的交叉关系将在后面的分析中详细论述。

新浪各级类目名称的详细情况参见 11.6 节的附表。

11.1.3　类间关系与展现方式

如 11.1.2 节所述，新浪的基本类目结构是一个庞大的树形目录，类目之间的基本关系是父类目与子类目之间的隶属关系。由于网络信息本身的多样性和用户对信息需求的多样性，类目之间的逻辑关系比理论上的树形结构更为复杂。在网络实际应用中，除了构成树形结构的纵向隶属关系，类目之间还有横向逻辑关系。这些横向逻辑关系对于用户来说，有些是透明的，如类目划分标准；有些是可见的，如类目排列方式。

正是依循这种纵向的或者横向的、透明的或者可见的类间关系，用户在使用新浪网浏览信息时才能合理地按照自身需要实现类目跳转，进而有效地检索目标信息。在检索过程中，用户必须清晰地获知当前类目与相关类目之间的关系，否则用户很可能"迷失"在繁杂的目录中。因此，一个好的网络信息分类体系应当根据网络信息特点及用户的需求，设置适量的类间关系，并向用户清晰地展现出来。本节将以实际页面为例，介绍新浪如何描述并向用户展现类间关系。

1. 类目间的纵向隶属关系

所谓纵向隶属关系是指某一个类与其直接细分出来的小类之间的关系，纵向隶属关系的类目在类表中的体现形式是上下位类之间的关系。新浪采用多种形式来表达其信息分类条目之间的纵向隶属关系。

1）树形结构

新浪在页面导航部分主要采用树形结构来表示其上下级之间的隶属关系，图 11-7 所示为新浪一级类目"新闻"与其所含各二级类目之间的表现形式，图 11-8 为其一级类目"新闻"及其三级类目之间隶属关系的类目路径，在这里采用层级链接的形式，以">"符号作为分割符，点击任意的类目名称可进入相应的类目页面。

图 11-7　"新闻"一二级类目的纵向隶属关系

图 11-8　"新闻"三级类目路径

2）分栏显示

新浪在导航部分主要采用树形结构来表示其类目间的纵向隶属关系，但在具体页面显示时则主要采用分栏形式来表示上级类目与下级类目之间的纵向隶属关系，如图 11-9

所示为"新闻>国际新闻>全球各地"中第三级类目"全球各地"与其所包含的四级类目"欧洲"、"亚洲"、"美洲"等之间的表现形式。

图 11-9　"全球各地"及其子类目间的展现形式

从图中可以看出,"全球各地"作为三级类目在顶栏中显示,其下"欧洲"、"亚洲"、"美洲"等四级栏目分栏显示在三级类目之下,各栏中分别显示了相应的信息条目。新浪在其页面中对于二级及其以下的类目基本采用这种方式来表示其上下类目之间的隶属关系,同时在页面信息框中为用户展示该类目下部分热点信息条目。

3)热点类目设置

通过设置"热点"、"专题"、"关注"、"排行榜"等栏目将持续时间较长、用户关注度较高、信息量相对较大且集中的内容进行总结展示,这些栏目跳过其信息本身所属的类目隶属关系单独设置,直接呈现给用户。

除了设置特殊类目来展示热点类目以外,新浪网还通过在显著位置设置图片或突出显示条目的方式向用户推荐最新的热点,如使用摄像机符号来表示包含有视频的网页,或者改变条目颜色突出重点。如图 11-10 中的标注所示,摄像机符号表示该条目为带有视频的网页页面,利用图片和带有不同颜色的字体(图中加框带下划线字体实为蓝色)表示重点关注的新闻内容。

图 11-10　新浪突出显示信息示例

2. 横向类目排列

新浪中一个类目下往往有大量的子类目和成百上千条信息,由于对各类信息的感兴趣程度具有较大的差异，用户不可能耐心浏览每条信息，此时用户必须依赖合理的（或者多样的）横向类目排序来提高对目标信息的检索效率。

对于同级类目的排列，国外网络分类体系通常按字母顺序进行排列，即同一上位类区分出来的类目，按首字母顺序排序，每一类目下分出的子目再按下级类目的字母排列，形成一个层层展开的字母顺序分类系统。这种排列方式虽然不能揭示同位类之间的内容联系，但可以方便用户对特定类目的查找，同时也有利于简化新类目的增补。新浪使用了按使用频率排序和按字母顺序排序两种方式结合的形式，在最底层的信息目录则按照时间顺序进行排列，下面将逐一介绍这几种排序方式。

1）按系统排序

它是根据类目之间的内在联系排列，列类次序反映客观事物本身的发展和联系。如"育儿"大类中的子类类目依次为"准备怀孕"、"怀孕"、"分娩"、"新生儿"、"婴儿"、"幼儿"、"少儿"、"婴幼儿教育"、"家庭教育"，即按婴幼儿成长的顺序排列类目。

2）按频率排序

新浪对于其一级类目中所涉及的 24 个大类按照使用频率来进行排列。根据中国互联网协会发布的《INTERNET GUIDE 2007 互联网报告》，新浪在门户、博客、汽车、体育、新闻、财经等重要领域的用户到达率指标中高居榜首；而从其主页最顶端的导航栏和其导航页面可以看出，新浪网确实将"新闻"、"体育"、"娱乐"、"财经"、"科技"、"博客"等栏目置于最前端。对于其下的二级类目或者三级类目，新浪主要也是按照用户使用的频率来作为排列的标准，如在图 11-3 的"新闻"大类中，将用户关注度较高的"国内新闻"、"国际新闻"、"社会新闻"等置于前端，而将"排行"、"调查"等冷门类目置于后端；在"体育"大类中将受众群庞大的"NBA"、"欧冠"、"英超"、"意甲"等置于前端，而将爱好人群较少的"棋牌"、"高尔夫"等类目置于后端。

3）按首字母排序

这里所指的首字母排序不仅仅是按英文字母的顺序排列，同时也包含了按照中文的汉语拼音首字母进行排列。这些排序方式主要使用在比较密集的信息展示部分，如"博客"类目中可以按照作者姓名的列表进行博客查找，"教育"大类下的院校信息同样使用学校名作为排列顺序，"天气"类目下"城市天气"中各个城市也是使用城市名作为排列顺序。

3. 交叉类目设置

为使用户更快速地查询到所需的目标信息，新浪设置了大量重复设置的交叉类目，但是新浪并没有通过一定的区别显示或者标记来表示重复设置的类目。例如，要查看"胡锦涛向国家最高科学奖获得者颁奖"这一消息的视频信息，用户至少可以通过两种以上的途径查看。一是通过"视频>视频新闻>国内新闻"查看该内容；二是通过"新闻>国内新闻>今日要点"查看该内容。尽管这两种方式最终查看的内容以及链接都相同，但是在网页中没有标记相关的重复设置情况。

4. 采用不同的展现方式来展示不同类型的网络资源

如前面所提到的"视频"一栏，尽管其他类目中基本都包含相关的视频内容，但是新浪仍然将"视频"作为一个大类单独设置，并将相应的视频信息根据其他类目的设置进行分类，这为只需要相关视频内容而不需要文字表述的用户节省了大量时间，他们可以直接通过视频栏目查找而不用在其他的新闻信息页面查找所需要的视频。

11.1.4　类目检索方式

新浪网作为中国主要的门户网站之一，信息覆盖的范围广、数量大，这促使新浪网必须采取多种合理有效的检索方式来帮助用户快速有效地查找目标信息，新浪网主要采用了以下几种检索方式。

1. 设置导航栏和导航页

正如前面所提及的那样，新浪在主页顶端设置了导航栏，如图 11-11 所示，导航栏中直接列举了热门大类及其子类。同时，新浪还设置了包含整个网站信息分类体系结构的导航页，在导航页中包含了新浪所有的分类、热门子类、热点推荐、临时类目录等类目结构信息，用户点击任意类目名称可链接至相应的类目页面，导航页如图 11-3 所示。

图 11-11　新浪导航栏

2. 基本关键字搜索

新浪在其网站中设置了爱问搜索工具框，爱问搜索是新浪自主开发的一款中文智慧型互动搜索引擎，它除了保留传统算法在常规网页搜索的强大功能外，还以一个独有的互动问答平台弥补了传统算法在搜索界面上的智慧性和互动性的先天不足，通过调动网民参与提问与回答，使用户可以彼此分享知识与经验。爱问搜索为用户提供网页搜索、新闻搜索、音乐搜索、图片搜索等服务，如图 11-12 所示，单击"搜索"按钮可进入爱问搜索主页，如图 11-13 所示。

图 11-12　新浪搜索工具框

图 11-13　新浪爱问搜索主页界面

　　用户可通过新浪爱问搜索使用关键字搜索目标信息，搜索结果有新浪自身的信息，也有其他站点的信息。为了详细说明其搜索情况，使用新浪爱问搜索，以"火车票"为关键字进行搜索，具体结果如下。

　　1）网页搜索

　　使用新浪爱问搜索网页，结果页面直接跳转至谷歌搜索结果界面，由此可以确定新浪网页搜索功能使用谷歌的搜索接口，该项功能是与谷歌合作完成，鉴于此，这里不作具体分析。

　　2）新闻搜索

　　使用"火车票"作为关键字进行新闻搜索得到的结果如图 11-14 所示。区域①显示的是搜索框和不同的搜索模式，这里给出了 3 种搜索模式，可以按照"新闻全文"、"新闻标题"或"新闻专题"进行搜索，同时为了提高查准率，用户可进一步细化搜索条件在结果中搜索；区域②显示的是对关键字搜索结果的统计信息，可以清楚看到以关键字"火车票"的搜索结果包含 697735 篇新闻；区域③显示的是新闻搜索结果列表，搜索到的结果中既包含新浪网自身的信息，也有来自其他网站符合搜索条件的新闻信息；区域④列举了搜索结果的排序条件，从图中可以看出，可以对搜索结果按时间排序和按相关性排序，两种排序各有特点，前者时间关联性较强，得到的结果均为最新更新的新闻，后者相关性较强，得到的信息与搜索的目标符合度更大；爱问搜索也可以指定搜索结果创建的时间范围，可以分别指定"全部时间"、"一天内"、"一周内"和"一月内"。

　　3）博客搜索

　　新浪爱问搜索与其他基于搜索引擎的门户网站的区别在于设置了单独的博客搜索选项，且其搜索结果与新闻搜索有所区别，最终结果全部为新浪"博客"大类中的信息，即搜索结果为新浪自身信息，不包含其他网站的内容。图 11-15 显示的是使用"火车票"作为关键字在爱问博客中的搜索结果。

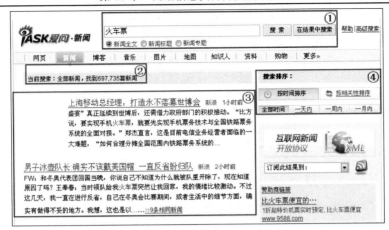

图 11-14　新闻搜索结果界面

　　图 11-15 中区域①是搜索框和不同的搜索模式，用户可按照"博客全文"、"文章标题"和"博客作者"3 种模式搜索博客；区域②为搜索结果汇总，该部分由搜索结果数量（本次搜索结果为 286 355 058 篇博客）和搜索时间（本次搜索耗时为 0.1011s）两部分构成；区域③为搜索结果列表，搜索结果可以按时间和按相关性进行排序，用户可按照自己的意愿通过区域⑤所示的两个按钮选择；区域④所示"此博客内搜索"可以为用户提供更精确的搜索，用户可在上一步搜索到的博客中对博客内容作进一步搜索。

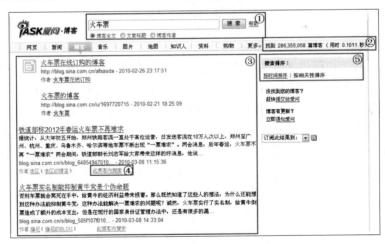

图 11-15　博客搜索结果界面

　　4）音乐搜索

　　在前面提到，新浪拥有自己音乐下载服务，即"新浪乐库"，在新浪爱问搜索中同样提供音乐搜索服务，如图 11-16 所示。

　　图 11-16 中区域①显示的是音乐搜索框，在这里可以按照"全部音乐"、"歌词"、"专辑"、"铃声"、"彩铃"5 个搜索模式进行搜索；区域②显示的是"排行榜"、"流行

金曲"、"热门大碟" 3 种热门推荐；区域③为用户提供了 3 种音乐播放软件下载。使用爱问搜索进行音乐搜索得到的最终结果中既有新浪乐库中的音乐下载链接，又有其他网站提供的音乐下载链接。

图 11-16 音乐搜索界面

5）其他搜索

新浪爱问搜索还提供了图片、地图搜索两项功能，其搜索模式与搜索得到的结果和其他互联网搜索引擎基本一致。另外，新浪爱问搜索还提供了得到用户广泛参与和使用的是"爱问·知识人"栏目，这是一个网络开放式的互动问答平台，用户可以通过该平台在网上提问，同时也可以回答其他人提出的问题或查询与自己相同或者类似的问题。新浪还提供了可供用户进行资料共享的网络共享服务，该项服务的主要功能是为用户提供公共的共享平台，用户可以在这里共享文档、声音、图片、视频等各种类型的资料。新浪爱问搜索还提供了购物搜索功能，用户可以使用爱问搜索工具框搜索目标商品，得到的是来自淘宝网、当当网、卓越亚马逊等电子商务网站的商品信息页面。由于以上功能不涉及信息分类的相关问题，所以这里不再详述。

3. 高级搜索

1）新闻高级搜索

在使用新浪进行新闻搜索时用户可点击图 11-17 所示的"高级搜索"选项链接进入高级搜索页面，如图 11-18 所示。

图 11-17　新浪新闻高级搜索

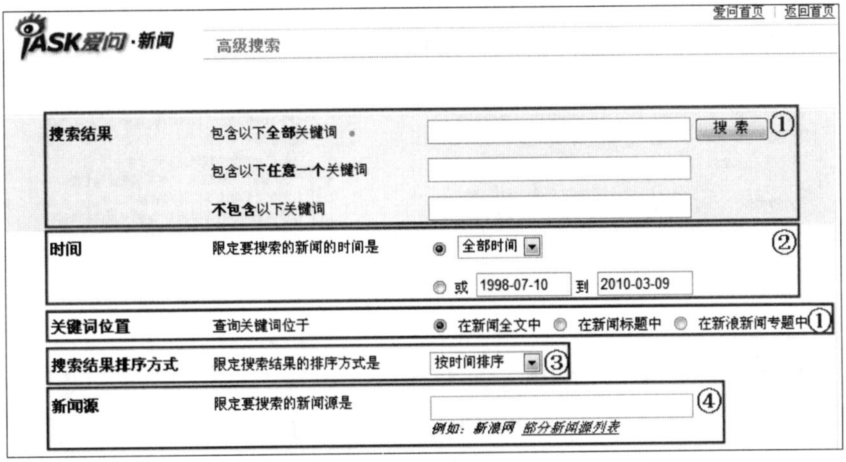

图 11-18　新闻高级搜索界面

从图 11-18 中可以看出，高级搜索主要由 4 个部分组成。图中区域①所示为关键词设置，用户可以使用多个关键词设置复杂搜索条件并选择关键词的位置，搜索条件包括"全部关键词"、"任意一个关键词"和"不包含以下关键词" 3 种，关键词的位置则可以选择"在新闻全文中"、"在新闻标题中"和"在新浪新闻专题中" 3 种；区域②所示为搜索时间设置，用户可选择全部时间或根据自身需要设定相应的时间范围；区域③为搜索结果排序方式，这里提供了"按时间排序"和"按相关性排序"两种方式；区域④所示为设置搜索的新闻源，用户可选择新浪网自身或者其他媒体网站，在这里新浪为用户提供了一些主流媒体网站的列表。

2）专业搜索

新浪爱问为用户提供了专业搜索服务，如图 11-19 所示。爱问专业搜索是全球首家纯商业资讯搜索内容服务提供商，由中国专业数据库联盟与新浪网联合运营，该服务首次突破一般搜索引擎不能搜索到收费商业信息的瓶颈，通过爱问专业搜索不仅可以搜索到各行业的动态、统计数据、及时价格、市场分析、研究报告、技术资料、标准专利、工艺技巧等信息，还可以轻松获取这些资讯。通常各行业和领域的权威数据库内容提供商（如商业数据库、学术数据库、行业协会、信息中心等）只供内部会员使用，需要购买会员服务并支付年费，而爱问专业搜索采用单篇信息计费系统与搜索平台结合的方式，使得用户可以通过爱问专业搜索平台直接搜索和查看这些内容，并根据需要按照每篇文章进行费用的支付。同时，内容提供商的有效信息也会得到优先推荐，为信息需求者与内容供应商建立信息供需平台。

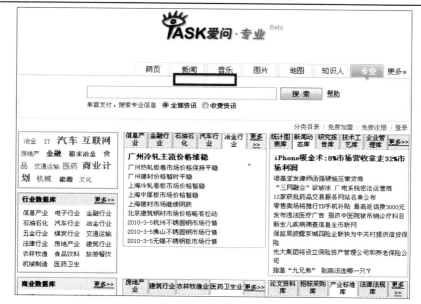

图 11-19　新浪专业搜索界面

4. 按首字母顺序检索

新浪网中部分栏目采取了按照字母顺序进行信息检索的方式，如图 11-20 所示为新浪"博客"大类中可按照博客作者名检索目标博客，图 11-21 所示为"天气"类中按照城市名检索可查询目标城市的天气信息。

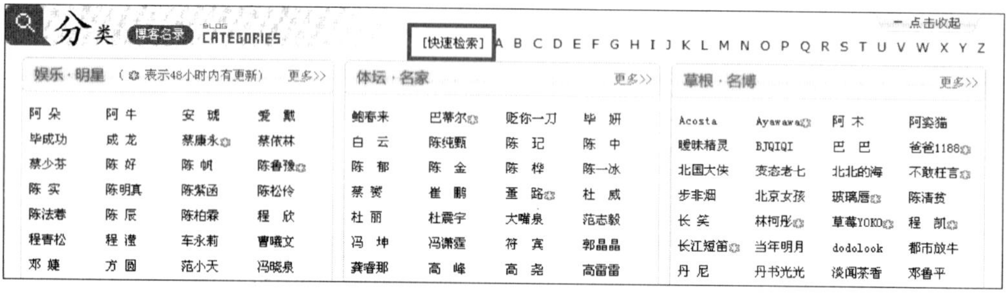

图 11-20　博客检索

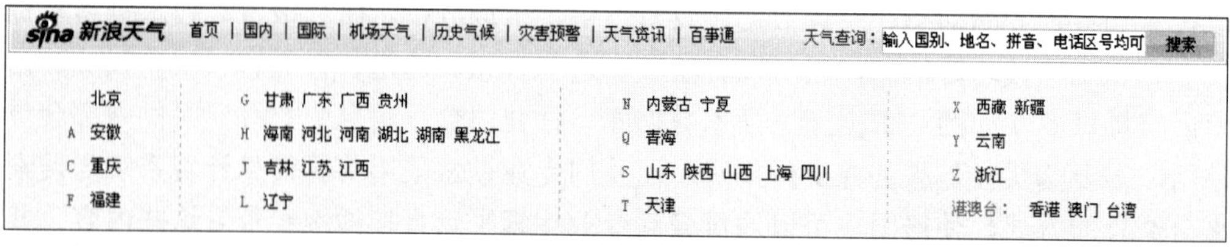

图 11-21　天气检索

这种方式简单易用，并且检索的精确度高，不足之处则在于其信息检索范围不够广泛，假如用户检索的信息没有在新浪列出的检索表中，则不能检索到相关信息，而新浪并没有将所有的信息分类全部按照字母顺序进行排列。例如，在新浪博客中只是将部分点击率较高、知名度较大的博客按照其博主的用户名首字母进行排序，没有将所有的博客都进行排序，如果某用户要查阅的博客不在这个博客列表中，则不能通过这种方式检索到相关信息。

11.2　新浪网络信息资源分类体系大类结构分析

大类又称为"基本大类"，是网络信息资源分类体系中的一级类目。大类是分类体系的大纲，是支撑整个分类体系的框架，也是用户检索的直接入口。大类结构是否完善，很大程度上直接影响了网络信息资源分类体系的优劣。因此，设计大类结构是构建网络信息资源分类体系的重点。

同时，大类结构代表了一个网络信息资源分类体系的整体设计思路，也是分析的重点。尤其对于新浪来说，由于其类目繁多、结构复杂，难以从整体加以分析，由分析大类结构入手，有助于准确理解其分类体系的设计思路、把握设计重点。

本节将从大类划分准则、大类信息覆盖度、大类划分均衡性 3 个角度对新浪的大类结构进行分析。

11.2.1　大类划分准则

分类原则是设计类目结构的基本蓝图，分类原则是否合理，直接决定了所设计类目结构是否系统、清晰、易于理解。新浪作为中国最受欢迎的门户网站之一，其大类信息划分具有自身的一些特点，其主要目的是满足大多数用户的实际需要。

作为一个大型的综合性门户网站，新浪网的用户涵盖了社会各个层次的人群，用户受教育的程度、阅历的深浅、兴趣点的异同等都可能导致对网络信息分类的不同要求。从大类划分的整体功能上看，新浪主要从用户关注和使用的角度，突出了新闻、娱乐、体育、财经等与日常生活密切相关、普通用户感兴趣、点击率频繁和点击量高的类目，弱化了科学技术等学术性类目的设置，基本是一个通用性的大类结构。

通过以上分析以及 11.1.2 节中的论述，可以总结得出新浪在大类设置上采用的准则：首先，根据大众需要采用通俗化的划分准则，以易于理解的事务为中心，采用主题分类原则；其次，吸收传统文献分类方法中按学科分类的原则；再次，作为一个综合性的网站，新浪在为用户提供资讯信息的同时还提供个人（企业）邮箱、游戏下载、音乐下载等业务，对这些业务，将其归纳为按照功能划分的大类目录；最后，考虑到网络信息本身独有的特性，按照信息存在的属性特别设置了视频大类。如表 11-1 中所述，新浪共设置有 24 个基本大类。这些大类的设置主要采用了主题分类和学科分类两种形式，同时根据新浪业务属性采用了按照功能特性分类的方式，另外还按信息属性划分的原则设置了相应的类目，具体划分方式如表 11-2 所示。

表 11-2　新浪基本大类划分

划 分 准 则	基 本 大 类
按主题分类 （13 个大类类目）	新闻、娱乐、财经、科技、博客、女性、房产、汽车、文化读书、育儿、星座、旅游、论坛
按学科分类 （2 个大类类目）	教育、体育
按功能分类 （8 个大类类目）	游戏、UC、乐库、邮箱、爱问搜索、手机、工具、地方
按信息属性分类 （1 个大类类目）	视频

11.2.2　大类信息覆盖度

在分析新浪信息大类结构的过程中，为了更全面地分析其大类设置是否能够覆盖所有知识领域范围，本书以现有的知识分类体系作为参考标准，选择杜威十进分类法的大类目录与新浪大类设置进行比较，以此来衡量新浪大类信息覆盖程度。

杜威十进分类法是由美国图书馆专家杜威发明的，对世界图书馆分类学有相当大的影响，已翻译成多种文字出版，并被许多英语国家的大多数图书馆和使用其他语言国家的部分图书馆采用。在美国，几乎所有公共图书馆和学校图书馆都采用杜威十进分类法。

杜威十进分类法将人类知识分为记忆（历史）、想象（文艺）和理性（哲学即科学）3 大部分，并展开为 10 个大类（main class）（引自第 21 版），每个大类下又细分为 10 个类（division），每个类下又分为 10 个小类（section），具体的类目结构及名称此处不再详述。

将杜威十进分类法与新浪大类结构进行比较，如图 11-22 所示，图中箭头由杜威十进分类法中的图书类目指向新浪中的大类类目，表明在逻辑上该图书类目可以包含该大类类目（或该大类类目归属于该图书类目）。由于新浪"博客"、"论坛"两个大类是按照互联网信息资源特有的存在形式而设置的类目，"视频"大类是按照网络信息本身属性设置的类目，这 3 个类目中所含的信息子类横跨其他大类的子类目中，另外"UC"、"邮箱"、"爱问搜索"、"手机"、"工具"、"地方"这 6 个类目是按照新浪提供的各种工具或增值业务进行的分类，所以未将这 9 个分类纳入信息覆盖范围的对比中。

通过对两者进行比较分析可以看出，除了新浪信息大类覆盖了杜威十进分类法中的 9 个大类。"200 宗教"的部分内容没有明确的新浪类目与之对应外，但是在新浪"新闻"等类目中可能少量涉及宗教方面的信息，如有关宗教事务方面的新闻报道等。

从图 11-22 中也可以清楚地看到，新浪大类体系所涉及的信息范围主要集中在杜

威十进分类法中的"300 社会科学"、"600 应用科学"和"700 艺术和休闲"3 个大
类，其他大类目录涉及的内容相对较少。此外，新浪的大类所含的内容也不与杜威
十进分类法中的大类内容完全重合，而是仅仅涉及其中部分二级类目或者三级类目；
新浪侧重于以用户为中心，以事务为对象的分类方式，有时还会将传统学科分类体系
中不属于同一类目的子类目结合在一起。为了更清楚地说明这种情况，本书将新浪大
类所涉及的杜威十进分类法中的二级和三级类目进行了整理，表 11-3 为新浪信息大类
所涉及的杜威十进分类法中下属二级子类目和三级子类目的对应情况统计表。

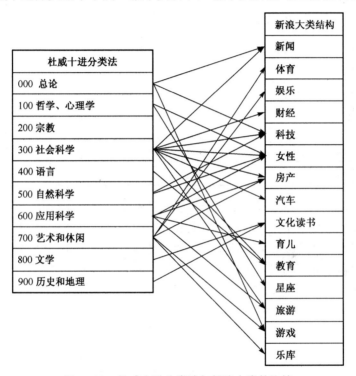

图 11-22 杜威十进分类法与新浪大类的比较

表 11-3 新浪大类与杜威十进分类法中子类对应表

新 浪 大 类	对应杜威十进分类体系中的类目
新闻	070 期刊、出版、报纸，302 社会互动，304 影响社会行文因素，305 社会团体，306 文化及制度，320 政治学，340 法律，350 公共行政，360 社会机构
体育	796 体育运动、室外运动及游戏，水上运动及空中运动，798 马术及动物赛跑，799 钓鱼、打猎、射击
娱乐	791 公众表演，792 舞台表演，793 室内游戏及娱乐
财经	332 财政经济学，333 土地经济学，335 社会主义及相关系统，336 公共财政，337 国际经济学，338 生产，339 宏观经济学及相关议题，368 保险

新浪大类	对应杜威十进分类体系中的类目
科技	003 系统，004 资料处理与计算机科学，384 通信、电讯，527 航天，550 地球科学及其他星球科学
女性	173 家庭关系伦理，392 生命周期及家庭生活的习俗，617 外科学及相关医学专科，618 妇科学及相关医学专科，646 裁缝、服装、个人生活，687 制衣
房产	333 土地经济学，643 住宅及居家用品，644 家庭设施，645 家具，647 公寓管理，684 家具及居家工作间，690 建筑，728 住宅，729 设计及装潢，747 室内装饰，749 家具及配件
汽车	338 生产，388 运输、陆地运输
文化读书	800 文学，900 历史和地理
育儿	618 妇科学及相关医学专科，649 育儿及生病居家照护
教育	346 私法，370 教育，421 英语书写系统与英语音系学
星座	137 笔迹学占卜，138 面相学，158 应用心理学，398 民俗学
旅游	385 铁路运输，386 内陆水路及轮渡，387 船运、空运、太空运输，388 运输、陆地运输，642 餐饮餐桌服务
游戏	005 程序设计、程式、资料，793 室内游戏及娱乐，794 室内技巧游戏
乐库	780 音乐

从表中可以看出，新浪每一个大类都涉及杜威十进分类体系中一个或者多个类目中的知识领域，但是从总体上来看，新浪各大类的信息内容主要是一些新闻报道和相关的图片、声音、视频以及公共信息。例如，在涉及杜威十进分类法中的医学部分，新浪的主要内容是健康资讯、医疗机构信息等，同时提供一个交流平台使用户可以在线向专家学者提问，但是新浪自身并不向用户提供医学领域的专业理论知识。另外，新浪分类体系中不涉及一些专业化的科学领域，例如，在"500 自然科学"大类下的"521 天体力学"、"533 气体力学"等专业技术知识领域，新浪大类中没有相应的类目与之对应。大类信息覆盖度高，只能说明新浪大类结构符合人类知识结构，能够满足用户信息需求的扩展。如果需要扩展收录一些类目，新浪可以增加一些基本大类，同时也可以对现有大类下的二级、三级或者更低一级类目进行扩展，从而保证整个网络信息资源分类体系的稳定性和可扩展性。

11.2.3　大类划分均衡性

大类划分均衡性既是指大类下子类数量的均衡性，也是指大类下信息数量的均衡性。如果大类划分不均衡，必然有些大类下类目和信息的数量过多，使用户无法有效且准确地找到目标信息。以杜威十进图书分类体系为例，其每个大类下都有 10 个类，每个类下又各有 10 个小类。这样极度的类目划分均衡性，一方面便于类目十进制编码；另一方面也保证用户在任何类目下都不会面对庞大的子类。

本节将从子类数量均衡性和信息数量均衡性两方面分析新浪的大类划分均衡性。

1. 子类数量均衡性

通过统计新浪大类下所属子类的数量作为衡量的标准来进行分析。表 11-4 为新浪各大类所属二级类目数量的分布情况。

表 11-4　新浪大类所属二级类目数量统计

一 级 类 目	所属二级类目数量	一 级 类 目	所属二级类目数量
新闻	14	教育	24
体育	12	星座	9
娱乐	15	旅游	4
财经	13	游戏	7
科技	8	论坛	27
博客	21	UC	3
视频	6	乐库	8
女性	10	邮箱	5
房产	7	爱问搜索	11
汽车	5	手机	10
文化读书	10	工具	5
育儿	11	地方	42

从表中可以看出，新浪一级类目共计有 24 个，二级类目共计有 287 个，平均每个大类所属二级类目 12 个。其中二级类目最多的是"地方"类，共有 42 个，所属二级类目最少的是"UC"类，只有 3 个。类目相对较多的类还有"教育"、"论坛"和"博客"，每个类包含的二级类目均在 20 个以上。

结合其网站内容来看，"地方"大类中设置二级类目较多的原因是因为新浪根据地域划分了不同的子网站，其内容主要是当地新闻，这些子网站有的是根据不同的省份来设置，如"新浪四川"、"新浪福建"等，有的是根据不同的城市来设置，如"新浪重庆"、"新浪青岛"等，因此在这 42 个城市网站中并没有完全覆盖所有的省份和省会城市；"教育"类所属二级类目较多的原因可能是其划分准则细化和重复所致，如其所属二级类目"外语"中包含有三级类目"四六级"、"雅思"等，但同时在二级类目中也设置了类名相同的类；新浪"论坛"和"博客"两个大类所属二级类目与新浪所有的一级类目（即大类）一一对应，如"财经博客"、"娱乐博客"、"财经论坛"、"娱乐论坛"等，所以类目设置也相对较多。而新浪最受欢迎的类目"新闻"、"体育"、"娱乐"、"财经"等所属二级类目数量都在 12～15 个左右，虽然类目并没有细化，但这几个大类所属的二级类目划分均按照用户关注度情况设置，这种类目设置方式更能满足用户使用的需要。

2. 信息数量均衡性

大类中包含的信息量在一定程度上代表了该类目能够给用户带来的信息价值，同时信息量也在一定程度上显示了该类目受到用户欢迎的程度，如果用户对该类目下的信息兴趣不大，关注度较低，且该类目本身的信息量更新较少，那么就可以考虑将其中的信息重新分配并将该类取消。相反，如果一个类目中的信息含量太大，则造成类目过于"臃肿"，可能导致用户无法有效检索目标信息，同时还占据大量的网页版面，导致用户真正需要的信息被淹没在冗余信息中。因此，各类目下应该保留合理的信息量，使各类目下的信息数量之间尽可能保持均衡。

鉴于新浪所含信息量巨大，暂时无法统计其每一个最底层类目所属信息条目数量，本书以"新闻"大类其中部分二级目录为例进行分析。表 11-5 为新浪"新闻"大类所属部分二级类目下底层类目信息条目数量的统计表，类名后括号中的数字即为该类目所含信息数量。

表 11-5 "新闻"所属部分二级类目下底层类目信息数量表

二 级 类 目	三 级 类 目	四 级 类 目
国内	国内要闻（17）	
	国内视频（405）	
	焦点专题（400）	
	新闻发布会（7）	
	新闻排行（18）	
	综述分析（6800）	
	视频排行（50）	
	全国各地	内地新闻（20000）、港澳台新闻（5219）、时政要闻（11280）
	高层动态（6）	
	人事任免（6）	
国际	国际要闻（17）	
	焦点专题（400）	
	国际视频(147)	
	国际人物（4）	
	环球趣闻（1760）	
	环球趣图（5）	
	外媒精选（6）	
	环球视野（7240）	
	新闻排行(30)	
	全球各地	欧洲（6）、美洲（6）、亚洲（6）、其他（6）
	国际百科书（8）	
	热点网评（20）	
社会	社会与法（11640）	
	社会万象（19880）	
	真情时刻（1723）	
	奇闻轶事（2016）	
	热点视频（173）	
军事	中国军情（18105）	
	国际军情（9174）	
	航空航天	航空新闻（4976）、高端访谈（51）、投诉建议（8）、名航资料库（45）、乘机指南（90）、支线航空（257）、航天新闻（1052）、天文航天（32）

续表

二 级 类 目	三 级 类 目	四 级 类 目
军事	军事论坛	三军论坛（22978）、国际展望（12901）、军情评论（16096）、军事历史（5024）、军事 CG 图（974）、航空航天（7003）
	三军论坛	陆军专版（8623）、海军专版（6826）、空军专版（7193）、军贴原创（351）
	军情评论（16096）	
	军事 CG（974）	
	军事图库	新闻组图（1042）、高清大图（1392）、论坛图片（3221）
健康	资讯	新闻（80）
		甲流动态（13675）
		保健（150）
		疾病（120）
		论坛（62110）
	工具	疾病库（119）
		病状自诊（114）
		在线咨询（1002）
评论	时事（100）	
	财经（100）	
	体育（70）	
	文娱（100）	
	一语惊人（80）	
	看图说话（45）	
图片	国内（76886）	
	国际（26892）	
	社会（29097）	
	军事（5655）	
	汽车（203232）	微型车、经济型车、紧凑型车、中档车、中高档车、高档车、SUV、MPV
	房产	精品推荐（977）、欧式（257）、简约（1424）、田园（529）、中式（485）
新闻专题	国内（400）	
	国际（400）	
	社会（240）	
	娱乐（100）	
	体育	国内专题（100）、国际专题（100）篮球专题（13）、综合专题（40）、网球专题（10）、棋牌专题（22）、赛车专题（24）、高尔夫专题（48）
	科技	互联网专题（60）、电信专题（43）、IT 业界新闻专题（35）、会议专题（33）、科学探索专题（19）、手机专题（10）、数码专题（11）、硬件专题（6）、其他专题（20）
	财经	财经专题（120）、证券专题（133）、产经专题（60）、消费专题（13）、理财专题（93）、会议专题（152）、其他专题（13）
	教育	教育专题（110）、考试专题（112）、校园专题（112）
	读书	读书专题（50）、原创专题（22）、文化专题（48）

二 级 类 目	三 级 类 目	四 级 类 目
新闻专题	汽车	新闻专题（81）、新车专题（68）、试车专题（31）、车展专题（27）、文化专题（34）、服务专题（49）、网友专题（66）
	旅游	旅游视点（27）、国内游（49）、出境游（39）、航空（10）、酒店（13）、活动（78）
	房产	宏观政策（65）、业界热点（607）、新房情报（138）、置业指导（397）、装修宝典（520）、论坛活动（223）、企业专题（45）、房产生活（38）
	女性	服饰名品专题（50）、情感两性专题（48）、美容美体专题（50）、活动赛事专题（50）、论坛博客专题（50）
	游戏	网络游戏专题（340）、产业服务专题（304）、单击游戏专题（94）、休闲娱乐圈专题（49）、电视游戏专题（56）、电子竞技全部专题（75）、手机游戏全部专题（175）
	育儿	准备怀孕（25）、怀孕期（101）、分娩期（50）、新生儿（35）、婴儿期（80）、幼儿期（95）、学龄前（103）
	军事（214）	
	视频（46）	
	博客（208）	

从表 11-5 中可以看出，"新闻"大类中所属部分二级类目下底层类目所含信息条目最多达上万条，最少则为 4 条。从条目数量分布来看，"国内（全国各地）"、"社会（社会与法、社会万象）"、"军事（军事论坛、三军论坛）"、"健康（资讯）"、"图片（国内、国际、社会、汽车）"等类目下的信息量明显多于其余类目，其他类目的信息数量则相对比较平衡。造成这种情况主要有两个方面的原因，一方面是由于这些类目保留了相当长时间的信息，如"国内"下属子类"综述分析"的信息量为 6800 条，"全国各地"中的信息量更是将近 4 万条，而与之并列的其他类目中的信息量都在 500 条以内，主要原因是"综述分析"和"全国各地"类目中保留了最近两至三年的所有信息，时间跨度大，而其他类目中则基本是最近更新的信息；另一方面，信息数量的多少也清晰地反映出用户对网络信息关注程度的倾斜性较大，用户关注度越高，网站保留的信息量越大，例如，在"内地新闻"、"时政要闻"、"三军论坛"、"健康（资讯）论坛"、"图片（国内、国际、社会、汽车）"等类目下的信息量明显多于其他类目。

11.3　新浪网络信息资源分类体系类目名称分析

类目名称是指分类体系中标识某一类事物或某一主题的"语词"。类名是网络信息资源分类体系中非常重要的组成部分，也是网络用户判断类目概念内涵与外延从而进行检索的依据，因此类名是否合理、是否符合使用习惯和认知规律，影响到用户获取目标信息资源效率的高低。

本节将从类名用词合理性、类名内涵清晰性两个方面分析新浪类目名称。

11.3.1　类名用词合理性分析

合理的类名用词是指类目名称所使用的词汇既要尽可能科学、规范，同时也要符合网络用户的使用习惯和认知水平。

传统文献分类法的类名要求科学、准确、规范，并具有很高的稳定性。因此，传统文献分类法常以学科名称作为类名，例如，杜威十进分类法中"540 化学及相关学科"的子类类名采用了"541 物理化学和理论化学"、"543 分析化学"等学科名称。

但是网络信息资源的服务对象是广大的网络用户，正如前面所述，新浪的用户涵盖社会各个层次，这就要求新浪分类体系中的类名不能使用过多的学术词汇，因为如果用户难以理解类名将会降低他们信息检索的效率。同时，作为一个综合性门户网站，新浪主要的作用在于向用户提供大量及时的新闻信息，在类名的设置上不仅要求类名精炼、准确，同时要求类名尽量自然、易于理解、具有吸引力。但是，类名的设置也不能全部使用通俗词汇，科学严谨也是网络信息资源分类体系应该注重的环节。因此，新浪在类名设置的过程中应该合理地结合网络用户的使用习惯以及网络信息本身的特点，采用"通俗+科学"的方式设置类目名称，并在必要的地方进行一些注释，帮助用户理解那些较为专业的词汇。

由于新浪没有提供类目注释，下面将从新浪的大类类名和二级及以下层次类名分析新浪的类名用词是否合理。

1.　大类类名

如 11.2.1 所述，新浪大类类名的划分采用了多种划分准则相结合的方式，其中按主题准则划分的有 13 个大类，按学科准则划分的有 2 个大类，按功能准则划分的有 8 个大类，按信息属性准则划分的有 1 个大类。为说明新浪大类类名的合理性，此处仍然将其与杜威十进分类法进行比较，如表 11-6 所示。

表 11-6　新浪大类类名与杜威十进分类法类名比较

划 分 准 则	基 本 大 类	杜威十进分类法
按主题划分 （13 个大类类目）	新闻	070 期刊、出版、报纸
	娱乐	793 室内游戏及娱乐
	财经	332 财政经济学、336 公共财政
	科技	无匹配词汇
	博客	无匹配词汇
	女性	无匹配词汇
	房产	643 住宅及家居用品
	汽车	无匹配词汇
	文化读书	800 文学
	育儿	649 育儿及生病家居照护

划 分 准 则	基 本 大 类	杜威十进分类法
按主题划分 （13 个大类类目）	星座	无匹配词汇
	旅游	无匹配词汇
	论坛	无匹配词汇
按学科分类 （2 个大类类目）	教育	370 教育
	体育	796 体育运动、室外运动及游戏
按功能分类 （8 个大类类名）	游戏	793 室内游戏及娱乐、794 室内技巧游戏
	UC	无匹配词汇
	乐库	无匹配词汇
	邮箱	无匹配词汇
	爱问搜索	无匹配词汇
	手机	无匹配词汇
	工具	无匹配词汇
	地方	无匹配词汇
按信息属性分类 （1 个大类类目）	视频	无匹配词汇

从表 11-6 中可以看出，新浪大类体系的类名与杜威十进分类法的类名相比只有少数几个能够匹配或者部分匹配，这说明新浪大类类名不够科学和规范。对每一个类名进行分析比较可以看出，尽管"娱乐"、"财经"、"房产"等词只和杜威十进分类法中的类名部分匹配，但是这些词汇都属于日常用语，且目标信息非常明确，易于用户理解和查询。尽管新浪的类目名称不全都符合学科分类科学、严谨、准确的特点，但是相较于"793 室内游戏及娱乐"、"332 财政经济学"、"643 住宅及家居用品"等学科分类词汇更易被用户所接受。而"博客"、"乐库"、"论坛"、"视频"等词汇虽然不能在杜威十进分类法中找到与之相对应的类名，但是这些类名都符合网络信息自然、清晰明了的特点，且为网络用户长期使用，符合网络用户的使用习惯。

2. 二级及以下层次类名

新浪二级及其以下类名的设置比较随意，基本上按照事物相关度选择一个主题词汇作为该类目的名称，且大量使用了网络流行词汇。例如，新浪"新闻"大类下属的二级类目有"国内"、"国际"、"社会"、"军事"等（具体类目可参见表 11-1），在这些类目名称中，新浪没有使用任何专业词汇，主要根据用户的实际需要，根据不同的新闻类型，选取一个中心词汇作为类名。该大类下面的三级类目中同样采取这种类目设置方式，例如，二级类目"军事"下有三级类目"中国军情"、"国际军情"、"航空航天"等（具体类目可参见 11.6 节中表 11-9），这些类目根据新闻涉及的对象不同进行大致的划分和命名，并没有按照军事科学本身的学科分类来设置相应的类名。本章附表中详细给出了新浪类目设置的具体情况以及各个类目的类名,从这些表中可以看出,新浪底层类目名称没有使用任何学科命名方式,而是以主题为中心,用词比较随意,也没有形成任何的规律。

11.3.2 类名内涵清晰性分析

类名内涵清晰,是指类名所表达的知识范围与该类目下属的网络信息资源范围"相互匹配"。即类名必须完全涵盖所有的下属信息资源,否则用户可能受到类名误导,忽略了某些目标信息资源;类名也不能远远超过下属信息资源的范围,否则用户也会受到类名误导,错误进入该类目检索,降低检索效率。与类名用词合理性一样,分类体系也可以通过注释对类名内涵加以说明,以保证用户准确理解类名内涵。

新浪没有给出类目注释,这样对用户而言就没有任何附加信息可以帮助其理解类名。下面将从新浪大类类名和缩写词汇两个方面分析新浪的类名内涵是否清晰。

1. 大类类名

新浪大类分类较细,涉及范围较为广泛,仅从大类下的子类来看,新浪大类类名都可以涵盖其下子类的信息内容。

但是新浪大类在涵盖其下属子类内容的同时远远超出了其子类所属信息资源的范围。例如,在一级类目"科技"以下有二级类目"互联网"、"电信"、"3G"、"科普"、"IT"、"手机"、"笔记本"等。以杜威十进分类法中的"科技"相关的类目作为比较,有"000 总论"中涉及的计算机知识分类"001 知识"、"002 书籍"、"003 系统"、"资料处理与计算机科学"和"程序设计、程序和资料"等子类目,以及"500 科学"大类下涉及的"510 数学"等 10 个二级类目和 100 余个三级类目。比较而言,新浪"科技"大类中涉及上述两方面的信息很少,信息资源范围相对有限,仅包含互联网和网络产品以及通信产品最近发展动态的相关新闻、销售、报价、使用和维护等信息,对于具体学科类目的相关知识介绍以及前沿知识发展动态的报道较少。因此,"科技"类名所表达的内涵远大于其下属信息资源范围。

虽然从科学的角度出发,类名内涵过大并不合理,但是从设计网络信息资源分类体系的角度出发,这种"大类类名内涵范围过大"的问题是可以理解的。将大类类名内涵范围设置较大,能够便于未来网络信息资源分类体系的扩展和修改,添加某些类目无需修改基本大类结构,提高了分类体系的稳定性。而且大类类目处于分类体系顶层,即使用户因误解其内涵进入某大类类目进行检索,也不会由于检索层次过深而"迷失"。

2. 缩写词汇

在网络信息的发布中使用大量缩写词汇已经能够完全被网络用户所接受，但是缩写词汇是否能够有效地表达原词汇的信息内容，是否具有合理且易于理解的特性等影响着缩写词汇的使用效果，应用缩写词汇时信息发布者需要掌握一个合适的尺度。

新浪在类名设置过程中使用了大量的缩写词汇。对部分类名使用缩写形式，能够有效地概括相关内容，但是在使用的过程中如果忽略了类目命名的科学性这一关键问题，就可能导致部分类目产生一定的模糊性。例如，在"体育"大类中，使用"欧冠"（欧洲冠军联赛）、"意甲"（意大利足球甲级联赛）、"英超"（英格兰足球超级联赛）、"西甲"（西班牙足球甲级联赛）等缩写词汇既体现了主题分类通俗易懂的特点，又符合用户平常的使用习惯，同时这些词汇也能够有效地代表其所涉及的相关内容。而在"娱乐"大类中用"电影"（电影相关报道）、"电视"（电视节目和电视剧相关报道）、"音乐"（音乐发行和相关艺人报道）、"明星"（娱乐明星报道)等缩写则可能造成一定的误导，因为在新浪"娱乐"大类中这些缩写只是代表相关的新闻报道，并不真正涉及电影、电视或者音乐的实际内容，电影和电视的实际内容在"视频"和"新浪大片"两个大类中，下载或者播放相关音乐则是在"乐库"大类中。此外，这里的"明星"也仅包含娱乐界影视明星的相关报道，并不包含体育界或者其他领域的名人明星报道，因此，这里的缩写词汇就可能会给用户造成一定的混淆，导致用户在检索相关类目时可能找不到目标信息。

11.4 新浪网络信息资源分类体系类间关系分析

类间关系，即各类目之间"透明的"或"可见的"逻辑关系。类目关系与大类结构、类目名称构成了一个完整的网络信息资源分类体系，大类结构是其框架，类目名称是用户接口，而类间关系则是整个系统的逻辑结构。如果将网络信息资源分类体系比做人体，大类结构就是骨架，类目名称就是外表，而类间关系则是遍布全身的经脉。没有完善的类间关系，网络信息资源分类体系就不能形成系统；缺乏类间关系的引导，仅依靠类名，用户将难以准确、有效地检索到目标信息；类间关系不明确，在构建网络信息资源分类体系时，也很难将信息资源科学、准确地归类到合理类目下。

本节将从类目纵向隶属关系和类目横向相关关系两个方面对新浪的类间关系进行分析。

11.4.1 类目纵向隶属关系

类目纵向隶属关系指上层类目与下层类目之间的逻辑关系，也是用户进行类目跳转的主要逻辑关系。本节主要从分类体系深度、分类体系广度和纵向关系交叉3个方面考察新浪的类目纵向隶属关系。

其中，分类体系深度指的是分类体系层次的数量，分类体系广度指的是分类体系每一层次可以选择的类目数量。如果类目体系是窄且深的，用户必须点击多次才能找到低层次的信息，这样就会使用户失去查找该信息的兴趣；如果类目体系是宽且浅的，每一层次上面对大量可选择的类目，用户可能会对于如何选择类目产生困惑。因此，在构建分类体系中协调好广度和深度的平衡十分重要。

而纵向关系交叉是网络信息资源分类体系的特点。由于网络信息资源的虚拟性，以及超文本链接技术的支持，使网络信息分类体系摆脱了传统文献分类体系单线性的限制，可以对网络信息资源进行多维的分类揭示。这种多维模式，在纵向隶属关系上体现为一个子类（或者一条信息）可以隶属于多个父类。因此，如何清晰地标识并展现这种纵向关系交叉是网络信息资源分类体系必须解决的问题。

1. 分类体系深度

网络分类法体系展开的层次决定着分类导航系统、知识地图的详略程度，层次越多越深，知识被组织得越细密，每一个类目下信息的相关性就越高，但同时也会使知识树的枝叶越来越茂密，处于较低层次的信息越隐秘，不容易被查找，削弱了分类导航系统的直观浏览功能。新浪作为门户网站，其主要功能是为用户提供大量的新闻信息，因此并不需要将其信息按照专业学科分类进行详细划分。其对信息划分的目的是方便用户检索相关信息，减少用户的检索时间，增加检索效率。将新浪中每个大类的类目层级进行统计，从大类类目到最底层类目所经过的层数作为大类的深度，结果如表 11-7 所示。

表 11-7　新浪各大类深度统计

大 类 类 目	大 类 深 度	大 类 类 目	大 类 深 度
新闻	5	教育	3
体育	4	星座	3
娱乐	3	旅游	5
财经	4	游戏	4
科技	4	论坛	4
博客	6	UC	3
视频	5	乐库	3
女性	4	搜索	2
房产	4	手机	3
汽车	4	工具	2
文化读书	4	地方	2
育儿	4		

从目前各大中文网站和搜索引擎来看，分类体系的层次基本都控制在 2～6 级，

这个经验值是根据目前网络信息的实际情况和用户浏览查询心理总结出来的，比较符合网络分类法体系层次的要求。从表 11-7 可以看出，新浪在其信息资源分类体系中多采用 3～4 个层级，少数为 5～6 个层级，因此，可以认为新浪网络信息资源分类体系的深度设置比较适中。

2. 分类体系广度

分类体系广度一方面体现为每个层次用户可以选择的类目数量，另一方面分类体系广度也体现为分类细度。分类粒度越细，则分类体系广度越大；分类细度越粗，则分类体系广度越小。

在 11.2.3 节中讨论了新浪一级类目和二级类目的设置情况和设置数量，从表 11-4 可以看出，新浪大类下的二级类目除"教育"、"博客"、"论坛"和"地方"以外，其他大类下的二级类目大部分都在 10 个子类以内，最多不超过 15 个，新浪各级类目设置的具体情况可见 11.6 节中的附表。从这些类目表中可以看出，新浪大类下的底层类目数量大多都在 10 个类目以内，相对比较集中。因此，可以认为新浪没有细化底层类目，而是尽量将底层信息聚集到相对有限的几个底层类目中。这样做的好处在于方便用户查询信息而不至于"迷失"于过多过繁的类目体系中。

从每个底层类目包含的信息数量来看，新浪底层类目的信息数量较大。如根据表 11-5 所示的"新闻"大类底层类目信息条目数目，大部分底层类目信息条目数量都在 100 条以上，最少的信息条目在 10 条以内，最多的信息条目达到上万条。这种情况存在的原因主要是新浪保存了时间跨度较大的信息记录，如"新闻"大类中的"全国各地"中的信息记录可查阅到 2005 年 6 月 22 日。但是此类信息都按照更新时间进行排列，用户可以通过自行设定时间来检索需要的信息，不存在杂乱无章而导致无法检索的情况。

3. 纵向关系交叉

新浪网络信息分类体系中存在大量的交叉隶属关系，一个子类目可以隶属于多个上位类，并利用超文本技术进行链接，实现了类与类、类与具体信息页面之间的互联，实现了信息组织的多维化，可以提供多途径检索。

在新浪大类中"视频"、"博客"、"论坛"等类目是按照网络信息类型设置的，在其他大类中也设置了相应的二级或三级类目。例如，新浪 24 个一级类目中只有 6 个没有将"视频"设置为子类目，其他大类下的子类中都存在"视频"子类，这些子类目又同时隶属于一级类目中的"视频"大类。下面将以具体事例来说明这一交叉类目设置方式。

例如，"新闻"大类下设置有二级类目"国内新闻"，该类目下设置有三级类目"视频新闻"，而在"视频"大类设置有二级类目"视频新闻"，该类目下又设置有三级类目"国内"。虽然隶属于不同的大类，但是二者下属的信息相同。如点击"新闻"大类下"视频新闻"类目中的某一条目"视频：长春劫持人质疑犯被狙击手击毙瞬间曝光"这条视频新闻，其页面跳转如图 11-23 所示。

图 11-23　"视频"大类下的"视频新闻"子类

该条目信息的浏览路径为"新闻>国内新闻>视频新闻>正文"，但从图 11-23 中区域①可以看到，新浪标注的该条视频新闻的路径为"新浪视频>视频新闻>正文"，说明该条视频信息处于两个大类下的交叉类目"视频新闻"中，在浏览时发生了类目的跳转，浏览路径也发生了变化，其逻辑结构如图 11-24 所示。

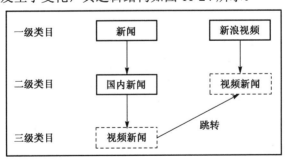

图 11-24　交叉关系示例

在图 11-24 中，虚线框中的类目为交叉类目，由于新浪没有添加任何关于交叉类目的标注或注释，仅从这两条路径本身来看无法判断两条路径中哪一条是"原始路径"，但是从图 11-24 所示的跳转方向来看，可以认定第二条路径"新浪视频>视频新闻>正文"为该视频信息的原始路径。

纵向关系交叉既体现了新浪信息分类的多样性，又为用户检索信息提供了一定的便利，使用户可以从多个不同的类目或者路径查询目标信息。但是，新浪在设置交叉类目时只展示了当前类目的"原始路径",并没有将该类目的所有访问路径标明。如图 11-23 区域②所示,该处仅标注了一个可以连接至"新闻"大类类目页面的超链接跳转,没有标注原来进入该内容页面的浏览路径,这样可能给用户回溯原来的浏览路径带来不便。

11.4.2 类目横向相关关系

类目横向相关关系是指同一父类下多个子类之间的逻辑关系。类目横向相关关系一般可以表现为同级类目的排序方式、多角度设类和多元划分。与类目纵向隶属关系不同,这些同级类目之间的逻辑关系一般并不以文字或链接的方式向用户展现,即这些关系对用户是透明的。

尽管用户看不到类目横向相关关系,但是它直接影响到用户从大量同级目录中选择目标类目的效率。因此,本节将从排序方式、多元划分和多重列类 3 个方面分析新浪的类目横向相关关系。

1. 排序方式

如 11.1.3 节所述,由于海量信息和类目设置较多,新浪在其分类体系中使用了多种排序方式,主要有以下几种。

(1)按系统排序。它是根据类目之间的内在联系排列,列类次序反映客观事物本身的发展和联系。如"育儿"类中的各类信息就是按"准备怀孕"、"怀孕"、"分娩"、"新生儿"、"婴儿"、"幼儿"、"少儿"、"婴幼儿教育"、"家庭教育"等从低级到高级排列顺序。这种排序方式符合用户浏览的逻辑思维顺序,同时以系统排序的方式来展示信息也为用户检索信息带来方便。

(2)按频率排序。新浪分类体系的一级类目和绝大多数的二级、三级类目的排列都采用了按频率排列的方式。如其一级类目中将"新闻"、"体育"、"娱乐"、"财经"等类排在了大类中的前几位,在大类"体育"一栏中将"NBA"、"欧冠"、"意甲"、"英超"、"西甲"、"中超"等栏目排列靠前,而"棋牌"、"高尔夫"、"F1 赛车"等则排列靠后,这种方式主要是从用户的角度出发,根据用户的关注度来调整其排列顺序。这种排序方式虽然遵循了从用户角度出发的原则,但若是用户的兴趣发生了改变,类目的使用频率也将会随之改变,这种排列优势也就体现不出来了。而且不同用户的兴趣也不一样,因而这种排列方式体现不出明确不变的顺序,也体现不出类目之间的关系。

(3)将采用同一分类标准划分出的类目集中排列。在新浪分类体系中的"教育"类就是采用这种排列方式。"教育"大类下的二级条目分为 3 个主要的版块,其中一个版块按照教育的目的分为"心理"、"外语"、"出国"等内容;另一版块以各种考试为主,分为"中考"、"高考"、"考研"、"公务员"等内容,这样排列类目符合基本逻辑,也符合人们的思维习惯和认识发展规律。

（4）按字母排序。这里所指的以字母排序不仅仅是按英文字母的顺序排列，同时包含了按照中文汉字的笔画顺序进行排列。这些排序方式主要使用在比较密集的信息展示部分，如"博客"类目中按照作者姓名检索部分，"教育"类目下的院校信息排列部分，以及"天气"类目下"城市天气"中各个城市分布等。这种排序方式简单明了、使用方便，为用户快速检索信息提供了便利。

2. 多元划分

所谓多元划分，是指类目展开时，同时采用多种划分标准。传统分类法在类目展开时，通常按照同一逻辑分类的原则进行，每一次都采取相同的划分标准，只有在必要时才采用两个或两个以上的标准。事实上，信息的多重属性决定了它可以从属于两个或两个以上的知识门类。传统的等级体系分类法由于类目划分的单一标准原则，一个子类只能隶属于一个父类，一个父类也只能用一个标准划分成若干个子类，其线形结构无法全面地揭示主题之间的客观联系。与传统分类法相比，网络信息分类的类目展开受划分标准的束缚较少，往往在一些类目下同时采用两个或多个标准。

为了增加信息的检索途径，方便用户查找，新浪在某些类目体系展开时采用多元划分的方式。但是在这些多角度的设置过程中并没有使用任何标识进行标记。以新浪"文化读书"大类下的二级类目"书库大全"为例，如图 11-25 所示。

图书信息 (600378)	图书连载 (14879)	原创连载 (48660)	搜书、购书、读书、写作，一站式服务！
小说 (30605)	经济与管理 (62158)	励志与成功 (15432)	文学 (33764)
艺术与摄影 (33516)	传记 (11170)	国学 (3505)	武侠与奇幻 (1942)
校园青春 (3304)	动漫与幽默 (4728)	英语及其他外语 (38697)	考试、教材与参考书 (71713)
娱乐时尚 (9010)	运动与健康 (12336)	烹饪美食与酒 (10268)	旅游 (8868)
少儿 (35499)	家庭 (26650)	婚恋与性 (1639)	政治与军事 (17347)
哲学与宗教 (17345)	社会科学 (11225)	中国语言文字学 (7273)	文化、教育与信息传播 (52543)
科学与自然 (23658)	计算机与互联网 (45528)	医学 (30826)	体育 (4488)
工业技术 (70275)	农业林业 (10240)	交通运输 (4683)	法律 (29333)
期刊杂志 (440)	历史与地理 (16011)	辞典与工具书 (8074)	进口原版 (88)
地图 (1926)	影印版和引进版 (1019)	特价书 (4862)	其他 (94005)
综合二 (146)	综合三 (133)	综合四 (23)	

图 11-25　"书库大全"类目设置

实际上，新浪在"书库大全"类目的划分过程中同时采用了 6 种标准，分别是体裁、学科、主题、用途、版本和载体，具体如表 11-8 所示。

表 11-8　"书库大全"下的多元划分

设置角度	设置类目
体裁	小说、传记、国学
学科	经济与管理、文学、艺术与摄影、英语与其他外语、宗教与哲学、社会科学、中国语言文字学、教育与信息传播、科学与自然、计算机与互联网、医学、体育、娱乐时尚、工业技术、农业林业、交通运输、法律

续表

设 置 角 度	设 置 类 目
主题	校园青春、少儿、家庭、婚恋与性、励志与成功
用途	地图、考试、教材与参考书、辞典与工具书
版本	进口原版、影印版和引进版
载体	期刊

从表 11-8 可以看出，新浪从用户需求的角度出发采用了多元划分，这样就为用户检索提供了多条不同的检索路径。例如，某用户要查询书名为"计算机网络技术"的外文版图书，则既可以通过"计算机与互联网"这一类目查询到相应的外文书籍，同时也可以通过"进口原版"这一类目查询到该书。

多元划分使得新浪在类目展开时，各层次下的子类目类型多、数量大、范围广，同时有效减少了类目展开的层次，增加了类表的直接性，减少了换屏次数，节省了检索时间，给用户带来了极大的方便。

但是新浪并没有标明每个类目采用的设类方式，同时各个子类目下所采用的排序方式也不尽相同，所以用户也可能在检索中会产生混乱，反而导致了检索效率的下降。

3. 多重列类

多重列类是指在类目展开时，同时使用多种不同的引用次序，重复反映某一类目，多维度地展开类目体系。由于任何事物都具有多重属性和多向成族的特点，采用多重列类可以将同一类目多次重复反映，适应了用户不同的思维方式，达到通过多个入口及路径检索到同一目标信息的目的。

例如，在新浪"乐库"中既有按地域划分的"华语音乐"、"欧美音乐"、"日韩音乐"，也有按照"歌手姓名"划分的类目，同时还有按照音乐类型划分的"唱片"、"MV"等。这就使得在类目展开时，各层次下的类目类型多、数量大、范围广，同时也减少了类目展开的层次，增加了类表的直接性，为从不同角度展开类目体系提供了条件。

但是新浪同样没有明确标识出多重列类的相应类目，或者给予用户相应的信息提示。因此，即使新浪采用了多重列类的方式，用户也不明确应该使用什么样的引用顺序检索目标信息更有效率。

11.5　新浪网络信息资源分类体系综合评价

与传统的文献分类法不同，网络信息资源分类体系不仅要考虑分类体系的科学性、系统性，还要考虑网络信息数量多、内容庞杂、变化快、稳定性差的特点，同时还要考虑网络信息用户的特点并满足其复杂的需求。因此，评价一个网络信息资源分类体系也需要从分类体系科学性和系统性、网络信息特点体现程度以及网络信息用户需求满足程度 3 个方面综合评价。然而，分类体系、网络信息特点和网络用户 3 方面的要求是相互制约的，一个网络信息资源分类体系往往很难同时满足 3 方面要求。

新浪是针对普通网络用户的综合性门户网站，其主要目的是为用户提供各种类型的新闻信息，可以认为新浪网络信息资源分类体系是在借鉴传统文献分类体系基本框架的基础上，有针对性地利用网络信息技术体现网络信息特点，并尽可能满足网络用户的个性化需求而形成的。

下面本节将从分类体系特性、网络信息特性、用户需求特性 3 方面综合评价网络信息资源分类体系。

11.5.1　分类体系特性

分类体系特性是指从传统文献分类体系构架的角度，考察网络信息资源分类体系的整体框架是否满足传统文献分类体系的科学性和系统性要求。其中，科学性是指分类体系从科学的角度设置类名和类间逻辑关系；系统性是指分类体系通过合理设置并展现类目间逻辑关系，形成一个可供有效检索的有机整体。

1. 科学性要求

本节将从分类准则、系统内容、类名和类间关系 4 个方面评价新浪网络信息资源分类体系的科学性。

1）分类准则科学性

新浪采用了主题结合学科的分类准则，其中又以主题分类准则为主，学科分类为辅，同时根据其业务的发展，实时采用了按业务性质和主要功能来设置类目的方式。尽管新浪大类中存在少数按照学科分类准则设置的类目，但是在这些类目下仍旧设置了大量按主题分类准则划分的子类目。因此，与传统的文献分类法相比，新浪分类准则没有体现出严谨的科学性。

2）系统内容完整性

如前所述，和杜威十进分类法相比，新浪的大类类目覆盖了大部分现有的知识体系，但是其中有许多细节没有收录，知识体系不够完善。从另一个方面来说，新浪很好地体现了新兴网络对信息资源特有的展现形式，通过视频、声音、图片等非文本形式展示了更为丰富多元的信息，同时新浪通过博客、论坛、互动问答平台、资料共享平台等方式提供了多种信息传播和分享的重要途径。所以，与传统的文献分类法相比，新浪展示信息的形式和途径更具多样性，但系统内容需要进一步的完善。

3）类名科学性

新浪大类类名中使用了少量的学科分类类名，其子类中则几乎没有使用。从新浪整个分类体系来看，类名主要是按照主题方式设置的较为口语化的类名，因此新浪类名的科学性较差。

4）类间关系科学性

新浪分类体系中，纵向隶属关系一般较为合理，父类目能够有效地覆盖下属的子类目。新浪类名的横向排列采用了多种方式，如频率、字序等，但是缺乏同级类目横向关系的科学性描述。

2. 系统性要求

本节将从系统的复杂性、系统的灵活性和系统的可扩展性 3 个方面评价新浪网络信息资源分类体系。

1）系统复杂性

如前所述，新浪网络信息资源分类体系采用了传统的树形分类结构，这种从上到下层层展开的分类方式与超文本链接技术的结合，有效地体现了新浪分类的层次结构，同时很好地实现了类目纵向隶属关系间的跳转，用户只需要点击相应的类目链接即可进入该类目或内容页面。因此，从整体结构上来看，新浪分类体系并不复杂，且易于理解和使用。

但是，新浪使用了大量的纵向交叉类目，一个子类目可以隶属多个父类目，而且这些交叉设置的类目没有任何的说明或标注，而且在交叉类目的跳转过程中，新浪仅仅显示了该类目的"原始路径"，而没有将类目的全部"可用路径"显示出来，这种交叉结构使得系统变得比较复杂且容易使用户混淆。

2）系统灵活性

新浪采用了合适的分类层次深度，在类目展开时使用了多元划分、多角度设置等灵活的方式，为用户检索信息提供了方便。如前所述，在新浪网上检索信息一般只需检索 3~4 个层级，最多不会超过 6 层，同时可以通过不同的路径进行检索，从而大大降低了检索的时间和难度。因此，与传统的文献分类法相比，新浪的灵活性较高。

3）系统可扩展性

与传统的文献分类法相比，新浪并没有限制其大类和下属子类数量的限制，同时新浪大类下属的子类并不能完全覆盖大类所属的知识领域。因此，新浪分类体系还有很大的扩展空间，不管是添加大类还是在大类下设置新的子类，都不会影响其基本结构，具有较高的灵活性。

11.5.2 网络信息特性

网络信息特性是指网络信息资源分类体系应当充分考虑网络信息资源的特点，并充分利用网络信息技术加以体现。本节将从网络信息资源类别和网络信息资源动态性两个方面评价新浪的网络信息特性。

1. 网络信息资源类别

随着网络技术的发展，网络信息资源也变得越来越多元，网络信息早就不仅仅是单一的文字和图片，声音、视频、动画等作为不同的信息内容展示方式各具特点。新浪网在信息表达方式的丰富性方面具有很大的优势，因为新浪本身就具有新浪乐库和在线视频观看，同时可以提供针对不同类型资源的搜索服务，如新浪爱问可以提供"图片搜索"、"MP3 搜索"、"视频搜索"等不同的功能。

总地来说，新浪很好地利用了各种网络信息资源不同的特性，有效地为用户提供了便捷的服务。

2. 网络资源动态性

网络资源的最大特点之一就是其动态更新速度快，同一类目中的信息在一天的时间内就可能进行多次更新。因此，优秀的网络信息资源分类体系应该对网络信息资源的变化具有极高的敏感性，可以迅速发现并有针对性地对原条目进行修改。

新浪的一大特点就是信息更新快、信息量大，因此可以说新浪网的分类体系较好地保持了网络资源的动态性，而且这种更新仅限于在原有类目中更新相关的信息，对于整个类目结构极少进行调整，即便进行调整也局限于增加或者减少部分的子类目，从而保持了整个分类体系相对的稳定性。

11.5.3　用户需求特性

用户需求特性是指从用户需求的角度，考察新浪能否帮助网络用户高效、准确、便捷地检索目标信息。下面将从实用性、直接性、自然性、快捷性和针对性 5 个角度来评价新浪的用户需求特性。

1. 实用性

实用性是指类目设置符合用户使用要求的程度。

新浪将提供各类新闻信息作为主要的目标定位，要求它必须考虑用户的实际需求，无论是在类目的设置还是信息内容的提供方面都要以用户为中心展开。在类目的设置方面，新浪主要采用了以主题为准则的类目设置方式，按主题划分的栏目降低了用户的认识负担，相对于学科划分方式，主题划分更直观、更易于理解。在内容方面，新浪根据大多数网络用户的需要，侧重于提供各类资讯信息，而弱化了科学知识方面的内容。这种类目设置方式和内容提供方式有效地保证了网络信息资源分类体系的实用性。

2. 直接性

直接性是指网络信息资源分类体系的类目层次和类目细分程度满足用户查全率和查准率要求的程度。由于类目层次越多，类目细分程度越高，用户在单一底层类目下检索到的信息数量越少，查全率低而查准率高；类目层次越少，类目细分程度低，用户在单一底层类目下检索到的信息数量越多，查全率高而查准率低。因此，实际上分类体系满足的是用户查全率与查准率之间的平衡。

如前所述，新浪类目层次最多为 6 层，大部分为 3～4 层，类目层次深度适中，不会为用户带来浏览上的厌烦感；从底层类目来看，底层类目根据不同的信息内容具有不同的信息数量，新浪对于存在较多信息条目的项目提供了较为有效的检索方式。同时为了方便用户查询，新浪提供了基于"关键字"的检索工具框，设置了"热点"、"排行"等类目，向用户推荐热门信息，增加用户的检索效率。

3. 自然性

自然性是网络信息资源分类体系在设置类目时适应网络用户的多元化和个性化程度。

新浪考虑其用户的多元性，在类目和类名的设置上弱化了专业性的词汇和用语，强化了自然语言和流行词汇在类名中的使用。这种通用且内涵清晰的自然语言更容易被用户接受。但是新浪没有为类目提供任何注释，即便是具有交叉项目的类目也没有注释，这可能为用户的浏览带来一定的困难。但新浪没有考虑到用户的个性化，用户不能对新浪设置个性化需求。

4. 快捷性

快捷性主要表现为在网络信息资源分类体系中，用户能够方便地进入目标类目。快捷性可以通过提供多种访问路径或跨层次访问目标目录实现。

新浪在类目体系设置中采用了大量的交叉设置、多重列类等方式，向用户提供多种访问目标类目或目标信息的路径，有效地适应了用户的多种思维方式和多途径浏览的需求。

尽管新浪类目体系是典型的树形结构，但是新浪通过提供多种访问方式供用户实现对目标类目的"跳跃"式访问。例如，设置导航类目和导航页，列出热点类目和重点推荐；设置不同形式的检索形式等，方便用户根据不同形式检索目标信息，实现了跨层次进入目标类目的功能。

5. 针对性

针对性可以通过网络信息资源分类体系将检索频率极高的类目和信息单独列出，有针对性地进行分类，并将重点类目细化实现。

新浪使用了重点类目推荐、热点类目排行、热点信息排行等方式向用户展示检索频率较高的类目，同时提供根据不同对象进行分类检索的检索工具，具有良好的针对性。

11.5.4　综合评价

总地来说，新浪分类体系最大的优点是以用户对新闻信息的及时需求为主要目标，结合传统学科分类法和主题分类法的优势，为用户呈现了一个较为完整的信息体系。

从用户需求的角度来说，新浪依据用户的实际需要设置类目，突出设置热门类目，弱化专业需求，强调新闻信息的时效性和时间上的延续性；在类名上使用网络用户易于理解的日常用语；将体系结构的深度和广度控制在适当的范围；在类目的展开上采用多种方式，使得网络信息分类体系更加灵活多样。但是在类目注释、用户个性化等方面需要加以改进。

从科学性的角度来说，新浪分类体系的框架结构采用了传统的树形结构；在类目设置上适量采用了学科分类准则和学科类名，但是涉及范围不够广泛。因此，新浪需要在满足用户需求的基础上加大对科学性的追求。

从分类体系的完整性和信息的完整性角度来说，新浪主要以用户的需求为导向进行定位，缩小了传统分类法中大类类目涉及的信息范围，强调新闻信息的实时性、实用性和直接性等特点；新浪为用户关注度较高的类目搜集和保留了大量的信息，而用户关注度较低的类目则信息量极少甚至取消了相应的类目。

总之，总体上新浪分类体系更适合作为一个为用户提供新闻信息的分类结构，而不是一个完整的网络信息分类体系结构。

11.6　附表（新浪网类目设置）

表 11-9　"新闻"类目设置

二级类目	三级类目	四级类目
国内	国内要闻（17）	
	国内视频（405）	
	焦点专题（400）	
	热点评论	（转新浪评论）
	新闻发布会（7）	
	新闻排行（18）	
	综述分析（6800）	
	嘉宾访谈	（转新闻会客厅）
	图片	（转新浪图酷-国内）
	视频排行（50）	
	全国各地	内地新闻（20000）、港澳台新闻（5219）、时政要闻（11280）
	深度报道	（转新浪深度报道）
	高层动态（6）	
	人事任免（6）	
	论坛	（转新浪论坛-百味论坛-新浪大视野）
国际	国际要闻（17）	
	焦点专题（400）	
	国际视频（147）	
	封面报道（转深度报道）	

续表

二 级 类 目	三 级 类 目	四 级 类 目
国际	热点评论（转新浪评论）	
	国际人物（4）	
	环球趣闻（1760）	
	环球趣图（5）	
	外媒精选（6）	
	环球视野（7240）	
	新闻排行(30)	
	图片	（转新浪图酷-国际）
	全球各地	欧洲（6）、美洲（6）、亚洲（6）、其他（6）
	国际百科书（8）	
	论坛精华	（转新浪论坛-百味论坛-新浪大视野）
	热点网评（20）	
社会	社会与法（11640）	
	社会万象（19880）	
	真情时刻（1723）	
	奇闻轶事（2016）	
	精彩图片	（转新浪图酷-社会）
	热点视频（173）	
军事	中国军情（18105）	
	国际军情（9174）	
	航空航天	航空新闻（4976）、高端访谈（51）、投诉建议（8）、名航资料库（45）、乘机指南（90）、支线航空（257）、航天新闻（1052）、天文航天（32）、论坛（转军事论坛-航空航天论坛）
	军事论坛	三军论坛（22978）、国际展望（12901）、军情评论（16096）、军事历史（5024）、军事CG图（974）、航空航天（7003）
	三军论坛	陆军专版（8623）、海军专版（6826）、空军专版（7193）、军贴原创（351）
	军情评论（16096）	
	军事CG（974）	
	军事博客	
	精彩视频	(转新浪视频-播客-军事)
	军事图库	新闻组图（1042）、高清大图（1392）、论坛图片（3221）
	新闻排行	军事热门新闻排行（20）、军事热门帖子排行（10）、军事热门评论排行（10）
健康	资讯	新闻（80）
		甲流动态（13675）
		保健（150）
		疾病（120）

二 级 类 目	三 级 类 目	四 级 类 目
健康	互动	博客
		论坛（62110）
	工具	疾病库（119）
		病状自诊（114）
		挂号
		寻医
		在线咨询（1002）
天气	国内天气	华东、华北、…
	国际天气	亚洲、欧洲、美洲、…
	机场气候	
	历史气候	
	灾害预警（5）	
	天气资讯（42）	
	百事通	
体育	（转新浪体育）	
娱乐	（转新浪娱乐）	
财经	（转新浪财经）	
科技	（转新浪科技）	
公益	绿色生活	乐活族（健康饮食、环保器具、快乐装扮、绿色出行），地球村（资源-节能、产业-技术、生态-回收、法规-常识），活动区（网友秀场、绿色之星、有奖专区、活动主题），互动线（专家评论、话题讨论、公益广告、博客、论坛）
	企业慈善	企业公益动态、公益捐款播报、志愿者之家、公益广告
	爱心人物	商界人物、娱乐明星、体育健儿、爱心网友、慈善家排行、锐话题
	募捐	
	志愿者	
	公益资讯	
	专题	
	社区	
	博客	
	论坛	
评论	时事（100）	
	财经（100）	
	体育（70）	
	文娱（100）	
	一语惊人（80）	
	看图说话（45）	
视频	大片	电视剧、电影、纪录片、高清大片、黄金剧场
	视频新闻	首页、国内、国际、社会、体育、娱乐圈、财经、科技、专辑、节目、滚动、排行

续表

二级类目	三级类目	四级类目
视频	播客	搞笑、猎奇、拍客、原创DV、八卦、音乐、军事、游戏、排行、专辑、最新、人气最旺、顶的最多、热门播主、机构风云榜
	嘉宾聊天	全部嘉宾、全部访谈、新浪中超报道、英超放大镜、时尚周刊、故事播报、娱乐快报
	电视台	卫视、地方台、节目单、电视精品
	实用生活	生活窍门、好吃好喝、我爱旅游、养生之道、时尚女性、育儿知识、加油爱车、宠物宝贝、视频课堂
图片	国内（76886）	
	国际（26892）	
	社会（29097）	
	军事（5655）	
	体育	篮球、国际足坛、国内足球、综合体育、网球、高尔夫、F1、棋牌
	娱乐	星闻事件、花边新闻、音乐秀、论坛、博客、美图、韩娱、电影秀、大剧场
	汽车（203232）	微型车、经济型车、紧凑型车、中档车、中高档车、高档车、SUV、MPV
	房产	精品推荐（977）、欧式（257）、简约（1424）、田园（529）、中式（485）
	科技	天文航天、动物植物、奇闻奇观、历史考古
	女性	秀场华服、晒客部落、服饰搭配、美丽妆容、明星赏图、风情图集、优品生活
	读书	历史影像、搞笑经典、原创摄影、五花八门、社会写真
	博客	新推荐、明星、街拍、玩转地球、奇趣、社会百态、老照片、卡通动漫、艺术设计、原创摄影之星
	论坛	趣味贴图、五花八门、社会百态、行摄匆匆、视频动画
新闻专题	国内（400）	
	国际（400）	
	社会（240）	
	娱乐（100）	
	体育	国内专题（100）、国际专题（100）、篮球专题（13）、综合专题（40）、网球专题（10）、棋牌专题（22）、赛车专题（24）、高尔夫专题（48）
	科技	互联网专题（60）、电信专题（43）、IT业界新闻专题（35）、会议专题（33）、科学探索专题（19）、手机专题（10）、数码专题（11）、硬件专题（6）、其他专题（20）
	财经	财经专题（120）、证券专题（133）、产经专题（60）、消费专题（13）、理财专题（93）、会议专题（152）、其他专题（13）
	教育	教育专题（110）、考试专题（112）、校园专题（112）
	读书	读书专题（50）、原创专题（22）、文化专题（48）
	汽车	新闻专题（81）、新车专题（68）、试车专题（31）、车展专题（27）、文化专题（34）、服务专题（49）、网友专题（66）
	旅游	旅游视点（27）、国内游（49）、出境游（39）、航空（10）、酒店（13）、活动（78）
	房产	宏观政策（65）、业界热点（607）、新房情报（138）、置业指导（397）、装修宝典（520）、论坛活动（223）、企业专题（45）、房产生活（38）

续表

二级类目	三级类目	四级类目
新闻专题	女性	服饰名品专题（50）、情感两性专题（48）、美容美体专题（50）、活动赛事专题（50）、论坛博客专题（50）
	游戏	网络游戏专题（340）、产业服务专题（304）、单击游戏专题（94）、休闲娱乐圈不专题（49）、电视游戏专题（56）、电子竞技全部专题（75）、手机游戏全部专题（175）
	育儿	准备怀孕（25）、怀孕期（101）、分娩期（50）、新生儿（35）、婴儿期（80）、幼儿期（95）、学龄前（103）
	军事（214）	
	视频（46）	
	博客（208）	

注：括号中的数字为信息条目数

表 11-10　"体育"类目设置

二级类目	三级类目	四级类目
NBA	新闻	
	直播	
	电视表	
	排名	联盟排名、分区排名、数据排名
	统计	得分、篮板、助攻、抢断、盖帽、失误、命中率、三分命中率、罚球命中率、出场时间
	赛程	七日赛程、12 月赛程、1 月赛程、完全赛程、火箭赛程、篮网赛程、湖人赛程
	转会	
	伤情	
	球队	
	图片	
	评论	
	论坛	
	深锐观察	
	老照片	
欧冠	新闻关注	A～H 组
	赛程	
	积分射手榜	
	评论	
	视频	
	组图	
意甲	新闻	AC 米兰新闻、国米新闻、尤文新闻、诸强新闻、花边、视频
	滚动	
	图片	

续表

二 级 类 目	三 级 类 目	四 级 类 目
意甲	赛程	
	积分射手榜	
	评论	
英超	体育	
	积分榜	
	视频	
	赛程	
	球员	
	数据	
	滚动	
	竞猜	
	曼联	
	阿森纳	
	切尔西	
	利物浦	
	诸强新闻	
	图片	
	转会	
	海外	
西甲	国际首页	
	皇家马德里	
	巴塞罗那	
	诸强新闻	
	积分射手榜	
	视频	
	赛程	
	数据	
	文字滚动	
	图片	
中超	滚动	
	国内足球	
	国足	
	中超	
	中甲	
	中超官网	
	中超数据库	
综合体育	图片	
	明星	

二 级 类 目	三 级 类 目	四 级 类 目
综合体育	奥运	
	排球	
	乒乓	
	羽球	
	田径	
	体操	
	游泳	
	跳水	
	冰雪	
	台球	
	手曲棒垒	
	水上	
	设计	
	重竞技	
	其他	
	摩托艇	
	网球	
	棋牌	
	F1	
	高尔夫	
网球频道	ATP 新闻	
	WTA 新闻	
	中国军团新闻	
	行业新闻	
	性感网坛	
	视频	
	图片	
	博客	
	评论	
	论坛	
	赛事	
棋牌	围棋新闻	
	国际大赛	
	国内风云	
	日韩动态	
	国际象棋	
	象棋	
	在线直播	
	视频	

二 级 类 目	三 级 类 目	四 级 类 目
棋牌	图片	
	棋谱	
	论坛	
	知识库	
	博客圈	
	大赛专题	
高尔夫	新闻	滚动、图片、高清、排行、明星、视频
	赛事	美巡赛、欧巡赛、亚巡赛、LPGA、中高协、国内赛、青少年、业余赛
	实用	球场、球技、球具、常识、活动、旅行、生活、入门
	产业	管理培训、产业资讯
	互动	博客、论坛、成绩、专题
F1	F1赛车	F1新闻、车队车手、年度赛程、积分榜、F1技术、直播室、论坛
	中国赛车	赛场新闻、官方公告、赛事赛历、成绩积分、参赛名单、图片欣赏、精彩视频
	其他赛车	方程式、房车赛、运动车、北美车坛、拉里越野、摩托车、其他、图片、视频、滚动
	赛车图片	
	赛车视频	
	知识爱问	
	F1摩托艇	世锦赛、中国站、中国队、知识、视频、图片、滚动、有奖竞猜
彩票	滚动	
	数字彩票	
彩票	双色球擂台	
	全国开奖	
	数据图表	
	即时赔率	
	动态澳盘	
	福利彩票	
	手机看彩	
	单场彩	
	彩票论坛	
	博客联盟	

表 11-11 "娱乐"类目设置

二 级 类 目	三 级 类 目
电影	影讯
	高清大片
	票房排行榜
	电影资料库
	剧照库
	好莱坞电影

续表

二 级 类 目	三 级 类 目
电影	DVD
	新闻
	视频
	评论
	专题
	影视点评团
	观影抢票区
	论坛
电视	美剧频道
	偶像剧
	每日荧屏
	收视排行
	资料库
	内地
	港台
	日韩
	论坛
	剧照
	视频
音乐	新闻
	乐库
	摇滚
	古典
	排行榜
	歌会
	专题
	评论
	图库
明星	内地强档
	欧美巨星
	港台风云
	日韩偶像
	专题
	明星资料
	图片库
	娱乐奥运
	韩娱
戏剧	话剧歌剧
	综艺戏曲
	舞蹈艺术

二 级 类 目	三 级 类 目
戏剧	剧评
	论坛
	博客
	新浪观剧团
	全国演出查询
韩娱	韩星
	韩剧
	韩片
	美图
	论坛
	专题
娱乐博客	
自由评论	星评、影评、剧评、乐评、杂志、八卦先锋、娱乐战将、博客说、媒体谈、草根谈、排行、专题
娱乐论坛	娱乐八卦、选秀地带、影视世界、娱乐贴图、音缘咖啡屋
娱乐专题	
图库	
视频新闻	
娱乐嘉宾聊	聊天实录、星动力、星画面、凝聚力、明星会、主持感悟、网友讨论区
新浪娱乐快报	
乐库	

表 11-12 "财经"类目设置

二 级 类 目	三 级 类 目	四 级 类 目
股票	行情	深沪、港股、美股、基金、期货、外汇、贵金属、债券、期指、权证
	自选股	沪深自选、基金自选、港股自选、美股自选、股价提醒
	公告	
	大盘	
	个股	
	研报	最新滚动、主力动向、个股评级、公司研究、行业研究、市场研究、宏观研究、个股点评
	新股	
	权证	
	创业板	
	公司	
	券商	
	风投	融资、并购、上市、宏观、政策、研究院、创业访谈、创业讲堂、滚动、行业
	评论	
	博客	
	论坛	
	基金	财经、理财、股票、动态、评论、公告、看市、持仓、报告

续表

二 级 类 目	三 级 类 目	四 级 类 目
股票	港股	蓝筹、国企、红筹
	美股	
	全球	欧洲股市、亚洲股市、美洲股市、澳洲股市、美国股市、香港股市、沪深股市
	期货	期货行情、股指期货、农产品、工业品、能源、黄金、外汇、品种研究、机构报告、及时滚动、专家坐堂、期货圈
	黄金	黄金分析、黄金期货、黄金资讯、黄金投资、其他贵金属、期货市场、外汇市场
	学院	股票、基金、期货、期指、权证、证券书籍、嘉宾访谈
	滚动	
	行业	金融、银行、化工、地产、石油、石化、地产、有色、水泥、钢铁、煤炭、医药、农业、电力、家电、汽车、商业、纺织
	市场	地区、种类
公司公告		
港股		
美股		
外汇		分析预测、汇市分析、期货分析、数据分析、数据走势、市场信息、机构观点、滚动、人名币、黄金、原油
基金		
理财		家庭记账、财务体验、理财案例、理财诊所、资讯技巧、理财产品、理财纵横
期货		期货行情、股指期货、农产品、工业品、能源、黄金、外汇、品种研究、机构报告、及时滚动、专家坐堂、期货圈
债券		债市要闻、债市研究、债市公告、债市热点、债市动态、知识库、经济数据
财经人物		商界精英、政府官员、经济学人、财富人物榜、财经人物志
博客		
视频		
行情		深沪、港股、美股、基金、期货、外汇、贵金属、债券、期指、权证

表 11-13 "科技"类目设置

二 级 类 目	三 级 类 目	四 级 类 目
互联网	精彩专题	
	国内滚动	
	国际滚动	
	博客	
	访谈	
	中国上市公司行情	
	国际上市公司行情	
业界	业界国内	
	业界国际	
	业界社区	
	美国科技股	
	博客	
	专题	
	每股科技股财报	

续表

二 级 类 目	三 级 类 目	四 级 类 目
电信	电信国内	
	电信国际	
	3G	
	电信社区	
	博客	
	精彩专题	
3G	新闻	要闻、滚动、排行、对话3G、城市先锋
	互动	3G讲堂、名博观点、社区
	产品	手机、上网本、上网卡、评测、游戏&软件
科普	科学观察	
	博客沙龙	
	天文航天	
	历史考古	
	自然地理	
	生命医学	
	生活百科	
	奇闻奇观	
	先锋新品	
环球地理	新闻	
	图库	
	动物世界	
环球地理	环境自然	
	科学百科	
	域外风情	
	历史考古	
IT博客	要闻	
	互联网	
	IT业界	
	电信	
	科普	
	机构	
	数码	
新浪数码	手机	
	DC&DV	
	笔记本	
	硬件	
	台式机	
	家电	
	单反	
	下载	
	产品报价	
	测评室	
	学院	
	上网本	
	数码社区	

表 11-14 "博客"类目设置

二级类目	三级类目	四级类目
娱乐博客	明星日志	
	娱乐八卦	
	影音评论	
	片场传真	
	影音博客	
	选秀地带	
	图片博客	
体育博客	明星博客	
	专家博客	
	体育图片	
	草根博客	
文化博客	名家专栏	人文、辣评、记录、史话、悦读、七卦
	老照片收藏	
	网友专栏	深度阅读、人文视野、城市江湖、女子文坊原创连载、读书随笔
女性博客	情感故事	
	生活话题	
	婚嫁新娘	
	女人八卦	
	服饰潮流	
	美体健身	
	名人专栏	
	凡人日记	
	图片博客	
IT 博客	要闻	
	互联网	
	IT 业界	
	电信	
	科普	
	数码	
	机构	
	图片博客	
财经博客	经济-商界	
	证券-市场	
	理财-基金	
	行情-走势	
	文化-杂谈	
	机构博客	

续表

二 级 类 目	三 级 类 目	四 级 类 目
汽车博客	博客专题	
	精彩图片	
	车坛评论	
	新车发布	
	汽车生活	
	海外来风	
	开心自驾	
	赛道狂飙	
	技术讲堂	
	播客磁场	
房产博客	独家博客	
	全国各地	
	博客图片	
	名人连载	
	楼市房价	
	营销策划	
	建筑规划	
	土地商业	
	地产圈	
教育博客	校园生活	
	出国留学	
	教育视点	
	英语考试	
	学历考试	
	资格考试	
	图片博客	
游戏动漫博客	游戏博客	
	动漫博客	
	游戏图片	
	游戏漫画	
	动漫美图	
	漫画连载	
军事博客		
星座博客	爱情姻缘	
	财富事业	
	运势集锦	

二 级 类 目	三 级 类 目	四 级 类 目
星座博客	传统民俗	
	居家风水	
	趣味八卦	
	图片博客	
美食博客	美食 DIY	
	食尚主义	
	营养食话	
	天下美食	
	精彩图片	
居家博客	装修经验	
	家装案例	
	业界声音	
	设计师日志	
	居家生活	
	家居饰品	
	业界名人	
	图片博客	
育儿博客	专家讲坛	妇产科、儿科、营养、保健、早教、心理、阅读
	怀孕生产	备孕、怀孕、生产
	奶爸奶妈	婴儿期、母乳、营养、早教、杂技
	学做爸妈	幼儿期、生病、幼儿园、习惯、心理、阅读
	乐爸乐妈	学龄前、趣事、才艺、保健、杂记
	亲自阅读	
	婚姻家庭	
	海外生活	
	亲子关系	
	宝贝学艺	
健康博客	关注焦点	
	健康时尚	
	医患天地	
	保健养生	
	资讯前沿	
旅游博客	国内旅游	
	国外旅游	
	航空博客	
	酒店博客	
	图片博客	

二 级 类 目	三 级 类 目	四 级 类 目
公益博客	赈灾扶弱	
	公益明星	
	绿色环保	
	公益草根	
	助学支教	
	公益组织	
	精彩图片	
草根名博	草根互动	
	草根声音	
	衣食住行	
	名博摄影	
	我看娱乐圈	
	草根大讲堂	
	原创基地	
	青葱校园	
	情感夜话	
相册	相册精彩作品	
	精彩宝宝专辑	
	分享旅行照片	
	达人推荐	
图片博客	明星	
	街拍	
	玩转地球	
	奇趣	
	社会百态	
	老照片	
	卡通动漫	
	艺术设计	
	摄影名博	
	原创之星	
	汽车名博	
	美食名博	

表 11-15 "视频"类目设置

二 级 类 目	三 级 类 目	四 级 类 目
大片	电视剧	中国大陆
		香港
		台湾
		韩国
	电影	剧情
		喜剧
		爱情
		动作

续表

二级类目	三级类目	四级类目
大片	电影	惊悚
		犯罪
		恐怖
		家庭
		伦理
		冒险
		动画
		悬疑
		战争
		短片
		歌舞
		传记
		历史
		古装
		运动
		武侠
		儿童
		青春
		纪实
		科幻魔幻
		黑色幽默
		20 世纪 80 年代前电影
		国外电影
	纪录片	人文纪实
		探索发现
视频新闻	国内新闻	
	国际新闻	
	社会新闻	
	体育新闻	
	娱乐圈	
	财经	
	科技	
	专辑	新闻、八卦、体育、生活
	节目	东方卫视、北京电视台、深圳卫视、…
播客	搞笑	明星糗镜头、经典搞笑专辑、社会搞笑百态、哈哈趣闻、整蛊恶搞、爆笑宠物、相声二人转

续表

二 级 类 目	三 级 类 目	四 级 类 目
播客	猎奇	疯狂动物（狮子、老虎、猎豹、…），恐怖直击（车祸、枪击、恐怖意外、…），奇人奇事（魔术大全、牛人、功夫、…），谜团探索（UFO、木乃伊、金字塔、…），精彩纪录片（FBI 档案、犯罪实验、…）
	拍客	世相百态、奇人异事、社会风情、新闻快报、囧人囧事、一人风采、天下奇闻
	原创 DV	热点追踪、剧情/MV、搞笑动画、自拍记录
	八卦	明星爆料、劲爆影视、综艺秀场
	音乐	最新热播、经典老歌、音乐现场、网友翻唱
	军事	军事猎奇、军事热点、兵器大观、军史探秘
	游戏	人气网游、网络游戏、电子竞技、电竞人物、…
	专辑	原创、娱乐、游戏、广告、搞笑、体育、社会、音乐、生活、科技、猎奇、动漫、教育、…
	最新	原创、娱乐、游戏、广告、搞笑、体育、社会、音乐、生活、科技、猎奇、动漫、教育、…
	人气最旺	原创、娱乐、游戏、广告、搞笑、体育、社会、音乐、生活、科技、猎奇、动漫、教育、…
	热门主播	原创、娱乐、游戏、广告、搞笑、体育、社会、音乐、生活、科技、猎奇、动漫、教育、…
嘉宾聊天	明星在线	娱乐明星、体坛人物
	智慧问答	各界学者、人文墨客
	原创节目	股市播报、娱乐快报、中超报道、英超放大镜、车坛动静、亲子大讲堂、文坛开卷、伊言堂
电视台	卫视	北京卫视、东方卫视、…
	地方台	北京文艺频道、北京科教频道、…
实用生活	生活窍门	实用窍门、骗术揭秘、…
	好吃好喝	私房菜、特色餐厅、…
	我爱旅游	旅游攻略、自助游、…
	养生之道	四季养生、流感预防、…
	时尚女性	服饰潮流、美容扮靓、…
	育儿知识	怀孕期、分娩期、…
	家有爱车	驾驶技巧、爱车保养、…
	宠物宝贝	动物搞笑、训练课堂、…
	视频课堂	高招访谈、高考状元、…

表 11-16 "女性"类目设置

二 级 类 目	三 级 类 目	四 级 类 目
美容	化妆品	
	护肤	
	彩妆	
	美发	

二 级 类 目	三 级 类 目	四 级 类 目
美容	香水	
	图库	
	精彩专题	
	试用中心	
美体	瘦脸	
	水蛇腰	
	瘦大腿	
	巴掌脸	
	运动减肥	
	明星减肥	
	健康瘦身	
	图库	
服饰	明星时尚	
	流行装扮	
	接头潮流	
	省钱高招	
	瘦身搭配	
	精彩专题	
情感	婚姻家庭	
	恋爱地带	
	单身时空	
	倾诉热线	
	调查测试	
	八卦情场	
	情感口述库	
婚嫁	婚纱礼服	
	妆容发型	
	珠宝钻戒	
	省钱经验	
	个性婚礼	
	蜜月	
	居家杂货	
	婚嫁喜铺论坛	
	婚庆圈	
	情感书摘	

续表

二 级 类 目	三 级 类 目	四 级 类 目
尚品	餐厅	
	葡萄酒	
	钟表	
	珠宝	
	服装	
	酒店	
	皮具	
	度假地	
	航行	
	游艇	
	博客	
	生活私享	
产业	产业动态	
	产品观察	
	热点人物	
	热点品牌	
	产业数据	
	服装皮具	
	美容日化	
	奢侈品业	
	时尚传媒	
八卦	明星杂谈	明星隐私、明星动态、明星旧照
	奇谈怪事	事件揭秘、社会八卦
	时尚动态	环球快讯、名模、潮流
	名流政要	各国王室、政坛人物、传奇人物、豪门名媛
	研究新知	
	女性名博	社会学家、情感专家、两性专家
亲子	准备怀孕	
	怀孕期	
	分娩期	
	新生儿	
	婴儿期	
	幼儿期	
	学龄前	
	少儿	
宠物	乐园	时尚宠物、宠物娱乐、…
	商城	狗粮、猫粮、…
	服务	美容、医疗、寄养、…
	互动	宠物社区、媒体圈、…

表 11-17　"房产"类目设置

二 级 类 目	三 级 类 目	四 级 类 目
新闻	新闻	宏观、政策、公司、任务、市场、土地、…
	数据研究	项目地图、土地、住宅、商办、企业、…
	测评中心	测评研究、评估报告
	地产智库	问答、百科、名气、研究报告、…
	商务交易	开发商、服务商、供应商、…
	地产社区	论坛、圈子、家园、…
博客	独家	
	新锐博	
	地产圈	
	图片博客	
	名人连载	
	楼市房价	
	建筑规划	
	营销策划	
	土地商业	
买房	新房	
	二手房	
	租房	
	别墅	
	买房答疑	
	论坛	
	楼盘超市	
	楼盘图库	
	楼市地图	
	房贷理财	
	居家购物	
业主论坛	我要买房	
	购房答疑	
	房产杂谈	
	社区酷图	
	业主社区联盟	
商业地产	资讯	新闻资讯、热点专题、市场热点、资深访谈、…
	业内	活动现场、开店拓展、品牌动向、商业项目、…
	专业	经典案例、权威发布、专业服务、营销管理、…
	频道	旅游地产、商铺写字楼、品牌消费

续表

二 级 类 目	三 级 类 目	四 级 类 目
旅游地产	城市资讯	高端人物、城市要闻、城市经济、独家访谈、…
	旅游置业	楼市资讯、土地动态、置业攻略、网上售楼、…
	网友互动	旅游攻略、城市评论、互动猜想、城市故事、…
家居	资讯	图片、嘉聊、博客、专题
	家装	案例、家居秀、流程、家饰、…
	设计	设计师、样板间、ATCASA 设计频道
	产品	卖场、橱柜、家具、地板、陶瓷、涂料
	论坛	装修论坛、装修乐园、设计论坛
	风水	风水大师、风水知识、家居风水

表 11-18 "汽车"类目设置

二 级 类 目	三 级 类 目	四 级 类 目
新闻	滚动新闻	
	评论分析	
	市场营销	车市观察、营销之道
	行业新闻	业界动态、企业新闻、车界风云、人物访谈、海外车讯、调查报道、交通新闻
	购车新闻	新车信息、新车谍报、降价信息、试车评估、二手车
	产业新闻	卡车、客车、零部件
购车	新车	新车、谍报、静看新车、图片视频
	评车	网游口碑、试车报告、对比测试
	买车	按车型选购、网游购车心得、购车工具
	二手	各地车市、推荐经销商、求购信息
	图库	
	视频	
用车	交通新闻	交通信息、最新报道
	汽车保养	
	汽车召回	
	汽车保险	新车保险、车险知识、车险索赔
	汽车信贷	行业动态、车贷知识、车贷方案
	汽车轮胎	
	修车答疑	
	汽车装饰	
	政策法规	
	汽车配件	
	汽车用品	

续表

二级类目	三级类目	四级类目
用车	汽车改装	新品、试用、鉴赏、课堂、秀场、联盟、论坛、业界
	常用手册	实用工具 、汽车手册、政策法规、汽车知识大全
	违章查询	
社区	论坛	汽车文化、汽车品牌、地方车友会、汽车生活
	精彩图片	
	购车用车	购车心得、使用报告、品牌维修、改装作业
	自驾游	游记攻略、精彩路线
	博客	
	活动	
	视频	
产业	卡车	产业报道、市场动向、企业动向、物流市场、产品信息
	客车	产业报道、市场动向、企业动态、用户市场、产品信息
	零部件	产业报道、采购信息

第 12 章　互联网信息资源分类发展趋势

随着信息技术与网络技术的发展，面对种类、数量繁多的网络信息资源，如何在善变、无序的网络环境下实现更加有效的组织，使之由无序到有序，以便于人们根据工作与研究需要准确快速地检索所需信息，已经成为全球信息用户共同面临的课题。互联网的飞速发展、网络信息资源的剧增，使网络信息资源的组织与检索利用显得更为重要和迫切。近几年对于网络信息分类组织的研究已经取得了不少成果，但也存在许多不足，对于网络信息的优化组织、有效利用而言，如何将传统的文献分类法应用于网络信息的组织，充分借鉴现有的各网络信息分类准则，充分利用现代技术建立科学的网络信息分类体系，需要从理论上深入分析并服务于实践。本章将简要分析当前网络信息资源的分类组织与检索利用呈现出的发展趋势，并给出相应的建议。

12.1　传统分类法与网络分类法比较

12.1.1　传统分类法与网络信息组织之间的矛盾

由于网络信息与印刷类文献之间的种种差异，传统文献分类法中的许多规律和原则已不适用于网络信息分类，主要表现在：

（1）传统分类法是一个相当稳定的知识体系，更新周期较长，即使现在局部的更新都在持续进行，但一般更新一个版本要几年甚至十几年。以《中图法》为例，至今才出到第 4 版，对网上高度活动的动态信息资源难以适应。

（2）传统分类法是以学科分类和逻辑划分为基础的严密而又深细的分类体系，隐含的联系和限定贯穿于整个分类体系，许多复分仿分技术连专业人员都不易掌握，而网络用户大多没有时间先接受系统严格的分类法培训，因而传统的分类对网络用户存在比较严重的易用性不足问题。

（3）传统分类法的一维性无法适应网络信息的多维性。传统分类法为了满足文献排架的需要，采用的是顺序、单维、固定的组织方式，在表达类目、主题之间关系方面采用参见、组配、注释等方式，比较适应传统文献主题单一、学科分界相对清晰的特点，但不利于客观而充分地揭示和反映多维知识空间的立体联系，比如边缘学科、交叉学科等，更不适应于多元、交互、动态、日新月异的网络信息环境。

（4）传统分类法以印刷型文献为主要分类对象，对以图像、音频、视频、软件、数据库等形式存在的网络信息如何分类并不适应。当然，现有的网络信息分类工具虽然能够对形式多样的网络信息进行分类，但也还存在许多欠缺，还需要进一步提高完善。

总之，传统分类法建立在层层划分的学科分类体系之上，以高度规范化的代码或语词为标识来揭示和组织信息，能够比较全面和客观地反映知识全貌和其内在逻辑关系。由于网上的信息数量多且类型庞杂、变化快且不稳定、范围广且彼此关联，使得传统分类体系只能对部分网络信息有效，很难将丰富的网络信息全部聚集到一个等级列举式结构中。虽然传统分类法已经不能直接适用于网络环境下的信息资源分类，但其以学科分类和逻辑划分而成的严密而又深细的分类体系仍然可以作为网络分类法的重要借鉴，在网络环境下，非常有必要将两者结合加以改造和利用，从而编制出一部完善的、科学的网络信息分类法。

12.1.2　现有网络分类法相对于传统分类法的突破和不足

网络信息时代，人们上网求知和获取信息的需求越来越大。然而随着互联网的飞速发展，网络信息资源呈爆炸性增长，使得人们面临由于信息过载造成的信息无从消化、信息迷失、难以找到所需信息等问题。在如何能够快速、准确地从浩如烟海的网络信息资源中找到所需信息的用户需求驱动下，现有的网络分类体系突破传统分类法，抓住网上信息的类型和特点，充分重视网上用户的需求，依托计算机操作技术和环境建构起了多维的分类体系，揭示了多维知识空间的联系，从而初步满足了广大用户的需求。

然而在取得突破的同时也必须看到，现有的中文搜索引擎分类目录也有各种缺陷，不够科学和全面。首先是知识领域不全和知识体系不严密；其次是逻辑关系混乱，常有隶属关系不清的现象；再次是类目排列随意，类目划分缺少规范，无规律可循。这些问题都是由于缺少严格的词汇控制。

造成这种现象的原因，主要是因为目前网络上的搜索引擎大都是研究机构、计算机工作者设计的，他们的优势是计算机技术十分精通，熟悉网上信息，又重视用户需求，所以设计出的分类体系直观、实用和易用。虽然这一点很可贵，但由于大部分设计者不懂分类学和信息管理学科知识，缺少情报检索语言理论的指导，不重视知识体系的完整性和逻辑性，对网上信息的处理较为随意，往往只根据个人的理解，将信息归入到一定的类别。虽然也有少数设计者也想到参考《中图法》以及国内外一些文献资料分类法，但很快就发现，《中图法》存在体系过于庞大、分类过于细微、内容过于陈旧、专业性过强、难以掌握、离鲜活的网络信息太远等问题，采取了退避三舍的态度。所以现有的网络分类体系不够科学规范，有的甚至本末倒置，给人以千疮百孔和不伦不类的感觉。而从事文献分类工作和情报检索语言研究的图书情报专业人员重视知识体系的建构和揭示，强调语汇控制，熟悉分类法、主题法等情报检索语言，熟悉图书馆、情报所等正式出版的纸质印刷型文献环境及其用户，但实际参加网络研究和建设的很少，即使接触计算机和网络，也是忙于图书馆的全面自动化系统的建立，对其所藏文献资料加工往往沿用传统的《中图法》等分类体系，与网络信息脱节。

12.2　当前网络信息资源分类发展趋势

12.2.1　当前网络信息分类体系的不足

　　网络信息资源的分类体系如同探寻网络信息资源宝库的一把钥匙，可以有效提高用户检索的效率，因此许多门户网站，包括"搜狐"、"雅虎"、"网易"、"新浪"等，为了满足网络用户的需求，都推出了各自的分类体系。然而，这些网络信息分类体系中多存在以下几方面问题：①缺乏严谨的科学分类和知识分类，大类设置不全，分类体系不严密，很多网络信息难以归类；②类目划分标准比较模糊，类目关系缺乏科学性，类目划分混乱，随意性太大；③类目设置不够合理，不能反映类目之间的逻辑关系；④类目名称不规范，缺乏科学的定义；⑤类目处理上缺乏整体性和一致性，部分类目体系的下位类目超出其外延；⑥类目之间的排列随意，不够严谨，既不按字顺，也不按拼音，更无逻辑性。

　　以上网络信息分类普遍存在的问题，给网络用户带来许多不便。首先，用户按常规的分类体系和方法，无法查找到所需要的网络信息；其次，用户在使用各类不同网站时，必须熟悉各种不同的分类体系才能较快检索到所需信息。

　　从上述当前网络信息分类体系普遍存在的不足可以看出，统一我国网络信息组织与检索分类体系，实现我国网络信息资源分类组织与检索的规范化和标准化，已成为需要迫切解决的新课题。鉴于网络信息资源分类方法研究成果及网络信息资源的特点，一个组织良好的网络信息资源的分类体系应该：①能够满足网络资源组织的需要，结构清晰、层次简明并能涵盖各学科知识领域；②类目划分和类目次序的排列能够体现较严密的逻辑性，能够从整体上考虑类目学科体系的平衡，从而最大限度地反映当代社会科学与自然科学发展状况，扩大信息的涵盖面；③一级类目应相对保持稳定，因为它代表知识框架（也称知识分类大纲），而除了保证知识领域的完整性外，还应考虑用户兴趣及某些信息的重要性；④类目划分一般以3～4级为好，不宜太细。

12.2.2　网络信息资源分类与检索特征

　　由于网络信息资源自身的特点，网络信息资源分类与检索往往具有以下特征。

　　（1）多维性。网络信息资源的分类由于不涉及排架问题，主要用于网络信息资源的分类检索，因而可以按照因学科之间交叉与渗透造成的多元关系，采用多视角、多途径的揭示方式，从而充分反映学科发展的多维构架。用多元划分方式构建的多维分类体系，一个子类可以隶属于多个父类，一个类目可以重复列举在多个所属学科体系中，并通过超文本链接，实现有效的跳转，使整个类目体系形成一个可多角度展示、有多重入口的网状结构。

（2）词语标记。网络信息资源分类标记的主要作用是方便用户检索，因而直观性和表达效果是网络信息分类法的重点，而最具有直观性最能表达本意的标记就是词语，当词语即是类名又是标记符号时，用户就可以直接用词语来检索网络信息，标记符号（类号）基本上已没有实际意义。

（3）多重列类。网络信息资源分类时对类目的划分可以选择多个划分标准，建立多个分类体系，可以是"主-从分类体系"，也可以是"双表列类"或"多表列类"。"主-从分类体系"之间的主要区别是繁简不同、取舍不同，"双表列类"或"多表列类"则是由于不同划分标准形成的不同分类体系。网站在使用网络信息分类法多重分类体系时，可以只用一个分类体系，也可以同时使用多个分类体系，这给用户的检索带来极大的方便。

（4）动态性。由于网络信息资源处于一种动态的环境中，各种信息都在不断更新，因而网络信息资源的分类体系也应是动态的。网络信息资源分类体系的动态性，表现在类目及多重分类体系的选择上。网络信息分类体系中的每一个类目，门户网站在使用时都可以根据具体的网络信息需求进行选择，包含相关信息即可以选用，没有相关信息时就可以不列类。同样，对于多重分类体系，门户网站在使用时也可以根据适合原则采用一个或多个分类体系。这样随着网络信息内容的变化，就会形成不同偏重的网络信息分类体系，即网络信息分类体系不是一成不变的，而是不断动态变化的。

（5）兼容性。网络信息资源的分类，采用的是学科与主题相结合的兼容模式。仍然以学科为中心，但采取的是学科、主题、事物有机结合的立类方式，增强了主题立类，打破了传统分类法以学科立类的束缚，使用户检索更加直观。同时，由于网络信息资源的分类具有多分类体系，专业网站可以选择网络信息分类法的某一类目体系作为其专业分类体系，即把某一类目体系作为专业分类法来使用，从而达到集综合类表与专业类表于一体的效果。

12.2.3　网络信息资源自动分类与检索系统

据中国互联网络信息中心（CNNIC）发布发布的第 31 次《中国互联网络发展状况统计报告》，截至 2012 年 12 月底，中国网页数量已经达到 1227 亿个，而根据计世资讯的报告，2012 年全国每天新增数据量达到 10 ZB(1 百万亿亿字节)，仅百度每日更新的网页就达到数十亿，日处理数据数十 PB（1 PB（千万亿字节）=1024 TB），每天响应数十亿次搜索请求。这样庞大的信息量，采用手工方式是无法实现全面、有效的分类组织的，因此应用自动分类与检索系统组织网络信息资源就显得尤为必要，并逐渐成为网络信息资源分类组织的发展趋势。

网络信息资源自动分类与检索系统是融自动分类标引、分类检索于一体的网络信息资源组织、利用与检索系统，可以有效地对网络信息资源进行分类组织，并提供便捷、高效的检索利用。一般而言，一个网络信息资源自动分类与检索系统包括 3 个部分：网络信息资源自动分类系统，网络信息资源分类检索系统和分类知识库。一般网站用它可以组织本网站的网络信息资源，为用户提供分类检索；门户网站则可以用它组织分类搜索引擎，为用户提供全文信息分类搜索。

作为面向网络用户的网络信息资源分类检索工具，网络信息资源自动分类与检索系统具有以下特征：①安装在 Web 服务器上，采用浏览器在网络环境下使用分类体系；②学科体系化的全文网络信息搜索引擎；③采用组配化的检索方式；④具有词语表达的类目树体系；⑤融自动分类标引与联机检索一体化。

网络信息资源自动分类系统是计算机自动分类系统在网络信息方面的应用，通过采用分词技术和词频分析技术，自动提取关键词，在此基础上进行权重评价和相似度分析，最后依据分类知识库，将其归入所采用的分类体系中，整个过程利用计算机系统自动完成，具体步骤如下：①自动搜取网站上的网页信息资源进行分析、加工，根据 HTML 标识分析网页信息资源的各个组成部分，判断信息资源属于那一类信息，如标题、文摘、栏目等，并删除无意义的标识；②利用自动切分词软件，对初步分析、加工后的信息进行分词，提取表达网页信息资源的语词；③对提取出的语词进行词频统计，根据语词的来源成分赋予相应的权值，并在词频及权值的基础上，确定网页信息资源的特征关键词；④将特征关键词与分类知识库进行相似性匹配，依据相似度分析，将能涵盖各方面特征的关键词的类目确定为主要类目，将其他涵盖部分特征的关键词的类目确定为次要类目；⑤按主要类目和次要类目，对网页信息资源建立分类索引数据库，供用户检索使用。

12.2.4　分类、主体、自然语言一体化的搜索引擎

现有的网络信息的分类体系主要是各个网站针对网站自身包含的信息建立的，而鲜有专门针对整个互联网系统中的网页进行有效组织的分类体系。然而网络用户浏览和搜索信息往往不会局限于一个网站，因而就产生了如谷歌、百度这样的搜索引擎。搜索引擎也称检索引擎、查询引擎，广义上是指一种基于互联网的信息查询系统，包括信息存取、信息管理和信息检索；狭义上是指一种为搜索互联网上网页而设计的检索软件。搜索引擎是顺应网络用户因网络信息资源迅猛发展引发的检索需求而产生的新型检索工具，主要可分为以下几种类型：目录式分类搜索引擎、独立搜索引擎、基于客户的搜索引擎、元搜索引擎和分布式搜索引擎。

虽然搜索引擎的出现大大提高了网络用户信息检索的效率，但现有的各类搜索引擎也存在下列问题：①对网络信息的揭示缺乏深度；②检索查准率较低；③检索

功能单一、缺乏灵活性；④从学科及专业的角度检索信息难度大；⑤缺乏对自然语言的控制。

引起上述问题的根源在于搜索引擎对检索语言的应用与控制。由于现有搜索引擎缺乏对自然语言的控制，使自然语言成为了搜索引擎主要的检索语言，自然无法避免地降低检索质量。要彻底改变通过搜索引擎只能得到成千上万条似是而非的网页信息的局面，使网络信息资源能够得到有效的检索利用，十分有必要在搜索引擎中充分考虑分类语言、主题语言和自然语言各自的特点，这就是分类、主题和自然语言一体化搜索引擎。

分类、主题和自然语言一体化搜索引擎是指融分类检索、主题检索、自然语言检索于一体的搜索引擎。它的构成与其他搜索引擎基本相同，主要区别在于：①建立索引时是否采用自动分类标引系统建立分类索引库；②检索时是否采用了一体化词表加以控制。搜索引擎一般由信息采集器、索引数据库和检索软件 3 部分组成。信息采集器主要负责访问各类网站，首先取回主页信息，并沿网页上的超文本链接，然后自动访问网页链接的其他网页，直至采遍整个网站。索引数据库通过建立索引器对信息进行组织和标引，将信息采集器收回的信息进行语词切分及分析，对网页的地址、篇名、特定段落或全文进行自动标引，建立一个包含关键词的索引数据库，以备用户查询。检索软件则主要负责对网络信息资源的检索，为用户提供使用搜索引擎的接口。搜索过程通常通过一个 Web 应用程序实现，包括接收、解释用户的搜索请求，查询索引库，计算网页与搜索请求的关联度，最后提供排序后的搜索结果反馈给用户。

分类、主题和自然语言一体化搜索引擎只需对一般搜索引擎的工作原理作两个方面的改进。一是在建立索引数据库时，既建立关键词索引数据库，又建立分类索引数据库，方法是在索引器建立关键词索引数据库的同时，采用网络信息资源自动分类系统，建立分类索引数据库。二是在检索软件中增加分类、主题和自然语言一体化词表控制过程。当接收到用户的搜索请求后，首先判断检索的类型，如果是主题检索或关键词检索，就将用户提供的关键词通过分类主题一体化词表进行控制，转换为正式主题词，用这一正式主题词和所有入口词检索关键词索引库，并把检索得到的计算网页与搜索请求的关联度匹配，最后将排序后的搜索结果反馈给用户；如果是分类检索，则将用户提供的关键词通过分类主题一体化词表转换为分类号，用这些分类号检索分类索引库，并把检索得到的计算网页与搜索请求的关联度匹配，最后将排序后的搜索结果反馈给用户；如果是分类主题一体化检索，则将上述两个结果经过删除重复后，排序反馈给用户。

由于具有以下功能特征，分类、主题和自然语言一体化搜索引擎成为网络信息资源分类与组织的发展趋势和网络信息资源的主要搜索工具。

（1）全文的搜索引擎。一般目录式分类搜索引擎只是将网站的相关信息记录成一个个摘要，分类记录到数据库中的某个类目下，记录的信息是属网站级别的，因而提供的搜索服务业不可能是全文的。分类、主题和自然语言一体化搜索引擎则是将网站上所有网页信息全部获取记录到数据库中，并自动建立关键词和分类索引，因而能够提供最全面、最广泛的全文搜索结果。

（2）全自动的搜索引擎。目录式分类搜索引擎的数据库是依靠编辑人员人工撰写摘要归入某一个类目中的，是一种手工式的组织过程。一体化引擎采用的是自动切分词技术，能够应用计算机对网页进行分词和词性处理，并自动提取关键词，再通过分类主题一体化词表转换为分类号，建立关键词和分类索引库，是一种全自动的搜索引擎。

（3）词语受控制的引擎。一体化引擎在建立数据库及检索方面都采用了一体化词表进行词语控制，特别是在检索时，采用的是后控制的方法，既方便了用户的使用，又可提高检索效率，能够达到较高的检全率和检准率。

（4）可二次检索的引擎。一体化引擎可根据用户的需要进行二次检索，如可先采用分类检索，对检索到的结果再采用关键词检索，也可以先采用关键词检索，再采用分类检索，这样既可以保证查全率，又有较高的查准率。

（5）智能化的引擎。由于一体化引擎可自动对网页进行分词，并提取关键词，采用一体化词表转换为叙词索引和分类索引库，因而检索时可以大大降低系统的负担，提高检索的效率。同时由于采用了词表规范，并建立了分类索引，相当于组成了一个知识库，检索时可以根据词表中的词间关系进行扩检和缩检，或进行跳转检索，具有较高的智能化水平。

12.3　网络分类体系的构建

12.3.1　分类依据和方法

目前，网络信息分类法主要是指网络搜索引擎分类体系。许多学者从不同角度论述了如何构建统一的网络信息分类法的问题，其中就包括对有关分类体系构建依据及相关方法的论述。

基于"分类工具通常是根据分类对象的特点和用户需求，结合一定的技术环境建立的"的认识，马张华在《分类搜索引擎类目体系研究》一文中论述了分类搜索引擎类目结构的编制依据：①从分类对象来看，网络资源的特点是数量、种类多，动态性强，与新兴科学、商业、娱乐相关的资源较多，传统知识门类资源相对较少，要求有新的、适合处理对象的分类架构；②从用户需求来看，网络的使用对象涉及所有的终端用户；③从技术环境来看，网络信息分类体系应充分利用计算机操作环境与超文本技术，在体系构建、类目设置等方面发展不同于传统分类法的技术特色。

陈树年提出建构网上知识分类体系的基本结构编制方法：①有一个涵盖各知识领

域、结构清晰、层次简明、能满足网上信息组织需要的分类体系；②采用等级结构展示知识的系统联系，构成枝干分明的主题树或脉络清晰的知识地图；③类目的排列和检索结果的排列方法应采用对用户最有用的排列次序；④分类体系的标记应适当保留。

石晓华等在分析了网络信息分类法与传统分类法的优劣之后，首次提出了构建"中国网络信息分类法"的建议，并列举了具体的编制方法：①以传统分类主题体系为基础，构建多维的分类体系；②栏目因需而设，突出重点；③控制分级，减少栏目层次；④根据用户需求确定栏目名称的规范程度。

张琪玉提出了一整分类体系设计方针：①为不同类型的需求提供不同特性的分类体系；②在统一框架下设置分散独立、各自完整的分类体系；③分类体系的类目设置不以网罗全部网络信息资源为目标；④分类体系应具有开放性和可变性，并应有反映新颖信息的措施。并据此设计了一个供普通用户使用的分类体系框架。

王知津赞同石晓华的①、②、③条建议，认为可以借鉴传统分类体系，构建网络信息分类法，实现网络信息分类法与主题词表的结合，即分类主题一体化。而实现分类主题一体化，需要做好 3 个方面的工作：①建立一个结构简明的知识分类体系，通过对信息资源的系统分类，实现对网络信息的宏观控制；②建立一个智能化的控制词表，实现作者语言与用户检索语言的控制和转换；③建立分类体系与控制词表的系统联系，即将标引语言纳入分类体系，这样既可以用自然语言直接检索，也可以在任何类下进行语词检索，从而较好地实现分类与主题的兼容。

董琳提出设计一个融知识分类、行业分类、网站信息分类于一体的综合性中文网站分类体系，把主题作为主要聚类标准，学科和专业作为辅助聚类标准，常设 20 个一级类目，并把一级大类分为 5 大模块：较丰富信息的模块、高查询率模块、学科专业模块、查询人口模块和综合网站模块。

陆宝益提出一套编制网络信息资源分类体系的具体步骤，即建立专门机构，配备专业人员开展深入调研，制订可行计划，广泛征求意见，不断修改完善。

还有其他一些学者，如陈代春、赵培云、刘颖、许磊等也从不同角度论述了如何构建统一的网络信息分类体系的问题。

上述各位学者的研究成果为网络信息资源分类体系的构建提供了非常好的理论基础。总结各位学者的研究成果，结合网络信息资源的特点认为借鉴传统分类体系实现网络信息分类法与主题词表的结合，实现分类主题一体化，并基于用户需求为不同类型的需求提供不同特性的分类体系，控制分级和栏目层次，在统一框架下设置分散独立、各自完整的分类体系，同时保持分类系统的开放性和可变性，并在分类法构建过程中充分利用计算机操作环境与超文本技术的方法较为可行。

12.3.2　分类原则

构建新的网络信息分类体系，需要吸收现有搜索引擎分类体系优势，借鉴传统分类法的部分长处，并遵循基本的设计指导原则。有的学者认为，强调类表的科学性和专业性，而忽略了最终用户——信息需求者的利益，是传统文献分类法无法适应网络信息分类的基本原因之一，所以建立中文网络信息分类体系应以实用性为主。持相同观点的学者，如史学斌提出的"实用性、自然性、系统性、技术性和针对性"原则，以及郑庆胜提出的"实用性、全面性、规律性、统一性和特殊性"原则。

持相反观点的学者则认为，首要的原则是科学性原则。如吴丹认为，与传统分类法一样，网络信息分类也必须具备科学性原则，分类体系仍必须以科学的知识分类为基础，即科学性原则、易用性原则、针对性原则和动态性原则。其他学者，如陆宝益提出的"科学性、自然性、实用性、同一性、通用性、兼容性和发展性"原则，宋蓓玲提出的"科学性、实用性、易用性、自然性、针对性、快捷性和系统技术性"原则，敬卿、吴静提出的"科学性、实用性、易用性、自然性和通用性"原则，邓香莲提出的"科学性、简洁性、直接性、实用性、动态性和自然性"原则也都把科学性放在首位。

关于网络信息分类体系的原则，研究者智者见智，但很多学者都提到了应遵循"科学性"、"实用性"和"自然性"三条原则，其主要分歧在于是强调科学性优先还是实用性优先。本书认为网络信息分类法要适应组织网络信息动态变化的需要，满足用户复杂的信息查询需求，对于综合性、大众性的中文网络信息分类体系，应以实用性原则为主，同时兼顾科学性原则。

12.3.3　构建分类体系的语言

从实践来看，传统的文献分类法使用的是典型的人工语言，而网络信息分类法使用的主要是自然语言。因为人工语言严格的规范性使用户丧失了检索中的自主性和能动性，背离了以人为本的原则，自然语言逐渐成为检索语言发展的趋势。张琪玉指出，由于自然语言有其固有的缺陷，网络信息检索不可能仅仅使用自然语言，也必须使用人工语言。如情报检索用语发展的趋势，就是情报检索语言的自然语言化和自然语言的情报检索语言化两者的相互融合。有的学者认为需要对网络受控语言进行适合于网民习惯用语的改造，提出了"受控语言网民化"的思想。如陈晶指出"改进受控语言的易用化是网络环境下的大势所趋，而对自然语言进行必要的控制也是网络环境下势在必行的，两者的相互渗透、有机结合是情报检索语言发展的大趋势"。有的学者认为分类主题一体化语言，实质是受控语言内部的一体化，它不能适应网络检索的发展，应当建立更适合于网络信息检索的自然语言与受控语言结合的一体化语言。也有的学者通过分析受控语言和自然语言各自在网络中的应用，分析其优缺点，指出无论受控语言还是自然语言都有各自独特的优点和缺陷，不能彼此取代，但可以相互补充，且两者"在网络中的应用研究也表明两者之间呈现出明显的相互交织兼容的趋势"。

本书认为，任何一种语言都有长处和短处，都不能完全满足网络用户多样化需求，分类语言和主题语言相结合、自然语言和人工语言相结合才是建构网络信息分类法的发展趋势。

12.3.4　现代技术在网络信息资源分类体系构建中的应用

由于网络信息分类法必须要能够适应网络技术环境，这就要求在编制过程中适当采用各种现代信息技术，如自动分类技术、人工智能技术、网格技术等。许多学者研究了现代信息技术与网络分类体系构建的关系。例如，马张华专文阐述了超文本技术在网络信息分类法编制中的应用，指出超文本技术可以改进主题之间多维关系的揭示；可以从多个角度组织信息资源；可以进行轮排，即多表列类；可以设置镜像类目，根据需要对某些重点类目或热点类目突出反映；可以动态设置类目和动态揭示类目之间的关系，根据需要及时增添类目或删改类目；可用于连接不同的检索系统，增加检索入口；可以连接分类体系与相应的说明文字与规则系统。

陈旭论述了分面分类在网络信息分类法编制中的应用，提出在编制网络信息分类法时，可根据需要利用仿分技术编制各种类型的通用复分表、专用复分表及规定必要的仿分，同时说明了分面叙词表的应用，并阐述了分面分类在可视化检索中的应用。他认为，在检索界面上设置主题分面、书目形式分面、时间分面和地域分面，然后再按等级列举的方式分别展开，既便于类表的修订与维护，又便于用户检索更为专指的信息。

周淑云在其发表的《分类主题一体化构建网络信息分类体系》一文中指出，理想的网络分类法应是分类法和主题法的结合使用，理想的模式是以"分类—主题"的方式对知识进行组织，形成一种兼具分类、主题两种标引和查找功能的新型检索语言，从而为不同层次和不同需求的用户分别提供不同的信息查询功能。分类主题一体化的网络分类体系既突破了传统分类法层层划分、层层隶属的等级结构又克服了主题法系统性差、将同类信息分类的特点。

实际上，网络信息资源正是伴随现代信息技术的产生而产生的，两者有着天然的联系。如何有效利用自动分类、人工智能、网格等现代技术，适应网络技术环境的发展特点，正是网络信息资源分类必须面对的课题，同时现代信息技术也是实现网络信息资源分类非常有效的解决手段。在构建网络信息资源分类体系时，必须将各种技术要素和技术手段同时考虑在内，这样才能提出最适合的网络信息资源分类方法。

12.4　网络信息资源分类体系构建建议

12.4.1　分类、主题和自然语言一体化

1. 使用分类主题一体化方法组织网络信息

在网络环境下，多途径检索的要求更加突出，单纯使用分类或主题词方法组织知识都不可能满足网络信息查询的需要，理想的模式应是分类、主题语言一体化，在采

用分类体系进行系统展示的同时，还可以从著者、题名、类名等多种角度或关键词、标题词等多种形式对知识进行揭示和组织。传统分类法的系统性较强，有利于族性检索，符合人们的思维、检索习惯，但分类检索的检全率较低；主题法为用户提供了最直接、直观、简便的检索途径，有利于特性检索，但在检索结果中可能夹杂着大量不切题和无用的信息，导致检准率较低。两者有机地结合，分类主题一体化，可以取长补短、相得益彰，克服分类检索语言单纯以学科聚类、主题语言单纯以事物聚类的局限性，实现分类系统与主题系统的兼容，发挥最佳的整体效应。例如，在搜索引擎上进行关键词检索时，可以选择在所有站点或仅在此目录下的站点中进行检索，可以在输出关键词检索结果的同时，列出相应的分类检索途径。这种方法既保留了分类法的等级分类体系，又兼有关键词表反映错综复杂概念逻辑关系的参照系统，较好地克服了分类检索与主题检索各自的局限。

分类主题一体化方法将分类法与主题法有机地融合为一个整体，实现了一个分类系统与一个主题系统的完全兼容。既能充分发挥各自独特的功能，又能通过配合，发挥最佳的整体效应。分类主题一体化代表了信息组织的一种发展方向，目前国内外在这方面都进行了大量的研究，提出了多种一体化方案，编制了许多一体化词表，如《中国分类主题词表》、《社会科学检索词表》等。将分类主体一体化方法应用到网络信息组织与管理中，一方面可尽快实现一体化词表的机读化；另一方面可以利用一体化词表组织网络上的超文本系统，设计和管理超文本系统链路。

2. 自然语言与人工语言结合

在这里自然语言是指用文献作者或文摘、提要的作者原本使用的语言，其中包括关键词、自由词和出现在文献题名、摘要或正文中的语词。自然语言不同于主题检索语言、代码检索语言等人工语言，使用自然语言的检索用词普遍来自标引人员的自主赋予，即自由标引，因而可以降低标引工作的难度，提高标引工作的速度，而且由于直接使用文献用语标引，其专指性和一致性也很高。但由于自然语言不受规范化控制，不能反映概念语词之间的一一对应关系，因而无法排除多词同义、一词多义造成的含糊现象。当一个概念可以用几个不同词汇来表达时，相关文献不能集中，仅以其中部分词汇进行检索时容易造成漏检。

但是，自然语言作为检索语言符合人们的思维习惯，网络信息的特点也使得自然语言成为优选的浏览、检索接口和用户检索用语，因此可以考虑结合二者的优点，加强自然语言融入分类主题一体化。从理论和技术的角度来说，分类、主题和自然语言一体化是适合网络信息组织的，这个设想应该能够实现。目前可行的方法是建立一个结构简明的知识分类体系，同时建立一个智能化的控制词表，实现分类语言（人工语言）与用户检索语言的控制和转换，通过建立分类体系与控制词表之间的联系，将自然标引语言纳入分类体系。这样既可以用自然语言直接检索，也可在任何类目下进行主题词检索，实现分类、主题和自然语言兼容。

12.4.2　分类组织体系与分面结合

分类组织体系与分面结合就是通过先组式检索语言与后组式检索语言的结合、等级列举式与分面组配式的结合、不变概念代码与可变概念体系的结合，真正实现体系稳定性与系统动态性的有机结合。可以将这种结合看做是在体系分类法基础上的分面化，即分面组配化。大量研究认为，分面组配化是一条改进体系分类法的有效途径，因为分面分类法的特性更加适合于计算机处理，分面分类号与类名词汇互相连接，分类检索途径和主题检索途径都能更有效地利用。此外，分面分类法容量相当大，只有它能与世界上主题检索的发展趋势相融合。现有的网络分类目录如 Yahoo 主题指南，在数字化信息的组织中成功地应用了分面分析的思想，建立起一套完整、全面、等级层次鲜明的主题目录以提高信息组织的质量。它根据上下文组合的信息内容，利用冒号作为统一分隔符标记信息内容，通过"@"提供和跳换类目体系中不同的路径分支入口。但是，由于当前组配分类理论尚不完善，组配分类法应用在图书情报工作领域仍有一定的局限性，所以最好结合体系法与组配法的优点，形成混合型分类语言，将有助于大大提高分类法的兼容性。

12.4.3　静态分类体系与动态分类体系有机结合

静态分类体系与动态分类体系的有机结合，主要是指单维分类大纲与多维分类体系的结合，用户界面上主分类表与次分类表的结合，保持分类框架稳定性与及时维护分类体系的结合。在栏目设置上，为便于用户浏览，可以适当灵活处理，在传统单维分类大纲的基础上建立多维的分类体系，一个子类可以隶属于多个父类，一个父类可以采用多重标准进行划分，少数大类下可以设置涵盖各大类内容的下级类目，并利用超文本链接把类与类、类与信息记录之间链接起来，实现用户访问时的多重入口和自由跳转。在保持原有分类体系框架的基础上，按需要动态设类，动态揭示类间关系，及时增删和修改类目，更新维护类目设置，稳中求动。此外，为了便于用户以最快捷的方式访问网站提供的热门栏目和信息，在栏目的设置上，可以不拘泥于原有分类体系的逻辑层次划分，而是根据信息量和访问频率提升某些重要栏目的级位，将网站最有价值的内容放到突出位置。此时，网络信息分类组织既是动态的，又是相对稳定的，将能较好地适应网络信息的动态变化要求。

12.4.4　以用户需求为导向

网络是面向用户的，因此网络信息分类组织必须以用户需求为导向。以用户为中心是组织网络信息、构建网络信息资源分类体系的根本出发点。未来的信息服务和信息组织必然会更加重视以人为本，使用户能够通过最小的努力检索到所需的信息。当前在网络环境下，用户信息需求的内容以消息型和知识型信息为主，用户对检索工具易用性的要求增强，对检索速度、查准率要求增加，这些都要求在构建分类体系对网络信息进行分类组织时充分考虑用户需求，方便用户对网络信息的有效利用。

12.4.5　建立统一的网络分类体系

互联网信息资源最大特点之一就是它的共享性，然而目前网络上使用的分类体系都是各网站自行编制的，类目划分不统一，有些分类体系中甚至存在逻辑错误。由于各个分类体系的大类设置与划分、类名表述与类目排列等都不尽相同，使得用户在不同网站上查询信息必须使用多种不同的搜索引擎，熟悉多种不同的分类体系。而在不同的搜索引擎系统中，即使类名相同，外延也可能不同，这些都将造成用户理解与运用的困难，对于知识组织与信息交流都是不利的，也大大降低了互联网信息资源共享性带来的好处。

实际上，各国乃至一些世界性组织都在致力于构建统一的知识分类组织体系。由于目前国内开发的中文搜索引擎在规模、功能等方面与国外相比还存在一定差距，很多专家建议集中力量开发少量大型综合性中文搜索引擎，并积极开发研制各类专业搜索引擎，这也为统一搜索引擎的分类体系带来了契机。本书认为，一个良好的网络分类体系应是分类主题一体化、传统分类法与现代分类检索工具相结合的知识组织系统，要想建立这样的分类体系，必须跳出图书情报学界传统分类学的局限，由情报语言学家、计算机专家和标准化专家共同研究，通过构建统一的分类体系，使互联网上的信息以更加有序的形式出现，从而提高用户共享和利用网络信息资源的效率。

总之，由于网络信息、网络信息用户和网络信息技术环境各自的特点，决定了网络信息分类体系的编制原则和技术方法将有别于传统分类体系的编制原则和技术方法，但是传统文献分类法和现有网络信息分类体系的成功经验可以给网络信息分类体系的构建提供有益的借鉴。建议可以由国家相关部门（如工业和信息化部）牵头，组织图书情报界专家、计算机专家、网络公司等相关专家，广泛征求意见，尽早编制出一部系统、科学、符合用户需求、有助于提高检索效率的网络信息分类法。

参 考 文 献

《澳大利亚政府交互功能主题词典（AGIFT）》. http://www.naa.gov.au/collection/a-z/index.aspx.

《测绘学叙词表》编辑委员会. 2003. 测绘学叙词表. 北京：测绘出版社.

北京市委市政府办公厅. 2009. 北京市政府信息公开目录编制规范（试行）.

曹树金，罗春荣. 2000. 信息组织的分类法与主题法. 北京：北京图书馆出版社.

曹树金. 1995.《杜威十进分类法》的电子化及未来研究重点. 图书馆（双月刊），(5)：19-21.

陈洁，司莉. 2008. 社会分类法（Folksonomy）特点及其应用研究. 图书与情报，(3)：27-30.

陈晶. 2002. 论网络环境下情报检索语言的发展. 情报杂志，(6)：54-55.

陈青苗. 2000. 分类法在网络信息资源组织中的应用研究. 情报科学，(12)：1107-1109.

陈树年. 2000. 搜索引擎及网络信息资源的分类组织. 图书情报工作，(4)：31-37.

陈树年. 2002. 网络信息分类法研究. 现代图书情报技术，(3)：54-57.

陈旭. 2002. 分面分类在网络资源组织中的应用. 图书情报工作，(1)：59-61.

陈莹芳. 1999. 美国政府资讯指引服务的发展成因及诠释资料. 大学图书馆（中国台湾），3(1)：69-88.

储节旺，郭春侠，吴昌合. 2007. 信息组织学. 北京：清华大学出版社.

邓香莲. 2002. 文献信息分类与网络信息分类之比较研究——兼谈构建网络信息分类体系. 情报资料工作，(6)：43-45.

董琳. 2004. 网络信息分类组织的发展趋势与标准化. 图书情报知识，(2)：65-67.

甘利人，朱宪辰. 2003. 电子政务信息资源开发与管理. 北京：北京大学出版社.

高复先. 2002. 信息资源规划——信息化建设基础工程. 北京：清华大学出版社.

国务院信息化办公室. 2009. 信息资源的开发利用.

何琳. 2003. DDC 在网络资源组织中的应用：加拿大主题信息系统简介——兼谈《中图法》网络分类体系的建立. 新世纪图书馆，(6)：35-39.

侯汉清，薛鹏军. 2004. 基于知识库的网页自动标引和自动分类系统的设计. 大学图书馆学报，(1)：50-55.

黄国彬. 2008. 大众标注研究进展. 图书情报工作，(1)：13-15.

黄晓斌. 2001. 美国图书分类法的发展趋势. 图书馆论坛，21(5)：69-70.

加拿大政府核心主题词表简称. http://en.thesaurus.gc.ca/default.asp?lang=En&n=E5807AB0-1,或 http://en.thesaurus.gc.ca/default.asp?lang=En&n=EAEAD1E6-1.

贾兴东，陈朝祥，张雁，等. 2008. 深圳市电子政务应用服务规范 第 2 部分：应用系统分类及代码规范.

焦玉英，李法运. 2003. 网络环境下信息检索语言的优化研究. 情报学报，(3)：291-296.

金芳. 2001. 网络信息资源的分类组织研究[硕士学位论文]. 上海：华东师范大学.

敬卿，吴静．2002．网络分类目录规范化初探．图书馆，(1)：49-50．

鞠福琴，徐至明，胡仲谋．2008．从自由分类法看网络信息的分类组织．情报探索，(5)：6-7．

冷伏海，徐跃权，史继红，等．2003．信息组织概论．北京：科学出版社．

李霖，郭仁忠，桂胜．2009．电子政务信息资源目录体系建设及案例．北京：科学出版社．

李小林，冯卫，胡嘉璋．2002．信息分类和编码的基本原则与方法（GB/T 7027—2002）．北京：中
　　国标准出版社．

梁树柏，高夕果．2002．人工语言网民化的思考．情报杂志，(8)：69-71．

林国华．2007．分类法在网络信息资源组织中的应用及特点分析．情报探索，(9)：6-48．

刘简．1978．中文古籍整理分类研究．台北：文史哲出版社．

刘娇蛟，龚丽，李建华．2003．基于本体实现对网页文本的自动主题分类．计算机工程，(11)：95-97．

刘晓武．2003．美国国会图书馆分类系统的演变．国家图书馆学刊，(1)：81-96．

刘延章，蒋廷芳．2003．新浪分类体系的特点、问题及其改进．图书馆，(6)：34-36．

刘延章，苗琳．2000．我看中国文献分类法这条河——谈谈我国文献分类法产生和发展的基本规律．图
　　书馆论坛(1):53-56．

刘延章．1996．文献信息分类学．北京：中国科学技术出版社．

陆宝益．2004．论创建我国统一的网络信息分类法．中国图书馆学报，(6)：44-47．

吕娟，袁相琴．2002．论第四种情报检索语言系统．中国图书馆学报，(1)：87-92．

马然，向林燕．2006．网络信息分类法的新亮点——Folksonomy．中国索引，(2)：32-34．

马张华，黄智生．2007．网络信息资源组织．北京：北京大学出版社．

马张华，李玲．2001．论超文本技术在分类法编制中的应用．大学图书馆学报，(1)：60-62，66．

马张华．2001．分类搜索引擎类目体系研究．图书情报工作，(2)：36-40．

马张华．2008．信息组织．北京：清华大学出版社．

麦淑平．2004．体系分类法与标题法之比较．现代情报，(10)：114-115．

孟广均，沈英，郭志明，等．1998．信息资源管理导论．北京：科学出版社．

穆勇，刘守华，王薇等．2006．面向公众服务的政府信息分级分类规范（DB 11/Z 359—2006）．

潘永祥．1986．自然科学概述．北京：北京大学出版社．

彭冬莲，彭备芳．2005．试析传统分类法对网络信息的组织．图书馆学研究，(6)：51-52．

千忠红．1999．网络信息环境下的传统分类法．图书情报工作，(2)：37-39．

强自力．1999．网络分类目录及其分类法．大学图书馆学报，(4)：37-39．

沈怡．2001．美国国会分类法和杜威十进分类法的计算机化进展．情报杂志，(1)：91-92．

石建．1989．从UDC看《中图法》第三版的修订特点．图书馆学刊，(2)：17．

石晓华，王春芳．2001．网络信息分类与传统分类法的优劣分析——兼谈构建《中国网络信息分类
　　法》．图书馆理论与实践，(1)：43-44．

史学斌．2002．网络信息分类体系．图书馆，(1)：33-35，20．

宋蓓玲．2004．浅析构建网络信息分类体系．情报杂志，(8)：110-111,114．

粟慧. 2000. 以人为本的必然: 人工检索语言向自然语言的转变. 图书馆, (2): 9-10.

孙砚. 2006. 《中图法》与《美国国会图书分类法》之比较. 医学信息, (3): 411-413.

田景熙, 洪琢. 2005. 电子政务系统规划与设计. 北京: 人民邮电出版社.

田书格. 2007. 新版 UDC 与我国三大分类法的通用复分体系比较研究. 山东图书馆季刊, (4): 57-61.

宛玲, 赵喜英. 2001. 中文网络信息分类组织分析. 图书理论与实践, (1): 46-48.

王知津, 肖洪. 2003. 网络信息组织对传统信息组织的借鉴. 图书馆工作与研究, (4): 2-7.

吴丹. 2002. 网络信息分类体系设计. 图书情报知识, (5): 37-39.

谢琳惠. 1999. 浅析等级列举式分类法与分面组配式分类法. 洛阳大学学报, (3): 95-96.

熊爱民, 张丽君. 2004. 谈情报检索语言的分类主题一体化和分面组配. 贵州教育学院学报, 20(1):
    88-90.

徐希圣. 1989. 体系分类法及其发展趋势. 四川图书馆学报, (4): 32-33.

徐险峰. 2005. 新浪分类体系剖析. 图书情报知识, (2): 51-53.

闫士涛. 2007. 网络信息分类组织与传统文献分类组织的比较分析[硕士学位论文]. 济宁: 济宁医学院.

约翰·奈斯比特. 1984. 大趋势——改变我们生活的十个新方向. 梅艳, 译. 北京: 中国社会科学出版社.

张琪玉. 2001. 网络信息检索用语言的发展趋势. 图书馆杂志, (3): 5-7.

张琪玉. 2002. 网络信息检索工具的分类体系——网络信息检索工具发展的方向与提高竞争力的途
    径. 江苏图书馆学报, (4): 7-11.

赵新力. 2005. 综合电子政务主题词表(试用本)范畴表. 北京: 科学技术文献出版社.

郑贵宇, 袁银芳. 2004. 关于网络信息分类法的思考. 三峡大学学报, (1): 91-93.

郑庆胜, 易晓阳. 2003. 从新浪等网站看网络信息分类体系的建立——兼论综合性中文网站分类体
    系之建立. 图书馆建设, (1): 69-71.

中国国家标准化管理委员会. 2007. 政务信息资源目录体系 第 4 部分: 政务信息资源分类 (GB/T
    21063.4—2007). 北京: 中国标准出版社.

中国互联网络信息中心. 2008. 中国互联网络发展状况统计报告.

钟守真, 李培. 2001. 信息资源管理概论. 天津: 南开大学出版社.

钟永萍. 2007. 网络信息资源的分类法研究. 情报探索, (12): 112-114.

周荣庭, 郑彬. 2006. 分众分类: 网络时代的新型信息分类法. 现代图书情报技术, (3): 72-75.

周淑云. 2003. 分类主题一体化构建网络信息分类体系. 现代情报, (4): 113-114.

周晓英, 王英玮. 2003. 政务信息管理. 北京: 中国人民大学出版社.

朱礼军, 赵新力, 孙钦山. 2007. 美国政务信息资源分类探析. 电子政务. (z1): 142-147.

Al-Khalifa H S, Davis H C. Folksonomy versus automatic keyword extraction: an empirical study. http://
    eprints.ecs.soton.ac.uk/[2006-08-15].

Brooks C H, Montanez N.2005. An analysis of the effectiveness of tagging in blogs. 2005 AAAI Spring
    Symposium on Computational Approaches to Analyzing Weblogs. Stanford, USA.

Cattuto C, Loreto V, Pietronero L. 2006. Collaborative tagging and semiotic dynamics[EB/OL].

http://arxiv.org/abs/cs/0605015.

Economic Statistics and Classifications Section of United National Statistics Division. Classification of the Functions of Government[EB/OL]. http://unstats.un.org/unsd/cr/registry/regdnld.asp?Lg=1.

Estonia.ICA Country Report 2004[EB/OL]. (2004-09). http://www.ica-it.org/conf38/docs/Conf38-country reports_usa.pdf. 2007-01-11.

FEA Working group. 2002. E-Gov enterprise architecture guidance(Common Reference Model), draft version2.0 [EB/OL]. http://www.feapmo.gov/resources/E-Gov Guidance Final Draft v2.0.pdf [2005-12-1].

FEAPMO. F-Gov Enterprise Architecture Guidance (Common Reference Model)，draftversion2.0[EB/OL]. http：//www.feapmo.gov/ resources/EGov_Guidance_Final_Draft_v2.0.pdf. 2007-01-11.

FEAPMO. The Business Reference Model Version2.0[EB/OL].http：//www.feapmo.gov/resources/fea_brm_ release_document_rev_2.pdf. 2007-01-09.

FEAPMO. The Data Reference Model，Volume I，Version1.0[EB/OL]. http://feapmo.gov/resoures/DRM_ Volume_1_Version_1_101404_FINAL.pdf.2007-01-09.

Fichte D. Intranet applications for tagging and folksonomies [EB/OL]. http://www.lights.com 2006-08-20.

Golder S A, Huberman B A. 2006. The structure of collaborative tagging systems. Journal of Information Science, 32(2), 193-208.

Hotho A, Jaschke R, Schmitz C, et al. 2006. Information retrieval in folksonomies：search and ranking. computer science, (4011): 411-426.

ICGI. Categorization of government information recommendations[EB/OL]. http://www.cio.gov/documents/ ICGI.html.

Lambiotte R, Ausloos M. 2006. Collaborative tagging as a tripartite Network. computer science, (3993): 1114-1117.

Lin ziyu. 2000. Classification practice and implications for subject directories of the Chinese language web-based digital library. Journal of Internet cataloging, (34): 29-49.

Marlow C, Naaman M, Boyd D, et al. 2006. Ht06, tagging paPer, taxonomy, flickr, academic article, to read. Proceedings of the seventeenth conference on Hypertext and hypermedia, New York, USA: 31-40.

NIST. 1994. Approval of Federal Information Processing Standards Publication 192, Application Profile for the Government Information Locator Service (GILS)[EB/OL].http://www.gils.net/ftpsl92html.2007-01-11.

Niwa S, Doi T, Honiden S. 2006. Web Page recommender system based on folksonomy mining for ITNG'06 Submissions. Proceedings of the Third International conference, on Information technology: New Generations: 388-393.

Office of the e-Envoy. e-Government Metadata Standard (eGMS)[EB/OL]. http://www.esd.org.uk/standards/ egms/.

Office of the e-Envoy. GCL-Government Category List [EB/OL]. http://www.esd.org.uk/standards/gcl/.

Office of the e-Envoy. LGAL-Local Government Audience list [EB/OL]. http://www.esd.org.uk/standards/ lgal/.

Office of the e-Envoy. LGBCL-Local Government Business Category List [EB/OL]. http://www.esd.org.uk/standards/lgbcl/ [2005-12-1].

Office of the e-Envoy. LGCL-Local Government Category List [EB/OL]. http://www.esd.org.uk/standards/lgcl/[2005-12-1].

Office of the e-Envoy. LGCS-Local Government Classification Scheme [EB/OL]. http://www.esd.org.uk/standards/lgcs/.

Office of the e-Envoy. LGDL-Local Government Directory List [EB/OL]. http://www.esd.org.uk/standards/lgdl/.

Office of the e-Envoy. LGIL-Local Government Interaction List [EB/OL]. http://standards.esd.org.uk/?uri=list/interactions.

Office of the e-Envoy. LGSL-Local Government Service List [EB/OL]. http://standards.esd.org.uk/?uri=list/englishAndWelshServices.

Open Systems Environment Implementors Workshop/Special Interest Group on Library Applications (OIW/SIG-LA). 1997. Application profile for the Government Information Locator Service(GILS). http://www.usga.gov/gils/prof_v2.html.2007-01-11.

Public Law 107-347.E-Government Act of 2002[EB/OL]. http://www.gpo.gov/fdsys/pkg/PLAW107-publ347/content-detail.html.

Ranganathan S R. 1989. Colon Classification edition 7 (Depth Version). Bangalore: Sarada Ranganathan Endowment for Library Science.

Szekely B, Torres E. 2005. Ranking bookmarks and bistros: Intelligent community and folksonomy development [EB/OL]. http://labs.rightnow.com/colloquium/papers/tagrank.pdf.

U.S. government. Home Page of the US Government's Official Web Portal[EB/OL]. http://www.usa.gov/.

U.S. government. OMB BULLETIN NO. 95-01. 1994. http://www.Whitehouse.gov/omb/bullettins_95-01.html.

U.S. government. OMB Circular No. A-130, Management of Federal Information Resources, http://www.Whitehouse.gov/omb/circulars_a130_a130.html.